北京高等教育精品教材
BEIJING GAODENG JIAOYU JINGPIN JIAOCAI

经济管理类课程教材

金融系列

# 金融计量学
## 时间序列分析视角

第四版

张成思 著

JINRONG JILIANGXUE
SHIJIAN XULIE FENXI SHIJIAO

FINANCE

中国人民大学出版社
·北京·

**图书在版编目（CIP）数据**

金融计量学：时间序列分析视角/张成思著. -- 4版. -- 北京：中国人民大学出版社，2024.6
经济管理类课程教材. 金融系列
ISBN 978-7-300-32744-0

Ⅰ.①金… Ⅱ.①张… Ⅲ.①金融学-计量经济学-高等学校-教材 Ⅳ.①F830

中国国家版本馆 CIP 数据核字（2024）第 082541 号

北京高等教育精品教材
经济管理类课程教材·金融系列
**金融计量学：时间序列分析视角（第四版）**
张成思　著
Jinrong Jiliangxue: Shijian Xulie Fenxi Shijiao

| | | | |
|---|---|---|---|
| **出版发行** | 中国人民大学出版社 | | |
| **社　　址** | 北京中关村大街 31 号 | **邮政编码** | 100080 |
| **电　　话** | 010－62511242（总编室） | | 010－62511770（质管部） |
| | 010－82501766（邮购部） | | 010－62514148（门市部） |
| | 010－62515195（发行公司） | | 010－62515275（盗版举报） |
| **网　　址** | http://www.crup.com.cn | | |
| **经　　销** | 新华书店 | | |
| **印　　刷** | 北京溢漾印刷有限公司 | **版　　次** | 2012 年 1 月第 1 版 |
| **开　　本** | 787 mm×1092 mm　1/16 | | 2024 年 6 月第 4 版 |
| **印　　张** | 20.75 | **印　　次** | 2025 年 4 月第 3 次印刷 |
| **字　　数** | 497 000 | **定　　价** | 49.00 元 |

# 出版说明

改革开放以来，中国的金融走上了高速发展的快车道，获得了前所未有的发展，有关院校都开设了金融课程，以便培养我国急需的人才。

一套高质量的教材是提高教学质量的前提之一。教材规定了教学内容，是教师授课取材之源，是学生求知和复习之本，没有优秀的教材，就无法提高教学质量。中国人民大学出版社推出“经济管理类课程教材·金融系列”，旨在推动国内金融人才培养工作的开展。

组织编写这套教材时，我们遵照以下原则：

1. 教材实行本土化。为了更快地与国际接轨，许多人主张采用“拿来主义”原则，直接引进国外的教材。实践证明，我国与发达国家相比，国情不同，文化背景不同，思维方式不同，语言表述方式不同，广大的专家教授一致认为：我们培养的是中国金融人才，是为中国的金融服务的，教材还是本土化为宜，学生应在了解我国现状之后，再学习国外的知识，把中国的背景知识与国际接轨才是我们最需要的。该套教材均为本土原创作品。

2. 精选作者，保证教材质量。金融与国家的政策联系紧密，应用性强，培养的学生既要懂理论，又要会应用，既要与国际接轨，又要考虑中国的国情。该套教材涵纳全国“政产学研”方面的作者，从源头上保证了这套书的质量。

3. 要始终保持教材的“精”与“新”。现代金融日新月异，课程设置不断变化。该套教材根据形势的发展，不断推出新课程教材，并不断修订、完善。

4. 形式多种多样，方便教材使用者。

总之，这套教材紧密结合当前国内外金融研究的最新成果与金融政策发展的实际情况，全面讲述金融基本理论和基本知识。我们相信“经济管理类课程教材·金融系列”的推出，能够为使读者掌握现代金融知识、培养人才起到应有的作用。

中国人民大学出版社

# 第四版前言

**一、编写动机**

本书第四版立足于党的二十大报告所强调的科教兴国战略，以强化现代化建设人才支撑为指引，系统阐释金融计量学的知识体系。在既有的知识体系框架下，本书通过金融计量理论介绍和具体案例演示，例如对金融政策调控、金融风险预测等方面建模方法的介绍和分析，体现金融服务实体经济的核心价值，关注金融市场健康发展，介绍有效防控金融风险的技术技能。这些方面不仅有益于国家经济发展，也是构建现代金融体系和金融强国的关键支撑。

"金融计量学"和"时间序列分析"等相关课程已经成为国内诸多高校为经济管理类专业开设的课程，选择合适的教材成为教师教学和学生学习的一个关键环节。虽然可以考虑直接选用国外相关领域的教材，但是对于初学者来说，选用外版教材可能存在术语和重要知识点不易理解的问题。另外，外版教材在翻译过程中还可能存在信息传递的缺失。因此，本书采取了本土化策略，不仅解决了术语和知识点的信息传递问题，而且更加贴合国家对金融和经济发展的战略指引，以培养符合国家战略需要的金融人才。

笔者结合在曼彻斯特大学、香港中文大学和中国人民大学的教学经验，撰写了《金融计量学：时间序列分析视角》一书，旨在为广大教师和学生提供一本难度适中的中文本版教材，以作为工具书和参考资料。

自本书出版以来，笔者收到了来自全国近 200 所高校的同行以及众多学生的积极反馈，他们感觉这本教材写得深入浅出、全面细致，甚至有同行评价这本书是"目前国内时间序列方面写得最好的教材"。在一些经济论坛（如人大经济论坛）上，本书与国外畅销的同类教材［例如沃尔特·恩德斯（Walter Enders）所著的《应用计量经济学：时间序列分析》（*Applied Econometric*：*Time Series*）］一道被推荐为"写得很好、简单易读"的金融计量学教材。

**二、篇章逻辑**

第四版对全书各个章节的细节描述和数据进行了全面更新，修正了之前版本中的个别笔误，并且新增了第 16 章“状态空间模型”等内容。全新改版后，本书更注重金融计量理论的完备性以及理论与应用的结合度，努力做到理论内容全面、讲解深入浅出，同时特别强调理论知识的实际应用。为提高本书的可读性，笔者将涉及的比较繁难的内容尽量以简单浅显的语言形式和生动活泼的图表形式解读出来，并且结合金融计量软件讲解一些具体数据处理和回归操作过程，形式新颖，期望使读者阅而不烦。

本书第四版共分为 16 章，第 1 章是金融计量学的概括介绍。第 2 章介绍常用金融计量软件的初步使用方法，包括 EViews、GAUSS 和 Stata。第 3 章介绍差分方程、滞后运算与动态模型。第 4～9 章分别介绍平稳时间序列模型、序列相关性检验、预测理论与应用、非平稳时间序列模型以及单位根检验法等，包括 AR、MA、ARMA、序列相关性和非平稳时间序列的检验方法等。这 6 章是金融时间序列分析的基础，教师在教学过程中可以适当详细讲解。第 10～11 章分别介绍 VAR 和 SVAR 模型，并说明相关模型的应用思路。第 12 章对协整与误差修正模型进行系统介绍，包括 Engle-Granger 协整分析方法和以向量模型为基础的 Johansen 协整分析方法等。第 13 章介绍 ARCH 和 GARCH 模型。第 14 章介绍非线性时间序列模型，包括马尔可夫区制转移模型和门限模型等，教师可以根据课时情况有选择地讲解。第 15 章介绍资产定价模型的设立与估计。第 16 章是第四版新增的章节，介绍了状态空间模型的相关内容。最后，本书附录部分回顾了学习金融计量学需要的矩阵代数和经典线性回归模型。如果已经具有计量经济学基础，则可以直接阅读第 1～16 章的内容；如果需要补充背景知识，则可以先学习附录内容，为理解前面章节的内容做好铺垫。

**三、教学安排**

本书可以用作高等院校“金融计量学”和“时间序列分析”等课程的教材。教师可以根据具体课时安排讲授章节和学生自学章节。对于 36～48 学时的课程（每周 2～3 课时），第 6 章的 6.3～6.5 小节、第 7 章、第 11 章以及第 16 章的内容可以选讲或者安排学生自学（不做考试要求）；对于 48 学时以上的课程，则可以考虑讲授全书内容。当然，具体章节还可以根据具体情况进行选择性讲授。

**四、适用对象**

本书适合作为经济管理类高年级本科生或者研究生的教材。对于具有统计学基础知识的学生，本书不失为一本简单易懂的自学参考书。对于经济金融领域的分析师和行业研究人员，特别是从事应用研究工作的相关人员，本书也是一本有益的案头工具书。另外，本书也可以作为学生撰写毕业论文使用计量方法的应用指南。通过阅读本书，读者可以系统学习时间序列分析的相关基础知识，并且运用书中介绍的应用流程对现实问题进行分析和研究。

本书配有练习题答案、教学 PPT 以及相关数据，选用教材的教师可以与笔者联系获取资料（zhangcs@ruc. edu. cn）。

张成思

**2024 年 5 月于北京**

# 目录

第1章
# 金融计量学初步

**本章导读**

近年来金融学科的快速发展极大地推动了金融领域计量模型的发展与应用，从而使得金融计量学（financial econometrics）成为金融学科不可或缺的专业方法课。虽然金融计量学的大部分内容是基于计量经济学的基本理论和方法，但是由于专业分工的日益精细化，金融领域的计量方法和计量模型具有学科特殊性。另外，从教学角度考虑，一门计量经济学课程可能无法满足金融专业学生的方法论需要，所以有必要单独开设金融计量学或者时间序列分析等类似的金融学专业方法课。国内许多高校在这方面已经走在了前面。本章从金融计量学的范畴入手，介绍了金融模型与金融计量模型的精细区别和联系，并且以金融时间序列数据为例，介绍了金融计量分析中经常涉及的基本概念。

## 1.1　金融计量学的范畴

谈起金融计量学的范畴问题，可能会想到“金融学”的范畴问题。关于金融学的范畴问题似乎存在争议，有人认为金融学主要是关于货币银行方面的“宏观金融”内容，也有人提出金融学应该是以资产定价等微观分析为核心的“微观金融”，并经常以国外的经验佐证。事实上，任何学科的发展可能都是一个包容并蓄的过程，而不是非此即彼的过程，国内、国外概莫能外。所以，微观金融与宏观金融都是现代金融学的核心，缺一不可（张成思，2022，2023，2024）。

由此，金融计量学的范畴也相应地涵盖了微观和宏观两个层面。资本资产定价模型（CAPM）、行为金融分析中的事件研究方法等属于微观金融领域的计量分析，而动态时间序列模型更多地用于宏观金融领域。当然，随着学科的发展，金融计量学的微观与宏观分析也不是绝对泾渭分明的，微观与宏观分析的结合也是金融计量分析中经常遇到的现象。

从具体内容上看，金融计量学涵盖了宏观与微观金融理论检验、资本资产定价、金融变量相关关系的假设检验、经济状态对金融市场的影响分析以及金融变量预测等多方面的内容。当然，一本教材很难大而全地囊括所有这些内容，因此，本书以金融时间序列分析为主线，介绍金融计量分析中常用的一维和多维计量模型。值得一提的是，本书不仅介绍现代金融计量方法中的理论模型，比如随机游走模型、金融时序波动模型和协整模型等，而且更注重理论模型的实际应用讲解。我们希望本书能为金融学与经济学专业的学生和金融领域的研究人员提供理解并从事金融计量分析的必要方法。

虽然本书对资本资产定价模型等金融市场计量模型也有所涉及，但重点放在相关理论的金融时间序列分析方法和应用方面，而关于微观金融市场的计量分析内容，建议读者参阅坎贝尔等人的专著《金融市场计量经济学》（*The Econometrics of Financial Markets*），以便最大化读者读书、获知的效用，也可避免资源的浪费。

为给读者更好的启发，1.2 节将介绍金融时间序列数据的相关内容，帮助读者初步识别金融时间序列变量的图示特征；1.3 节将介绍金融计量分析中的基本概念。

## 1.2　金融时间序列数据

广义地讲，将某种金融随机变量按出现的时间顺序排列起来形成的数列称为金融时间序列。从现实世界的角度看，金融时间序列就是指在一定时期内按时间先后顺序排列的金融随机变量。如果我们暂时不去深究这里提到的“随机”概念（随机变量的概念将在下一节中阐述），并假定变量的排序总是按时间先后顺序进行的，那么金融时间序列最显著的特征就是其与“时间”紧密相关。一般来说，金融时间序列变量有时也简称金融时序变量，它有两个明显的组成要素，即时间跨度和序列的频率。

例如，图 1-1（a）刻画了上海证券交易所（简称上交所）编制的上海证券综合指数（简称上证综指）2006 年 1 月至 2023 年 4 月的月度数据。显然，该上海证券综合指数的时间跨度为 2006 年 1 月至 2023 年 4 月，频率为月度。而图 1-1（b）描绘了上海证券综合指数 2012 年 1 月 1 日至 2023 年 4 月 30 日的日度数据，这一时序变量的时间跨度为 2012 年 1 月 1 日至 2023 年 4 月 30 日，频率为日度。

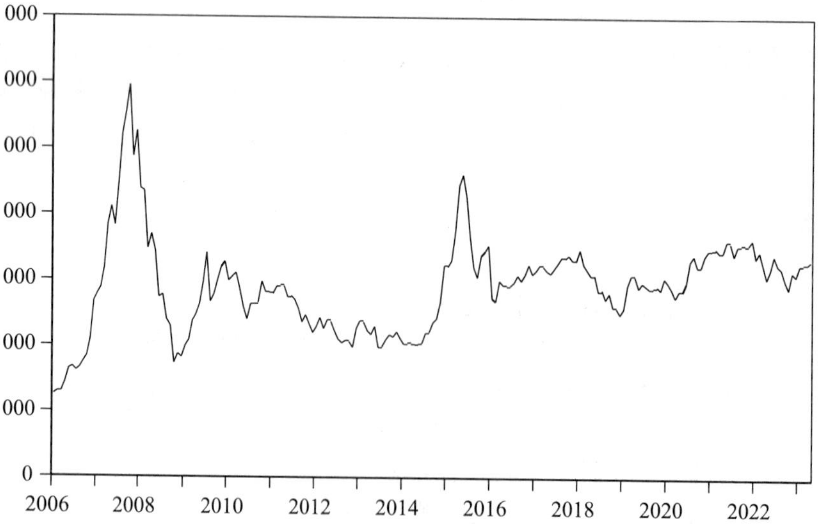


(a) 2006年1月—2023年4月

**图 1-1　上海证券综合指数时间序列数据**

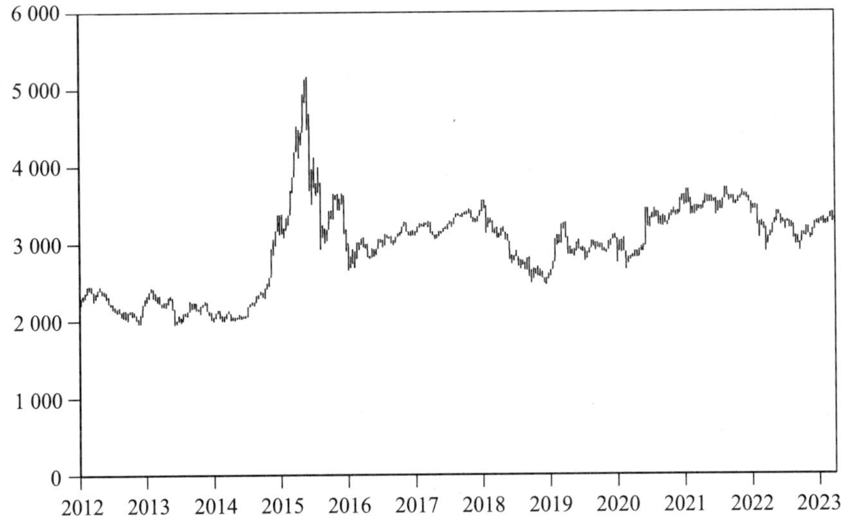


(b) 2012年1月1日—2023年4月30日（5天/周）

**图 1 - 1　上海证券综合指数时间序列数据（续）**

资料来源：国泰安数据库。

为进一步了解不同金融时间序列数据的特点，深入理解金融时间序列的定义，图 1 - 2 至图 1 - 5 分别描绘了人民币/美元汇率、美元/英镑汇率、中国居民消费价格指数（CPI）通货膨胀率（简称通胀率）以及中国货币总量（狭义货币 M1）增长率的时间序列图示。

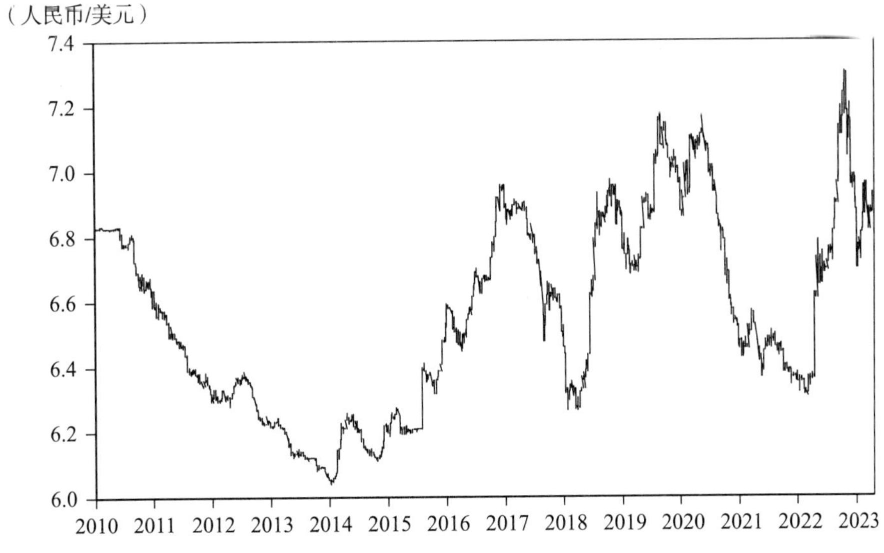


**图 1 - 2　人民币/美元汇率：2010 年 1 月 1 日—2023 年 4 月 30 日**

资料来源：圣路易斯联邦储备银行。

从这几幅图中可以看到，不同的金融时间序列变量展示出各种各样的变动轨迹，经济学者经常把金融时间序列变量的这种随时间变化的轨迹称为“动态路径”，其中“动态”一词的含义实质上就是指“随时间变化”。我们知道，在 2005 年 7 月之前，人民币汇率政策施行的是钉住美元的政策。所以，如果将 2000—2004 年的人民币/美元汇率的时间序列图示画出来，那么我们观察到的将是一条近乎平坦的水平线。而 2005 年 7 月以后，出于各方面因素考虑，我国开始施行有管理的浮动汇率制度，因此，2005—2014 年人民币对美元表现出不断升值的趋势，此后又出现几轮贬值与升值的交替变化。我们可以从图 1-2 中清楚地看到人民币汇率不断变化的情况。由于图 1-2 对应的是采用直接标价法（即 1 美元兑换的人民币数值）的汇率，所以我们观察到向下倾斜的曲线阶段反映的是人民币不断升值的动态路径，而向上倾斜的曲线阶段反映的则是人民币不断贬值的动态路径。

而同样是汇率的时间序列图示，图 1-3 描绘的美元/英镑汇率时序图展示的动态路径不尽相同。归纳来看，美元/英镑汇率走势呈现频繁上下波动的态势，而人民币/美元汇率走势则表现出较长一段时间下降或较长一段时间上升的特征。我们将在本书的第 3～6 章学习到，这两种不同的时序图表现的是具有不同统计特性的时间序列变量，在金融计量学中通常使用“平稳时间序列”和“非平稳时间序列”来区分它们的本质属性。

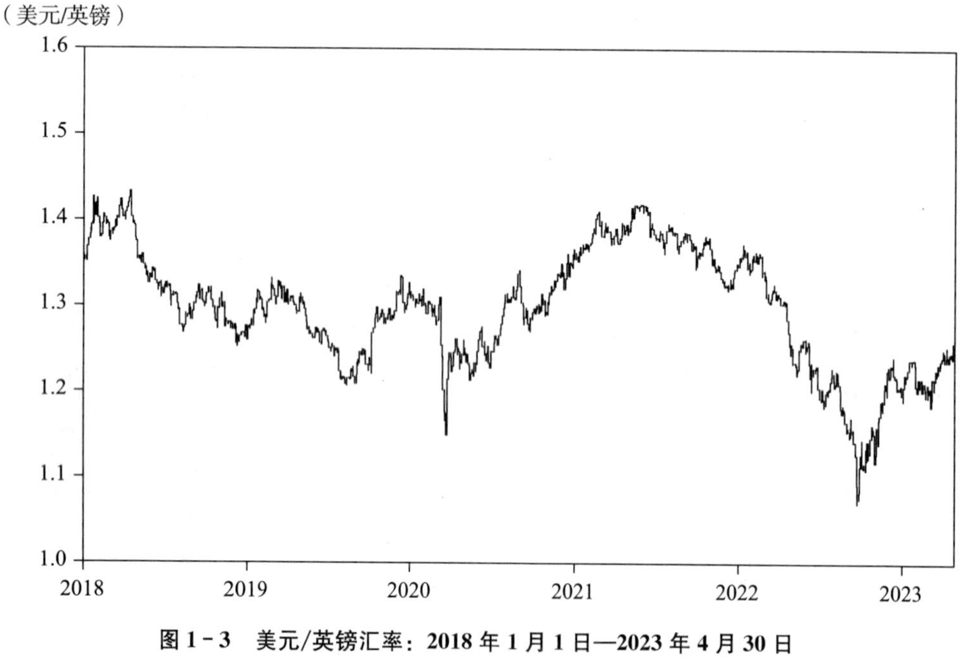


**图 1-3　美元/英镑汇率：2018 年 1 月 1 日—2023 年 4 月 30 日**

资料来源：圣路易斯联邦储备银行。

图 1-4 和图 1-5 描绘的分别是我国的通货膨胀率和货币总量增长率情况。不难看出，这两个金融时间序列变量的动态走势也表现出相当大的差异。所以，似乎很难找到某一种金融计量模型来完全捕捉或刻画各种不同的金融时间序列变量的不同特征。具有不同演进路径特征的时序数据对应着不同的计量模型选择，我们将在后续章节陆续介绍。

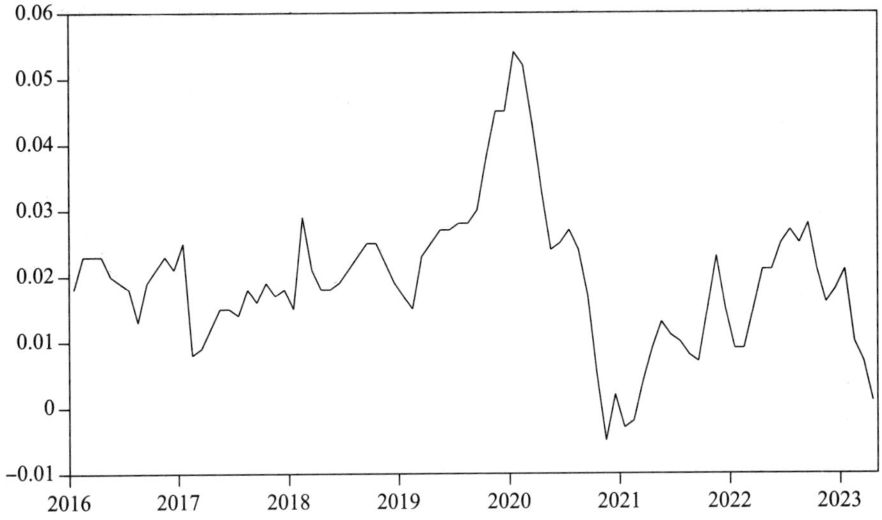


**图 1－4　中国 CPI 通货膨胀率：2016 年 1 月—2023 年 4 月**

资料来源：中国国家统计局。

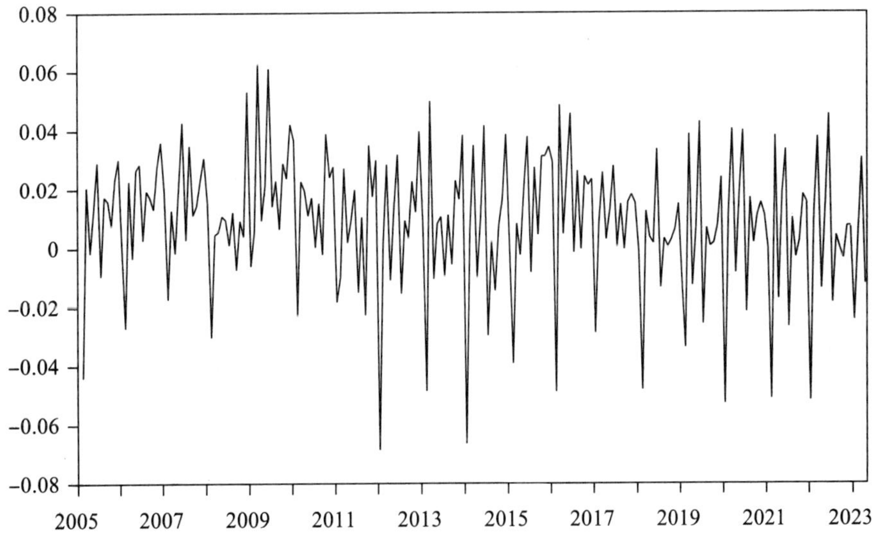


**图 1－5　中国 M1 增长率（环比）：2005 年 1 月—2023 年 4 月**

资料来源：国泰安数据库（经作者计算）。

# 1.3　金融计量分析中的基本概念

## 1.3.1　增长率与收益率

在金融计量分析中，我们经常会遇到“价格”的概念，例如，股票价格、债券价格、资产价格、人民币的美元价格以及和我们的生活休戚相关的商品价格等。然而，金融计量学家可能更加关注的是价格的增长率或者金融产品的收益率。之所以如此，最重要的一个原因是增长率要比价格变量具有更吸引人的统计特性。如果我们使用更为专业和更正式的语言来明确解释这种统计特性，那么可以表述为：价格的时间序列一般都含有时间趋势（time trend）成分，而其增长率通常为平稳时间序列（stationary time series）。需要指出的是，如果读者现在对金融时间序列分析的理论知识还了解得不多，那么不必被不熟悉的定义和概念所困扰，随着本书各章的循序渐进，相信读者很快就会习惯各种金融计量学中所谓的术语。

我们再回到上面讨论的增长率的概念，即在许多情况下的收益率的概念。为方便说明，使用 $P_t$ 代表某一金融产品在时刻 $t$ 的价格，同时假定与该金融产品相关的红利忽略不计，那么该金融产品的简单净收益率（simple net return）$R_t$ 定义为

$$R_t = 100\% \times \frac{P_t - P_{t-1}}{P_{t-1}} \tag{1.1}$$

式（1.1）是大家熟悉的增长率计算公式，而在金融时间序列分析中经常会用到另外一个相关的但不完全相同的概念，即连续复合收益率（continuous compounding return）。单期连续复合收益率定义为

$$r_t = 100\% \times \ln\left(\frac{P_t}{P_{t-1}}\right) \tag{1.2}$$

其中，ln 代表自然对数运算符号。对于多期（multi-period）来说，比如 $k$ 期，连续复合收益率定义为

$$r_t(k) = \ln\left[\left(\frac{P_t}{P_{t-1}}\right)\left(\frac{P_{t-1}}{P_{t-2}}\right)\cdots\left(\frac{P_{t-k+1}}{P_{t-k}}\right)\right] = r_t + r_{t-1} + \cdots + r_{t-k+1} \tag{1.3}$$

所以，多期连续复合收益率是单期的加总。在金融计量分析中，使用连续复合收益率不仅简化了数学计算（即把乘积形式转化为求和形式），而且简化了收益率的统计特性的计量建模分析过程。有关这方面的更多阐释，可以参阅 Campbell 等（1997）。

同时，在处理实际问题的过程中，我们经常需要把各种不同频率的增长率转化为具有统一可比性的增长率或收益率形式，而“年化增长率”（annualized growth rate）便是最常见的概念之一。年化增长率反映的是在单期增长率不变的情况下，一个变量在一年的跨度内发生变化的幅度。近年来，随着中国金融市场的不断发展和完善以及资本市场的迅速成长，“年化”一词在各大银行营业厅的金融产品（如基金、股票等）的宣传材料中屡见不鲜。例如，某一 6 个月的理财产品“年化收益率为 4.2%”，其意思实质上是半年期到期收益率对应的是 2.1%，切勿理解为 6 个月到期的 100 元面值的该产品可获得 100×4.2%=4.2 元的收益，事实上只有 2.1 元的收益，关键就在于“年化”概念的使用。因此，这一概念已经不仅是出现在金融计量教材中的学术名词，而且与人们的生活联系得相当密切了。

那么，如何计算不同频率的金融时间序列的年化增长率或收益率呢？这与研究的数据的频率紧密相关。例如，对于季度价格指数数据，年化增长率的计算公式可以近似写成

$$100\% \times \ln\left(\frac{P_t}{P_{t-1}}\right)^4 = 400\% \times \ln\left(\frac{P_t}{P_{t-1}}\right) \tag{1.4}$$

依此类推，对于月度频率的数据，年化增长率的计算公式是

$$100\%\times\ln\left(\frac{P_t}{P_{t-1}}\right)^{12}=1\,200\%\times\ln\left(\frac{P_t}{P_{t-1}}\right) \tag{1.5}$$

需要注意的是，上面介绍的年化增长率的计算公式从严格意义上讲是一种近似计算，对应的严格意义上的计算公式应该分别是

$$100\%\times\left[\left(\frac{P_t}{P_{t-1}}\right)^4-1\right]$$

和

$$100\%\times\left[\left(\frac{P_t}{P_{t-1}}\right)^{12}-1\right]$$

但是从基本的数学知识我们知道，在一般情况下，这两种算法给出的值非常接近。由于自然对数在金融计量和经济计量中的应用方便快捷，所以计量学家经常使用前者来计算金融时间序列近似的年化增长率。本书中如果未做特别说明，年化增长率均使用含有自然对数的计算公式计算。

### 1.3.2 随机变量与随机过程

如果从统计学角度来定义随机变量，我们可以从概率（欧几里得）空间的定义出发，利用波莱尔集合（Borel set）对随机变量进行定义。例如，Spanos（1986，2000）在其经典的初级统计学教材中对随机变量给出了严格的统计定义。当然，其他高级数理和概率理论教材，如 Shiryaev（1996）在金融数学领域很著名的教材等，都给出了随机变量以及随机过程的复杂定义。

但是，我们这里避免让读者陷入繁难晦涩的定义中，而是从金融计量学角度出发采用更为直观的方式来对随机变量和随机过程进行定义。我们可以考虑一个非常简单的经典一元线性回归方程

$$y_t=c+\beta x_t+\varepsilon_t,\quad \varepsilon_t\sim N(0,\sigma^2) \tag{1.6}$$

其中，$\varepsilon_t\sim N(0,\sigma^2)$ 表示 $\varepsilon_t$ 服从均值为 0、方差为 $\sigma^2$ 的正态分布。注意，在很多教材中，经常把正态分布也称为高斯分布（Gaussian distribution），读者在阅读不同资料时应注意二者之间的等同性。

从以前的学习中我们知道，在回归方程（1.6）中，误差项 $\varepsilon_t$ 就是一个随机变量，这里假设这一随机变量服从正态分布。在更多情形下，随机变量 $\varepsilon_t$ 被假设服从独立同分布（independent and identically distributed），或者简记为 i. i. d. 。

对于 i. i. d. 假设，其含义是，无论随机项 $\varepsilon_t$ 是否服从正态分布，在各个时点该随机变量都服从完全相同的分布，并且彼此互相独立。

在上面的例子中，我们刻意使用了下标 $t$ 来标识时间序列变量 $y$ 和 $x$。因为 $y_t$ 序列是随机误差项的线性函数，所以也应该视为一个随机变量。这里我们提示读者，没有任何理由不可以把 $y_t$ 看作一个现实中的金融时间序列变量，如股票收益率、利率等。但是，从回归方程（1.6）来观察 $y_t$，如果进一步假设方程中的各个系数给定或已知，我们就已经把这样一个时序变量看作一种数据生成过程（data generating process，DGP）的产物。所

谓数据生成过程，就是对被解释变量的统计特性的一种完全刻画，本书 4.1 节将会进一步涉及并阐释金融计量学中经常用到的数据生成过程的概念。

注意，与随机变量紧密相关但又有区别的一个概念就是随机过程。当我们希望对一个金融时间序列进行分析时，通常把 $\{y_t\}_1^T=(y_1, y_2, \cdots, y_t, y_{t+1}, \cdots, y_T)$ 看作一个随机过程的实现（realization）。宽泛地说，随机过程就是定义在一定概率空间的一组具有相同特性的随机变量。为了方便说明，在金融计量分析中，通常 $y_t$ 既可以表示随机变量，也可以代表相应的随机过程。为了不造成理解和说明上的混淆，本书将采用这种传统。对于随机过程更严格的定义，本书 4.1 节有详细阐述。

### 1.3.3 随机分布

在金融计量分析中，除了常用的随机变量和随机过程的概念之外，还经常会涉及随机分布的概念。要介绍这个概念，我们首先假定读者已经具备一定的统计学基础知识。然后，假设对于以向量形式组织的随机变量 $\boldsymbol{X}$ 和 $\boldsymbol{Y}$，用 $\Pr(\boldsymbol{X}\subset\mathbb{R}^m, \boldsymbol{Y}\subset\mathbb{R}^n)$ 表示 $\boldsymbol{X}$ 和 $\boldsymbol{Y}$ 在欧几里得空间 $\mathbb{R}^m$ 和 $\mathbb{R}^n$ 上对应的概率向量。再定义 $x\in\mathbb{R}^m$ 是 $\mathbb{R}^m$ 上的一点，同理定义 $y$。

这样，$\boldsymbol{X}$ 和 $\boldsymbol{Y}$ 的联合分布（joint distribution）就定义为

$$F_{\boldsymbol{X},\boldsymbol{Y}}(x, y; \vartheta)=\Pr(\boldsymbol{X}\leqslant x, \boldsymbol{Y}\leqslant y) \tag{1.7}$$

其中，$\vartheta$ 为联合分布函数中的参数。假定 $\boldsymbol{X}$ 与 $\boldsymbol{Y}$ 的联合概率密度函数（joint probability density function）为 $f_{x,y}(x, y; \vartheta)$，并且严格有定义，则有

$$F_{\boldsymbol{X},\boldsymbol{Y}}(x, y; \vartheta)=\int_{-\infty}^{x}\int_{-\infty}^{y} f_{x,y}(w, z; \vartheta)\mathrm{d}z\mathrm{d}w \tag{1.8}$$

与联合分布相对的概念是边际分布（marginal distribution）。例如，$\boldsymbol{X}$ 的边际分布可以通过将联合分布中与 $x$ 不相关的赋值设为 $+\infty$ 来获得，即

$$F_{\boldsymbol{X}}(x; \vartheta)=F_{\boldsymbol{X},\boldsymbol{Y}}(x, +\infty, \cdots, +\infty; \vartheta) \tag{1.9}$$

当 $X$ 是一个一维随机变量而不是向量时，边际分布的定义就成为下面常见的形式：

$$F_X(x; \vartheta)=\Pr(X\leqslant x; \vartheta) \tag{1.10}$$

式（1.10）在统计学中也称为 $X$ 的累积分布函数（cumulative distribution function, CDF），其取值范围在 0 与 1 之间。虽然 CDF 的概念稍微有些抽象，但是其在金融计量学中有着广泛的应用，特别是在计算统计量的 $p$ 值的过程中非常有用。例如，利用 $F$ 分布的累积分布函数可以计算 $F$ 检验统计量的 $p$ 值。

谈及随机分布，另外一个相关的概念是条件分布。所谓条件分布，顾名思义，就是随机变量在给定条件下的分布。例如，给定 $Y\leqslant y$，$X$ 的条件分布可以定义为

$$F_{X\mid Y\leqslant y}(x; \vartheta)=\frac{\Pr(X\leqslant x, Y\leqslant y)}{\Pr(Y\leqslant y)} \tag{1.11}$$

如果利用前面提到的概率密度函数的概念，还可以写成

$$f_{x\mid y}(x; \vartheta)=\frac{f_{x,y}(x, y; \vartheta)}{f_y(y; \vartheta)} \tag{1.12}$$

其中，$f_y(y;\vartheta)$ 表示边际概率密度函数，并且满足

$$f_y(y;\vartheta)=\int_{-\infty}^{+\infty}f_{x,y}(x,y;\vartheta)\mathrm{d}x \tag{1.13}$$

这里需要注意两点。第一，式（1.12）所刻画的关系经常被用于金融计量中的极大似然估计（maximum likelihood estimation，MLE）方法。该方法的一个明显特征就是对涉及的随机变量（如回归方程中的随机扰动项）的统计分布有严格的假设，如正态分布假设等。有关 MLE 的知识将在本书的后续章节中做更多的介绍。第二，随机变量 $X$ 与 $Y$ 彼此之间是统计独立的，当且仅当条件分布与边际分布满足以下关系，即

$$f_{x|y}(x;\vartheta)=f_x(x;\vartheta) \tag{1.14}$$

### 1.3.4　随机变量的期望与矩

随机变量的期望和矩是金融计量学习中非常有用的概念，而且这两个概念彼此依存度很高。注意，矩的英文为“moment”，可能与该英文单词常见的释义有些差别，这里特别提出以方便读者在阅读外版教材时不产生混淆。

从统计学角度来说，一个随机变量 $X$ 的 $n$ 阶矩可以定义为

$$E[(X-\mu)^n]=\int_{-\infty}^{+\infty}(x-\mu)^n f(x)\mathrm{d}x \tag{1.15}$$

其中，$\mu$ 表示 $X$ 的均值，$E(\cdot)$ 代表期望运算符号。

这样，如果假设 $X$ 的各阶矩都有定义，那么 $n$ 取不同的值就对应着随机变量 $X$ 的各阶矩。相应地，1 阶矩被称为均值或期望，经常用 $\mu$ 来表示，它度量了随机分布的中心位置。另外，随机变量的 2 阶矩被称为方差，经常用 $\sigma^2$ 来表示，它衡量了 $X$ 的变化幅度。方差的平方根称为标准差，用 $\sigma$ 表示。均值和方差被广泛地用来刻画各种随机分布尤其是正态分布的特性。

在金融计量学中，随着对非正态分布的研究的不断增多，随机变量大于 2 阶的高阶矩也越来越多地引起研究者的兴趣。例如，3 阶矩又称为偏度（skewness），它度量了随机变量分布的非对称程度。如果偏度统计量为正值，说明 $X$ 的分布具有右侧长尾特征，而负的偏度表明具有左侧长尾特征。另外，4 阶矩又称为峰度，用于衡量随机变量分布的尖峰程度或平坦程度。作为经验值，对于一个服从正态分布的随机变量，其对应的偏度为 0，而峰度为 3。所以，可以通过偏度和峰度统计量来检验随机变量是否服从正态分布。著名的 Jarque-Bera 正态分布检验（Jarque and Bera，1980）便是利用这一思路设计的一种计量检验。Jarque-Bera 检验统计量定义为

$$Jarque\text{-}Bera=\frac{N}{6}\left[S^2+\frac{(K-3)^2}{4}\right] \tag{1.16}$$

其中，$N$ 表示样本大小，$S$ 表示偏度，$K$ 表示峰度，原假设是待检验随机变量为正态分布。

对于正态分布的检验原理我们不再做过多解释，这里总结一下随机变量的期望与矩之间的关系。考虑随机变量 $\varepsilon_t \sim \text{i.i.d.}(0,\sigma^2)$，其前 4 阶矩可以写为

$$
\begin{aligned}
&E(\varepsilon_t)=0\\
&E\{[\varepsilon_t-E(\varepsilon_t)]^2\}=\mathrm{var}(\varepsilon_t)=E(\varepsilon_t^2)=\sigma^2\\
&E\{[\varepsilon_t-E(\varepsilon_t)]^3\}=E(\varepsilon_t^3)\\
&E\{[\varepsilon_t-E(\varepsilon_t)]^4\}=E(\varepsilon_t^4)
\end{aligned}
\tag{1.17}
$$

当然，如果进一步假设 $\varepsilon_t$ 服从标准正态分布，那么 3 阶矩和 4 阶矩可分别写为

$$
\begin{aligned}
&E\{[\varepsilon_t-E(\varepsilon_t)]^3\}=E(\varepsilon_t^3)=0\\
&E\{[\varepsilon_t-E(\varepsilon_t)]^4\}=E(\varepsilon_t^4)=3
\end{aligned}
\tag{1.18}
$$

在金融时间序列分析中，前两阶矩是最为常用的。虽然上面介绍的矩的定义非常重要，但是在实际应用中，我们通常很难获得随机变量的期望，所以，随机变量的矩经常使用样本数据进行估计。例如，假定 $T$ 代表随机变量 $\varepsilon_t$ 的样本观测值的个数，那么样本均值可以写成

$$
\hat{\mu}=\frac{1}{T}\sum_{t=1}^{T}\varepsilon_t \tag{1.19}
$$

样本方差则为

$$
\hat{\sigma}^2=\frac{1}{T-1}\sum_{t=1}^{T}(\varepsilon_t-\hat{\mu})^2 \tag{1.20}
$$

作为一种运算符号，期望和方差运算符号还具有以下性质（这里 $A$ 表示常数，$u_t$ 和 $v_t$ 表示均值为 0 的随机变量）：

$$
\begin{aligned}
&E(A\varepsilon_t)=AE(\varepsilon_t)\\
&E(A+\varepsilon_t)=A+E(\varepsilon_t)\\
&E(u_t+\varepsilon_t)=E(u_t)+E(\varepsilon_t)\\
&\mathrm{var}(A\varepsilon_t)=A^2\mathrm{var}(\varepsilon_t)\\
&\mathrm{var}(A+\varepsilon_t)=\mathrm{var}(\varepsilon_t)\\
&\mathrm{var}(u_t+\varepsilon_t)=E(u_t^2+2u_t\varepsilon_t+\varepsilon_t^2)=E(u_t^2)+2E(u_t\varepsilon_t)+E(\varepsilon_t^2)
\end{aligned}
\tag{1.21}
$$

注意看式（1.21）所给出的最后一个等式，如果没有特殊的假设，一般来说 $E(u_t\varepsilon_t)\neq E(u_t)E(\varepsilon_t)$。事实上，$E(u_t\varepsilon_t)$ 表明的是两个随机变量之间的相关关系，其实质是 $u_t$ 和 $\varepsilon_t$ 的协方差，即 $\mathrm{cov}(u_t, \varepsilon_t)$。当然，如果这里没有假设随机变量的均值都为 0，那么协方差就应该写成 $\mathrm{cov}(u_t, \varepsilon_t)=E[(u_t-\mu_u)(\varepsilon_t-\mu_\varepsilon)]$。由此，我们进一步得到关于协方差的一些有用的性质：

$$
\begin{aligned}
&\mathrm{cov}(A, \varepsilon_t)=0\\
&\mathrm{cov}(Au_t, \varepsilon_t)=A\mathrm{cov}(u_t, \varepsilon_t)\\
&\mathrm{cov}(u_t+v_t, \varepsilon_t)=\mathrm{cov}(u_t, \varepsilon_t)+\mathrm{cov}(v_t, \varepsilon_t)
\end{aligned}
\tag{1.22}
$$

至此，我们的讨论实际上是集中在随机变量的无条件矩上，而条件矩的表达式要稍复杂一些。例如，如果给定条件信息矩阵 $\boldsymbol{\Omega}_t$，则随机变量 $x_t$ 的条件期望可以写成 $E(x_t|\boldsymbol{\Omega}_t)$，而条件方差也可以类似地定义。条件矩特别是条件方差的概念将在本书的第 13 章有更详尽

的阐述和应用。

### 1.3.5　金融模型与金融计量模型

在金融计量分析过程中，我们经常会遇到并且需要区分的一对概念就是金融模型和金融计量模型。做这种区分并非文字游戏，因为二者存在本质上的区别。金融模型是依据一定的金融理论所建立的等式关系。例如资产定价理论刻画了在完全竞争市场状态下单项资产溢价与组合资产溢价之间的关系，即单项资产的预期收益率（$r_t$）相对于无风险收益率（$r_f$）与组合资产预期收益率（$r_m$）相对于无风险收益率之间的关系。该理论阐释的核心内容是任何风险性资产的预期收益率都等于无风险收益率与资产风险溢价之和。这是金融学原理的重要内容之一。那么依据这样的理论，我们就可以写出确定的等式决定关系，即

$$r_t = r_f + \beta(r_m - r_f) \tag{1.23}$$

其中，$\beta$ 表示单项资产的风险系数。在这种等式关系（金融模型）中不包含随机扰动因素。

而金融计量模型则是在金融模型的基础上增加了随机扰动因素，用以捕捉可能影响金融模型等式左侧变量的其他因素。虽然这种随机因素一般是不可观测的，但是我们总可以对其统计分布特征加以假设或者约束，从而实现对金融计量模型的回归估计。

以刚才提到的资产定价模型为例，其对应的金融计量模型就应该写成

$$r_t = r_f + \beta(r_m - r_f) + u_t \tag{1.24}$$

其中，$u_t$ 是模型中的随机扰动项。接下来，只要我们假定随机扰动项服从一定的统计分布，运用现实数据就有可能获得计量模型（1.24）中待估计的参数。

当然，在实际估计过程中，涉及的步骤和内容要更加丰富一些，图 1-6 对从金融模型到金融计量模型的一系列工作做了归纳，供读者参考。有关这方面的内容，我们还会在后续章节陆续介绍。

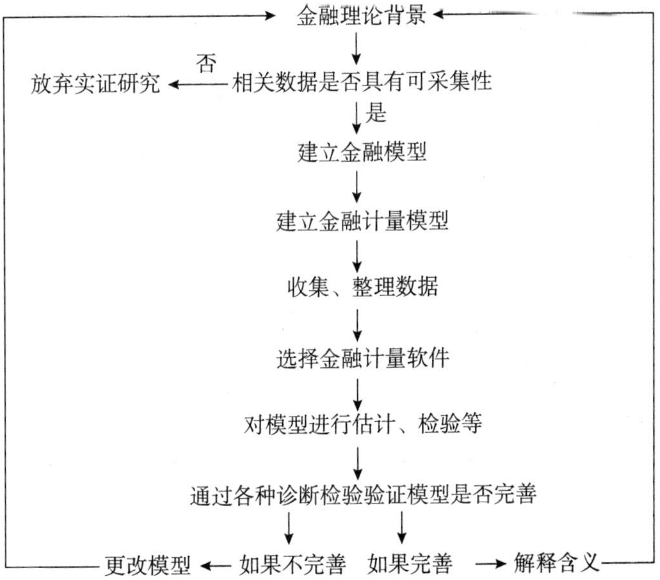


**图 1-6　金融计量建模流程**

第 2 章

# 金融计量软件介绍

**本章导读**

金融计量学或者更宽泛地说计量经济学中所使用的软件工具经过多年的发展，数量越来越多。本章对金融计量分析中常用金融计量软件的使用做了初步介绍，以帮助读者尽快掌握常用软件的基本操作和使用。事实上，众多计量软件虽然各有特点，但是通过尝试使用不同软件大家慢慢会发现，对于基础性的计量分析而言，很多软件大同小异，所以对于初学者来说，可以首先集中精力学习一到两个常用软件，待熟练掌握之后再尝试其他软件。当然，无论软件如何变化，在使用过程中最基础和最本质的还是计量理论。只有掌握了基础理论，才能从深层次理解计量软件的各种操作命令，也才能学会编写更高难度的底层程序。

## 2.1 综合介绍

近年来，随着信息技术和计量分析的发展，计量软件的应用也越来越广泛。相应地，计量软件的数量也越来越多，目前已有的计量软件多达几百种。在《计量经济学杂志》（*The Econometrics Journal*）的相关网站（http://www. feweb. vu. nl/econometriclinks/software. html），读者可以发现这几百种软件的详细列表。在经济、金融等专业的本科生和研究生的教学中，常见的计量软件包括 EViews、Stata、SAS、Python、R、MATLAB 以及 GAUSS 等。

在现有的几百种计量软件中，经常用于金融计量分析的软件包括 EViews、WinRATS、Python、R、SAS、MATLAB 和 GAUSS 等。一般来讲，不同的软件在特定方面具有各自的长处。例如 EViews 和 Stata 简单易学，功能比较全面和强大，既能够方便地进行时间序列模型回归，也能做横截面和面板数据模型。但是在时序数据分析中，EViews 似乎更为方便一些。

WinRATS 专门用来处理时间序列数据模型，其中内嵌的许多常用时间序列模型（如自回归过程等）使用起来非常方便，阿拉巴马大学的沃尔特·恩德斯教授等许多计量经济学家还专门编写了 WinRATS 的入门手册。

SAS 软件提供了多个统计过程，每个过程都包含非常丰富的选项，用户还可以通过对数据集的一连串加工，实现更为复杂的统计分析。SAS 在高频数据和海量数据的处理方面也具有很多别的软件不具备的优势。

而 MATLAB 和 GAUSS 等金融计量软件功能更为强大，经常要配合程序的编写来进行计量回归等。以 MATLAB 为例，6.5 以上版本的金融工具箱为金融计量计算提供了功能齐备的工具，而 GAUSS 从更为底层的基础上提供灵活的金融计量编程工具，在进行高频数据分析和大型矩阵形式的金融计量计算方面更是优势明显。当然，对于编程类金融计量软件如 GAUSS 等，需要用户具备一定的计算机编程语言基础和数学算法基础。图 2－1 给出了其中几种金融计量软件的界面图。

**图 2－1　几种金融计量软件的界面图**

那么在实际应用过程中，究竟应该选用哪种金融计量软件呢？这也是初学计量的学生最常问到的一个问题。一般来说，初学者可以选用 EViews、Stata 或者 R 中的一种，高级的计量软件使用者则不必局限于某一种软件，根据实际研究需要和不同软件的特点，可以自行选择相应的软件。

为了帮助更多的读者对常用计量软件有一个系统全面的了解，本章接下来分别介绍 EViews、GAUSS 和 Stata 的使用方法。相信在阅读完本章之后，读者能够学会这几种常用软件的初步使用方法，并且为以后学习其他软件的使用奠定一个良好的基础。

## 2.2 EViews 使用简介

EViews 是 Econometrics Views 的缩写，其前身是 20 世纪 80 年代颇为流行的计量软件 TSP（Time Series Processor），EViews 由 QMS（Quantitative Micro Software）公司开发成功并逐渐成为近年来计量领域广泛使用的软件。EViews 最明显的特点是对话菜单的使用使得金融计量分析既快捷又方便，而且学习起来相对容易。

EViews 发展到现在，其功能已经相当强大。除了处理金融时间序列数据模型，EViews 在管理和处理横截面数据和面板数据方面也非常方便，而且具有强大的命令功能和丰富的程序处理语句。EViews 的计量分析功能使得该软件成为最受欢迎的计量软件之一。

为方便介绍，下面我们从几个方面介绍 EViews 的使用，并给出简单实例。

### 2.2.1 启动 EViews

首先利用 EViews 的安装盘安装 EViews，当然你也可以在官方网站下载免费试用版（demo version）并安装。假定你已经安装并注册成功，并在电脑桌面建立了一个 EViews 图标，那么点击该图标之后，你将看到如图 2-2 所示的界面。如果进一步点击界面上的“Help”/“About EViews”，还可以查看当前使用的 EViews 的版本情况。

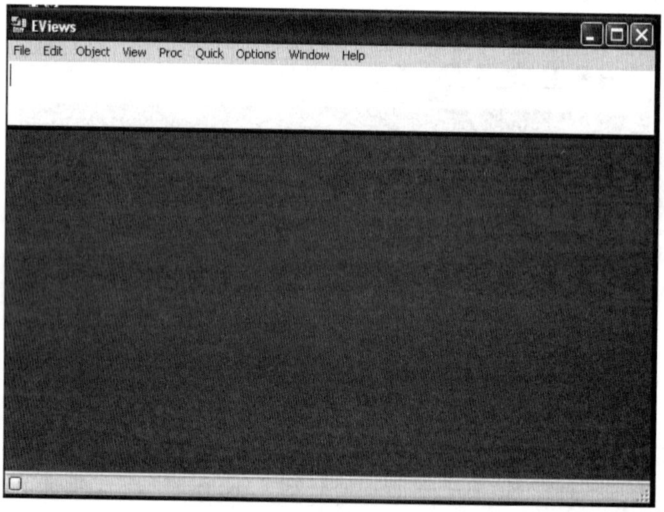


图 2-2 EViews 的界面

### 2.2.2 创建工作文档

在利用 EViews 进行数据分析和回归分析之前，最重要的一个步骤就是创建工作文档（workfile）。工作文档是进行对象操作、存放回归结果、查看回归结果以及很多其他面向对象操作的基础。当然，如果你先前已经创建过命名的工作文档，就可以选择打开已有的文档，我们这里假定初次使用 EViews。要创建工作文档，只需选择菜单“File”/“New”/

“Workfile”即可，然后会出现一个对话框，让你选择数据频率等信息，见图 2 - 3。

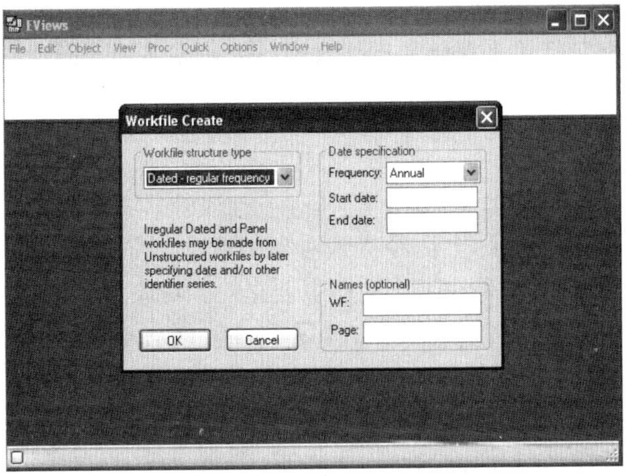


**图 2 - 3　选择数据频率等以创建工作文档**

现在，我们就可以设立数据的形式，包括数据的频率、起始日期和结束日期。例如，选择“Dated-regular frequency”后，在“Frequency”对话框处选择数据的频率，可以是年度（Annual）、半年度（Semi-annual）、季度（Quarterly）、月度（Monthly）、星期（Weekly）和日度（Daily）。其中，日度频率的 Daily（5 day weeks）适用于股票市场有关数据的分析，因为一周只有 5 个交易日。在“Start date”对话框中输入起始日期，在“End date”对话框内输入终止日期，年度与后面的日期用冒号“:”分割开。对于日期的输入法还要注意，年度如果是 20 世纪，如 1989 年，则可以使用后两位数字，其余情况要写全四位数年份。同时，还可以在“WF”框内给待创建的文档命名，并指定工作文档所在的页码（这些是可选项）。

注意，早期版本的工作文档创建窗口外观与新版本可能存在一定的差别，但根本的内容（如数据频率、日期输入等）都是一致的。完成以上操作后点击“OK”，便会出现如图 2 - 4 所示的对话框。

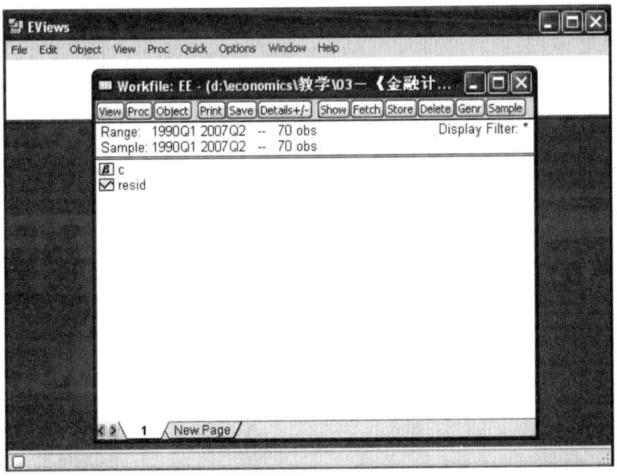


**图 2 - 4　创建工作文档的界面**

从图 2－4 的界面上不难观察到，一个工作文档被创建之后，会默认带有两个不同标识的内容，一个是“resid”序列，另一个是系数向量“c”。这两个内容都称为 EViews 的对象（object），“resid”将用来存储最近一次回归的残差序列，而“c”用来存储对应的系数估计值。

### 2.2.3 创建对象

在上面的过程中，我们实际上已经提到对象的概念。简单地说，EViews 中的所有信息都是储存在对象中的，对象是在工作文档中创建的。对象包括很多种，如序列（Series，）、等式（Equation，）、组（Group，）、图（Graph，）等。每个对象都包含与一个特定分析领域有关的信息，因此 EViews 软件属于面向“对象”的设计。

在打开一个工作文档后，就可以点击主菜单上的“Object”/“New Object”或者右键点击当前工作文档的空白处，即可创建想要的对象，如图 2－5 所示。

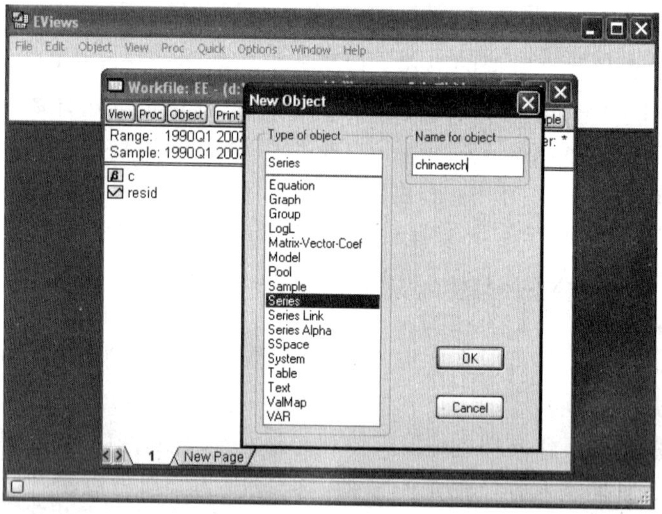


**图 2－5 创建对象的界面**

例如，如果我们想要建立一个新的序列，便可以选中“Series”，给出相应的命名，点击“OK”就成功地创建了一个新的序列。当双击该序列时，可以观察该序列的观测值等信息。不同的对象可以存储不同的信息，而且有着不同的视图（View）。比如序列（Series）有表格视图（可用于查看原始数据）、图形视图（如线形图、柱状图）等。这些视图都可以通过点击相应“Series”对象下的“View”按钮下的选项切换。同时“Series”的“View”按钮下还有对数据序列进行单位根检验（Unit Root Test）等统计功能。其他类型的对象创立过程与此类似，不再赘述，读者可以尝试点击各个对象的“View”按钮发掘有用的功能。

还有一点，就是对象可以复制/粘贴，就像对 Windows 下的文件操作一样。比如，一个 Series 序列可以从一个 Workfile 复制到另一个 Workfile。另外一个值得指出的对象操作是 Freeze（冻结对象）。冻结对象就是把对象当前的视图以快照的方式保存在一个新的对象中。举例而言，当一个 Series（序列）对象的视图为线形（Line）图的时候（如本节末的实例所示），通过点击“Freeze”按钮，EViews 将自动产生一个保存有 Line 图的 Graph 对象，并且该 Graph 对象也可像其他对象一样复制/粘贴。

### 2.2.4　导入数据

在了解了工作文档和对象创建过程后，就可以尝试向 EViews 的工作文档中导入数据。实际上，导入数据的方式有多种，下面介绍两种常用的数据导入方式：一种是直接从 Microsoft Excel 表格中将待处理的数据导入工作文档，另一种是简单的复制与粘贴。

如果待处理和使用的数据存放在 Excel 工具中，就可以使用以下步骤直接进行导入：首先，在主菜单中选择“File”/“Import”/“Import from file”；然后选择存放数据的 Excel 文件；接着按提示内容对话框填写相关信息；最后点击“OK”。

如果数据量不大，更快捷的一种导入数据的方式就是复制与粘贴。例如，可以直接复制待使用的数据，然后粘贴到工作文档的相应对象中（如序列）。如果在工作文档中尚未建立相应的对象，那么需要首先利用上文介绍的方法创建对象，然后粘贴数据。

### 2.2.5　绘制图示

在工作文档中导入了数据之后，便可以查看和编辑含有数据的序列，并可以绘制序列的图示。例如，如图 2-6 所示，点击打开 CHINAEXCH 序列之后，可以选择该序列上方的“View”/“Graph”来绘制与该序列数据对应的各种图示，包括线形图、柱状图等。

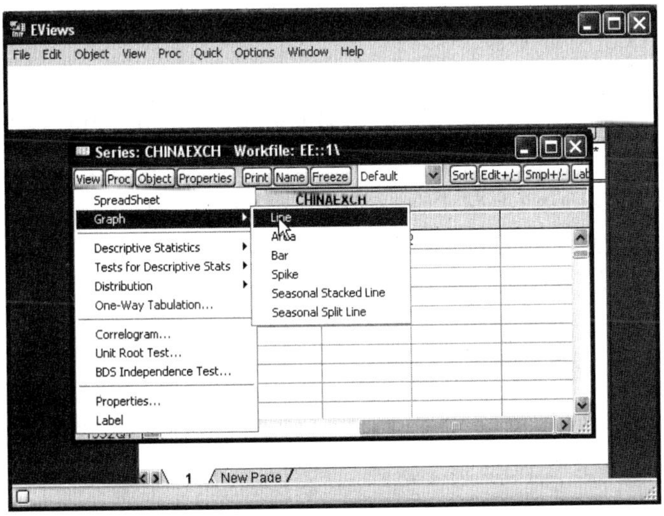


图 2-6　绘制图示界面

### 2.2.6　回归分析

在了解了 EViews 的工作文档建立和数据导入等知识后，就可以进行初步的计量回归分析了。假定当前工作文档中含有两个变量序列，分别是“$y$”和“$x$”。如果我们想要使用“$y$”对“$x$”回归，即

$$y_t = c + \alpha x_t + u_t$$

那么在主菜单中选择“Quick”/“Estimate Equation”，紧接着会跳出回归设立的对话框，你可以在相应的对话框内填写信息，如在“Equation specification”对话框内按顺序写上“$y$ $c$ $x$”，其中 $c$ 是 EViews 默认的常数项，然后在“Estimation settings”/“Method”选项内选择使用的回归估计方法。EViews 提供多种估计方法，包括常用的普通最小二乘法（OLS）、二阶段最小二乘法和广义矩估计法等。

### 2.2.7 常用的 EViews 命令

| | |
|---|---|
| log($x$) | 计算 $x$ 的自然对数 |
| $x$(−1) | $x$ 滞后 1 期 |
| $x$(−2) | $x$ 滞后 2 期 |
| d($x$) | 计算 $x$ 的一次差分，即 $x-x(-1)$ |
| scalar $a$=21.3 | 对 $a$ 赋值 |
| scalar $b$=3^3 | 对 $b$ 赋值，令其等于 3×3×3=27 |
| genr $a$=$b$ * $b$ | 生成一个序列，令其等于 $b$ 的平方 |
| smpl 1990:1　2001:1 | 定义样本区间为 1990 年第 1 季度—2001 年第 1 季度 |

### 2.2.8 EViews 使用的一个简单实例

接下来，我们使用一个实际操作的例子，利用 2000—2021 年中国居民消费支出和可支配收入数据进行演示，数据频率为年度。

第 1 步：建立工作文档（Workfile）。启动 EViews 后点击“File”/“New”/“Workfile”，在“Workfile structure type”中选择“Dated-regular frequency”，并在右边的对话框“Frequency”选取“Annual”，在“Start date”框中填“2000”，在“End date”框中填“2021”，最后点击“OK”。如图 2-7 所示。

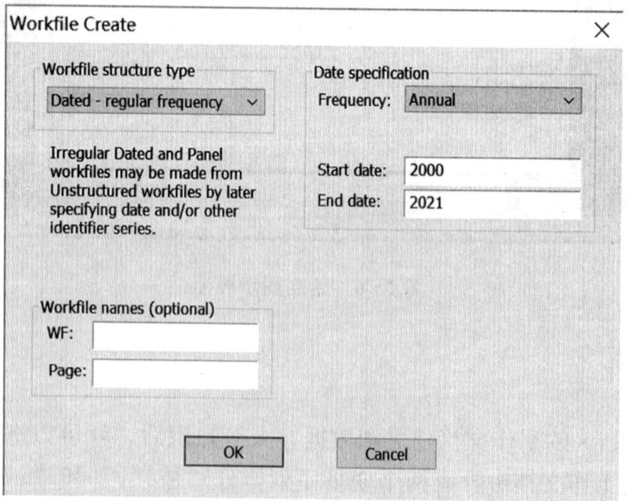


图 2-7　建立工作文档实例

第 2 步：创建序列（Series）对象。点击主菜单中“Object”/“New Object”，弹出如图 2－8 所示的对话框。在“Type of object”中选择“Series”（序列），同时在右边“Name for object”框中可对序列命名，最后点击“OK”确认。在本例中，第一个创建的序列命名为“Consumption”（消费支出）。类似地，可以创建“Income”（可支配收入）序列。

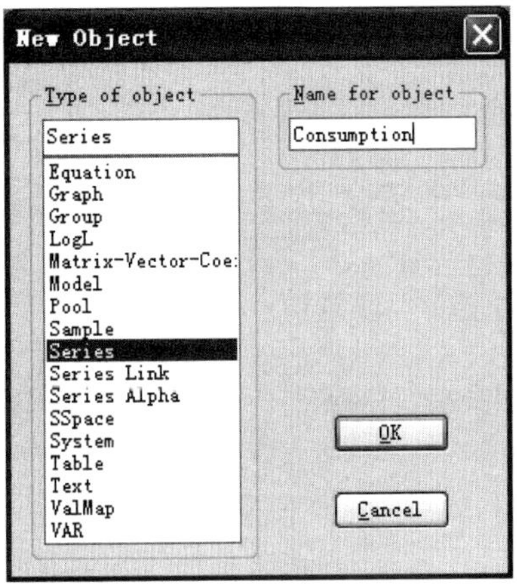


**图 2－8　创建序列对象实例**

在创建完两个 Series 对象后，这时 EViews 的工作文档界面如图 2－9 所示。

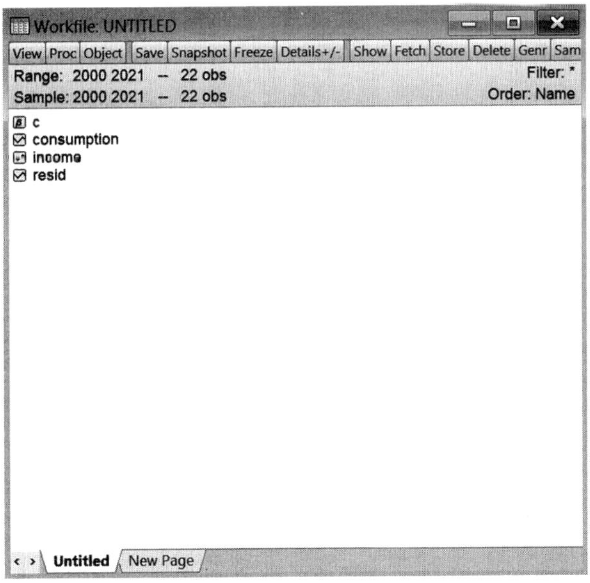


**图 2－9　创建两个对象后的 EViews 工作文档界面**

第 3 步：导入数据。首先导入消费支出（Consumption）的数据序列。双击工作文档（Workfile）中的 Consumption 序列图标，打开 Consumption 序列，出现如图 2－10 所示的对话窗口。

这个窗口与 Excel 文档的界面很像。但是此时还不能直接在其中输入数据，因为 EViews 为了保护数据，在默认情形下是不能对数据进行编辑的，必须点击图 2－10 中的

“Edit +/−” 按钮，使得窗口处于可编辑状态。假设原始数据已经在 Excel 文档中组织好，如图 2-11 所示。

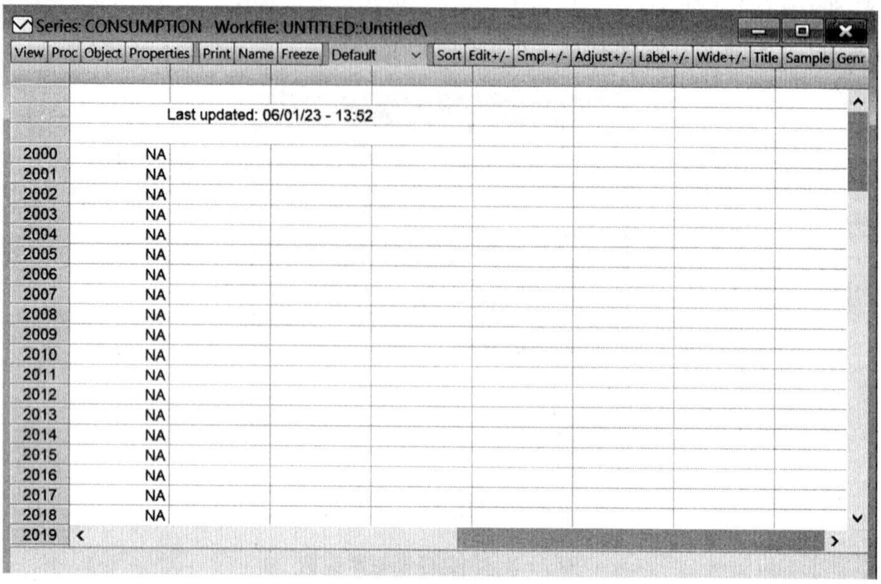


**图 2-10 Consumption 序列界面**

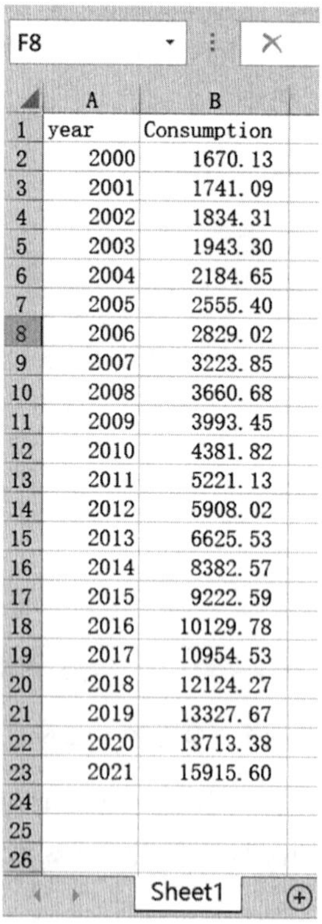

| | A | B |
|---|---|---|
| 1 | year | Consumption |
| 2 | 2000 | 1670.13 |
| 3 | 2001 | 1741.09 |
| 4 | 2002 | 1834.31 |
| 5 | 2003 | 1943.30 |
| 6 | 2004 | 2184.65 |
| 7 | 2005 | 2555.40 |
| 8 | 2006 | 2829.02 |
| 9 | 2007 | 3223.85 |
| 10 | 2008 | 3660.68 |
| 11 | 2009 | 3993.45 |
| 12 | 2010 | 4381.82 |
| 13 | 2011 | 5221.13 |
| 14 | 2012 | 5908.02 |
| 15 | 2013 | 6625.53 |
| 16 | 2014 | 8382.57 |
| 17 | 2015 | 9222.59 |
| 18 | 2016 | 10129.78 |
| 19 | 2017 | 10954.53 |
| 20 | 2018 | 12124.27 |
| 21 | 2019 | 13327.67 |
| 22 | 2020 | 13713.38 |
| 23 | 2021 | 15915.60 |
| 24 | | |
| 25 | | |
| 26 | | |



**图 2-11 Excel 文档中的原始数据**

接下来，选中 Excel 文档中 B2：B23 单元格，复制并粘贴到 Consumption 序列相应的单元格即可。最后点击“Edit+/−”按钮，保护序列不会因偶然因素而被人为地错误修改。同样，可以将可支配收入数据导入 Income 序列。导入完毕后，点击序列对象的“View”按钮，再选择“Graph”/“Line”则可以绘制序列的线形图，如图 2 - 12 所示。

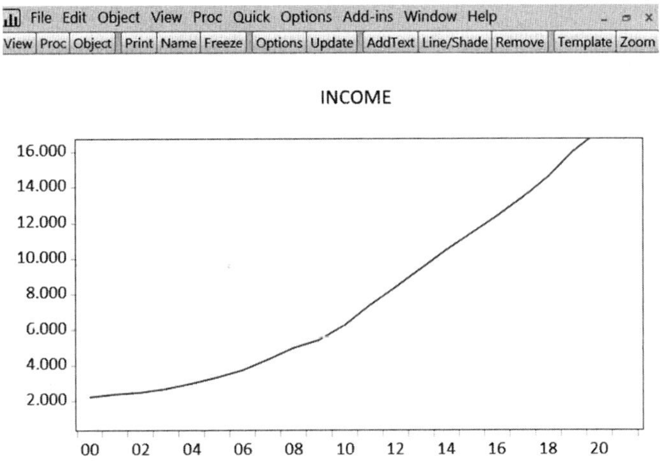


**图 2 - 12　Income 序列的线形图**

注意，当前状态虽然是图形形式，但如果在该状态下进行一些编辑和修改，在关闭这个序列之后，再打开时图上的一些修改内容就会丢失。为保留图形形式并保留图上的修改内容，要点击“Freeze”按钮，这样可以冻结对象，产生一个存储了上述线形图的 Graph 对象。此时对这幅图的对象进行操作，只要命名之后，一切修改在下次打开时仍然保留。

第 4 步：回归分析。假设回归模型为

$$y_t = c + \alpha x_t + u_t$$

其中，$y_t$代表 Consumption，$x_t$代表 Income。点击主菜单中的“Quick”/“Estimate Equation”，如图 2 - 13 所示。

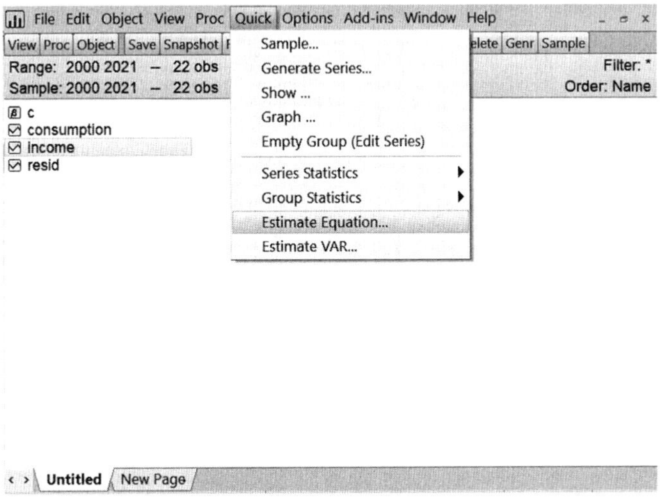


**图 2 - 13　EViews 主界面**

选中之后，会出现如图 2-14 所示的对话框。

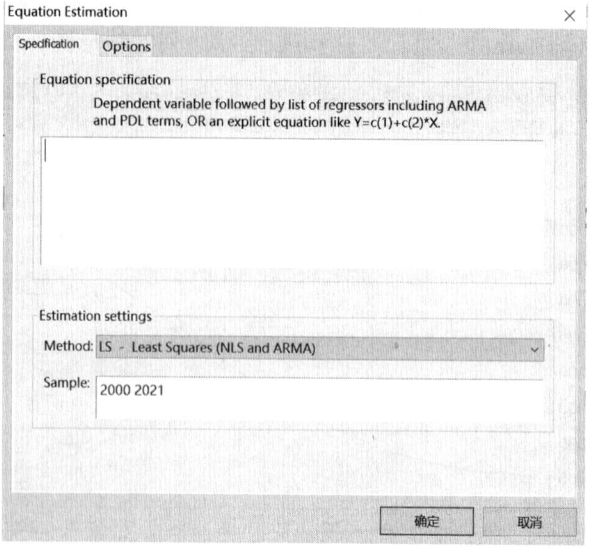


**图 2-14　EViews 回归等式对话框**

在对话框“Specification”选项卡下输入“consumption c income”，再点击“确定”即可。本例中的回归分析采用普通最小二乘估计方法。另外，在“Options”选项卡中还可以设定一些更加复杂的回归估计选项，比如 White 异方差修正矩阵和 Newey-West 修正矩阵等。本例的回归结果如图 2-15 所示。

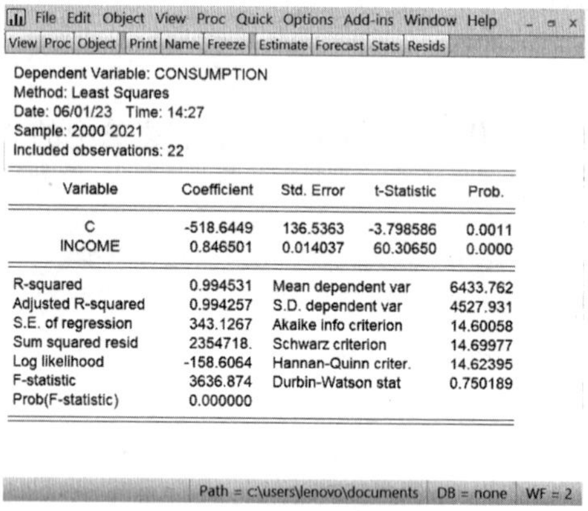


Dependent Variable: CONSUMPTION
Method: Least Squares
Date: 06/01/23 Time: 14:27
Sample: 2000 2021
Included observations: 22

| Variable | Coefficient | Std. Error | t-Statistic | Prob. |
|---|---|---|---|---|
| C | -518.6449 | 136.5363 | -3.798586 | 0.0011 |
| INCOME | 0.846501 | 0.014037 | 60.30650 | 0.0000 |

| | | | |
|---|---|---|---|
| R-squared | 0.994531 | Mean dependent var | 6433.762 |
| Adjusted R-squared | 0.994257 | S.D. dependent var | 4527.931 |
| S.E. of regression | 343.1267 | Akaike info criterion | 14.60058 |
| Sum squared resid | 2354718. | Schwarz criterion | 14.69977 |
| Log likelihood | -158.6064 | Hannan-Quinn criter. | 14.62395 |
| F-statistic | 3636.874 | Durbin-Watson stat | 0.750189 |
| Prob(F-statistic) | 0.000000 | | |

**图 2-15　案例的回归结果**

# 2.3　GAUSS 使用简介

## 2.3.1　简介

GAUSS 计量软件在处理矩阵与大规模计算方面十分强大。作为开始，我们先来快速浏览一下 GAUSS（8.0 版）的初始界面（见图 2-16）。

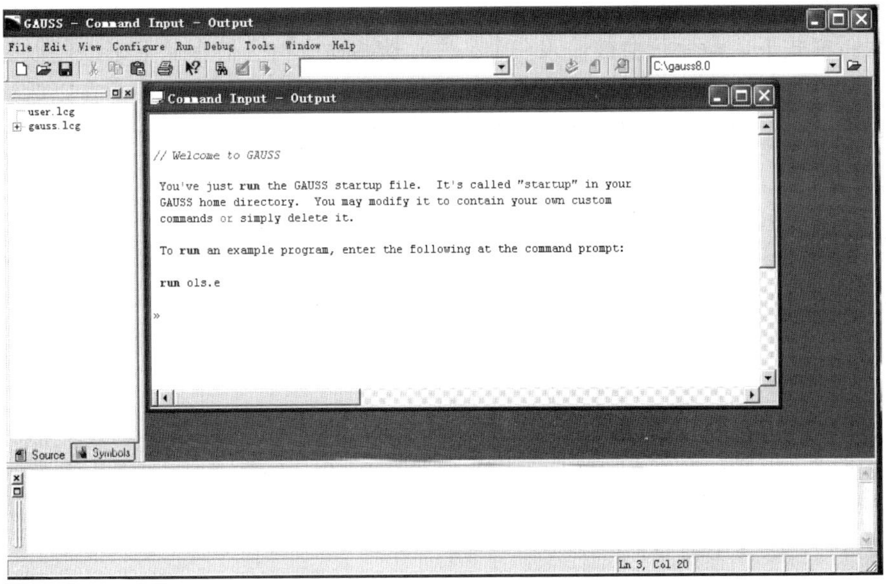


图 2 - 16　GAUSS 的初始界面

在初始界面中，你可以看到命令（输入-输出）窗口。如图 2 - 16 所示，当前的工作路径是 C:\gauss8.0（当你执行一个程序或是语句时，GAUSS 会自动在该目录下寻找相关内容）。不过，你可以通过点击如图 2 - 17 所示的“File”/“Change Working Directory”来改变工作路径。

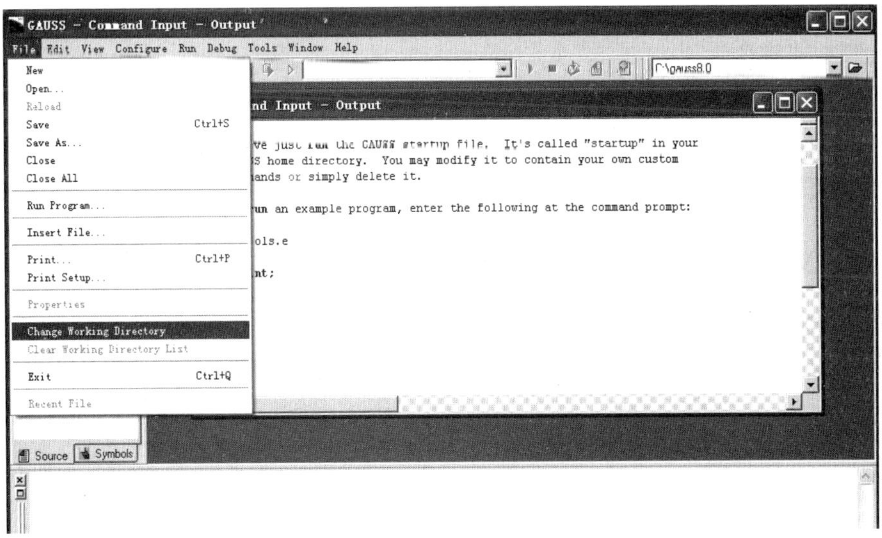


图 2 - 17　改变工作路径界面

## 2.3.2　GAUSS 命令模式与编辑模式

GAUSS 可以通过命令模式与编辑模式运行。在命令模式中，命令在按<Enter>键后将会被立即执行，或者多行 GAUSS 命令以命令终止符<<作为结尾。GAUSS 的不同命

令行间以分号“;”作为分割。

在编辑模式下，命令行会被输入一个文件，这些命令行会被存储下来以便以后再次调用。这个文件可以是一整套程序或一个过程等。程序可以在文件中储存并在以后运行。在命令模式下，一个简单例子如下（可以去 GAUSS 的“Help”中查找下面例子中涉及的语句含义）：

```
>>x=rndn(100,2); y=rows(x); print y;
```

该语句可以通过单击<Enter>来执行。该行语句包含 3 条 GAUSS 命令，并以分号分割。在单击<Enter>后，命令就会被编译和执行。如果命令在一行中打不下，可以单击<Ctrl>+<Enter>另起一行继续输入。

通过单击<Enter>，所有命令将会被一次执行。这个例子同样可以在编辑模式下运行。编辑模式可以通过在 GAUSS 命令提示符处输入“edit example1. prg”开启。这条命令会开启 GAUSS 的编辑模式并且创造一个名为“example1. prg”的文件。上述例子中的三条命令可以按如下方式重新输入：

```
x=rndn(100,2);
y=rows(x);
print y;
```

在编辑模式下单击<Enter>并不能执行那条特定的语句，而是开启新的一行。在程序被输入后，可以单击 F5 来运行该程序，你会在输出窗口看到如下结果：

```
run C:\gauss8.0\example1.prg;
  100.00000
```

这个结果和在命令模式下运行的结果相同。你可以通过查询 GAUSS 的“Help”文档来获得更多关于命令的信息。

### 2.3.3 导入数据

假设数据存储在 Excel 文档中，你可以通过“SpreadsheetReadM”命令来导入你的数据。举例来说，假设“realactivitydata. xls”保存在原始工作路径中，然后输入：

```
file=SpreadsheetReadM("realactivitydata","b3:b189",1 );
```

你的 Excel 文件中 b3：b189 单元格（sheet1 中）的数据将被导入 GAUSS。如果数据是以 *. dat 形式存储的，那么你可以非常方便地使用下面的语句来导入数据：

```
data=loadd("C:\gauss8.0\data.dat");
```

### 2.3.4 GAUSS 程序

GAUSS 程序可以被粗略地定义为包含可执行的 GAUSS 命令的若干文件的集合。一个程序文件可能包含程序的实际代码和特定于该程序的附加程序。GAUSS 程序的第一条语句往往可以以"new;"开始，该语句的作用是清空工作空间。之前程序留在内存中的所有矩阵与过程将被清空。一个程序的最后一个语句可以以"end;"结尾，该语句可以关闭所有已打开的文件，并终止该程序。

在所有程序中，一个重要的组成元素就是流程控制。GAUSS 中提供了不同的关键词来决定某一段代码是需要重复多次，还是执行到底。一个 GAUSS 循环可以通过"do while"语句开始并以"endo"结尾，或者以"for"语句开始，以"endfor"结尾（第二种速度更快）。在循环中，可以使用"continue"语句跳出本次循环，开始下次循环，也可以使用"break"语句跳出所有循环。在后一种情况下，程序直接跳到"endo"语句后面的第一条语句执行。考虑下面的例子：

```
i=1;
do while i<100;
  i=i+1;
x=100+20*i;
endo;
```

上述例子本身并不是一个完整的程序。通常一个正常的程序可以通过以下几个步骤来创建。首先，源代码必须写在一个 file 中。一个程序的代码通常由如下几部分组成：

（1）过程声明；

（2）声明局部变量；

（3）过程的实际代码；

（4）返回值（可以为空）；

（5）结束过程。

值得指出的一点是，在过程的实际代码前添加一段对代码的描述是十分可取的，通过添加评论标识符"/*…*/"或"@…@"即可。

一个简单程序的例子如下：

```
/* This program is written by Chengsi Zhang
  for the course of Financial Econometrics
 */
proc(1)=_simpleregression(_data);        @(1) # of arg. returned by retp(,)@
local x, y;              @Init. local var.: x and y@
x=_data[1:rows(_data),2:3];
y=_data[1:rows(_data),1:1];
beta=ols()
{vnam,m,b,stb,vc,stderr,sigma,cx,rsq,resid,dwstat}
=ols(_data, y, x);
retp (b);                @Comp. OLS estimates for coefficients@
endp;
```

现在你可以调用这个程序：

```
returns=_simpleregression(_data);
```

### 2.3.5 常用的命令与操作符

1. 命令

- 每条命令必须以分号“;”结束。
- 清除屏幕命令：cls。
- 复位存储器命令：new。
- 加载（数据）库命令：library library-name（数据库名）。
- 注释方法 1：@被注释内容@，常用于注释一行内的情况。
- 注释方法 2：/ * 被注释内容 * /，常用于注释整段内容（可多于一行）。

2. 操作符

- 选中矩阵的子矩阵：X [startrow（子矩阵起始行）：endrow（子矩阵终止行），startcolumn（子矩阵起始列）：endcolumn（子矩阵终止列）]。
- 矩阵转置算子：'。
- 矩阵运算符：+，－，*，\，%。
- 矩阵元素对元素运算符（例如 .+表示点加运算）：.+，.－，.*，.\。
- 克罗内克乘积运算符：.*.。
- 矩阵联结运算符：~，|（~表示矩阵并联，|表示矩阵串联）。

### 2.3.6 用 GAUSS 来创建图表

在 GAUSS 中创建图表时，第一步永远是输入“library pgraph”命令来激活 GAUSS 的图表库。下面我们用一个例子来说明如何在 GAUSS 中创建一幅图。

```
/* EXAMPLE OF CREATING GRAPH IN GAUSS */
new;
library pgraph;
graphset;
_var1=rndn(1000,1);
_var2=seqa(1,1,1000);
xy(_var2,_var1);
/* THIS IS THE END OF THE EXAMPLE */
```

在执行上面的语句后，你会得到图 2-18。同样你可以通过使用 GAUSS 的“Help”文档来探索作图的更多细节。

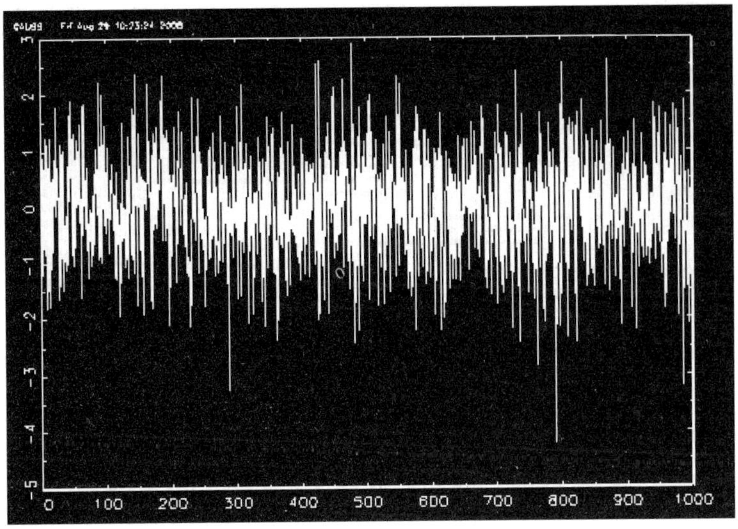

图 2-18　用 GAUSS 创建图的实例

## 2.4　Stata 使用简介

Stata 是一款常用的计量软件，数据管理和统计功能都较为全面，也拥有较为优秀的作图功能。与 EViews 等软件类似，Stata 同样适用于时序分析、截面数据以及面板数据等不同环境下的计量分析。接下来我们对 Stata 的数据管理、统计、作图和编程进行介绍。我们介绍的内容大都以 Stata 13 版本为基础，不过基本内容适用于 Stata 的各个不同版本。

### 2.4.1　Stata 速览

Stata 可在 Windows/Unix 系统以及 Mac 电脑的 IOS 系统上使用，本节的如下说明基于 Windows 系统下的 Stata 软件，但说明的绝大部分内容也适用于其他系统下的 Stata。标准的 Stata 版本通常被称为 Stata IC（Intercooled Stata），可以最多处理 2 047 个变量；Stata 另有一个特殊版本——Stata SE，可以处理 32 766 个变量（也允许更长的字符串与更大的矩阵）；Stata 还有一个适用于多处理器电脑的版本，它与 SE 的限制相同，但是运行速度更快。观测值个数限制与电脑的内存有关，且最大不能超过 20 亿个。以上几个版本都有分别适用于 32 位系统和 64 位系统的版本提供，64 位系统版本的内存占用更小且运行更快。这些不同版本的保存文件都是相同的，可以互相读取，当然是在该版本的限额内。

1. Stata 界面

图 2-19 显示了 Stata 界面，其中正中的窗口称为显示窗口，软件运行结果都会在这里显示，该窗口不能够输入，但是显示的结果可以复制；下方的 Command 窗口为命令窗口，是向 Stata 输入指令的窗口；左侧的 Review 窗口为回顾窗口，会显示每一条历史命令，而且双击该历史即可再次运行这条命令。右上角是变量窗口，显示当前数据集中的各个变量及其标签；右下角是属性窗口，单击某个变量，属性窗口就会显示该变量的属性。

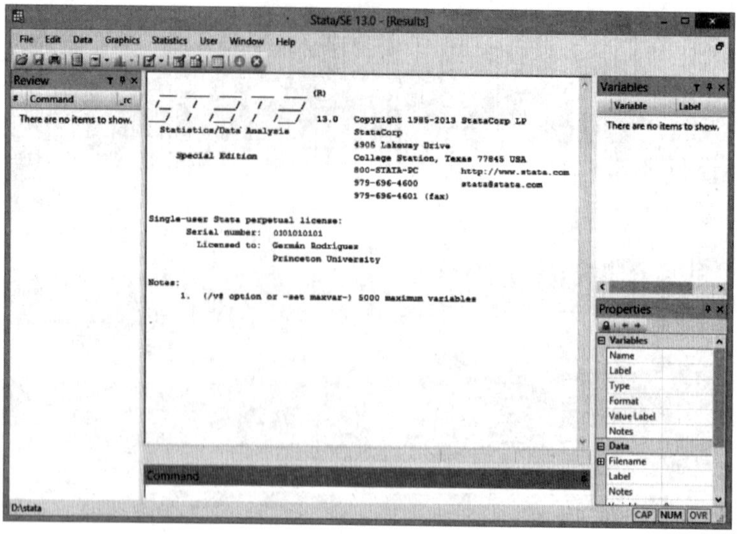


**图 2-19 Stata 界面**

用户可以自行调整窗口的大小。更多的用户个人偏好设置可以通过点击菜单中的“Edit”/“Preference”完成，可以选择自己喜欢的字体、颜色、主题等，并可以保存偏好设置。本说明使用的白色主题（即经典主题）不支持汉字显示，当汉字出现在显示窗口中时会变成乱码，建议中文用户选择“传统主题”，即黑色主题界面。

从 Stata 8 开始，图形用户界面（GUI）允许用户在菜单中选择命令与选项，从而使得 Stata 更易上手，但我还是建议使用者采用命令输入模式，这样可以轻易重现运行结果（重复运行命令即可）。用户甚至可以不采用在命令窗口中逐句输入命令的方式，而是建立一个单独的 do 文件（后文我们会介绍），下次执行时只需在菜单中点击“run”就可以重现结果。但是，现在我们还是先从 Command 窗口开始介绍。GUI 对于初学者还是很有帮助的，当你选择了菜单中的命令并执行后，Stata 会在主显示窗口显现出相应的命令语句，帮助初学者了解写一个什么样的命令可以完成该操作。

**2. 输入命令**

Stata 可以像一个计算器一样工作，使用“display”命令即可进行运算。（开头的点号在输入时请忽略，它只是显示该行命令是用户输入的。）

```
.display 12+12
  24
.display 2 * ttail(20,2.1)
  .04861759
```

Stata 对命令的大小写比较敏感，display 和 Display 是不同的，而且输入后者也并不起作用。Stata 的命令可以简写，如 display 写作 dis 同样有效。官方帮助文件用下划线的方式显示命令的简约式，如 display，本节的说明采用同样的写法。

上方的第二个命令是用 Stata 内嵌命令计算 $p$ 值。例子中是计算一个 $t$ 分布变量在自由度为 20 的情况下，超过 2.1 的概率，并乘以 2，我们得到一个大约 5%的数值。如果我

们想计算 $t$ 分布 $p=5\%$ 双侧截尾的临界值，可以使用 invttail（20，0.025）。单个命令最多包含 64 000 个字符，当你在 Command 窗口中不间断输入时，它会自动换行并向下滚动。

**3. 获得帮助**

Stata 有非常好的联网帮助系统，想获得关于某命令的帮助信息时就输入"help *command*"，此处斜体部分指代某命令或其简约式，这时会弹出 Viewer（查看）窗口，展示该命令的相关内容。当然也可以在菜单中选择"Help-Command"，然后键入某命令，请读者试一下"help ttail"。

如果你需要用某个功能的命令，但是不知道其名称，Stata 提供了 search 功能用于搜索，格式为"search *command*"，用户可自行加上一些选项，具体内容可以查阅"help search"。Stata 13 及之后版本启动 search 之后会自动在 Stata 网页资源中搜寻，读者可以自行尝试一下"search Student's t"，结果会显示与 $t$ 分布相关的所有内容。一如 $t$ 分布，读者可以自行尝试找出正态分布、卡方分布、$F$ 分布的概率分布函数。

自 Stata 11 之后，所有的 help 文件都以 pdf 格式存储在 Stata 的文件夹下，输入"help"之后弹出的内容中有许多链接直接跳转到 pdf 文件的相应位置。

**4. Stata 的数据导入**

Stata 有一些系统自带的样本数据，我们现在导入其中一个自带样本 auto. dta 的数据，使用命令"sysuse auto"（sysuse 命令同样可以后缀一些选项，例如"sysuse auto，clear"，具体内容读者可以查阅"help sysuse"），该数据包含了美国 1978 年的汽车销售相关数据。我们可以通过"sysuse dir"命令来查看所有 Stata 自带的数据包。如果想了解某个数据样本包含的具体内容，可以通过"describe"命令查看。（正如读者所见，在字母 d 下面有下划线，这意味着读者可以通过只输入一个字母 d 来代替整个"describe"命令。）

```
.sysuse auto
(1978 Automobile Data)

Contains data from E:\Stata 13\ado\base/a/auto.dta
obs:            74                        1978 Automobile Data
vars:           12                        13 Apr 2014 17:45
size:        3,182                        (_dta has notes)
------------------------------------------------------------------------------
               storage   display    value
variable name  type      format     label       variable label
------------------------------------------------------------------------------
make           str18     %-18s                  Make and Model
price          int       %8.0gc                 Price
mpg            int       %8.0g                  Mileage (mpg)
rep78          int       %8.0g                  Repair Record 1978
headroom       float     %6.1f                  Headroom (in.)
trunk          int       %8.0g                  Trunk space (cu. ft.)
weight         int       %8.0gc                 Weight (lbs.)
length         int       %8.0g                  Length (in.)
turn           int       %8.0g                  Turn Circle (ft.)
```

```
displacement    int      %8.0g                Displacement (cu. in.)
gear_ratio      float    %6.2f                Gear Ratio
foreign         byte     %8.0g     origin     Car type
-----------------------------------------------------------------------
Sorted by:  foreign
```

可以看出该数据包含 12 个变量，其中 1 个有标签，可以通过“label *varname*”的方式来看到对应变量的标签。修改和添加备注（notes）、标签（label）的最简单方式是在变量编辑器中直接输入。点击如图 2 - 20 所示的图标进入变量编辑器，然后双击任意一个变量，激活其属性窗口，即可在属性窗口中编辑其 notes 和 label。

**图 2 - 20　进入变量编辑器**

### 5. 描述性统计量

对感兴趣的变量进行初步的描述性统计可使用“summarize”命令，结果如下：

```
.summarize price rep78

Variable |     Obs      Mean     Std. Dev.     Min     Max
---------+--------------------------------------------------
   price |      74    6165.257    2949.496     3291   15906
   rep78 |      69    3.405797    .9899323        1       5
```

我们可以清楚地看到这两个变量对应的样本个数、均值、标准差、最小值、最大值。我们注意到只有 69 个车型的汽车在 1978 年有修理记录，那么显然有些车型缺失修理记录。如果我们希望列举出这些车型，则输入如下命令：

```
.list make rep78 if missing(rep78)
```

结果如下：

```
     +------------------------+
     | make             rep78 |
     |------------------------|
  9. | AMC Spirit           . |
  7. | Buick Opel           . |
 45. | Plym. Sapporo        . |
 51. | Pont. Phoenix        . |
 64. | Peugeot 604          . |
     +------------------------+
```

该命令会显示没有修理记录的 5 个车型，这表明 Stata 具有一个强大的功能，即将命令的作用范围限制在部分样本中。有时为了不必列举出所有观测值，在命令后面加上条件语句“if”即可设置限制条件。[注意，虽然选项语句（“option”）和条件语句（“if”）

都是缀在命令后的，但是一个有逗号隔开，另一个没有。选项语句例如“sysuse auto, clear”。一句命令可以同时包含“if”和“option”两类语句。]

6. 画散点图

为了了解汽车重量与价格之间的大概关系，我们可以在二维坐标系中以散点图的形式呈现这两种数据，以价格为纵坐标，以重量为横坐标，命令如下：

```
.graph twoway scatter price weight
```

我们所使用的命令为“graph”，二维坐标系对应“twoway”，散点图对应“scatter”，先输入 $y$ 轴变量 price，再输入 $x$ 轴变量 weight。“graph”命令有大量附属命令，读者可以通过菜单栏的“Graphics”下拉菜单进行尝试，本例中的命令显然是属于第一个栏目“twoway graph”下的。建议读者自己进行尝试，Stata 会将读者在 GUI 中的操作以命令形式呈现在主显示窗口中。本例的作图结果如图 2－21 所示。

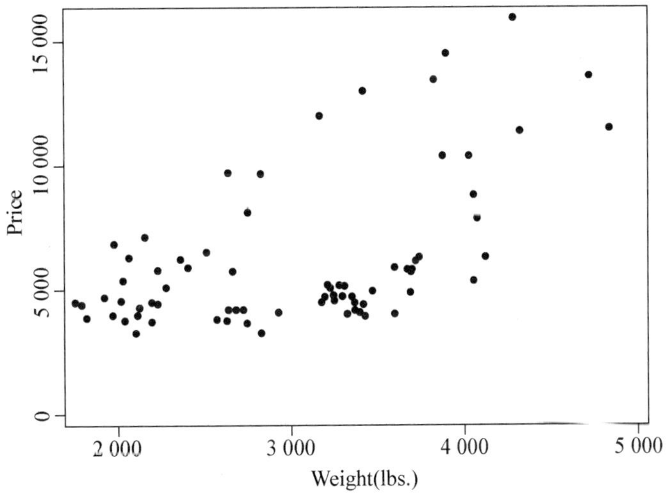


**图 2－21　汽车重量与汽车价格的散点图**

通过观察散点的位置，我们发现两变量之间存在一定的线性关系，这为我们建立回归方程提供了一定的参考。

7. 计算得到新变量

“generate”命令用于生成新的变量，其用法是“gen *new_var_name* = f(*var_name*)”，f() 是某个代数表达式，作用于已有变量，得到一个新的变量。对新变量进行恰当的命名是很重要的，能够帮助使用者记忆该变量的实际含义，例如对原变量取对数之后形成的新变量，我们常常会在原变量名前加 log 或 l 来命名。不过，有时候这种做法虽然符合命名方式，但可能不太易读，或是会带来一些困扰。有些编程者就偏好用“_”来分隔变量名，例如“gear_ratio”就是这种命名方式，这种方式更为清晰易读。也有人偏好大小写穿插的“驼峰式”命名方式，例如“GearRatio”，每个单词的首字母大写，同样能起到很好的分隔单词的作用，建议用户选取一种自己偏好的命名方式，并在之后的编程书写过程中一以贯之。

例如，我们想要计算价格的自然对数，则输入如下命令：

```
.gen logprice = log(price)
```

8．简单线性回归

我们现在以重量对价格进行回归，命令是“regress”。

```
.regress price weight
```

回归结果显示如下：

```
      Source |       SS           df       MS      Number of obs   =        74
-------------+----------------------------------   F(1, 72)        =     29.42
       Model |   184233937         1   184233937   Prob > F        =    0.0000
    Residual |   450831459        72  6261548.04   R-squared       =    0.2901
-------------+----------------------------------   Adj R-squared   =    0.2802
       Total |   635065396        73  8699525.97   Root MSE        =    2502.3
------------------------------------------------------------------------------
       price |      Coef.   Std. Err.      t    P>|t|     [95% Conf. Interval]
-------------+----------------------------------------------------------------
      weight |   2.044063   .3768341     5.42   0.000     1.292857    2.795268
       _cons |  -6.707353    1174.43    -0.01   0.995     -2347.89    2334.475
------------------------------------------------------------------------------
```

仔细观察回归结果，注意观测值有 74 个（见回归结果右上角），这表明这两个指标的数据是完整的；如果有缺失值，Stata 会自动忽略缺失值，例如加入 rep78 变量，观测值数量就会变为 69 个。$R^2$为 0.29，表明车的重量大约可以解释 29%的 1978 年汽车售价差异。通过系数 2.044 我们也可认识到二者之间的比例关系。在一个回归方程之后，可以直接键入“reg”来重现回归结果，而不必加任何回归变量。

9．回归之后的一些命令

在估计了回归模型之后，Stata 中有一系列基于估计结果的衍生命令，如“predict”，用于生成拟合值或残差。具体命令如下：

```
.predict p_price
(option xb assumed; fitted values)
```

注意，这个命令必须跟在上文标题序号 8 的线性回归之后，用于生成一个名为“p_price”的变量，即基于标题序号 8 中回归模型预测的汽车售价（拟合值），括号中的“option xb assumed”的意思是默认后缀选项为 xb，即“predict p_price，xb”。另一个比较常用的后缀选项是 res，即“predict price_resi，res”，可以生成对应方程的残差序列。“predict”无法对缺失自变量的观测样本起作用。

10．为数据添加拟合直线

在画出散点图时，通常也需要将二维数据的拟合直线加入图形，我们当然可以将标题序号 9 中生成的拟合值 p_price 序列加入散点图，但是 Stata 中的“graph”命令可以更简洁地完成这一操作。命令如下：

```
.graph twoway (scatter price weight) (lfit price weight)
```

生成的图如图 2-22 所示。

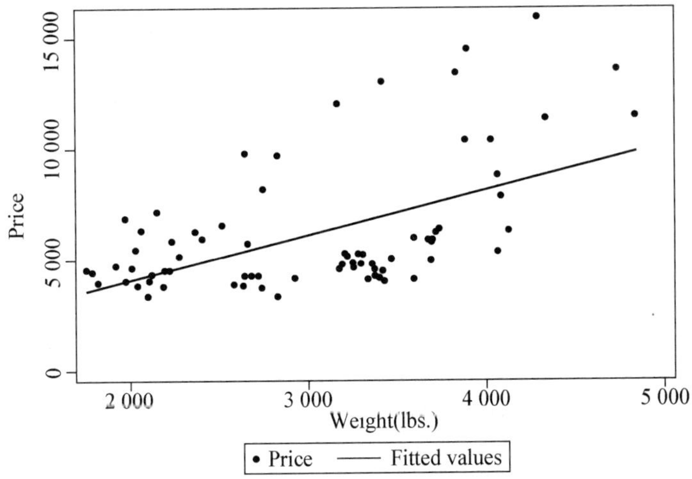


**图 2-22　添加拟合直线**

观察上述命令的结构，两个括号内的部分各自独立，对应一个"twoway"命令，以这种方式叠加在一个图形中。读者可以尝试更多个部分的叠加或是叠加其他内容（如拟合曲线）。

**11. 列出某个观测值**

有时我们需要列出或查看某个观测值，例如图 2-22 中售价大于 15 000 的点，那么可以用如下命令得到这个汽车的车型和售价：

```
.list make price if price > 15000, clean
        make            price
 13.  Cad.Seville       15906
```

我们发现这个车型是 Cad.Seville，序号为 13，这样就可以快速在样本中找到它。命令后缀的选项"clean"表示不显示框线，读者可以自行尝试显示框线（去掉逗号和"clean"）的命令。又如我们希望查看 Audi 5000 的数据，只需输入如下命令：

```
.list price weight if make == "Audi 5000", clean
      price     weight
 53.  9690      2830
```

这里之所以对 Audi 5000 加引号，是因为车型变量是字符型变量；并且我们使用了双等号，在 Stata 中"="表示赋值，例如 $x=2$ 是将 2 赋值给 $x$，而"=="表示逻辑判断，这里显然是判断条件"make"等于"Audi 5000"的观测值。

**12. 工作路径与保存 Stata 文件**

Stata 的退出与 Windows 的其他程序一样，可以通过窗口的关闭或是 Alt+F4 完成，但是退出之前 Stata 会提示用户对结果进行保存（在原数据被更改的情况下），菜单中的"File"/"Save"会将当前工作文件保存在现有工作路径中，输入命令"cd"可以查看和更改现有工作路径。

查看：

```
.cd
E:\Stata 13
```

更改：

```
.cd "D:\Stata 13"
```

如例子所示，“cd”之后跟上要变更的文件夹名，用英文状态下的双引号标注。此时再输入“cd”，就会发现工作路径已经更改。“Save”会将当前工作文件保存到新的工作路径下。更改工作路径命令在编写较长的程序时用得比较广泛，通常在操作中我们并不常更改工作路径，对于不同的工作文件，使用“File”/“Save as”来将其保存到不同的文件夹中。

### 2.4.2 更有效地使用 Stata

尽管我们可以一行一行地在 Command 窗口输入命令，并且能够直接看到某一行命令的运算结果，但有时我们得到的运算结果比较多，或是命令需要保存下来以备以后再次使用。接下来我们就给读者一些保存日志和编写长命令的建议。

**1. 建立一个专门的工作目录**

当面临一个比较大的工作项目时（例如一篇论文经常会用到多个数据集），我们最好针对该项目专门新建一个文件夹。前文我们讲过如何更改工作路径，将工作路径由默认的 Stata 文件夹更改到该项目的文件夹，这样可以很方便地存储和调用数据、命令和日志。

一点小技巧：新建的文件夹最好以英文命名，这样 Stata 读取时不会出错。此外，上文的“D:\Stata 13”之所以需要加双引号，是因为“Stata”和“13”之间存在空格。如果文件夹名中不存在空格，那么双引号也可以不加。但是为了保证不出错漏，建议读者养成好的习惯，将所有文件夹路径都用双引号括起来。

**2. 建立日志文件**

迄今为止，我们所有命令的运行结果都是在主显示窗口展现，用户可以通过滚轮向上翻页查看之前的结果，但是当运算结果超过一定页数时，更早的结果就会消失。一个永久保存结果的方式就是建立日志文件。

读者最开始可以采用“File”/“Log”/“Begin”来新建日志文件，推荐新建为 txt 文件，这样我们可以方便地用记事本打开日志文件（Stata 默认为 smcl 文件，我们并不推荐这种格式）。在这之后读者应更习惯以书写命令的方式来建立日志，我们在这里介绍两种情形：

（1）用户之前工作到一半时关闭了程序，本次打开日志希望继续在上次日志之后书写。这时的命令如下：

```
log using "E:\Stata 13\log1.log", text append
```

“log using”是这句命令的主体，引号内为日志文件名，后缀的选项“text”表示日志格式，“append”表示续写。

（2）用户执行了新的命令，希望替换原来日志中记录的结果（这种情形在多次运行调试命令时尤为常见），可以采用如下命令：

```
log using "E:\Stata 13\log1.log", text replace
```

该命令大体与（1）中一致，只是续写选项变成了替换选项。

有时我们希望关闭日志，暂时不记录运行结果，这就可以用“log close”命令来完成。如果我们之前没有打开日志，而之后输入了“log close”，Stata 会报告错误并停止程序运行。这其实不太有必要。我们可以加上前缀“capture log close”，这样无论之前是否有打开的日志，Stata 都会执行日志文件的关闭且不报告错误。

**3. 用 Do 文件**

在 Stata 中常需要输入多行命令并一起运行，这可以通过编写 Do 文件实现，并且 Do 文件可以保存、复制。我们比较推荐读者采用 Stata 自带的 Do 文件编辑器来书写，或是在 Notepad 等文本编辑软件中书写，再保存为 Do 文件。

Stata 自带的 Do 文件编辑器可以在书写完成之后直接执行（或是选中几行执行）。Do 文件编辑器的界面如图 2－23 所示。右下角的两个按钮：一个是“run”，一个是“run quietly”。二者的区别在于“run quietly”只显示执行结果，不会在主显示窗口展示每一步的命令，而“run”则会显示出每一条命令。

**图 2－23　Do 文件编辑器的界面**

如同其他编程一样，我们在书写命令的同时应养成加注释的好习惯，这样方便他人阅读或自己回顾。Stata 中加注释有三种方式：（1）“ * ”，放在一行的开始，这样该行全部变为注释语句，Stata 在执行时不会执行该行；（2）“//”，一般用于短注释，可以放在一句命令之后，从“//”开始到本行末尾都是注释语句，如“gen y2 =. //生成 y2 序列并赋缺失值”；（3）“/ * ... * /”，“ / * ”与“ * / ”之间的部分都是注释，一般用于比较长的段落注释。

一般在 Do 文件的开头以注释的方式记载该文件的标题、用途、作者等信息。

**4. 命令中的断句与续行**

在默认情况下 Stata 以回车键识别断句，用户完成一句命令后单击回车键再书写下一句。当我们在 Do 文件中书写一句比较长的命令时，为了美观和可读性，有时需要将一句命令写在两行甚至多行中，这时就需要一个符号来告诉 Stata，哪些行是连续的一句命令。我们用的符号是“///”。例如：

```
graph twoway  (scatter lexp loggnppc) ///
          (lfit lexp loggnppc)
```

该命令与前文写在一行的命令的执行效果是一样的。另一种方式是更改 Stata 默认的回车断句模式，例如我们告诉 Stata 以“;”来断句，那么 Stata 在遇到“;”之前都会认为这是一句完整的命令，而无论其间换了多少行。命令是“ # delimit ;”，如下所示：

```
#delimit ;
graph twoway (scatter lexp loggnppc)
        (lfit lexp loggnppc) ;
```

如果读者习惯以“;”来断句，那么可以一直使用这种模式。当读者想要切换回原来默认的回车断句模式时，只需输入“＃delimit clear”即可。注意，更改断句符只能在 Do 文件中使用，我们也推荐读者尽量采用 Do 文件来执行程序。

拓展阅读

一个 Do 文件的例子

## 练习 2

1. 从中国国家统计局的网站上下载 2001 年至今中国居民消费价格指数（CPI）的月度数据。在 EViews 中创建一个工作文档，并将下载的数据导入对应的文档。

(a) 绘出 CPI 数据的线形图。

(b) 在 EViews 中计算 CPI 通胀率。

(c) 在 EViews 中计算年度化的 CPI 通胀率。

(d) 利用 EViews 计算 CPI 通胀率的均值、中值、标准差等相关统计量。

2. 在问题 1 的基础上，尝试在 EViews 中进行以下回归：

$$\pi_t = c + \alpha\pi_{t-1} + \varepsilon_t$$

其中，$\pi$ 表示 CPI 通胀率。

(a) 给出 OLS 回归结果。

(b) 绘制回归方程的残差序列。

(c) 利用 EViews 计算残差序列的偏度和峰度。

(d) 如何检验残差序列是否服从高斯（正态）分布？

3. 考虑如下回归方程

$$y_t = c + \alpha(L)x_{1t} + \beta(L)x_{2t} + \lambda(L)x_{3t} + \varepsilon_t$$

其中，$\alpha(L)$、$\beta(L)$ 和 $\lambda(L)$ 是标准的滞后算子多项式。给定因变量和自变量的数据，使用 AIC 或者 SIC 准则确定此回归模型中三个滞后算子多项式的最优滞后阶数组合。

4. 使用 GAUSS 软件实现正态分布的极大似然估计（MLE）。

5. 待学完本书第 8 章之后，读者可以考虑编写 GAUSS 程序，以去除一个时间序列变量的时间趋势。

第 3 题解答提示

第 4 题解答提示

第 5 题解答提示

第3章

# 差分方程、滞后运算与动态模型

**本章导读**

差分方程与滞后运算是金融计量分析的重要基础知识，也是掌握金融计量建模中动态分析方法的基石。考虑到现实中存在各种时滞问题，如政策信息对股票市场波动的影响需要一定的时间、利率变化对投资的调节进而带来经济产出等的变化等都需要一定的时间，所以各种金融时间序列变量之间的互动往往需要利用差分方程来捕捉其动态机制。同时，滞后运算符和滞后运算法高度简化了差分方程中许多非常复杂的运算过程，并且对于运用编程工具分析现实问题提供了非常便捷的渠道。

## 3.1 一阶差分方程

### 3.1.1 差分方程的定义

当我们思考经济、金融事件带来的结果时，经常会考虑各种事件的动态结果。例如，我们可能想知道一个金融时间序列的动态走势特征，或者希望把握一个金融时间序列的预测序列随时间的动态变化情况。在这些情况下，经常需要用到差分方程。

举一个简单的例子，令 $y_t$ 表示 $t$ 期人民币对美元的汇率。假设 $t$ 期的这一汇率值是由刚刚过去的一期（即 $t-1$ 期）的汇率决定的，同时假设 $t$ 期的汇率还可能受到当期的一个随机扰动变量 $\varepsilon_t$ 的影响，那么可以用下面的等式表示这里陈述的内容，即

$$y_t = \alpha y_{t-1} + \varepsilon_t \tag{3.1}$$

这里，式（3.1）就是一种差分方程。不难看到，一个差分方程就是指将一个变量的当期值定义为它的前一期和一个当期的随机扰动因素的函数。实际上，式（3.1）是最简单的差分方程形式，因为在等式的右侧只有因变量的一次滞后期出现，这样的差分方程称为一阶差分方程。当然，在现实分析中，我们也会经常遇到和用到高阶差分方程。高阶差分方程指的是差分方程右侧出现的滞后期数要大于1，我们将在3.3节专门讲解高阶差分方程的相关内容。

差分方程在实际中的应用相当广泛，如 Stock 和 Watson（1999）利用了差分方程研究美国通货膨胀率的动态过程，图3-1绘制了1960—2022年美国CPI通货膨胀率的年度

数据动态走势图。另外，刘金全等（2006）和张成思（2008）运用差分方程研究了中国月度通货膨胀率动态路径的结构性变化特征。这些实际应用都说明了差分方程在金融计量分析中的重要性。

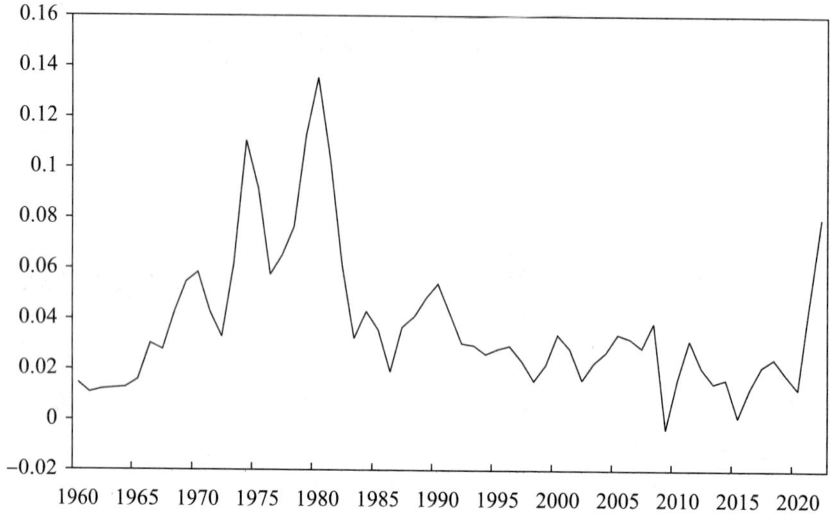


**图 3-1 美国 CPI 通货膨胀率：1960—2022 年**

资料来源：圣路易斯联邦储备银行。

至此，我们介绍的差分方程以单变量的形式出现。其他类型的差分方程也可以包含更多变量。例如，现代货币政策理论认为，动态的投资储蓄模型可以写成如下形式

$$y_t = \alpha y_{t-1} + \beta(i_t - \pi_t^e) + \varepsilon_t \tag{3.2}$$

式中，$y_t$ 用来表示总产出，$i_t$ 表示名义利率，$\pi_t^e$ 表示通货膨胀率的预期，$\varepsilon_t$ 表示影响总产出的其他随机扰动因素。显然，在式（3.2）中，差分方程右侧的变量除了被解释变量的滞后项外，还含有真实利率变量（$i_t - \pi_t^e$）。因此，广义地说，差分方程并不局限于单变量等式，但为简化说明，我们这里集中讨论单变量的差分方程。

注意，以上介绍的差分方程中都含有一个随机扰动项 $\varepsilon_t$，这个随机变量用来捕捉可能会影响等式左侧变量的“其他”因素。有时候这种随机变量被称为“驱动过程”（forcing process）（Enders，2004）。尽管驱动过程可以表现为多种多样的形式，但最常见的形式还是随机扰动项 $\varepsilon_t$。$\varepsilon_t$ 的特性决定了序列 $y_t$ 的特性。

另外，我们还可以对差分方程（3.1）进行进一步整理，即在等式左右两侧都减去 $y_{t-1}$，从而得到

$$y_t - y_{t-1} = (\alpha - 1)y_{t-1} + \varepsilon_t \tag{3.3}$$

这样，我们看到了 $y_t$ 的一次差分对其滞后项的反应。为简化说明，$y_t - y_{t-1}$ 经常被写成 $\Delta y_t$ 的形式，其中 $\Delta$ 称为差分运算符（difference operator）。由此，还可以进一步拓展，得到关于差分运算的一般规律和常用表达方式：

$$\Delta y_t = y_t - y_{t-1} \tag{3.4}$$

$$\Delta(\Delta y_t) = \Delta^2 y_t = (y_t - y_{t-1}) - (y_{t-1} - y_{t-2}) \tag{3.5}$$

上述等式关系的表达还可以使用滞后运算符得到进一步的简化，我们将在3.4节进行阐述。在此之前，需要讨论一下如何求解差分方程。

## 3.1.2 一阶差分方程的求解

从实质上说，求解差分方程就是想要得到以随机扰动项 $\varepsilon_t$ 表示的 $y_t$ 的表达式。一种简单的求解途径就是迭代方法。从前面的讨论我们知道，差分方程（3.1）所表达的动态过程暗示着式（3.1）对于所有时刻点 $t$ 都成立。因此，通过对 $y$ 在时刻0，1，2，…，$t$ 的迭代，可以得到下面的关系式：

| 时刻 | 等式 | |
|---|---|---|
| 1 | $y_1=\alpha y_0+\varepsilon_1$ | (3.6) |
| 2 | $y_2=\alpha y_1+\varepsilon_2=\alpha(\alpha y_0+\varepsilon_1)+\varepsilon_2=\alpha^2 y_0+\alpha\varepsilon_1+\varepsilon_2$ | (3.7) |
| 3 | $y_3=\alpha y_2+\varepsilon_3=\alpha^3 y_0+\alpha^2\varepsilon_1+\alpha\varepsilon_2+\varepsilon_3$ | (3.8) |
| … | … | |
| $t$ | $y_t=\alpha y_{t-1}+\varepsilon_t=\alpha^t y_0+\alpha^{t-1}\varepsilon_1+\alpha^{t-2}\varepsilon_2+\cdots+\varepsilon_t$ $=\alpha^t y_0+\sum_{i=0}^{t-1}\alpha^i\varepsilon_{t-i}$ | (3.9) |

如果假定0时刻的初始值 $y_0$ 已知或给定，那么式（3.9）就给出了一阶差分方程（3.1）的求解表达式。

如果0时刻的初始值 $y_0$ 未知或没有给定，那么式（3.9）给出的表达式就不再适合作为一阶差分方程（3.1）的求解表达式。在这种条件下，是否可以找到解决问题的方法呢？回答是肯定的。在没有给定初始值的条件下，一阶差分方程的求解仍然可以使用迭代方法，但此时应该使用循环向后而不是向前迭代的方式来求解。例如，利用刚才介绍的思路，可以得到下面的等式

$$y_0=\alpha y_{-1}+\varepsilon_0=\alpha(\alpha y_{-2}+\varepsilon_{-1})+\varepsilon_0=\alpha^2 y_{-2}+\alpha\varepsilon_{-1}+\varepsilon_0 \tag{3.10}$$

遵循这一思路，不断循环下去就可以得到

$$y_0=\alpha^{m+1}y_{-m-1}+\sum_{j=0}^{m}\alpha^j\varepsilon_{-j} \tag{3.11}$$

现在，将式（3.11）代回式（3.9），就得到下面的表达式

$$y_t=\alpha^{t+m+1}y_{-m-1}+\sum_{i=0}^{t+m}\alpha^i\varepsilon_{t-i} \tag{3.12}$$

虽然式（3.12）似乎并没有直接给出一个确定的求解结果，还含有不确定项 $y_{-m-1}$，但式（3.12）实质上已经给出了一个非常有意思也包含许多信息的结果。可以观察到，如果 $|\alpha|<1$，那么 $\alpha^{t+m+1}$ 的取值随着 $m$ 的不断增大而减小，最终减小为0。在这种情况下，假定迭代可以无限循环下去，可以判断出 $y_t$ 将最终以随机扰动项 $\varepsilon_t$ 的线性函数的形式表现出来，从而就是一阶差分方程的求解结果。在 $|\alpha|<1$ 的条件下，由差分方程（3.1）刻画

的时间序列变量 $y_t$ 称为收敛（convergence）序列。

反过来，如果$|\alpha|>1$，那么$\alpha^{t+m+1}$的取值随着 $m$ 的不断增大将不会逐渐减小为 0，而是趋近于无穷大。在这种情况下，即使迭代无限循环下去，也无法最终将 $y_t$ 单独表达为随机扰动项$\varepsilon_t$ 的线性函数的形式，从而一阶差分方程的求解结果不存在。也就是说，在$|\alpha|>1$ 的条件下，由差分方程（3.1）刻画的时间序列变量 $y_t$ 是非收敛序列。

而如果$\alpha=1$，差分方程（3.1）描绘的变量序列 $y_t$ 仍然是非收敛序列，但这种特殊情况下的差分方程对应一个专门的名称，叫作随机游走过程（random walk process）。有关随机游走过程的定义和特性，将在本书第 8 章介绍。

经过以上分析，可以得出结论：一阶差分方程中的一阶滞后项的系数 $\alpha$ 的大小关键性地决定了差分方程的求解结果。实际上，这个系数的取值也关键性地决定了时间序列变量 $y_t$ 的动态走势特征。

为了说明系数 $\alpha$ 的不同取值对 $y_t$ 的动态走势特征的决定性影响，我们可以利用一阶差分方程（3.1）作为数据生成过程，在不同 $\alpha$ 的取值情况下，模拟生成 30 个 $y_t$ 的实现值。为不失一般性，数据模拟生成过程设定 $\varepsilon_t \sim N(0，0.5)$，初始值 $y_0$ 设为 0。

从图 3－2 绘制的结果可以看到，不同的 $\alpha$ 值对应生成的数据的动态走势呈现出明显的差异。特别地，对于 $\alpha$ 的绝对值小于 1 的情况，$y_t$ 序列表现出围绕某一均值上下波动的态势，如图 3－2 中的（a），（b）和（e）。而对于 $\alpha$ 的绝对值大于 1 的情况，如图 3－2 中的（d）和（f），$y_t$ 序列表现出随时间发散（非收敛）的态势。

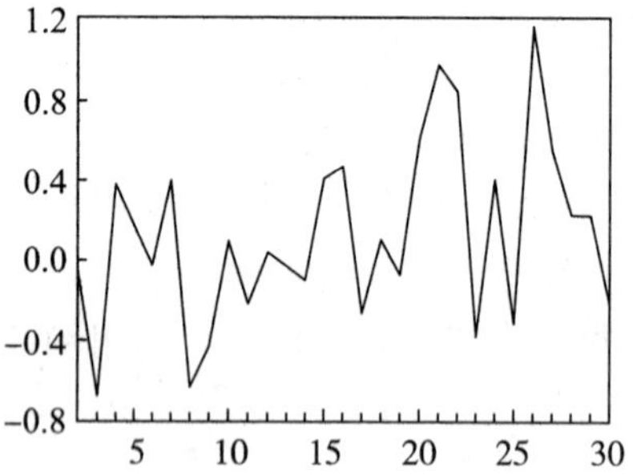

(a) $y_t=0.3y_{t-1}+\varepsilon_t$

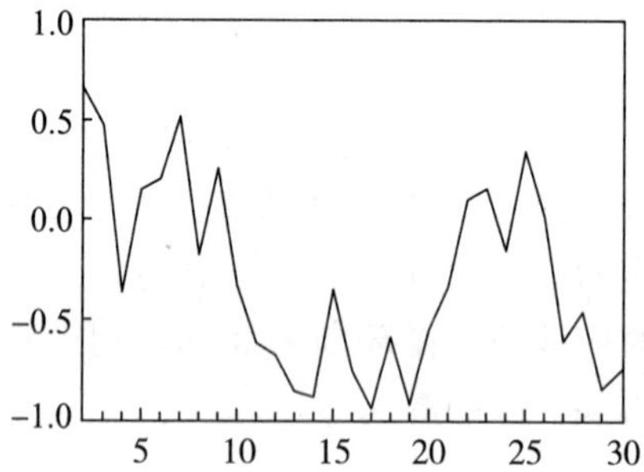

(b) $y_t=0.8y_{t-1}+\varepsilon_t$

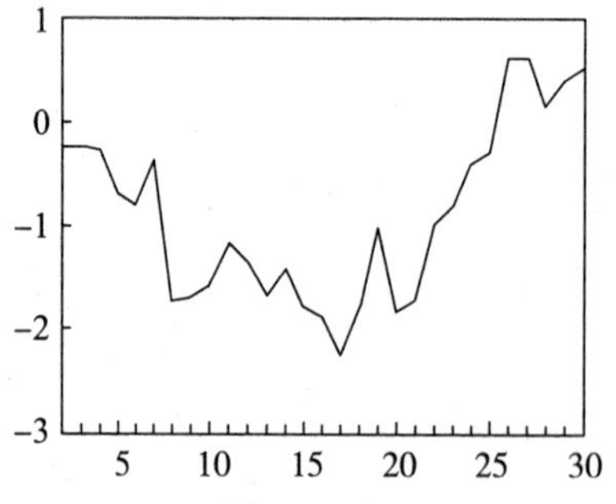

(c) $y_t=y_{t-1}+\varepsilon_t$

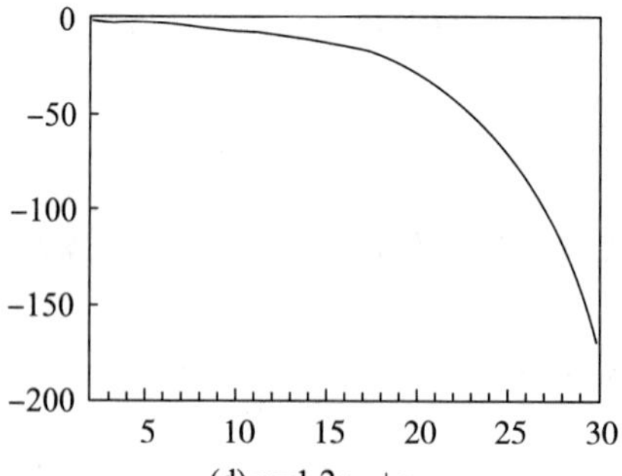

(d) $y_t=1.2y_{t-1}+\varepsilon_t$

**图 3－2　一阶差分方程中不同 $\alpha$ 系数对应的 $y_t$ 序列**

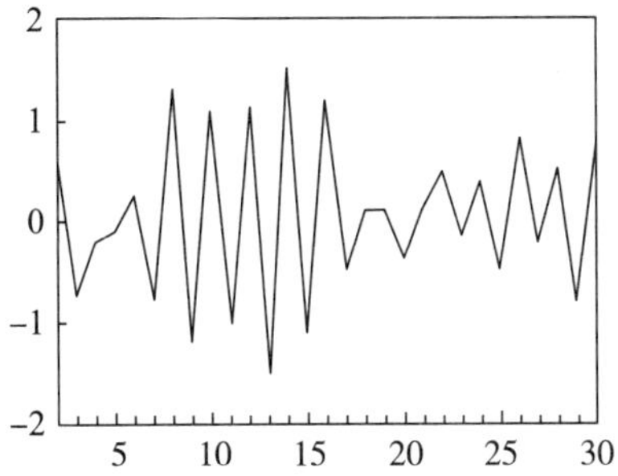


(e) $y_t=-0.8y_{t-1}+\varepsilon_t$

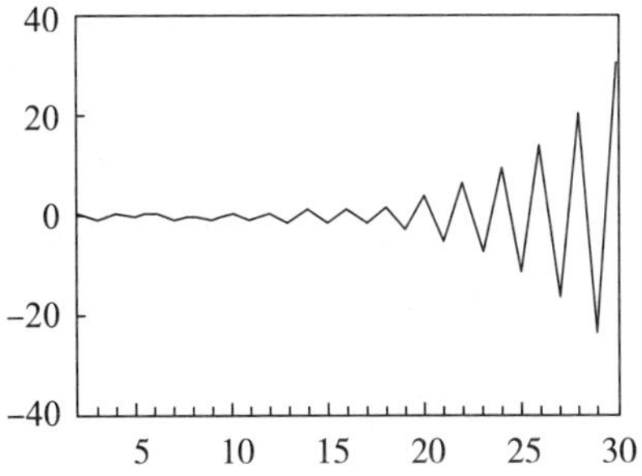


(f) $y_t=-1.2y_{t-1}+\varepsilon_t$

**图 3－2　一阶差分方程中不同 $\alpha$ 系数对应的 $y_t$ 序列（续）**

说明：在数据生成过程中，初始值设为 0，扰动项为高斯分布，标准差设为 0.5。

这些明显不同的图示绝对不是偶然，本书第 4、5 和 8 章将分别对相关问题进行深入的讨论和说明。在这里，需要读者掌握的就是，能够根据一阶差分方程的滞后项系数大致判断出差分方程对应的时间序列变量的收敛与非收敛特征。当然，同时鼓励读者仔细比较图 3－2 给出的各幅图之间的走势差异，感受时序图与差分方程之间的内在联系，培养从图示思考理论模型特征，再从理论模型考虑图示特点的习惯，这实际上是金融时间序列分析的一个非常重要的能力。很多著名的金融计量学大家在研究实际问题的过程中第一步都是观察相关变量的时序图。相信随着学习内容的推进和深入，读者会有更深刻的体会。

# 3.2　动态乘数与脉冲响应函数

与差分方程联系紧密而且非常具有应用价值的概念还包括动态乘数（dynamic multiplier）和脉冲响应函数（impulse response function，IRF），这两个概念既有联系又存在细节上的差别。下面分别介绍与这两个重要概念相关的知识。

## 3.2.1　动态乘数

我们知道，在差分方程（3.1）中，一般假设 $\varepsilon_t$ 是服从某种分布的随机扰动项，这种随机扰动项影响序列 $y_t$。在实践当中，人们往往很想知道这样的冲击因素 $\varepsilon_t$ 对 $y_t$ 的动态影响路径是什么样子的。此时就引入了动态乘数的概念，其定义为

$$\text{动态乘数}=\frac{\partial y_{t+j}}{\partial \varepsilon_t},\quad j=0,1,2,\cdots \tag{3.13}$$

在特殊情况下，当 $j=0$ 时，动态乘数也经常称作影响乘数（impact multiplier），即

$$\text{影响乘数}=\frac{\partial y_t}{\partial \varepsilon_t} \tag{3.14}$$

另外，注意到一阶差分方程还可以写成如下形式：

$$y_{t+j}=\alpha^{j+1}y_{t-1}+\alpha^j\varepsilon_t+\alpha^{j-1}\varepsilon_{t+1}+\cdots+\alpha\varepsilon_{t+j-1}+\varepsilon_{t+j} \tag{3.15}$$

从而，式（3.13）中定义的动态乘数的表达式可写为

$$\frac{\partial y_{t+j}}{\partial \varepsilon_t}=\alpha^j \tag{3.16}$$

这时可以明确看到，以式（3.16）表达的动态乘数只与一阶滞后项系数 $\alpha$ 和时间跨度 $j$ 有关系，而与时间 $t$ 没有任何联系。

### 3.2.2 脉冲响应函数

从动态乘数的定义可知，对应每一个时间跨度 $j$ 有一个动态乘数，如果将不同时间跨度 $j$ 的动态乘数按 $j$ 从小到大的顺序摆放在一起，形成一个路径，就形成脉冲响应函数。脉冲响应函数的概念在金融时间序列分析中有广泛的应用。例如，可以使用脉冲响应函数来刻画通货膨胀或经济产出等在受到一个正向或者负向的货币政策的冲击后形成的动态路径和持续时间情况。

与脉冲响应函数相联系的另外一个概念是累积脉冲响应函数（cumulative impulse response function，CIRF），它的定义是

$$\frac{\partial y_{t+j}}{\partial \varepsilon_t}+\frac{\partial y_{t+j}}{\partial \varepsilon_{t+1}}+\frac{\partial y_{t+j}}{\partial \varepsilon_{t+2}}+\cdots+\frac{\partial y_{t+j}}{\partial \varepsilon_{t+j}}=\alpha^j+\alpha^{j-1}+\alpha^{j-2}+\cdots+\alpha+1 \tag{3.17}$$

累积脉冲响应函数经常用来衡量随机扰动因素如果出现永久性变化，即 $\varepsilon_t$，$\varepsilon_{t+1}$，…，$\varepsilon_{t+j}$ 都变化一个单位，对 $y_{t+j}$ 造成的影响和冲击情况。

从式（3.17）可知，如果 $|\alpha|<1$ 条件满足，在极限情况下，累积脉冲响应函数就等于 $\frac{1}{1-\alpha}$。

精明的读者可能已经从式（3.16）和式（3.17）的表达式中发现，无论是脉冲响应函数还是累积脉冲响应函数，其根本特性都由一阶滞后项系数 $\alpha$ 决定。作为演示，图 3-3 画出了在一阶差分方程中不同 $\alpha$ 值对应的脉冲响应函数图。图中描绘的是以 $\frac{\partial y_{t+j}}{\partial \varepsilon_t}=\alpha^j$ 的值为纵坐标、以时间跨度 $j$ 为横坐标的序列。

图 3-3 非常清晰地显示出，对于不同的 $\alpha$ 取值，对应的脉冲响应函数图的表现非常不同。归纳来说，在 $0<\alpha<1$ 的情况下，如图 3-3 中的情形（a）和（b），体现在脉冲响应函数中的动态乘数随时间跨度 $j$ 的增加而呈现几何式递减并最终趋近于 0。当 $-1<\alpha<0$ 时，如图 3-3 中的情形（e），动态乘数的取值呈正负号交替变化，但这些动态乘数的绝对值呈现逐渐递减至 0 的态势，这种情形也经常被形象地称作"振荡式衰减"。这样，对于 $|\alpha|<1$ 的情况，从脉冲响应函数图来看，随机扰动因素对序列 $y_t$ 的冲击将最终消失，而对应的一阶差分方程在这种情况下就是一个稳定的（stable）系统。

再来考察其他可能的情况。首先，如果 $\alpha=1$，如图 3-3 的情形（c），动态乘数始终等于 1，而不管时间跨度 $j$ 如何变化。在这种情况下，可以将式（3.1）重新写为

$$y_{t+j}=y_{t-1}+\varepsilon_t+\varepsilon_{t+1}+\cdots+\varepsilon_{t+j} \tag{3.18}$$

所以，很明显，这里的动态乘数是一个常数 1，即

$$\frac{\partial y_{t+j}}{\partial \varepsilon_t}=1, \quad j=0, 1, \cdots \tag{3.19}$$

这样，$\varepsilon$ 一个单位的变化将导致序列 $y_t$ 永久性地变化一个单位。

其次，当 $\alpha>1$ 时，图 3-3 中的情形（d）描绘了对应例子的脉冲响应函数图，可以看出，动态乘数随时间跨度 $j$ 的增加呈现几何式上升趋势。而当 $\alpha<-1$ 时，图 3-3 中的情形（f）描绘了对应例子的脉冲响应函数图，可以看出，动态乘数表现出振荡式不断上升的趋势。可见，在 $|\alpha|>1$ 的条件下，对应的一阶差分方程为不稳定系统（instable system）。

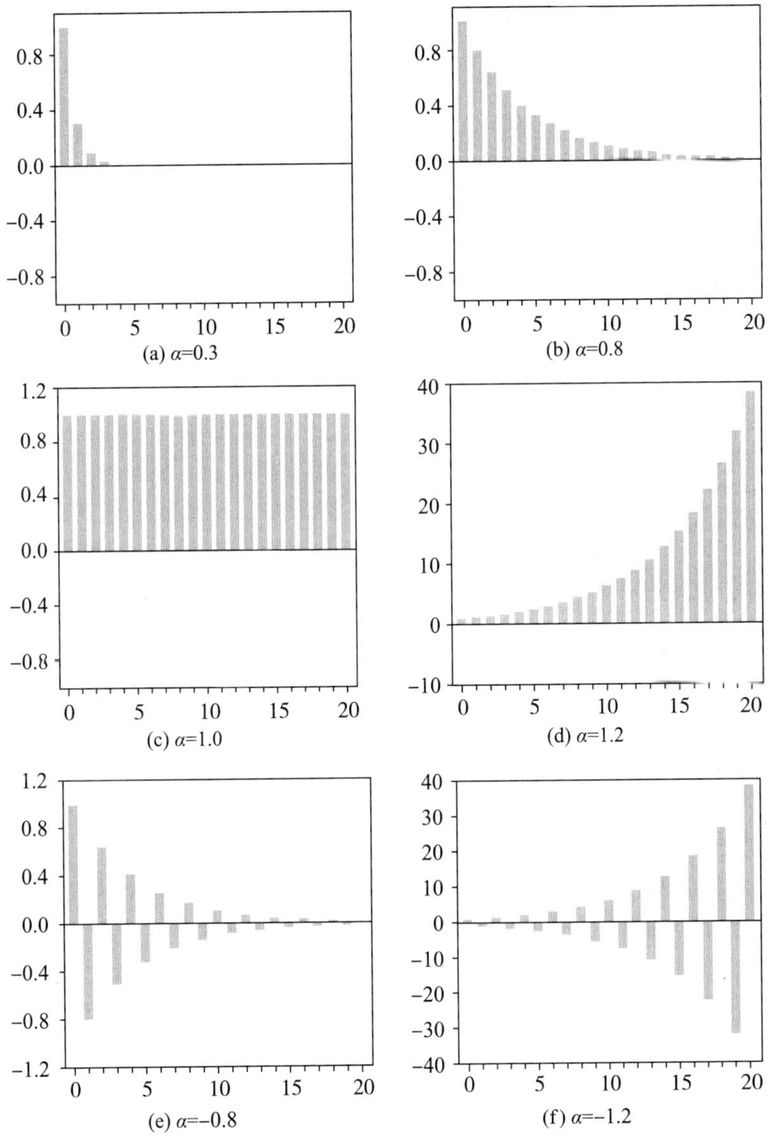


**图 3-3　一阶差分方程中不同 $\alpha$ 值对应的脉冲响应函数**

与上一小节讨论的内容类似，这里我们分别演示了一阶差分方程滞后项系数 $\alpha$ 的不同取值对动态乘数和脉冲响应函数的影响。作为练习，读者可以使用下面提供的简单语句，在 EViews 中创建一个小程序（program），尝试生成不同的 $y_t$ 序列，再进一步想办法绘制出脉冲响应函数图：

```
smpl @first @first
series y=0
smpl @first+1 @last
series y=0.7*y(-1)+0.8*nrnd
```

上面这个程序利用一阶差分方程生成一个 $y$ 序列，初始值设定为 0，扰动项设定为服从均值为 0、标准差为 0.8 的正态分布。

## 3.3 高阶差分方程

一阶差分方程可以拓展到二阶以及更高阶的差分方程，为方便记忆，把高于一阶的差分方程统称为高阶差分方程。假设差分方程的阶数为 $p$，则 $p$ 阶差分方程的一般表达式可以写成

$$y_t=\alpha_1 y_{t-1}+\alpha_2 y_{t-2}+\cdots+\alpha_p y_{t-p}+\varepsilon_t \tag{3.20}$$

高阶差分方程在实际中的应用也相当广泛，例如 Stock 和 Watson（1999）、Pivetta 和 Reis（2007）、Zhang（2008）、Zhang 和 Clovis（2009）以及张成思和刘志刚（2007）等都设立了高阶差分方程来研究美国、中国等国家的通货膨胀率的动态走势情况。另外，高阶差分方程是学习自回归（autoregressive，AR）模型的基础，二者紧密相关，本书将在第 4 章进行详细的介绍。

虽然从表达形式上看高阶差分方程只是比一阶差分方程的滞后期数增多了，但是分析高于一阶的情况并不像看上去那么容易，因为每个滞后项的系数都影响差分方程所刻画的序列变量的动态特征，尤其是在求解高阶差分方程以及脉冲响应分析等方面，如果仅仅从差分方程的原始表达式入手将变得相当困难，即使有耐心进行慢慢推导，中间过程的解析表达式写起来可能也非常烦琐。

解决这一困难的基本思路就是把高阶差分方程简化成一阶的形式，从而利用前文介绍的分析一阶差分方程的方法来类似地分析简化后的高阶差分方程。为此，需要利用与向量（或称矢量）和矩阵相关的知识。

首先，定义 $p\times1$ 维矩阵 $\boldsymbol{Y}_t$ 如下：

$$\boldsymbol{Y}_t=\begin{pmatrix} y_t \\ y_{t-1} \\ y_{t-2} \\ \vdots \\ y_{t-(p-1)} \end{pmatrix}_{p\times1} \tag{3.21}$$

其中，矩阵的右下标表示矩阵的维度。

其次，定义 $p\times p$ 维矩阵 $\boldsymbol{F}$ 如下：

$$\boldsymbol{F}=\begin{pmatrix}\alpha_1 & \alpha_2 & \cdots & \alpha_{p-1} & \alpha_p\\ 1 & 0 & \cdots & 0 & 0\\ 0 & 1 & \cdots & 0 & 0\\ \vdots & \vdots & & \vdots & \vdots\\ 0 & 0 & \cdots & 1 & 0\end{pmatrix}_{p\times p} \tag{3.22}$$

仔细观察可以发现，$\boldsymbol{F}$ 矩阵的左下部分包含了一个 $(p-1)\times(p-1)$ 的单位阵。为了获得更为直观的印象，使用一个具体的例子来示范 $\boldsymbol{F}$ 矩阵的构成特点。例如，当 $p=5$ 时，$\boldsymbol{F}$ 则是一个 $5\times5$ 维矩阵：

$$\boldsymbol{F}=\begin{pmatrix}\alpha_1 & \alpha_2 & \alpha_3 & \alpha_4 & \alpha_5\\ 1 & 0 & 0 & 0 & 0\\ 0 & 1 & 0 & 0 & 0\\ 0 & 0 & 1 & 0 & 0\\ 0 & 0 & 0 & 1 & 0\end{pmatrix}$$

很明显，上面的 $\boldsymbol{F}$ 矩阵含有一个 $4\times4$ 维单位阵。虽然暂时可能看不到这个矩阵构成特点的用处，但在未来的学习中，我们将回顾并会认识到这一特征的用处。在 $p=1$ 这一特殊情况下，$\boldsymbol{F}$ 矩阵就变成了一维的系数 $\alpha$。

最后，定义 $p\times1$ 维矩阵 $\boldsymbol{e}_t$ 如下：

$$\boldsymbol{e}_t=\begin{pmatrix}\varepsilon_t\\ 0\\ 0\\ \vdots\\ 0\end{pmatrix}_{p\times1} \tag{3.23}$$

在定义了矩阵式（3.21）至式（3.23）之后，可以将式（3.20）重新写成如下形式：

$$\boldsymbol{Y}_t=\boldsymbol{F}\boldsymbol{Y}_{t-1}+\boldsymbol{e}_t \tag{3.24}$$

或者更明显地写成

$$\begin{pmatrix}y_t\\ y_{t-1}\\ y_{t-2}\\ \vdots\\ y_{t-(p-1)}\end{pmatrix}=\begin{pmatrix}\alpha_1 & \alpha_2 & \alpha_3 & \cdots & \alpha_{p-1} & \alpha_p\\ 1 & 0 & 0 & \cdots & 0 & 0\\ 0 & 1 & 0 & \cdots & 0 & 0\\ \vdots & \vdots & \vdots & & \vdots & \vdots\\ 0 & 0 & 0 & \cdots & 1 & 0\end{pmatrix}\begin{pmatrix}y_{t-1}\\ y_{t-2}\\ y_{t-3}\\ \vdots\\ y_{t-p}\end{pmatrix}+\begin{pmatrix}\varepsilon_t\\ 0\\ 0\\ \vdots\\ 0\end{pmatrix} \tag{3.25}$$

可见，式（3.24）以一阶差分方程表示的系统与式（3.20）所给出的 $p$ 阶差分方程是等同的。这种把高阶差分方程简化成一阶形式的基本思路与我们熟悉的在求解高次幂方程的根时采用的降幂方法有异曲同工之妙。当然，这里“降阶”的方法是为了分析问题更加简单，特别是在求解高阶差分方程的动态乘数和脉冲响应方程的解析表达式方面，式（3.24）极大地简化了这些解析表达式的求解过程。

例如，通过迭代，可以把式（3.24）写成与式（3.15）类似的形式，即

$$\boldsymbol{Y}_t=\boldsymbol{F}^{t+1}\boldsymbol{Y}_{-1}+\boldsymbol{F}^t\boldsymbol{e}_0+\boldsymbol{F}^{t-1}\boldsymbol{e}_1+\cdots+\boldsymbol{F}\boldsymbol{e}_{t-1}+\boldsymbol{e}_t \tag{3.26}$$

如果将式（3.26）恢复成对应的矩阵形式，则有

$$\begin{pmatrix} y_t \\ y_{t-1} \\ y_{t-2} \\ \vdots \\ y_{t-(p-1)} \end{pmatrix}=\boldsymbol{F}^{t+1}\begin{pmatrix} y_{-1} \\ y_{-2} \\ y_{-3} \\ \vdots \\ y_{-p} \end{pmatrix}+\boldsymbol{F}^t\begin{pmatrix} \varepsilon_0 \\ 0 \\ 0 \\ \vdots \\ 0 \end{pmatrix}+\boldsymbol{F}^{t-1}\begin{pmatrix} \varepsilon_1 \\ 0 \\ 0 \\ \vdots \\ 0 \end{pmatrix}+\cdots+\boldsymbol{F}\begin{pmatrix} \varepsilon_{t-1} \\ 0 \\ 0 \\ \vdots \\ 0 \end{pmatrix}+\begin{pmatrix} \varepsilon_t \\ 0 \\ 0 \\ \vdots \\ 0 \end{pmatrix} \tag{3.27}$$

进一步对式（3.26）进行向前迭代，可以得到

$$\boldsymbol{Y}_{t+j}=\boldsymbol{F}^{j+1}\boldsymbol{Y}_{t-1}+\boldsymbol{F}^j\boldsymbol{e}_t+\boldsymbol{F}^{j-1}\boldsymbol{e}_{t+1}+\cdots+\boldsymbol{F}\boldsymbol{e}_{t+j-1}+\boldsymbol{e}_{t+j} \tag{3.28}$$

其中 $\boldsymbol{F}^j$ 表示矩阵 $\boldsymbol{F}$ 的 $j$ 次幂，这样对比 $\boldsymbol{F}$ 矩阵与 $\boldsymbol{Y}$ 矩阵的定义，可以获得 $p$ 阶差分方程的动态乘数，即

$$\frac{\partial y_{t+j}}{\partial \varepsilon_t}=f_{11}^{(j)}, \ j=0, 1, \cdots \tag{3.29}$$

其中，$f_{11}^{(j)}$ 表示的是矩阵 $\boldsymbol{F}^j$ 的第 1 行第 1 列位置上的元素。一旦动态乘数的解析表达式求出来了，对应的 $p$ 阶差分方程的脉冲响应方程就可以很容易获得了。

实质上，高阶差分方程的动态特征从根本上是由上面定义的矩阵 $\boldsymbol{F}$ 的特征根（eigenvalue）决定的。随着现代计量软件的不断升级，通过各种解析表达式完成的运算经常由软件来完成，所以有关高阶差分方程的知识介绍到这里为止。但是，学有余力的学生可以参阅 Hamilton（1994）了解更深层次的内容，相信对日后的学习很有裨益。

## 3.4 滞后算子与滞后运算法

### 3.4.1 滞后算子的定义与性质

在差分方程的学习过程中，我们已经反复接触了滞后期的概念，例如 $y_{t-1}$，$y_{t-2}$，…，$y_{t-p}$等。本小节引入滞后算子（lag operator）的概念来简化动态时间序列模型的表达和相关运算过程。滞后算子以英文单词“lag”的大写首字母 $L$ 表示，基本的运算规则如下：

$$\begin{aligned} Ly_t&=y_{t-1} \\ L^2y_t&=y_{t-2} \\ &\vdots \\ L^py_t&=y_{t-p} \end{aligned} \tag{3.30}$$

根据这个定义，二阶差分方程

$$y_t=\alpha_1y_{t-1}+\alpha_2y_{t-2}+\varepsilon_t$$

可以写成

$$y_t = \alpha_1 L y_t + \alpha_2 L^2 y_t + \varepsilon_t \tag{3.31}$$

另外，滞后算子运算还符合标准的“结合律”与“交换律”等如下运算法则：

a）$L^0 = 1$

b）对任何常数 $A$ 取滞后运算还等于原常数，即

$$L^p A = A$$

c）结合律与分配律，即

$$y_{t-p} + y_{t-q} = L^p y_t + L^q y_t = (L^p + L^q) y_t$$

$$x_{t-p} + y_{t-p} = L^p x_t + L^p y_t = L^p (x_t + y_t)$$

d）交换律，即

$$L^p L^q y_t = L^q (L^p y_t) = y_{t-p-q}$$

运用以上介绍的滞后算子运算规律，可以将式（3.31）写成

$$y_t = (\alpha_1 L + \alpha_2 L^2) y_t + \varepsilon_t$$

也就等同于

$$(1 - \alpha_1 L - \alpha_2 L^2) y_t = \varepsilon_t \tag{3.32}$$

其中，$(1 - \alpha_1 L - \alpha_2 L^2)$ 常被称为滞后算子多项式。而式（3.32）也经常可以进一步写成更为简约的形式：

$$\alpha(L) y_t = \varepsilon_t \tag{3.33}$$

其中，$\alpha(L) = 1 - \alpha_1 L - \alpha_2 L^2$。

初次接触滞后算子的读者可以把滞后算子与经济学中常用的期望（expectation）联系起来理解。例如，我们可以对某方程的两边同时取期望，从而获得一个新的关系等式。滞后算子操作符也属于类似的概念范畴，也就是说，$L$ 在这里不仅仅是一个符号，它还代表了一种运算过程。

另外，在滞后算子运算符的诸多性质中有一条非常有用的性质，即

$$(1 - \alpha L)^{-1} = 1 + \alpha L + \alpha^2 L^2 + \cdots \tag{3.34}$$

只要满足条件 $|\alpha| < 1$，式（3.34）给出的等式关系就成立。作为练习，希望读者能够证明这个等式关系，并说明为什么必须满足 $|\alpha| < 1$ 的条件。

为了说明式（3.34）阐述的性质的有用性，现在考虑一个更为一般的二阶差分方程，

$$y_t = c + \alpha_1 y_{t-1} + \alpha_2 y_{t-2} + \varepsilon_t \tag{3.35}$$

其中，$c$ 表示常数项。利用滞后算子，式（3.35）可以写成

$$(1 - \alpha_1 L - \alpha_2 L^2) y_t = c + \varepsilon_t$$

在等式两边同除以 $(1 - \alpha_1 L - \alpha_2 L^2)$，则得到

$$y_t = (1 - \alpha_1 L - \alpha_2 L^2)^{-1} c + (1 - \alpha_1 L - \alpha_2 L^2)^{-1} \varepsilon_t \tag{3.36}$$

根据滞后算子的性质，滞后算子对常数项并不产生影响，所以式（3.36）等号右侧的第一项就是 $(1-\alpha_1-\alpha_2)^{-1}c$。从而，式（3.36）可以写成

$$y_t=\frac{c}{1-\alpha_1-\alpha_2}+\frac{1}{1-\alpha_1 L-\alpha_2 L^2}\varepsilon_t \tag{3.37}$$

式（3.37）实际上给出了一个非常有用的结果。因为这个结果将 $y_t$ 表示成一个常数和随机变量 $\varepsilon_t$ 的函数，所以可以通过研究随机扰动项的特性来推导出序列 $y_t$ 的相关特性。

利用滞后算子，还可以简化高阶差分方程的表达式。例如，对于 $p$ 阶差分方程，利用滞后算子可以写为

$$(1-\alpha_1 L-\alpha_2 L^2-\cdots-\alpha_p L^p)y_t=\varepsilon_t \tag{3.38}$$

或者写成更为简洁的形式

$$\alpha(L)y_t=\varepsilon_t$$

其中，$\alpha(L)=1-\alpha_1 L-\alpha_2 L^2-\cdots-\alpha_p L^p$。由此可知，

$$\alpha(1)=1-\alpha_1-\alpha_2-\cdots-\alpha_p$$

这些表达方式在后续的学习中将会出现得更多，希望读者认真掌握。

### 3.4.2 差分方程的稳定性

差分方程的稳定性是指由差分方程生成的数据的收敛性。这里需要介绍与差分方程相关的特征方程（characteristic equation）和逆特征方程（inverse characteristic equation）。对于一般的 $p$ 阶差分方程（3.38）来说，其特征方程为

$$\lambda^p-\alpha_1\lambda^{p-1}-\alpha_2\lambda^{p-2}-\cdots-\alpha_p=0 \tag{3.39}$$

注意式（3.38）与式（3.39）在书写形式上的联系和区别。如果差分方程中的系数均为已知，则可以求出特征方程（3.39）的根，称为特征根（characteristic root 或 eigenvalue），而这些特征根的大小决定了相应的差分方程系统的稳定性。

可以证明，如果特征方程（3.39）的所有根（或者根的模）均落在单位圆内，差分方程系统就是稳定的。之所以经常使用“单位圆”（如图 3－4 所示）来比照特征根的“大小”，是因为特征根可能是实数，也可能是复数，但无论什么情况，其根的模总可以真实地体现在单位圆内或外的一点，从而可以很方便地通过比较其是否落在单位圆内来判断差分方程系统的稳定性。

与特征方程仅有一字之差的逆特征方程也经常被许多教材和相关文献使用，所以这里同样给出逆特征方程的概念。与 $p$ 阶差分方程相对应的逆特征方程的表达式为

$$1-\alpha_1 z-\alpha_2 z^2-\cdots-\alpha_p z^p=0 \tag{3.40}$$

注意逆特征方程（3.40）与差分方程（3.38）的对应关系。同时，对比式（3.39）与式（3.40）不难看出，特征方程的根与逆特征方程的根互为倒数。因此，如果使用逆特征方程来描述相关联的差分方程的稳定性，则要求逆特征方程的所有根（称为逆特征根）均落在单位圆外！图 3－5 给出了与图 3－4 相对应的逆特征根与单位圆的关系图。

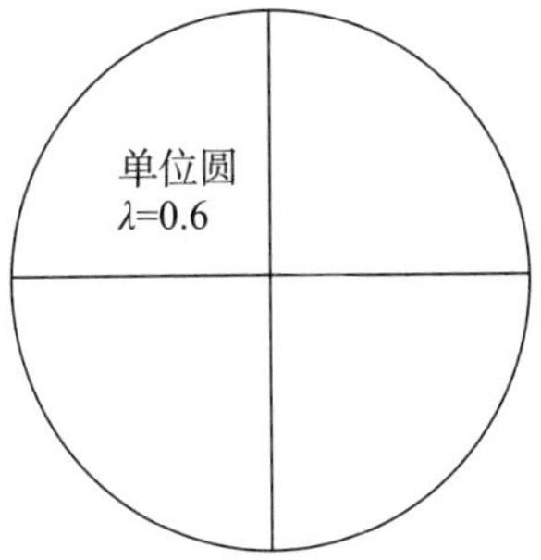


图 3-4　差分方程的特征根与单位圆

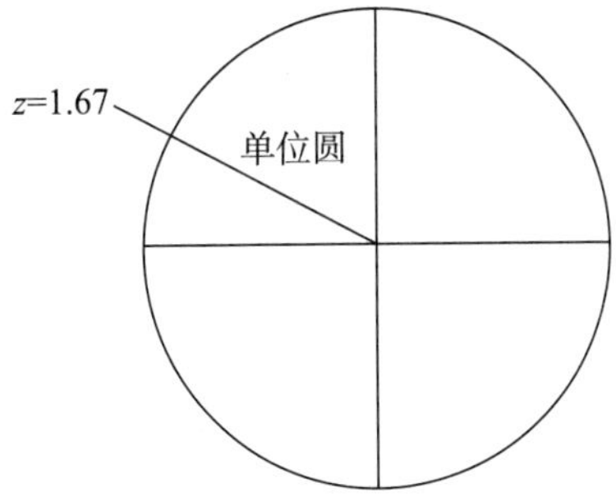


图 3-5　差分方程的逆特征根与单位圆

很显然，特征方程和逆特征方程只不过是看待同一个问题的两个不同角度罢了。但由于二者对应的关系以及名称都容易混淆，所以初学者可以选择先记住其中一种对应的含义。但是，无论采用哪种方法来说明差分方程的稳定性，都要明确、清楚地说明究竟是特征根还是逆特征根与单位圆的关系。关于特征方程和逆特征方程的概念以及性质还会在本书第 4 章中提及和讨论。

## 练习 3

1. 考虑下面的一阶差分方程

$$y_t = c_0 + \alpha y_{t-1} \tag{E1}$$

假定初始值为 $y_0$，则：

(a) 证明式（E1）可以写成如下形式

$$y_t = c_0 \sum_{i=0}^{t-1} \alpha^i + \alpha^t y_0 \tag{E2}$$

(b) 说明式（E2）是否与下面的式（E3）等同。如果等同，必须满足哪些条件？（提示：$|\alpha|<1$。）

$$y_t = \frac{c_0}{1-\alpha}(1-\alpha^t) + \alpha^t y_0 \tag{E3}$$

(c) 当 $\alpha=1$ 时，式（E1）属于什么类型的动态过程？

2. 考虑下面的模型

$$y_t = c_0 + \alpha y_{t-1} + b_1 \varepsilon_t + b_2 \varepsilon_{t-1} \tag{E4}$$

(a) 假定$|\alpha|<1$，将 $y_t$ 写成 $\varepsilon_t$，$\varepsilon_{t-1}$，…的表达式；

(b) 计算 $\varepsilon_t$ 对 $y_{t+j}$ 的动态乘数；

(c) 计算累积脉冲响应函数。

3. 对于下列给定的过程，写出特征方程，求出特征根，并确定该过程是否稳定。如果使用逆特征方程，如何判断这些过程的稳定性？

(a) $y_t = 1.2 y_{t-1} - 0.2 y_{t-2} + \varepsilon_t$

（b）$y_t=1.2y_{t-1}-0.4y_{t-2}+\varepsilon_t$

（c）$y_t=1.2y_{t-1}+1.2y_{t-2}+\varepsilon_t$

（d）$y_t=1.5y_{t-1}-0.5y_{t-2}+\varepsilon_t$

4. 登录中国人民银行网站，下载中国货币供应量 M0 的月度数据，并且将数据导入 EViews 软件，然后进行下列计算：

（a）求出货币增长率 $m_t$ 序列，并估计下面的一阶差分方程

$$m_t=c+\alpha m_{t-1}+e_t \tag{E5}$$

（b）利用（a）中的回归结果，绘制出动态乘数的图示。

（c）绘制出残差序列的图示。

（d）估计

$$e_t=c+\beta e_{t-1}+\varepsilon_t \tag{E6}$$

并且检验系数 $\beta$ 是否具有统计显著性。如果显著，说明了什么问题？［提示：将式（E6）代入式（E5）。］

5. 讨论：如何确定 $p$ 阶差分方程的稳定性？

第 4 章

# 平稳 AR 模型

**本章导读**

本章与第 5 章集中介绍平稳时间序列模型及其在分析金融时序变量中的实际应用。这两章内容是金融计量学中最基本同时又是最重要的部分。本章将从与平稳时间序列模型相关的一些关键概念入手，并且描述各种平稳时间序列模型及其特质，主要介绍平稳自回归（AR）模型的基本定义和相关特性。

## 4.1 基本概念

### 4.1.1 随机过程与数据生成过程

在第 1 章中介绍随机变量的概念时，我们曾经简单地介绍过随机过程，这里从金融时间序列分析的角度引入更严格的随机过程定义。从随机概率论的概念出发，随机过程是一系列或一组随机变量（或随机函数）的集合，它用来描绘随机现象在接连不断的观测过程中的实现结果。每一次观测都可得到一个随机变量。如果让这种观测随时间的推移永远持续下去，就得到用来描述随机现象不断演变情况的随机变量族或者称集合，也就是一个随机过程。

如果用数学语言来定义随机函数，那么给定一个时间域 $T$，对于 $T$ 中每一个参数 $t$，都有一个取值于确定集合 $W$ 的随机变量 $Y_t(s)$ 与之对应，其中 $s$ 属于一个特定的样本区间。所以，对于一个给定的 $t$，$Y_t(s)$ 是一个随机变量。对于一个确定的样本 $s$，$Y_t(s)$ 就是在 $s$ 上的一组实现值，而集合 $\{Y_t(s), t\in T\}$ 就是一个随机过程。

注意，在不同的场合或者不同的教材中，随机过程还可以写成 $\{Y(t, s), t\in T\}$，$\{Y_t, t\in T\}$，$\{Y_t\}$，或者有时为了节省空间而更为简单地写成 $Y_t$。为了避免出现符号记法造成的混淆，在涉及相关概念而又存在潜在的混淆时，本书都会有明确的语言解释。

在实际应用中，组成随机过程的随机变量一般定义在时间域或者空间域上。在现实当中，随机过程的实例包括股票、利率以及汇率随时间的波动等。在理论上，出生于苏联的著名数学家柯尔莫哥洛夫（A. N. Kolmogorov）给出了随机序列的存在性条件，即在满足什么条件时一个随机序列是严格有定义的，也就是著名的柯尔莫哥洛夫存在性定理（Kolmogorov's existence theorem），这里不再深入探讨。

现在，用一个具体的实例来说明上面介绍的随机变量与随机过程的概念。假定我们观测到了样本大小为 $T$ 的股票价格变量 $Y_t$：

$$\{y_1, y_2, \cdots, y_T\} \tag{4.1}$$

式（4.1）表达的是 $T$ 个特定的观测值的集合，但这 $T$ 个观测值的集合只是生成这些数据的随机过程的一个可能结果。如果把股票价格变量在不同时期的观测值看成是一个生成 $Y_t$ 的数据生成过程（DGP）的结果，那么这个 DGP 每一次都可以生成一组观测值，而且持续下去，直到永远。因此，对于序列

$$\left\{\cdots, y_{-1}, y_0, y_1, y_2, \cdots, y_t, y_{t+1}, \cdots\right\}_{t=-\infty}^{+\infty} \tag{4.2}$$

虽然式（4.2）给出的观测值序列的时间区域是从负无穷到正无穷，但这组观测值序列仍然只是该数据生成过程的一个实现过程。正因为如此，我们才使用“随机”（stochastic）一词来修饰这样的过程，即随机过程。

那么，什么是数据生成过程呢？我们曾在第 1 章提到过这个概念。数据生成过程可以使用下面的回归模型来说明，即

$$y_t=\beta_0 x_t+\varepsilon_t, \quad \varepsilon_t \sim \text{i.i.d.}(0, \sigma_0^2), \quad t=1, 2, \cdots, T \tag{4.3}$$

这里，如果假设模型（4.3）中所有系数（包括随机扰动项的方差）已知或者已经设立，那么给定解释变量 $x_t$ 的一组观测值，回归模型（4.3）就可以生成对应的一组 $y_t$ 的值，则模型（4.3）就是一个数据生成过程。

注意，数据生成过程与常见的用来进行回归估计的计量模型最本质的区别在于前者要求所有系数已知，而回归估计模型是利用已知的样本数据来估计模型中未知的参数。

从数据生成过程的定义可以看到，在现实中，不可能找到与一个观测到的序列对应的 DGP。那么数据生成过程还有什么实用价值吗？答案是肯定的。在实践中，我们可以利用计算机模拟生成各种序列的实现值。只要设定好一个数据生成过程，让其满足待研究对象的特征，生成对应的序列即可。当然，在这样的模拟过程中，经常会涉及对随机扰动变量分布特性的假设，如正态分布、卡方分布、独立同分布（i. i. d.）等。在现代金融计量领域，数据生成的概念越来越多地出现在相关理论和实证研究当中，我们经常听到的蒙特卡洛（Monte Carlo）模拟、拔靴法（bootstrap，也称为自举法）模拟等都广泛地使用数据生成过程。

作为示范，图 4-1 利用简单的数据生成过程分别生成了一组服从随机游走过程 $y_t=y_{t-1}+e_t$，$e_t \sim N(0, 1)$ 和一组服从白噪声过程的仿真数据，并且让生成的数据观测值个数等于 2000 年 1 月至 2023 年 4 月的样本个数，然后将其分别与 2000 年 1 月至 2023 年 4 月中国国际股票价格指数（China International Stock Price Index）和其收益率（return）进行对比。从图中可以看出，生成的数据似乎分别与现实中的中国国际股票价格指数和收益率序列相当相像。这是一种巧合，还是背后潜藏着一种理论解释呢？在学习本章和第 5 章之后，相信读者就会找到答案。

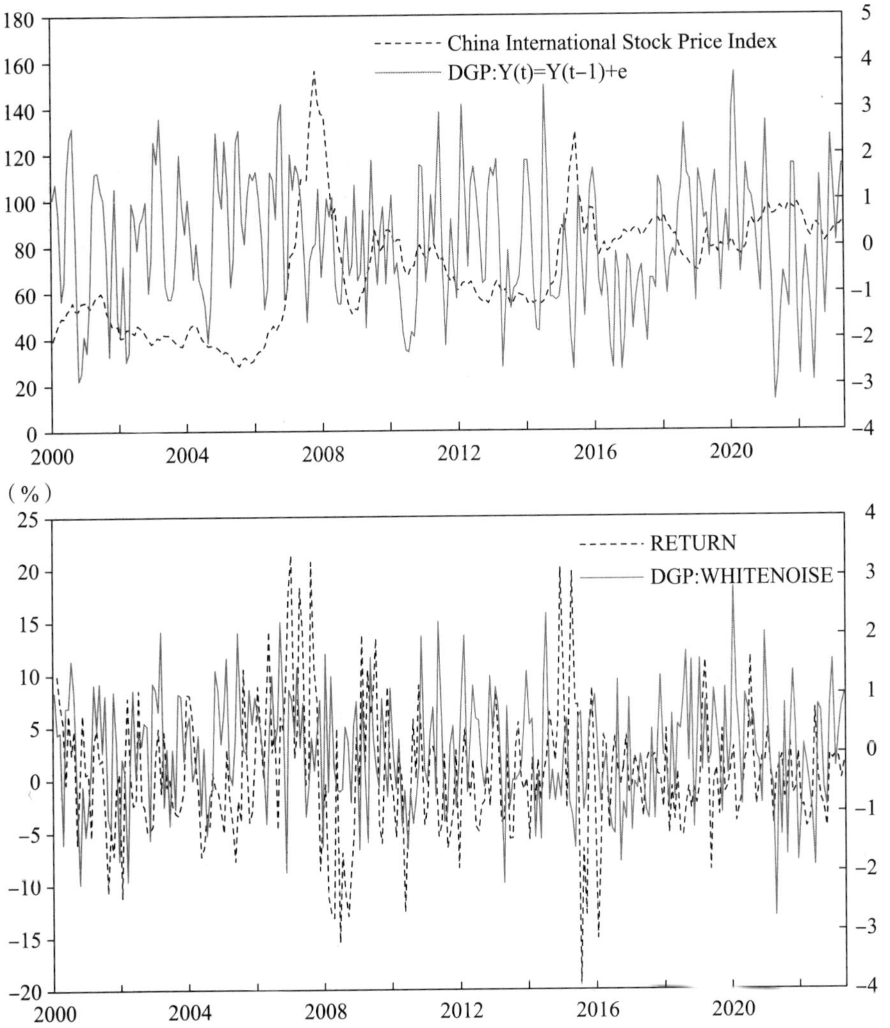


**图 4-1 数据生成过程（右轴）与现实中的金融随机变量（左轴）**

## 4.1.2 自协方差与自相关函数

假定 $y_t$ 是一个随机变量，自协方差（autocovariance）定义的是 $y_t$ 与其自身滞后期之间的协方差，即“自身的协方差”。常见的协方差的基本定义是

$$\mathrm{cov}(X, Y)=E[X-E(X)][Y-E(Y)] \tag{4.4}$$

其中，$E(\cdot)$ 表示期望。可以知道，$y_t$ 与其自身滞后 $j$ 期 $y_{t-j}$ 之间的协方差定义为

$$\gamma_j=E[y_t-E(y_t)][y_{t-j}-E(y_{t-j})],\ j=0,\ \pm1,\ \pm2,\ \cdots \tag{4.5}$$

显然，如果一个随机变量的期望值（均值）保持不变，如 $E(y_t)=E(y_{t-j})=\mu$，那么式（4.5）就可以写成

$$\gamma_j=E(y_t-\mu)(y_{t-j}-\mu),\ j=0,\ \pm1,\ \pm2,\ \cdots \tag{4.6}$$

另外，从方差的基本定义还可以知道，随机变量 $y_t$ 的方差就是 $j=0$ 时的特殊情况。假设 $y_t$ 的均值保持不变，则方差可以写成

$$\mathrm{var}(y_t)=\gamma_0=E(y_t-\mu)(y_{t-0}-\mu)=E(y_t-\mu)^2 \tag{4.7}$$

回顾基本的统计学知识，与方差、协方差相关的还有相关系数，例如，随机变量 $x$ 和 $y$ 的相关系数公式为

$$\rho=\frac{\mathrm{cov}(x,\ y)}{\sqrt{\mathrm{var}(x)}\sqrt{\mathrm{var}(y)}} \tag{4.8}$$

在金融时间序列中，相应地有自相关（autocorrelation）函数，$y_t$ 与 $y_{t-j}$ 的自相关函数（autocorrelation function，ACF）定义为

$$\rho_j=\frac{\mathrm{cov}(y_t,\ y_{t-j})}{\sqrt{\mathrm{var}(y_t)}\sqrt{\mathrm{var}(y_{t-j})}},\ j=0,\ \pm1,\ \pm2,\ \cdots \tag{4.9}$$

一般地，将 $\rho_j$ 相对于滞后期数 $j$ 绘制出的图示称为自相关图（correlogram）。

注意，这里讨论的 ACF 严格地讲应该称为理论自相关函数。由于自相关函数在实际应用中极为广泛，而且在实际应用中一般使用给定的样本信息来估计自相关函数，所以注意区分理论自相关函数与 5.4 节中介绍的样本自相关函数是非常有必要的。

另外，对于具有不同特性的随机变量，特别是平稳和非平稳时间序列随机变量，对应的自协方差和自相关函数的性质具有一些非常重要的区别，所以我们接下来首先学习一下平稳过程的定义。

### 4.1.3 弱平稳与严平稳的定义

随机时间序列的平稳性（stationarity）有多种定义形式，但最常见和常用的定义应该是所谓的弱平稳（weak stationarity），有时也称为协方差平稳（covariance stationarity）或二阶平稳（second-order stationarity），本书统一采用“弱平稳”的名称。

弱平稳的定义：对于随机时间序列 $y_t$，如果其期望值、方差以及自协方差均不随时间 $t$ 的变化而变化，则称 $y_t$ 为弱平稳随机变量，即 $y_t$ 必须满足对于所有时间 $t$，有

$$\begin{aligned}&(\mathrm{i})E(y_t)=\mu \text{ 为常数}\\&(\mathrm{ii})\mathrm{var}(y_t)=\sigma^2 \text{ 为常数}\\&(\mathrm{iii})\gamma_j=E(y_t-\mu)(y_{t-j}-\mu),\ j=0,\ \pm1,\ \pm2,\ \cdots\end{aligned} \tag{4.10}$$

如果组成随机过程的随机变量为弱平稳的，则这个随机过程称为弱平稳过程。

从以上定义可以看到，凡是弱平稳变量都会有一个恒定不变的均值和方差，并且自协方差只与 $y_t$ 和 $y_{t-j}$ 之间的滞后期数 $j$ 有关，而与时间 $t$ 没有任何关系。

因此，自协方差 $\gamma_j$ 只依赖于滞后期数 $j$，而不会随着时间 $t$ 的变化而变化。这也就意味着，$y_t$ 与 $y_{t-1}$ 之间的自协方差可能和 $y_t$ 与 $y_{t-2}$ 之间的自协方差不同，但是，$y_t$ 与 $y_{t-1}$ 之间的自协方差却一定和 $y_{t-2}$ 与 $y_{t-3}$ 之间的自协方差相同。

如果在现实中我们能够确定某个随机变量不满足其中一个或几个条件，就可以判定该变量不是弱平稳的。图 4-2 复制了张成思（2008）的研究中所给出的中国 CPI 通货膨胀

率月度同比数据5年期滚动窗口的均值估计，即以5年期样本数为样本大小（60个月度观测值样本），逐渐向前推移时间，计算出对应的样本均值。从理论上讲，如果CPI通货膨胀率符合弱平稳性的定义，那么我们期望看到一条上下波动不是很大的变化线。但是，图4-2很明显表明样本均值随着时间$t$的变化有相当大的起伏，尤其是在20世纪90年代末期。所以，凭借直观的图示，可以初步判断该序列不是弱平稳过程。当然，有时候我们的眼睛也会蒙骗我们，所以，要想更严格地判断或者检验一个随机变量是否为弱平稳过程，还需要正式的统计检验，这将是本书第9章的重点内容。

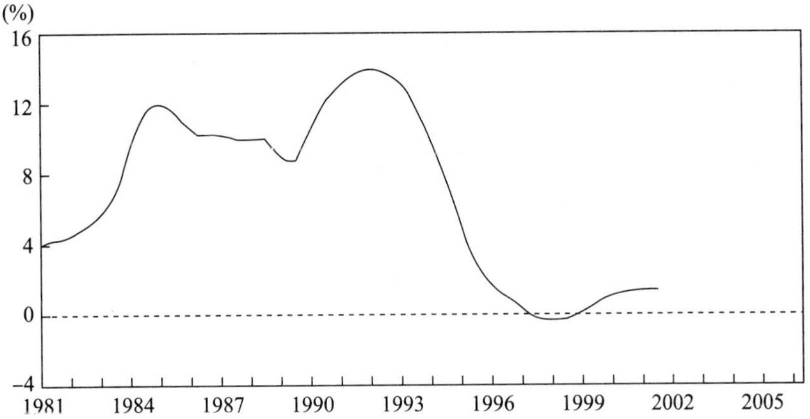


**图4-2 中国CPI通货膨胀率滚动样本均值估计**

另外，式（4.10）还暗示一个有用的结论，即

$$\gamma_j=\gamma_{-j},\ j=\pm1,\ \pm2,\ \cdots \tag{4.11}$$

要证明这个关系式成立，可以进行如下推导［令$t=s-(-j)$］：

$$\begin{aligned}\gamma_j&=E(y_t-\mu)(y_{t-j}-\mu)\\&=E[y_{s-(-j)}-\mu]\{y_{[s-(-j)]-j}-\mu\}\\&=E(y_{s+j}-\mu)(y_s-\mu)\\&=E(y_s-\mu)(y_{s+j}-\mu)\\&=\gamma_{-j}\end{aligned} \tag{4.12}$$

对于一个弱平稳变量$y_t$，其自相关函数可以写成

$$\rho_j=\frac{\operatorname{cov}(y_t,\ y_{t-j})}{\sqrt{\operatorname{var}(y_t)}\sqrt{\operatorname{var}(y_{t-j})}}=\frac{\gamma_j}{\gamma_0},\ j=0,\ \pm1,\ \pm2,\ \cdots \tag{4.13}$$

可见，由定义式（4.13）可知

$$\rho_0=\frac{\gamma_0}{\gamma_0}=1 \tag{4.14}$$

并且，从式（4.12）可得到

$$\rho_j=\rho_{-j} \tag{4.15}$$

同时，因为弱平稳变量（或过程）的方差和自协方差均不随时间变化而变化，所以自相关函数也不依赖于时间 $t$ 的取值，而只与滞后期数 $j$ 有关。

至此，我们讨论了弱平稳的定义，并讨论了弱平稳变量（过程）的一些属性。下面给出一个相关的但又有区别的概念，即严平稳过程（strictly stationary process）。

严平稳过程的定义：如果对于任何 $j_1$，$j_2$，…，$j_k$，随机变量的集合（$y_t$，$y_{t+j_1}$，$y_{t+j_2}$，…，$y_{t+j_k}$）只依赖于不同期之间的间隔距离（$j_1$，$j_2$，…，$j_k$），而不依赖于时间 $t$，那么这样的集合称为严格平稳过程或简称严平稳过程，对应的随机变量称为严平稳随机变量。

严平稳过程也被称为强平稳过程（strongly stationary process），这是一个比弱平稳过程要求更为严格的平稳过程的定义，有些教材结合遍历性（ergodicity，也被译为各态历经性）来定义严平稳过程。Hamilton（1994）等对严平稳过程给出了更严格的定义和更深层的解释，感兴趣的读者可以参阅相关的资料。

但是，实际上使用最广泛的还是弱平稳过程，不仅仅是因为其定义相对于严平稳过程更容易理解一些，更主要的原因是，现实世界中的随机变量在大多数情况下与弱平稳过程对应。同时，因为金融计量中主要使用的是弱平稳的定义，因此，在本书所有部分，如果不做特殊说明，那么提到“平稳”的概念或内容都是指弱平稳。

### 4.1.4 白噪声过程

白噪声过程（white noise process）是金融时间序列分析中最常用的平稳过程之一。如果组成一个随机过程的所有随机序列彼此互相独立，并且均值为 0，方差为恒定不变值，则该过程被称为白噪声过程。因此，可以使用下面的语言来更明确地定义白噪声过程：

对于所有时间 $t$，如果满足下列条件：

$$\begin{aligned}&(\mathrm{i})E(y_t)=0\\&(\mathrm{ii})\mathrm{var}(y_t)=\gamma_0=\sigma^2\\&(\mathrm{iii})\mathrm{cov}(y_t,\ y_{t-j})=0,\ j\neq 0\end{aligned}\tag{4.16}$$

则 $y_t$ 是白噪声过程。

比较式（4.16）与式（4.10），可以看到白噪声过程是平稳过程的一种特殊形式。特别是，对于 $j\neq 0$，自协方差 $\gamma_j=0$，且自相关函数 $\rho_j=0$，如图 4-3 所示。

所以，对于白噪声过程，总有如下等式成立：

$$\gamma_j=\begin{cases}\sigma^2, & j=0\\0, & j\neq 0\end{cases}\tag{4.17}$$

以及

$$\rho_j=\begin{cases}1, & j=0\\0, & j\neq 0\end{cases}\tag{4.18}$$

可见，白噪声过程中的观测值彼此之间互相独立，白噪声过程不能由其以前的信息来预测，至少从线性角度看是这样的。

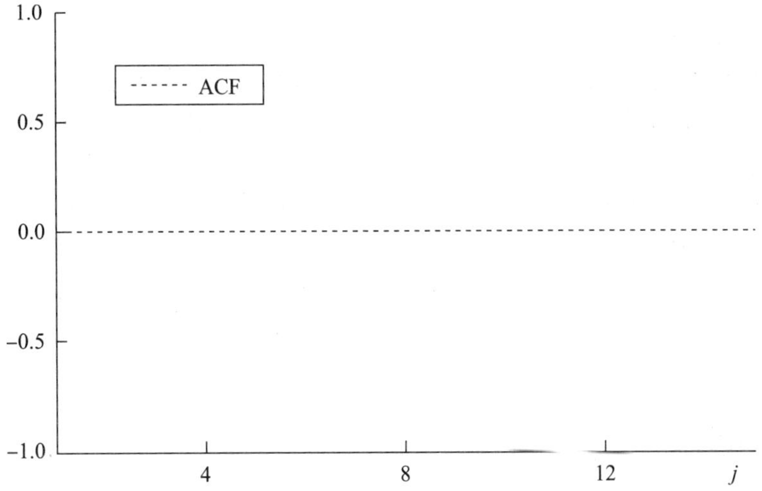


图 4-3　白噪声过程的自相关函数图

白噪声过程的学习或许能唤起对经典线性回归的回忆。不错，在经典线性回归中，往往假设回归等式中的扰动项为白噪声过程，同时还经常附加一个条件，就是正态分布。

如果一个白噪声过程还满足正态分布的条件，即白噪声过程服从正态分布，那么这样的过程称为高斯白噪声过程（Gaussian white noise process）。例如，

$$\{y_1, y_2, \cdots, y_T\}, \ y_t \sim N(0, \sigma^2)$$

就是一个典型的样本量为 $T$ 的高斯白噪声过程。

## 4.2　一阶自回归模型：AR(1)

自回归模型，顾名思义，就是变量对变量自身的滞后期项进行回归。自回归模型也可以称为自回归过程。自回归（AR）模型与差分方程联系紧密，本节在差分方程学习的基础上，进一步解释各种自回归模型的性质，集中介绍 AR(1) 模型的相关知识，而后面两节将以 AR(2) 和一般形式的 AR($p$) 为重点进行介绍。

### 4.2.1　AR(1) 过程的基本定义和性质

一阶自回归过程记作 AR(1)，表现为当期的随机变量对自身的滞后一期项和一个随机扰动项进行线性回归。AR(1) 模型可以写成：

$$y_t = c + \alpha y_{t-1} + \varepsilon_t \tag{4.19}$$

其中，$c$ 是截距项或者称常数项。注意，为简单起见，我们暂时假定 $\varepsilon_t$ 是均值为 0、方差为 $\sigma^2$ 的白噪声过程，即满足式（4.16）中的条件。当然，我们还可以进一步假定 $\varepsilon_t$ 服从正态分布，即 $\varepsilon_t \sim WN(0, \sigma^2)$，其中 $WN$ 表示“white noise with normal distribution”，即“服从正态分布的白噪声”。注意，服从正态分布的白噪声也常被称为“高斯白噪声”，

二者的意思是相同的。

从第 3 章对差分方程的学习我们知道，在式（4.19）这样的模型中，一阶滞后项的系数 $\alpha$ 对模型的性质具有非常重要的影响。特别地，如果 $|\alpha| \geqslant 1$，那么随机扰动因素 $\varepsilon$ 对 $y$ 的影响会随着时间的推移而不断积累，永远也不会消失，这就决定了我们无法得到一个具有有限方差的平稳过程 $y_t$。相反，如果 $|\alpha|<1$，那么随机扰动因素 $\varepsilon$ 对 $y$ 的影响会随着时间的推移而逐渐消失，消失的速度与 $|\alpha|$ 的大小有关，但只要满足条件 $|\alpha|<1$，我们最终就可以得到一个平稳的时间序列 $y_t$。

我们可以使用数学语言来归纳以上阐述的内容。注意式（4.19）所描述的过程不随时间变化而改变，所以，在 $t-1$ 期，式（4.19）变成

$$y_{t-1}=c+\alpha y_{t-2}+\varepsilon_{t-1} \tag{4.20}$$

将式（4.20）代回式（4.19），可以获得下式：

$$\begin{aligned} y_t &= c+\alpha y_{t-1}+\varepsilon_t \\ &= c+\alpha(c+\alpha y_{t-2}+\varepsilon_{t-1})+\varepsilon_t \\ &= c+\alpha c+\alpha^2 y_{t-2}+\varepsilon_t+\alpha\varepsilon_{t-1} \end{aligned} \tag{4.21}$$

按照这个思路，我们可以对 $y_{t-2}$，$y_{t-3}$，… 进行类似的代换，重复这样的过程 $n$ 次，就可以获得下式：

$$y_t=(1+\alpha+\alpha^2+\cdots+\alpha^n)c+\alpha^{n+1}y_{t-n-1}+\varepsilon_t+\alpha\varepsilon_{t-1}+\alpha^2\varepsilon_{t-2}+\cdots+\alpha^n\varepsilon_{t-n} \tag{4.22}$$

假设 $|\alpha|<1$，则有

$$\lim_{n\to\infty}\alpha^n=0$$

因此，当 $n\to\infty$ 时，我们可以忽略式（4.22）中的 $\alpha^{n+1}y_{t-n-1}$ 项，因为此时 $\alpha^{n+1}$ 实质上近似为 0。另外，当 $n\to\infty$ 时，式（4.22）中的第一项含有一个无穷等比数列求和的部分，即

$$1+\alpha+\alpha^2+\cdots=\frac{1}{1-\alpha}$$

所以，当 $n\to\infty$ 时，可以将式（4.22）写成

$$y_t=\frac{c}{1-\alpha}+\varepsilon_t+\alpha\varepsilon_{t-1}+\alpha^2\varepsilon_{t-2}+\cdots \tag{4.23}$$

式（4.23）实质上是一个无穷阶移动平均过程［infinite order moving average process，MA(∞)］的形式，相关知识我们将在后面介绍。

我们上面使用迭代的方法得到了式（4.23），另外一种可能更为直接和快捷的方法是使用第 3 章介绍的滞后算子运算法。例如，我们可以运用滞后算子将式（4.19）写成

$$(1-\alpha L)y_t=c+\varepsilon_t \tag{4.24}$$

在等式左右两边同乘以 $(1-\alpha L)^{-1}$，并回顾第 3 章的式（3.34），即

$$(1-\alpha L)^{-1}=1+\alpha L+\alpha^2L^2+\cdots$$

就可以将式（4.24）整理为

$$
\begin{aligned}
y_t &= (1-\alpha L)^{-1}(c+\varepsilon_t) \\
&= (1+\alpha+\alpha^2+\cdots)c+(1+\alpha L+\alpha^2 L^2+\cdots)\varepsilon_t \\
&= \frac{c}{1-\alpha}+(1+\alpha L+\alpha^2 L^2+\cdots)\varepsilon_t \\
&= \frac{c}{1-\alpha}+\varepsilon_t+\alpha\varepsilon_{t-1}+\alpha^2\varepsilon_{t-2}+\cdots
\end{aligned}
\tag{4.25}
$$

这样，式（4.25）给出了与式（4.23）完全一致的结果。

当然，在以上运算过程中，我们暗含地使用了一个假设，就是当 $n\to\infty$ 时，$\alpha^n y_{t-n}$ 的影响就消失了。所以，$|\alpha|<1$ 的假设关键性地决定了我们是否能够将AR(1) 模型写成 $y_t$ 是随机扰动项的函数。实质上，在一般条件都满足的情况下，$|\alpha|<1$ 这个假设也是AR(1) 平稳的充要条件，即AR(1) 过程是平稳的，当且仅当 $|\alpha|<1$。

### 4.2.2　AR(1) 过程的均值

在求解AR(1) 过程的均值时可以利用AR(1) 过程的等同表达形式即式（4.23）或者式（4.25），例如，对式（4.23）左右取期望，得

$$E(y_t)=\frac{c}{1-\alpha}+0+0+\cdots=\frac{c}{1-\alpha}$$

这里利用了白噪声的均值为0的特性，即

$$E(\varepsilon_t)=E(\varepsilon_{t-1})=E(\varepsilon_{t-2})=\cdots=0$$

所以，对于平稳AR(1) 过程（满足 $|\alpha|<1$），其均值为恒定不变的常数，即

$$E(y_t)=\mu=\frac{c}{1-\alpha} \tag{4.26}$$

这里使用 $\mu$ 表示期望值或均值。进而，AR(1) 模型中的截距项

$$c=\mu(1-\alpha) \tag{4.27}$$

这样，利用式（4.27），式（4.23）就可以重新写为

$$y_t=\mu+\varepsilon_t+\alpha\varepsilon_{t-1}+\alpha^2\varepsilon_{t-2}+\cdots$$

或者

$$y_t-\mu=\varepsilon_t+\alpha\varepsilon_{t-1}+\alpha^2\varepsilon_{t-2}+\cdots \tag{4.28}$$

从式（4.27）不难看到，序列 $y_t$ 的均值 $\mu$ 与AR(1) 模型中的截距项 $c$ 有一一对应的关系，并且对于任何自回归系数 $\alpha$，均值 $\mu=0$，当且仅当 $c=0$。换言之，对于没有截距项的AR(1) 模型 $y_t=\alpha y_{t-1}+\varepsilon_t$，在其他假设不变的情况下，$\mu=E(y_t)=0$。

最后提示一点，式（4.28）非常有用，将在求解方差、自协方差等过程中得到广泛使用。

### 4.2.3 AR(1) 过程的方差

接下来，我们求解 $y_t$ 序列的方差。根据方差的定义，对于平稳模型，有

$$\gamma_0 = E(y_t - \mu)^2 \tag{4.29}$$

聪明的读者可能已经注意到式（4.29）的表达式中含有的（$y_t - \mu$）项正是式（4.28）中所对应的内容。所以，将式（4.28）代入式（4.29），并利用白噪声的不变方差 $\sigma^2$，就得到下面的结果：

$$\begin{aligned}\gamma_0 &= E(y_t - \mu)^2 \\ &= E(\varepsilon_t + \alpha\varepsilon_{t-1} + \alpha^2\varepsilon_{t-2} + \cdots)^2 \\ &= E(\varepsilon_t^2) + \alpha^2 E(\varepsilon_{t-1}^2) + \alpha^4 E(\varepsilon_{t-2}^2) + \alpha^6 E(\varepsilon_{t-3}^2) + \cdots \\ &= (1 + \alpha^2 + \alpha^4 + \alpha^6 + \cdots)\sigma^2 \\ &= \frac{\sigma^2}{1-\alpha^2}\end{aligned} \tag{4.30}$$

式（4.30）给出了平稳一阶自回归过程的方差解析表达式，其中第三个等号处使用了白噪声的性质

$$E(\varepsilon_t \varepsilon_s) = 0,\ t \neq s$$

并且，上面等式的推导也运用了熟悉的无穷等比数列求和公式，即在满足条件 $|\alpha^2| < 1$ 的情况下，有

$$1 + \alpha^2 + \alpha^4 + \alpha^6 + \cdots = \frac{1}{1-\alpha^2}$$

而 $|\alpha^2| < 1$ 的条件必然满足，因为平稳时间序列已经暗示了 $|\alpha| < 1$。

可以看出，只要假设 $|\alpha| < 1$ 成立，方差

$$\gamma_0 = \frac{\sigma^2}{1-\alpha^2}$$

就保持恒定，不随时间变化而变化。

因为平稳 AR(1) 过程的均值和方差保持不变，所以 $y_t$ 序列的任一个观测值落在某个特定区间内的概率在所有时刻点 $t$ 上也是恒定的，比如围绕均值上下两个标准差的范围（对应 90%的置信区间），即 $\mu \pm 2\sqrt{\gamma_0}$。

从这样的概率学角度考虑，只要 $|\alpha| < 1$，时间序列 $y_t$ 就永远也不会“过分”偏离其均值水平。换言之，平稳序列 $y_t$ 的观测值表现出一种向其均值水平回复的特征，这种特征在金融时间序列分析中称“均值回复”，对应的英文表述是“mean-reverting”。所以，在许多主流的国际期刊中，经常遇到诸如这样的陈述：“美元/英镑的汇率服从均值回复过程……”实质上，“mean-reverting”在这样的上下文只是“平稳”的同义表达。遗憾的是，国内许多文献和教材在处理“mean-reverting”时并没有真正阐述明白它的实质含义，甚至按照字面直译为“均值反转”，经常会让初学者一头雾水，希望这里的解释能够帮助

读者理解相关专业术语的真正内涵。

为了对 AR(1) 过程的均值和方差有一个更为感性的认识，下面利用计算机模拟了一个 AR(1) 数据生成过程，并生成了两组不同的观测序列。使用的 AR(1) 过程设立如下：

$$y_t = 1 + \sqrt{0.5}\, y_{t-1} + \varepsilon_t, \quad \varepsilon_t \sim N(0, \sigma^2), \quad \sigma^2 = 0.5 \tag{4.31}$$

图 4-4 (a) 绘制了生成的第一组 30 个观测值，而图 4-4 (b) 画出了另一组模拟生成的 1 000 个观测值。为了比较模拟生成的样本的均值和方差与理论上 AR 模型 (4.31) 对应的方差和均值，图 4-4 还分别给出了生成序列的样本均值和方差等信息。

从理论上看，利用式 (4.26) 和式 (4.30)，模型 (4.31) 中的 $y_t$ 序列的均值与方差应该分别等于：

$$\mu = \frac{c}{1-\alpha} = \frac{1}{1-\sqrt{0.5}} \approx 3.414 \tag{4.32}$$

和

$$\gamma_0 = \frac{\sigma^2}{1-\alpha^2} = \frac{0.5}{1-0.5} = 1 \tag{4.33}$$

显然，图 4-4 中显示的信息说明，模拟生成的数据的样本均值和方差都不等于理论上应该得到的数值。为什么？实际上我们以前曾经暗示性地回答过这样的问题，之所以出现差别就是因为一个样本只是某个随机过程的一个实现值序列，我们无法真正把所有可能的实现值都给出来。

但是应该看到，随着样本的增大，样本均值和方差与理论上的真实值会越来越接近。通过比较图 4-4 中不同样本数据对应的样本均值和方差与式 (4.32) 和式 (4.33) 中的数值就可以看出，只有 30 个观测值的序列的均值和方差分别约为 1.302 和 $0.235^2 = 0.055$，与真实值之间有明显的出入；而对于 1 000 个观测值的序列，其均值和方差分别约为 3.262 和 $0.973^2 = 0.947$，与理论真实值已经非常接近了。

可以想象，如果我们能够让计算机按照具有一定规则的数据生成过程生成足够多的观测值，然后求样本均值，应该可以得到一个精确度相对较高的结果。这个思想和计量经济学领域一个重要的概念不谋而合，那就是蒙特卡洛模拟。因为图 4-4 中描绘的序列只是一次模拟生成的数据，所以样本均值与理论上的真实值之间存在差异并不奇怪。而蒙特卡洛模拟的基本思想则是进行足够多次的模拟，比如 1 万次或 10 万次，每次都生成一个足够多的样本，然后利用所有样本计算出样本相关统计量，再取平均值，从而尝试尽量准确地捕捉真实过程的特性。

“蒙特卡洛”的名字源于早期摩纳哥公国一个赌场所在的城市的名字，因为赌场中的许多赌博游戏都有模拟或者仿真的成分，所以后人在计量经济学科里引入了“蒙特卡洛模拟”或者“蒙特卡洛仿真”这样的术语。正如著名计量经济学家罗素·戴维森 (Russell Davidson) 和詹姆斯·G. 麦金农 (James G. MacKinnon) 所说的 (Davidson and MacKinnon, 1993)，如果赌博游戏的那些模拟的把戏早先盛行在拉斯维加斯或者别的地方，我们在计量经济学里正在使用的很可能就是“拉斯维加斯模拟”，甚至可能是“北京模拟”。但可惜历史的车轮永远不能回转，现在再要改变这样的术语名称，恐怕已经为时已晚。

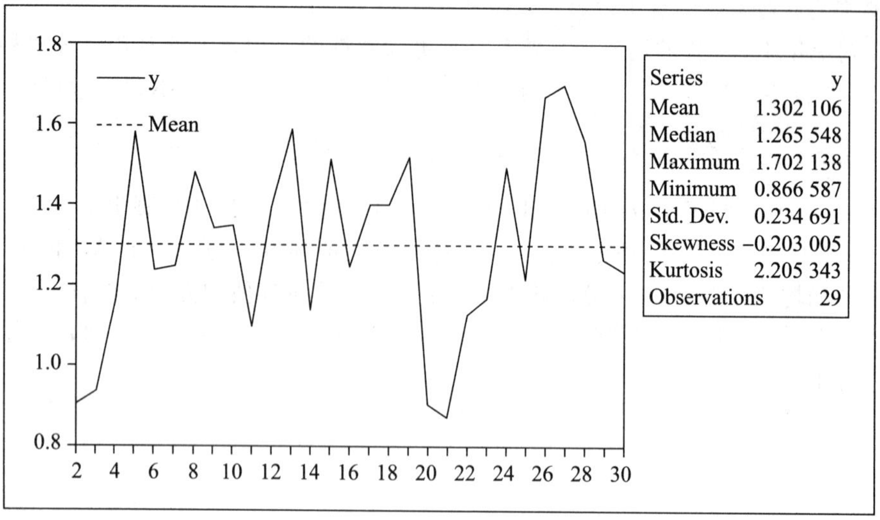


(a) 样本=30

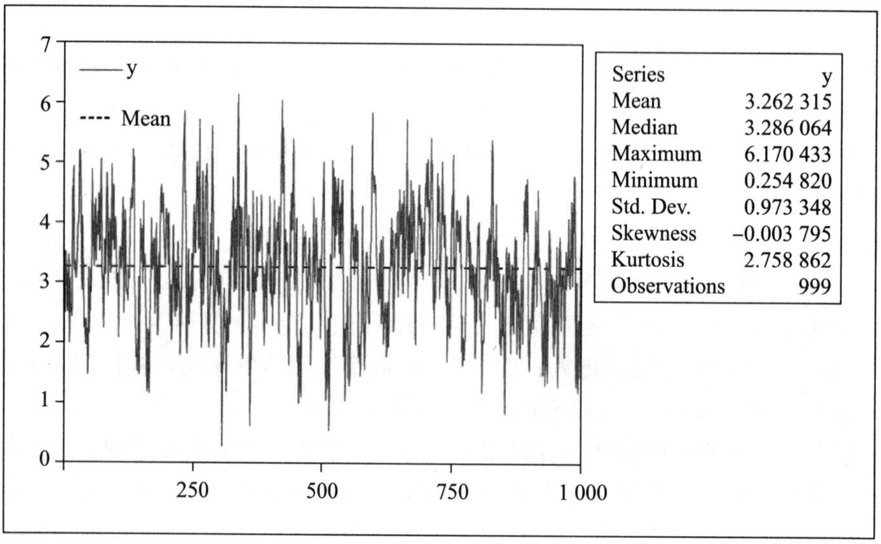


(b) 样本=1 000

**图 4-4 AR(1) 过程模拟生成的序列图与相关统计量**

## 4.2.4 AR(1) 过程的自协方差与自相关函数

因为平稳 AR(1) 过程的均值恒定，所以自协方差的定义为

$$\gamma_j = E(y_t - \mu)(y_{t-j} - \mu)$$

根据这一定义，结合式 (4.28)，可以推导出平稳 AR(1) 过程的自协方差的一般解析表达式：

$$\gamma_j = E(y_t - \mu)(y_{t-j} - \mu)$$

$$
\begin{aligned}
&= E(\varepsilon_t+\alpha\varepsilon_{t-1}+\alpha^2\varepsilon_{t-2}+\cdots)(\varepsilon_{t-j}+\alpha\varepsilon_{t-j-1}+\alpha^2\varepsilon_{t-j-2}+\cdots)\\
&= \alpha^j E(\varepsilon_{t-j}^2)+\alpha^{j+2}E(\varepsilon_{t-j-1}^2)+\alpha^{j+4}E(\varepsilon_{t-j-2}^2)+\cdots\\
&= \alpha^j(1+\alpha^2+\alpha^4+\cdots)\sigma^2\\
&= \frac{\sigma^2}{1-\alpha^2}\alpha^j
\end{aligned}
\tag{4.34}
$$

注意，式（4.34）的中间过程利用了白噪声过程不同期的观测值之间相互独立的特性，即 $E(\varepsilon_t\varepsilon_s)=0$，$t\neq s$。

下面，利用式（4.30）和式（4.34）的结果，可以得到平稳 AR(1) 过程的自相关函数（ACF）的公式：

$$
\rho_j=\frac{\gamma_j}{\gamma_0}=\alpha^j \tag{4.35}
$$

所以，$\rho_1=\alpha$，而对于 $|\alpha|$，其取值越靠近于 1，则暗示 $y_t$ 序列相邻观测值之间的相关性越强。很明显，平稳 AR(1) 过程的自相关函数图应该是随着滞后期数的增加而呈现逐渐衰减的态势。进一步考查式（4.35）的表达式发现，这里的自相关函数与第 3 章介绍的一阶差分方程的动态乘数或者脉冲响应函数完全相同。从式（4.35）可以看到，当 $\alpha$ 为正值时，意味着相邻两期之间正相关；而当 $\alpha$ 为负值时，奇数期自相关函数为负，偶数期自相关函数为正。但是不管在哪种情况下，只要 $|\alpha|<1$ 的条件满足，距离越近的观测值之间的相关性越强，而距离越远的观测值之间的相关性越弱。确实，$|\alpha|<1$ 的条件实质上保证了 $\lim\limits_{j\to\infty}\rho_j=0$，从而使得相距足够远的两期之间可以近似地被认为不存在相关性。

### 4.2.5　一阶自回归系数 $\alpha$ 的影响

上面我们从理论上讨论了 $\alpha$ 的不同值对 AR(1) 过程相关性质的影响，下面利用实际例子进一步演示一阶自回归系数 $\alpha$ 取值不同对自相关系数以及 $y_t$ 序列动态走势的影响。

首先，考虑 AR(1) 模型中系数 $\alpha=0.9$ 的情况，即

$$
y_t=c+0.9y_{t-1}+\varepsilon_t \tag{4.36}
$$

注意，我们没有特别设定常数项 $c$ 的值，因为这个系数不影响自相关函数。就这个例子而言，根据自相关函数的定义式（4.35），可以获得其自相关函数为

$$
\rho_j=0.9^j,\quad j=0,1,2,\cdots \tag{4.37}
$$

可见，$\rho_j$ 总为正值，并且随着滞后期数 $j$ 的增加而单调递减。当我们减小 $\alpha$ 的值，令它等于 0.5 时，自相关函数 $\rho_j$ 仍然保持正值单调递减的特点，但是，在第二种情况下，自相关函数衰减至 0 的速度要比第一种情况（$\alpha=0.9$）快得多。图 4－5 清晰地描绘出了二者的比较。

从图 4－5 可以看到，当 $\alpha=0.5$ 时，自相关函数曲线更快地衰减到 0，ACF 的值从零时刻（$\rho_0=1$）经过大致 8 期左右就降至 0；而对于 $\alpha=0.9$ 的情况，ACF 曲线表现出一种更加平缓地趋近于 0 的趋势。更一般地说，$|\alpha|$ 越大，ACF 表现得越平缓，这种现象经常被称为惯性、持久性、平滑性或者记忆性。在现实生活中，通货膨胀率和利率等宏观金融时间序列变量经常会表现出较高的持久性，而股票收益率等微观金融工具却很少表现出这

样的持久性。所以，AR 模型可以很方便地用来分析这些相关问题，感兴趣的读者可以参阅 Fuhrer（1995）、Rudebusch（2002）和 Zhang（2007）等文献。

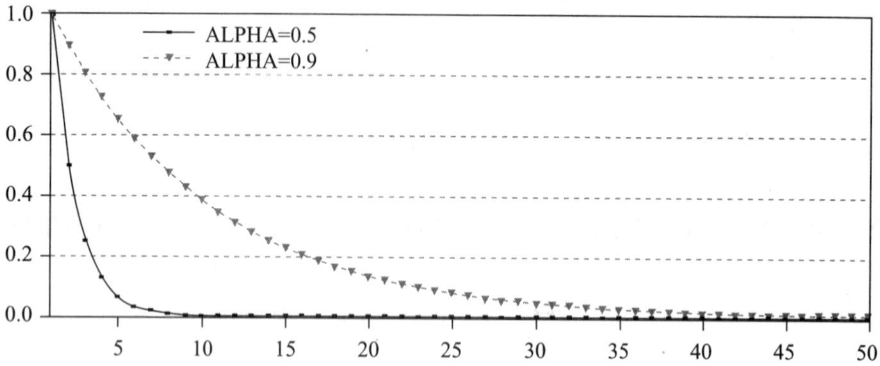


**图 4-5 $\alpha=0.9$ 和 $\alpha=0.5$ 时 AR(1) 模型的自相关函数图**

我们再来考察另一种情况，假设给定以下 AR(1) 模型：

$$y_t=c-0.9y_{t-1}+\varepsilon_t \tag{4.38}$$

这个模型与式（4.36）的唯一区别就是这里 $\alpha=-0.9$，即自回归系数为负值，相应的自相关函数则为

$$\rho_j=(-0.9)^j,\ j=0,1,2,\cdots \tag{4.39}$$

图 4-6 绘制出了这个自相关函数的图示。从图中可以看到，自相关函数的值的正负号不断交替。在这种情况下，我们也认为模型（4.38）中刻画的 $y_t$ 序列具有较高的持久性。

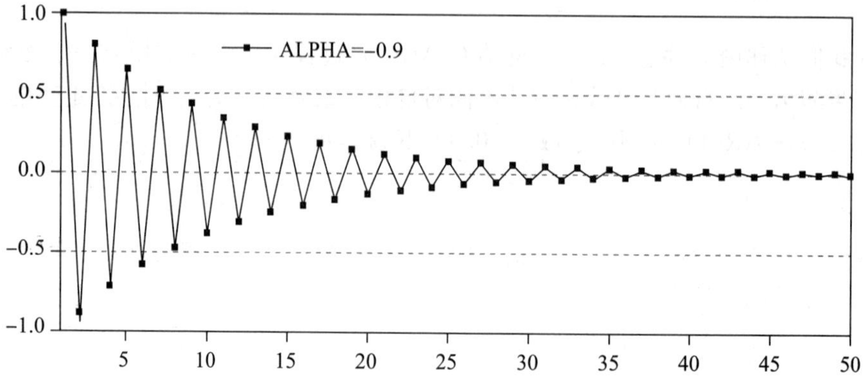


**图 4-6 $\alpha=-0.9$ 时 AR(1) 模型的自相关函数图**

系数 $\alpha$ 的取值也影响序列 $y_t$ 的动态走势。为了示范这样的影响效果，图 4-7 绘制了 $\alpha$ 取 4 种不同值时，对应生成的 $y_t$ 序列走势图。这些序列的生成过程使用 $c=0$ 和 $\varepsilon_t\sim N(0,1)$ 的设置。

图 4-7（a）描绘了一个白噪声过程（$\alpha=0$）。从白噪声的定义我们知道，白噪声过程中不同时期之间的观测值互相独立，彼此不相关。从图中可以观察到，没有自相关性的序列看上去非常杂乱，频繁改变变动的形式，似乎没有什么规律。这正好吻合白噪声过程的

属性：各个观测值之间互相不包含任何信息，这个序列看上去确实是“随机的”。

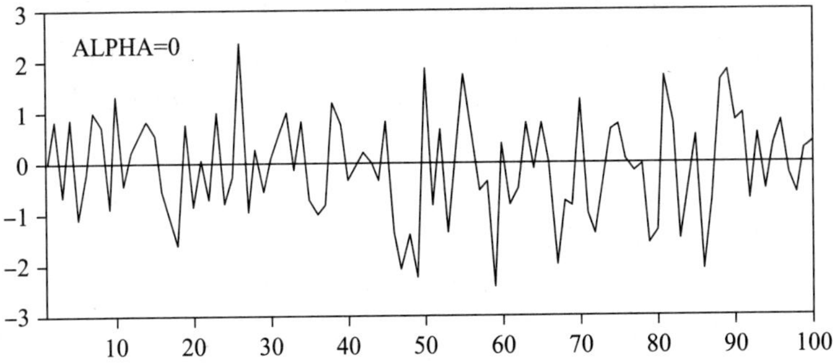


(a) $\alpha$=0（白噪声）

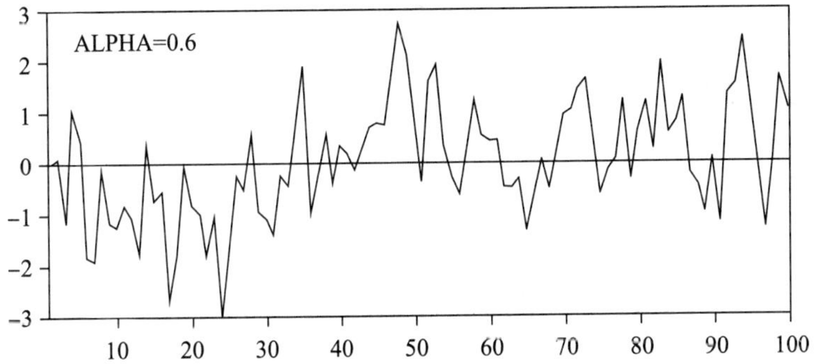


(b) $\alpha$=0.6

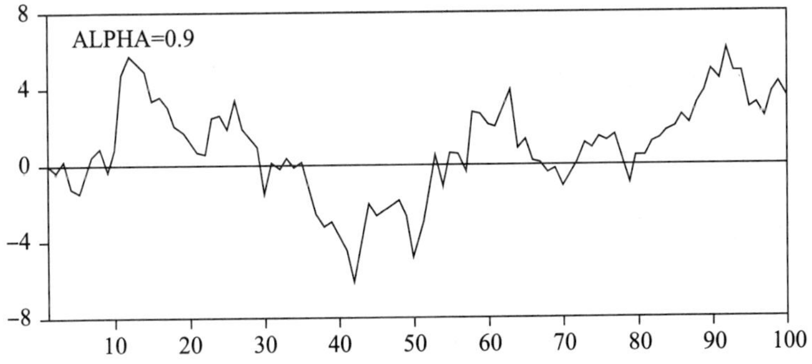


(c) $\alpha$=0.9

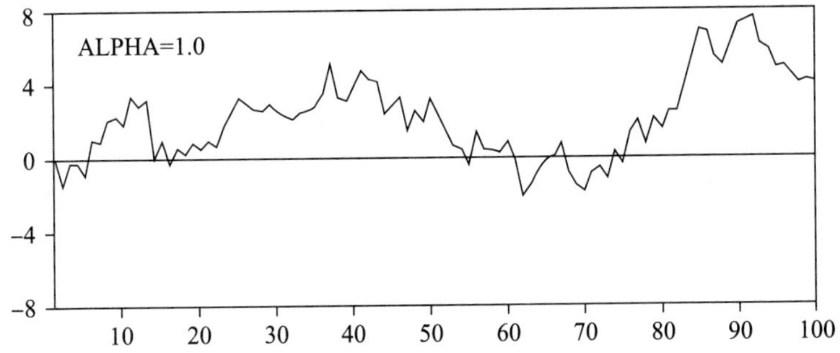


(d) $\alpha$=1.0

**图 4－7　不同 $\alpha$ 值的 AR(1) 模型对应的模拟数据**

图 4-7（b）描绘了 $\alpha=0.6$ 时模拟生成的 $y_t$ 序列。这个序列就表现出了一定的平滑性，也就是在均值以上或者以下的观测值之间表现出一定的“聚类”现象，或者更为通俗一点说，如果前一期的观测值较高，那么紧接着后一期也显示出“走高”的态势。

对于 $\alpha=0.9$ 的情况，图 4-7（c）表明偏离均值后，各个观测值要经过相对更长的时间才能回复到均值水平。

而图 4-7（d）描绘了一个极端的例子，即 $\alpha=1.0$。此时，生成的序列似乎有永远偏离均值的态势。我们前面已经讨论过，这种情况被称为随机游走过程。

总之，在一阶自回归模型中，自回归系数 $\alpha$ 的取值不仅决定了模型刻画的序列变量的走势特征，而且在其他条件不变的情况下，关键性地决定了均值、方差、自协方差以及自相关函数的特征。在此，我们鼓励读者回头再观察一下第 1 章介绍的各种金融时间序列变量，思考一下是否可以使用 AR(1) 模型来捕捉这些时序变量的特征。特别是，中国国际股票收益率的图示与图 4-7 中哪种模拟生成的数据表征相像？当然，AR(1) 过程强调一阶自回归系数 $\alpha$ 的重要性，那么，对于高阶自回归过程，哪些系数又是重要的呢？为了回答这一问题，我们在下一节首先来探讨一下 AR(2) 模型的相关知识，然后过渡到对更一般的 AR($p$) 模型的介绍。

## 4.3 二阶自回归模型：AR(2)

### 4.3.1 AR(2) 过程的基本定义和性质

二阶自回归模型（过程），记作 AR(2)，符合下列形式：

$$y_t=c+\alpha_1 y_{t-1}+\alpha_2 y_{t-2}+\varepsilon_t \tag{4.40}$$

与 AR(1) 的介绍相同，我们假设 $\varepsilon_t$ 为白噪声过程。在差分方程的学习中，我们知道差分方程的平稳性条件要求特征方程的特征根都要落在单位圆内，对于 AR(2) 模型也是一样，只要特征方程

$$\lambda^2-\alpha_1\lambda-\alpha_2=0 \tag{4.41}$$

的所有根均落在单位圆内，AR(2) 模型就是平稳的。

下面，利用滞后算子，可以将式（4.40）重新写成

$$\alpha(L)y_t=c+\varepsilon_t \tag{4.42}$$

其中，

$$\alpha(L)=1-\alpha_1 L-\alpha_2 L^2 \tag{4.43}$$

假设 AR(2) 模型的平稳性条件满足，式（4.42）还可以写成

$$y_t=\alpha(L)^{-1}(c+\varepsilon_t) \tag{4.44}$$

可以证明，滞后算子多项式 $\alpha(L)^{-1}$ ［即 $(1-\alpha_1 L-\alpha_2 L^2)^{-1}$］满足下列形式：

$$\psi(L)=\alpha(L)^{-1}=\psi_0+\psi_1 L+\psi_2 L^2+\cdots \tag{4.45}$$

这样，通过式（4.44）就可以将AR(2)模型改写成

$$y_t=\psi(L)c+\psi(L)\varepsilon_t \tag{4.46}$$

同时，注意到滞后算子的特性 $Lc=c$，所以有

$$\psi(L)c=\frac{c}{1-\alpha_1-\alpha_2} \tag{4.47}$$

这样，与AR(1)过程的处理类似，我们最终可以把AR(2)模型写成 $y_t$ 是随机扰动项的函数，即

$$y_t=\frac{c}{1-\alpha_1-\alpha_2}+\psi_0\varepsilon_t+\psi_1\varepsilon_{t-1}+\psi_2\varepsilon_{t-2}+\cdots \tag{4.48}$$

在AR(1)模型中，我们讨论过，一阶自回归系数 $|\alpha|<1$ 的假设关键性地决定了我们是否能够将AR(1)模型写成 $y_t$ 是随机扰动项的函数。而对于AR(2)模型，虽然我们没有进行展开推导，但是，特征方程（4.41）的所有根（即所有特征根）落在单位圆内是实现AR(2)模型能够进行类似推导的充要条件。

### 4.3.2 AR(2)过程的均值

根据式（4.48），对等式左右两边取期望，就很容易求出AR(2)过程的均值，即

$$\mu=\frac{c}{1-\alpha_1-\alpha_2} \tag{4.49}$$

当然，也可以利用平稳过程的特性，即均值恒定，对式（4.40）两边直接取期望，得到

$$\mu=c+\alpha_1\mu+\alpha_2\mu+0 \tag{4.50}$$

从而也可以得到同样的结果，$\mu=c/(1-\alpha_1-\alpha_2)$。

### 4.3.3 AR(2)模型的方差、自协方差与自相关函数

对于AR(2)模型，方差、自协方差的求解需要同时进行，而不再像处理AR(1)模型那样分别进行。要获得AR(2)模型的方差、自协方差和自相关函数，首先需要从式（4.49）中观察到

$$c=\mu(1-\alpha_1-\alpha_2) \tag{4.51}$$

然后，将式（4.51）代入AR(2)模型（4.40），得到

$$y_t=\mu(1-\alpha_1-\alpha_2)+\alpha_1 y_{t-1}+\alpha_2 y_{t-2}+\varepsilon_t \tag{4.52}$$

并进而整理得

$$y_t-\mu=\alpha_1(y_{t-1}-\mu)+\alpha_2(y_{t-2}-\mu)+\varepsilon_t \tag{4.53}$$

在此，提醒读者，从式（4.51）到式（4.53）的推导技巧实际上在AR(1)过程涉及的内容中已经用到，而对于高于一阶的AR模型，上述推导过程往往是求解方差等解析表

达式的有效途径。

下面，根据自协方差的定义，我们希望构造出自协方差的形式，为此，可以在式（4.53）两侧同时乘以（$y_{t-j}-\mu$），然后取期望，就得到以下关系式：

$$\gamma_j=\alpha_1\gamma_{j-1}+\alpha_2\gamma_{j-2} \tag{4.54}$$

而根据自相关函数的定义，利用式（4.54）同时可以获得自相关函数的关系式：

$$\rho_j=\alpha_1\rho_{j-1}+\alpha_2\rho_{j-2} \tag{4.55}$$

现在，从式（4.55）中可得到两个有用的等式关系，即

$$\rho_1=\alpha_1\rho_0+\alpha_2\rho_{-1} \tag{4.56}$$

和

$$\rho_2=\alpha_1\rho_1+\alpha_2\rho_0 \tag{4.57}$$

另外，我们知道自相关函数具有以下性质：

$$\rho_j=\rho_{-j} \tag{4.58}$$

和

$$\rho_0=\frac{\gamma_0}{\gamma_0}=1 \tag{4.59}$$

利用式（4.56）至式（4.59）的关系，就可以得到自相关函数在前两期的解析表达式，即

$$\begin{cases}\rho_1=\dfrac{\alpha_1}{1-\alpha_2}\\[2ex] \rho_2=\dfrac{\alpha_1^2-\alpha_2^2+\alpha_2}{1-\alpha_2}\end{cases} \tag{4.60}$$

这样，有了 $\rho_0$、$\rho_1$ 和 $\rho_2$ 之后，其他所有期的自相关函数的解析表达式都可以从式（4.55）中求解了。

接下来，在式（4.53）两侧乘以（$y_t-\mu$）并且取期望，则得到

$$\gamma_0=\alpha_1\gamma_1+\alpha_2\gamma_2+\sigma^2 \tag{4.61}$$

由以上知识，读者可自行推导出平稳 AR(2) 模型的方差的解析表达式：

$$\gamma_0=\frac{1-\alpha_2}{(1+\alpha_2)[(1-\alpha_2)^2-\alpha_1^2]}\sigma^2 \tag{4.62}$$

现在，你可能很想看一下平稳 AR(2) 模型对应的图示是什么样子的。为此，图 4-8 利用 AR(2) 模型模拟生成了三个不同的时间序列。你可以通过观察特征方程的根来比较这几个序列的不同，但是在现在这个阶段，如果想要比较不同 AR(2) 过程生成的序列的持久性，读者可以考查两个自回归系数的和的绝对值，即 $|\alpha_1+\alpha_2|$。一般而言，$|\alpha_1+\alpha_2|$ 的值越大，则持久性越高。最后，读者可以思考一下：这样模拟生成的数据过程是否让你想到了现实中的时序变量，如利率、汇率或者通货膨胀率等？

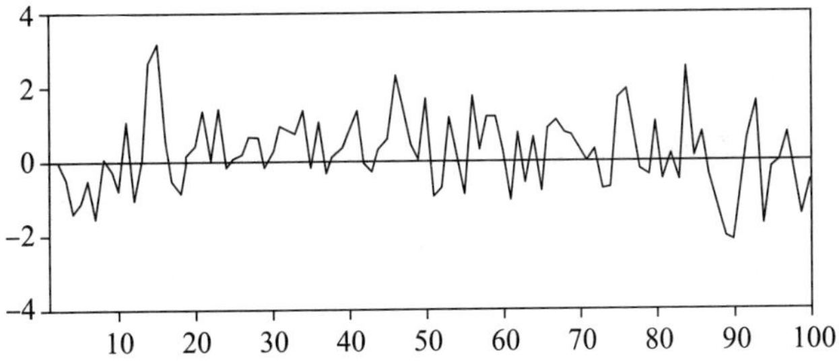


(a) $y_t=0.2y_{t-1}+0.1y_{t-2}+\varepsilon_t$，$\varepsilon_t \sim N(0，1)$

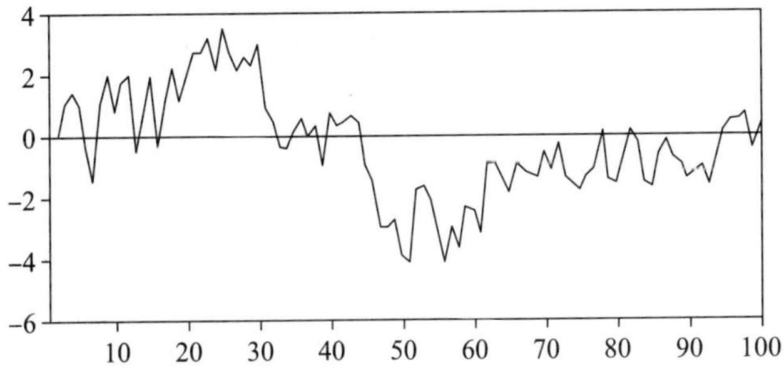


(b) $y_t=0.6y_{t-1}+0.3y_{t-2}+\varepsilon_t$，$\varepsilon_t \sim N(0，1)$

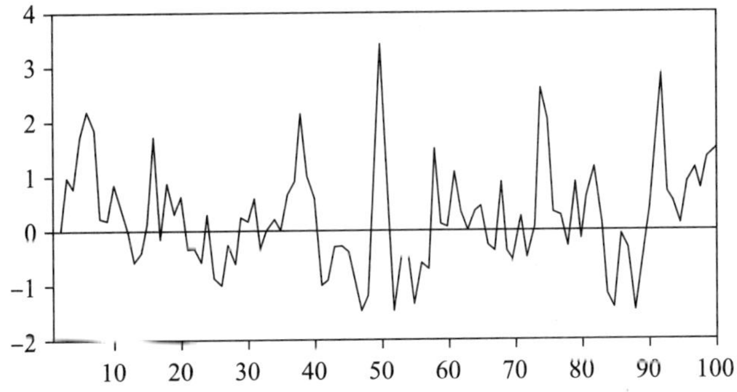


(c) $y_t=0.6y_{t-1}-0.3y_{t-2}+\varepsilon_t$，$\varepsilon_t \sim N(0，1)$

**图 4-8　AR(2) 模型生成的序列数据**

# 4.4　$p$ 阶自回归模型：AR($p$)

## 4.4.1　AR($p$) 过程的基本定义和性质

一般地，$p$ 阶 AR 模型记作 AR($p$)，通常写成以下形式：

$$y_t=c+\alpha_1 y_{t-1}+\alpha_2 y_{t-2}+\cdots+\alpha_p y_{t-p}+\varepsilon_t \tag{4.63}$$

和以前一样，这里 $\varepsilon_t$ 是方差为 $\sigma^2$ 的白噪声过程。如果使用滞后算子，AR($p$) 模型还可以写为：

$$\alpha(L)y_t=c+\varepsilon_t \tag{4.64}$$

其中，$\alpha(L)$ 为滞后算子多项式，定义为

$$\alpha(L)=1-\alpha_1 L-\alpha_2 L^2-\cdots-\alpha_p L^p \tag{4.65}$$

对于 AR($p$) 模型，其平稳性条件与 AR(2) 模型的类似，只不过有一点拓展。首先需要写成 AR($p$) 模型对应的特征方程，然后根据特征方程求解出特征根。如果所有特征根都落在单位圆内，则 AR($p$) 过程平稳。从 AR($p$) 模型的基本形式可以写出对应的特征根方程，即

$$\lambda^p-\alpha_1\lambda^{p-1}-\alpha_2\lambda^{p-2}-\cdots-\alpha_p=0 \tag{4.66}$$

所以，如果式（4.66）的所有根都落在单位圆内，则 AR($p$) 模型是平稳的，当然对应的 $y_t$ 也是平稳的时间序列。

在有些情况下，还可以把滞后算子多项式进行因式分解，即

$$\alpha(L)=(1-\lambda_1 L)(1-\lambda_2 L)\cdots(1-\lambda_p L) \tag{4.67}$$

如果 $|\lambda_i|<1$ 的条件满足，则 AR($p$) 模型平稳。

还需要注意，正如在第 3 章提到过的，与特征方程相对的还有逆特征方程，有些教材在阐述 AR 过程是否平稳的时候，习惯采用逆特征根来判断。如果是这样，那么一定要注意语言陈述的准确性，即在逆特征方程的根都落在单位圆外时，AR 模型才平稳。因此，在讨论“所有根落在单位圆内”或“单位圆外”时，一定要指出讨论的对象是特征方程还是逆特征方程。

### 4.4.2 AR($p$) 过程的均值

对于平稳的 AR($p$) 过程，沿着分析一阶和二阶 AR 过程的思路，很容易求出均值表达式。例如，对式（4.63）两侧取期望，则得到

$$\mu=c+\alpha_1\mu+\alpha_2\mu+\cdots+\alpha_p\mu \tag{4.68}$$

从而，可以求解出 AR($p$) 过程的均值公式：

$$\mu=\frac{c}{1-\alpha_1-\alpha_2-\cdots-\alpha_p}=\frac{c}{\alpha(1)} \tag{4.69}$$

第二个等号利用了滞后算子多项式的性质

$$\alpha(1)=1-\alpha_1 1-\alpha_2 1^2-\cdots-\alpha_p 1^p=1-\alpha_1-\alpha_2-\cdots-\alpha_p \tag{4.70}$$

从均值表达式（4.69）可以看到，AR($p$) 模型的均值只有在 $c=0$ 的情况下才等于 0。同时，读者也应该注意到，式（4.70）中的 $\alpha(1)$ 一定不能为 0。对于 AR 模型，平稳性条件要求特征方程的特征根都落在单位圆内，从而就排除了 $\alpha(1)$ 等于 0 的可能性。

### 4.4.3 AR($p$) 过程的方差与自协方差

遵循求解 AR(2) 模型的方差与自协方差的思路，首先利用式（4.69）将常数项 $c$ 表示成均值 $\mu$ 和自回归系数 $\alpha$ 的函数，然后将 AR($p$) 模型（4.63）写成以下形式：

$$y_t-\mu=\alpha_1(y_{t-1}-\mu)+\alpha_2(y_{t-2}-\mu)+\cdots+\alpha_p(y_{t-p}-\mu)+\varepsilon_t \tag{4.71}$$

接下来，在式（4.71）两侧同时乘以（$y_{t-j}-\mu$）并取期望，得到

$$\begin{aligned}\gamma_j &=E(y_t-\mu)(y_{t-j}-\mu)\\ &=\alpha_1E(y_{t-1}-\mu)(y_{t-j}-\mu)+\alpha_2E(y_{t-2}-\mu)(y_{t-j}-\mu)+\cdots\\ &\quad+\alpha_pE(y_{t-p}-\mu)(y_{t-j}-\mu)+E[\varepsilon_t(y_{t-j}-\mu)]\end{aligned} \tag{4.72}$$

这里需要注意，观察式（4.72）的最后一个要素，可以发现

$$E[\varepsilon_t(y_{t-j}-\mu)]=0,\ j>0 \tag{4.73}$$

这是因为 $t$ 期的白噪声过程 $\varepsilon_t$ 只与 $y_t$ 相关，而与滞后序列 $y_{t-j}$（$j>0$）不相关，进而可知，

$$E[\varepsilon_t(y_{t-j}-\mu)]=E[\varepsilon_t(y_t-\mu)]=E(\varepsilon_t y_t)-E(\varepsilon_t\mu)=\sigma^2,\ j=0 \tag{4.74}$$

这样，我们就处理了式（4.72）中的最后一项。另外，我们还注意到，由于AR过程是平稳的，那么 $t-1$ 期与 $t-j$ 期的自协方差就等于 $t$ 期与 $t-(j-1)$ 期的自协方差，即

$$E(y_{t-1}-\mu)(y_{t-j}-\mu)=E(y_t-\mu)[y_{t-(j-1)}-\mu]=\gamma_{j-1} \tag{4.75}$$

所以，式（4.72）可以整理成

$$\gamma_j=\begin{cases}\alpha_1\gamma_{j-1}+\alpha_2\gamma_{j-2}+\cdots+\alpha_p\gamma_{j-p}, & j>0\\ \alpha_1\gamma_{j-1}+\alpha_2\gamma_{j-2}+\cdots+\alpha_p\gamma_{j-p}+\sigma^2, & j=0\end{cases} \tag{4.76}$$

利用平稳AR过程的性质 $\gamma_j=\gamma_{-j}$，式（4.76）中的第二个等式就是

$$\gamma_0=\alpha_1\gamma_1+\alpha_2\gamma_2+\cdots+\alpha_p\gamma_p+\sigma^2 \tag{4.77}$$

分析式（4.76）可知，对于 $j=0,1,2,\cdots,p$，式（4.76）实际上给出了 $p+1$ 个等式，用以刻画自协方差、自回归系数（$\alpha_i$，$i=1,2,\cdots,p$）和白噪声过程的方差 $\sigma^2$ 之间的关系。这 $p+1$ 个等式的解有以下两种情况：

（1）如果自回归系数 $\alpha_i(i=1,2,\cdots,p)$ 和白噪声的方差 $\sigma^2$ 已知，那么它们可以用来解出AR($p$) 过程的自协方差 $\gamma_0,\gamma_1,\cdots,\gamma_p$。这里，$p\times1$ 维列向量（$\gamma_0,\gamma_1,\cdots,\gamma_{p-1}$)$'$ 由下面 $p^2\times p^2$ 维矩阵的第一个列向量的 $p$ 个值唯一确定：

$$\sigma^2[\boldsymbol{I}_{p^2}-(\boldsymbol{F}\otimes\boldsymbol{F})]^{-1} \tag{4.78}$$

其中，$\boldsymbol{I}_{p^2}$ 表示 $p^2$ 维单位矩阵，$\boldsymbol{F}$ 是第3章中式（3.22）定义的 $p\times p$ 维矩阵，符号 $\otimes$ 表示克罗内克乘积[①]（Kronecker product）。

---

① 克罗内克乘积是一个常用的运算。假定我们有 $m\times n$ 维矩阵 $\boldsymbol{A}$ 和 $p\times q$ 维矩阵 $\boldsymbol{B}$，$\boldsymbol{A}$ 与 $\boldsymbol{B}$ 的克罗内克乘积定义为如下 $mp\times nq$ 维矩阵，即

$$\boldsymbol{A}\otimes\boldsymbol{B}=\begin{pmatrix}a_{11}\boldsymbol{B} & a_{12}\boldsymbol{B} & \cdots & a_{1n}\boldsymbol{B}\\ a_{21}\boldsymbol{B} & a_{22}\boldsymbol{B} & \cdots & a_{2n}\boldsymbol{B}\\ \vdots & \vdots & & \vdots\\ a_{m1}\boldsymbol{B} & a_{m2}\boldsymbol{B} & \cdots & a_{mn}\boldsymbol{B}\end{pmatrix}$$

其中，$a_{ij}$ 表示矩阵 $\boldsymbol{A}$ 中第 $i$ 行第 $j$ 列的元素。

（2）如果 $\gamma_0$，$\gamma_1$，…，$\gamma_p$ 已知，可以求解出自回归系数 $\alpha_i(i=1, 2, \cdots, p)$ 和方差 $\sigma^2$。

虽然这里利用式（4.76）讨论 AR($p$) 模型的方差和自协方差，但稍加观察就会发现，式（4.76）同样适用于 AR(1) 模型和 AR(2) 模型。另外，对于高于（$p-1$）阶的自协方差，可以在求出（$\gamma_0$，$\gamma_1$，…，$\gamma_{p-1}$）$'$之后，再通过式（4.77）逐个求解。

### 4.4.4 AR($p$) 过程的自相关函数

在求解出自协方差以后，再求解自相关函数就相对容易了。要获得 AR($p$) 模型的自相关函数，在式（4.76）两边同除以 $\gamma_0$，就得到所谓的尤尔-沃克等式（Yule-Walker equation)，即

$$\rho_j=\alpha_1\rho_{j-1}+\alpha_2\rho_{j-2}+\cdots+\alpha_p\rho_{j-p}, \quad j=1, 2, \cdots \tag{4.79}$$

如果将式（4.79）与 AR($p$) 模型（4.63）相比较，就会发现一个非常有意思的现象，即 AR($p$) 模型的表现形式与尤尔-沃克等式类似。

利用尤尔-沃克等式，如果给定自相关函数，则可以求解出自回归系数 $\alpha_1$，$\alpha_2$，…，$\alpha_p$；或者，如果给定自回归系数，就可以求出自相关函数。

虽然我们尚未讨论 AR($p$) 模型的自相关函数的特性，但平稳 AR 过程有一个相同的特征，就是自相关函数随着滞后期数的增加而最终衰减至 0，即若 $j\to\infty$，则 $\rho_j\to 0$。然而，自相关函数图示的具体表现形式会随 AR($p$) 模型的 $p$ 阶数以及自回归系数 $\alpha_1$，$\alpha_2$，…，$\alpha_p$而有很大差异。另外，从上面的推导过程我们已经看到，对于高于 2 阶的 AR 过程，自相关函数的解析表达式不像 AR(1) 过程那样明显。

作为示范，这里简单介绍一下如何模拟生成 AR(2) 过程的理论自相关函数，并利用图示展现生成的序列和对应的自相关函数。利用这里介绍的逻辑思路，该操作很容易拓展到AR($p$) 过程。

从式（4.79）我们知道，一个 AR(2) 过程的理论自相关函数满足以下过程：

$$\rho_t=\alpha_1\rho_{t-1}+\alpha_2\rho_{t-2} \tag{4.80}$$

因为自相关函数具有对称性（即 $\rho_{-1}=\rho_1$），所以

$$\begin{aligned}
\rho_1&=\alpha_1\rho_0+\alpha_2\rho_1\\
\rho_2&=\alpha_1\rho_1+\alpha_2\rho_0\\
\rho_3&=\alpha_1\rho_2+\alpha_2\rho_1\\
&\cdots
\end{aligned}$$

假设给定自回归系数 $\alpha_1$ 和 $\alpha_2$（与常数项无关），上面这些等式就可以用来唯一地确定自相关函数 $\rho_j$，$j=1, 2, \cdots$。

在实践中，利用一个很小的计算机程序就可以实现上述模拟过程，从而生成自相关函数序列。读者可以选择在不同的软件中实现这个过程，如 EViews、WinRATS、MATLAB 或者 GAUSS 等。

下面考虑实际的例子，如以下 AR(2) 模型：

$$y_t = 0.4y_{t-1} + 0.32y_{t-2} + \varepsilon_t \tag{4.81}$$

前面已经提到，因为 AR 过程中是否含有常数项不影响自相关函数，所以我们的例子省略了常数项。

首先观察一下这个 AR 模型的逆特征方程，即

$$1 - 0.4\lambda - 0.32\lambda^2 = (1 - 0.8\lambda)(1 + 0.4\lambda)$$

通过简单的计算便可以确定式（4.81）是平稳 AR(2) 过程。我们进一步利用式（4.80）描绘出了对应的自相关函数图，见图 4－9。

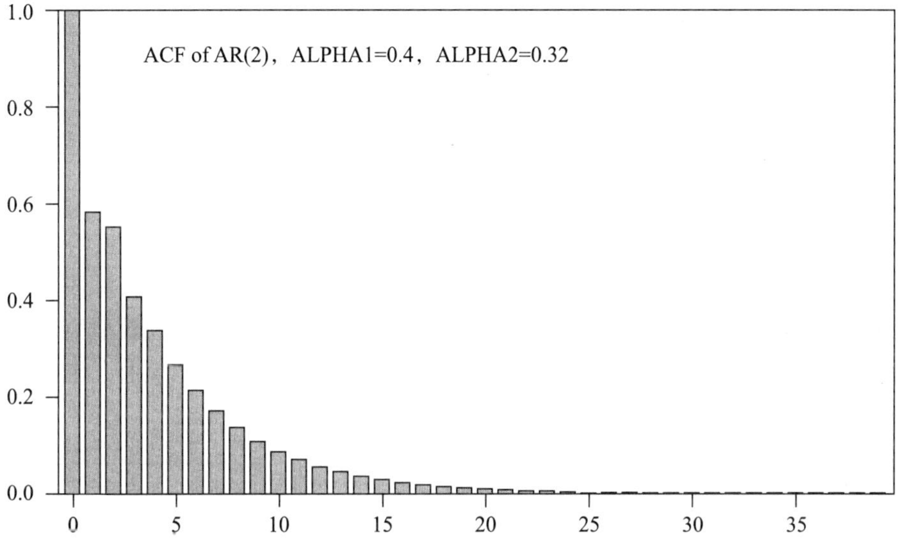


**图 4－9　AR(2) 模型 $y_t = 0.4y_{t-1} + 0.32y_{t-2} + \varepsilon_t$ 的自相关函数图**

注意，这里我们刻意使用了与以前不同的图形来描绘自相关函数，以前使用的是线形图，这里使用了柱状图。这是因为，在一般情况下，这两种图形都可以用来刻画自相关函数图，不同的计量软件给出的默认设置状态下的自相关函数图也不同。如图 4－10 所示的是 EViews 软件默认状态下画出的自相关函数图，图中同时还给出了另外一些信息，我们将在后面介绍。总之，初学者应该注意识别和使用不同图形的自相关函数图。

图 4－9 显示，这里的 AR(2) 模型的自相关函数图的总体态势与图 4－5 中描绘的 AR(1)模型的自相关函数图非常相近。这绝不是一种巧合，而是因为，图 4－9 中显示的逐渐衰减的形式是由 AR(2) 模型（4.81）的特征方程的最大特征根主导的，这个最大特征根的值为 0.8，与图 4－5 中对应的 AR(1) 模型的自回归系数相近。

虽然刚才举的例子中 AR(2) 模型（4.81）的自相关函数与 AR(1) 模型的表现形式类似，但需要注意，对于 AR(2) 模型来说，随着滞后期数 $j$ 的增大，自相关函数（绝对值）不一定总是单调递减的！这一点与 AR(1) 模型不同，因为对于平稳 AR(1) 模型来说，自相关函数的绝对值一定是单调递减的。

为了说明这一点，现在考虑另外一个 AR(2) 模型，即

$$y_t = 0.4y_{t-1} + 0.45y_{t-2} + \varepsilon_t \tag{4.82}$$

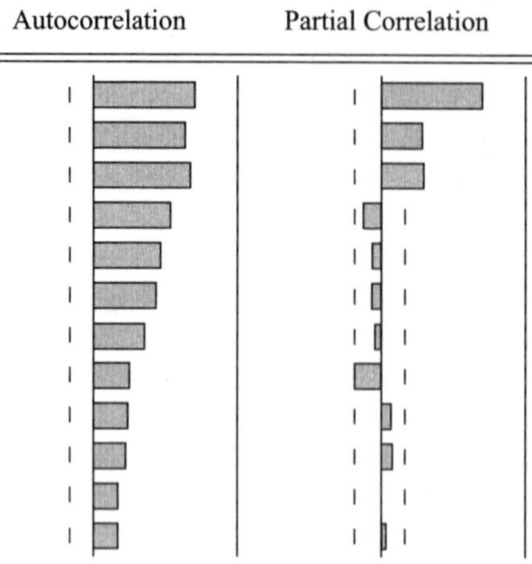


| | AC | PAC | Q-Stat | Prob |
|---|---|---|---|---|
| 1 | 0.726 | 0.726 | 78.009 | 0.000 |
| 2 | 0.670 | 0.302 | 144.86 | 0.000 |
| 3 | 0.690 | 0.306 | 216.31 | 0.000 |
| 4 | 0.559 | −0.122 | 263.53 | 0.000 |
| 5 | 0.495 | −0.054 | 300.90 | 0.000 |
| 6 | 0.452 | −0.048 | 332.27 | 0.000 |
| 7 | 0.372 | −0.035 | 353.61 | 0.000 |
| 8 | 0.257 | −0.179 | 363.88 | 0.000 |
| 9 | 0.247 | 0.063 | 373.43 | 0.000 |
| 10 | 0.227 | 0.095 | 381.57 | 0.000 |
| 11 | 0.149 | 0.000 | 385.08 | 0.000 |
| 12 | 0.152 | 0.038 | 388.78 | 0.000 |

**图 4-10　EViews 给出的默认设置下的自相关函数图**

读者可以通过考查式（4.82）对应的特征方程来判断该 AR 过程确实是平稳的。

对于这个平稳的 AR(2) 模型，我们尝试着使用与刚才类似的方法，在图 4-11 中描绘出对应的自相关函数图。仔细观察图 4-11 中的自相关函数在各期的数值可以发现，第 2 个滞后期对应的自相关函数值要小于第 3 个滞后期对应的自相关函数值。也就是说，相距 2 期的观测值之间的相关性要高于相距 1 期的观测值之间的相关性！

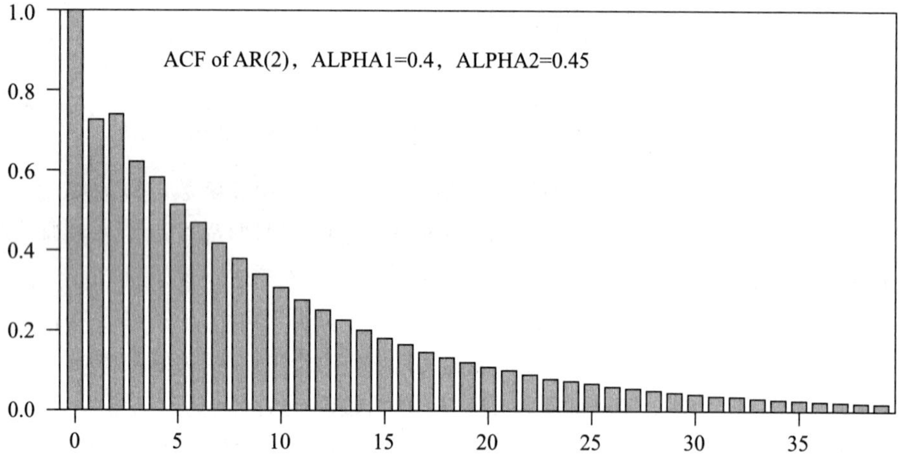


**图 4-11　AR(2) 模型 $y_t=0.4y_{t-1}+0.45y_{t-2}+\varepsilon_t$ 的理论自相关函数图**

这个例子说明，平稳 AR($p$) 过程的自相关函数的特征与各个自回归系数都紧密联系。当然，从总的趋势来说，只要是平稳的 AR 过程，无论自回归系数如何变化，总体趋势都是逐渐减弱到 0。

作为最后一个示范，图 4-12 给出了另外一个 AR(2) 模型对应的自相关函数图。请读者思考：这个自相关函数图为什么会出现振荡式衰减形式？是什么因素决定了这种表现形式？如果给定一个 AR(3) 模型，如何绘制对应的自相关函数图？

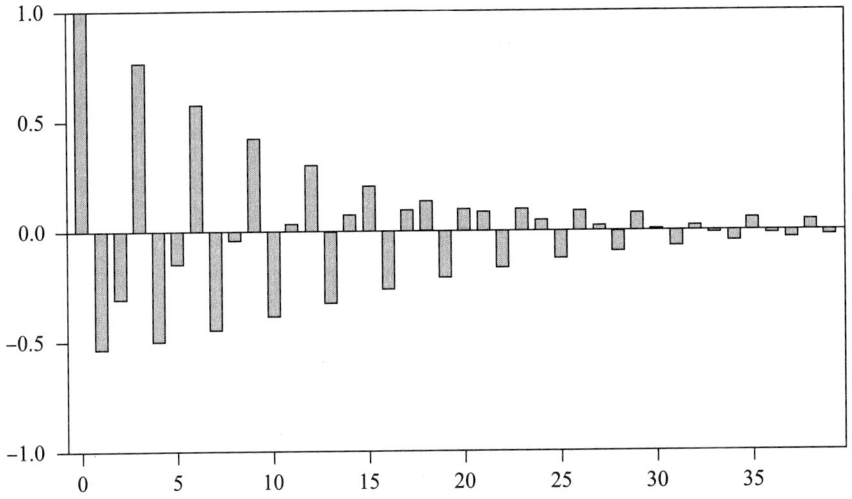


图4-12　AR(2) 模型 $y_t=-y_{t-1}-0.85y_{t-2}+\varepsilon_t$ 的理论自相关函数图

## 练习4

1. 什么是随机过程？请举例说明。

2. 什么是数据生成过程？请举例说明。

3. 白噪声过程、高斯白噪声过程和平稳过程的定义分别是什么？请简单指出它们之间的区别与联系。

4. 考虑AR(2)模型

$$y_t=\alpha_1 y_{t-1}+\alpha_2 y_{t-2}+c+\varepsilon_t$$

其中，$\varepsilon_t$ 表示方差为 $\sigma^2$ 的白噪声过程。

(a) 请问该AR模型的平稳性条件是什么？

(b) 假设平稳性条件被满足，请证明：

$y_t$ 序列的均值 $\mu=(1-\alpha_1-\alpha_2)^{-1}c$

(c) 证明，$y_t$ 序列的自相关函数满足以下等式关系，即

$$\rho_j=\alpha_1\rho_{j-1}+\alpha_2\rho_{j-2}$$

(d) 使用 (c) 中的证明结论，求出 $\rho_1$ 和 $\rho_2$ 的表达式。

(e) 假定 $\alpha_1=0.6$，$\alpha_2=0.3$，请尝试写出生成AR(2)模型的理论ACF的过程。

第5章
# 平稳 ARMA 模型

**本章导读**

本章介绍移动平均（moving average，MA）模型和自回归移动平均（autoregressive moving average，ARMA）模型。为了帮助读者深入理解相关的重要概念和理论模型，本章在最后一部分以中国 2016 年以来的 CPI 通货膨胀率季度数据为例，介绍如何运用 ARMA 模型分析实际金融时间序列变量动态过程，期望架起一座从学习到应用的桥梁，促进读者更好地理解理论基础的重要性和实际应用价值。

## 5.1　移动平均过程

### 5.1.1　MA(1) 模型

#### 1. MA(1) 模型的基本定义与性质

移动平均过程（MA process）有时候也被称为滑动平均过程，是指将时间序列过程 $y_t$ 写成一系列不相关的随机变量的线性组合，为避免混淆，本书使用移动平均过程的名称。MA 过程最简单的形式是一阶移动平均过程，通常记为 MA(1)，模型形式为

$$y_t = c + \varepsilon_t + \theta_1 \varepsilon_{t-1} \tag{5.1}$$

其中，$c$ 表示常数项，$\theta_1$ 为系数，$\varepsilon_t$ 是方差为 $\sigma^2$ 的白噪声过程。从 MA 过程的定义可以看出，“移动平均”的含义源于式（5.1）中的后两项。

如果利用滞后算子来定义 MA(1) 过程，则式（5.1）可以写成

$$y_t = c + (1 + \theta_1 L)\varepsilon_t \tag{5.2}$$

其中，$L$ 表示滞后算子。

另外，有的教材使用 $y_t = c + \varepsilon_t - \theta\varepsilon_{t-1}$ 这样的形式来表示 MA(1) 过程，实质上只要令 $\theta_1 = -\theta$，就可以看到这个形式与式（5.1）完全一致。

移动平均过程对应的序列表现是怎样的呢？图 5-1 描绘了依据一个简单的 MA(1) 过程生成的序列，即

$$y_t = e_t + 0.5e_{t-1}$$

其中，$e_t$ 设定为均值为 1、方差为 2 并且服从正态分布的随机变量，生成的序列观测值个数为 100。

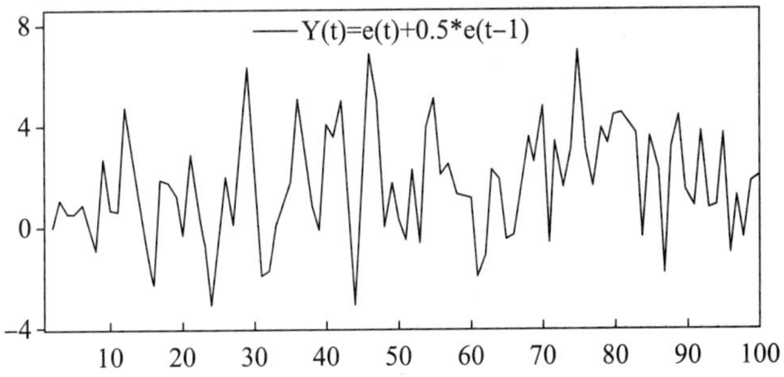


**图 5-1　模拟生成的 MA(1) 序列**

由于一阶移动平均过程是独立分布的随机扰动项的线性组合，所以其均值很容易求解，只要对模型（5.1）两侧取期望，就可以获得 MA(1) 过程的均值，即

$$\mu=E(y_t)=E(c+\varepsilon_t+\theta_1\varepsilon_{t-1})=c \tag{5.3}$$

所以，MA(1) 过程的均值等于模型（5.1）中常数项的值，如果常数项为 0，则 MA(1) 过程的均值等于 0。

2. MA(1) 过程的方差与自协方差

根据方差的基本定义，序列 $y_t$ 的方差定义为

$$\gamma_0=E[y_t-E(y_t)]^2=E(\varepsilon_t+\theta_1\varepsilon_{t-1})^2=(1+\theta_1^2)\sigma^2 \tag{5.4}$$

为获得 MA(1) 过程的自协方差，首先注意到

$$\begin{aligned}E(y_t-\mu)(y_{t-j}-\mu)&=E(\varepsilon_t+\theta_1\varepsilon_{t-1})(\varepsilon_{t-j}+\theta_1\varepsilon_{t-j-1})\\&=E(\varepsilon_t\varepsilon_{t-j}+\theta_1\varepsilon_{t-1}\varepsilon_{t-j}+\theta_1\varepsilon_t\varepsilon_{t-j-1}+\theta_1^2\varepsilon_{t-1}\varepsilon_{t-j-1})\end{aligned} \tag{5.5}$$

再根据白噪声的基本性质（彼此独立），观察式（5.5）可以得到下面的结果：

$$\gamma_j=\begin{cases}\theta_1\sigma^2, & j=1\\0, & j>1\end{cases} \tag{5.6}$$

从式（5.3）和式（5.6）我们看到，无论 MA(1) 过程中系数 $\theta_1$ 如何取值，其均值、方差和自协方差与时间都没有关系，所以 MA(1) 过程始终为平稳过程，与参数 $\theta_1$ 没有任何关系。实际上，从式（5.1）的定义已经可以猜测到 MA(1) 过程的这个重要属性了：既然白噪声过程是典型的平稳时间序列，那么两个白噪声的简单相加仍然应该是平稳过程。

3. MA(1) 过程的自相关函数

基于以上关于方差与自协方差的定义，我们可以得到 MA(1) 过程的自相关函数，即

$$\rho_j=\frac{\gamma_j}{\gamma_0}=\begin{cases}\dfrac{\theta_1}{1+\theta_1^2}, & j=1\\0, & j>1\end{cases} \tag{5.7}$$

观察式（5.7）可以看到，MA(1) 过程的自相关函数只在相邻两项之间存在非 0 的数值，而在其他情况下均为 0。显然，这种特性说明，从理论上说，MA(1) 过程的自相关函数在滞后 1 期之后陡然变成 0。图 5-2 演示了 $\theta_1$ 取几种不同值的情况下对应的理论自相关函数图。

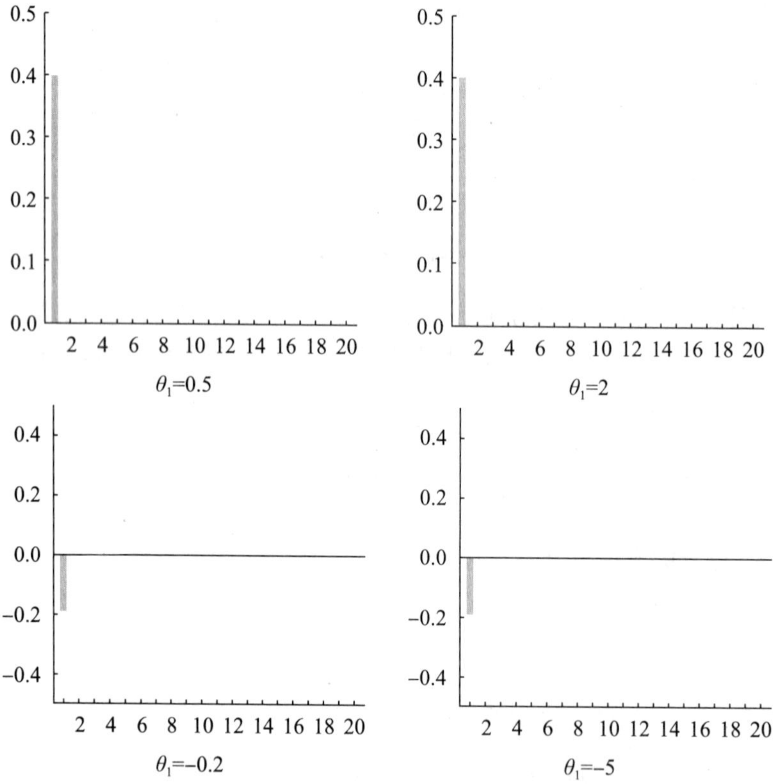


**图 5-2　MA(1) 过程的理论自相关函数图**

从图 5-2 中几种情况的对比可以看到，MA(1) 过程中 $\theta_1$ 取值的正负也决定了自相关函数图的正负方向。有意思的是，在图 5-2 的各种情况中，所有自相关函数的值都没有超过 0.5，即

$$|\rho_1| \leqslant \frac{1}{2}, \theta_1 \text{ 为任意实数} \tag{5.8}$$

从式（5.7）中可以看出，当 $\theta_1=-1$ 时，得到下界值 $\rho_1=-0.5$；当 $\theta_1=1$ 时，得到上界值 $\rho_1=0.5$。

另外，仔细观察图 5-2 给出的四种不同的 MA(1) 过程对应的理论自相关函数图，细心的读者可能已经发现，$\theta_1=0.5$ 与 $\theta_1=2$ 两种情况对应的自相关函数图的表现是完全相同的，而 $\theta_1=-0.2$ 与 $\theta_1=-5$ 两种情况对应的自相关函数图也完全相同。这是不是一种巧合呢？不是。原因很简单，由式（5.7）可知，如果 $\theta_1$ 换成它的倒数形式 $\frac{1}{\theta_1}$，表达式 $\frac{\theta_1}{1+\theta_1^2}$ 是保持不变的，所以，如果 $\rho_1$ 取介于 $-0.5$ 和 0.5 之间的实数，就可以产生完全相同的自相关函数图。例如，MA(1) 模型 $y_t=\varepsilon_t+0.25\varepsilon_{t-1}$ 与 $y_t=\varepsilon_t+4\varepsilon_{t-1}$ 将具有形式上完全一样的自相关函数图，即

$$\begin{cases}\rho_{j=1}=\dfrac{0.25}{1+0.25^2}=\dfrac{4}{17}\\ \rho_{j>1}=0\end{cases}$$

虽然两个不同的 MA(1) 过程拥有相同的自相关函数，但是要注意，这并不等于说这样的两个过程在所有其他方面也都具有相同的性质。我们将在下面的小节进一步讨论相关的问题。

4. MA(1) 过程的可逆性

因为所有的 MA(1) 过程都是平稳的时间序列过程，所以也就不存在 MA 过程的平稳性条件。但是，对于 MA 过程来说，与平稳性相关联的一个概念是可逆性（invertibility）。所谓可逆性，就是指将 MA 过程转化成对应的 AR 过程。

在讨论可逆性之前，我们需要复习一点关于滞后算子性质的知识。在第 3 章中，我们已经学习过滞后算子的一个有用性质，就是如果 $|\alpha|<1$，则有

$$(1-\alpha L)^{-1}=1+\alpha L+\alpha^2L^2+\alpha^3L^3+\cdots \tag{5.9}$$

所以，令 $\alpha=-\theta_1$，只要满足 $|\theta_1|<1$，就可以得到下列关系：

$$(1+\theta_1L)^{-1}=1-\theta_1L+\theta_1^2L^2-\theta_1^3L^3+\cdots \tag{5.10}$$

现在，将式（5.2）重新写成以下形式

$$(1+\theta_1L)^{-1}(y_t-c)=\varepsilon_t \tag{5.11}$$

从而可以获得下列关系式

$$(1-\theta_1L+\theta_1^2L^2-\theta_1^3L^3+\cdots)(y_t-c)=\varepsilon_t \tag{5.12}$$

对式（5.12）进行整理，不难看出其是一种无穷阶 AR 过程（模型），或写成 AR(∞)，即

$$y_t=(c-\theta_1c+\theta_1^2c-\theta_1^3c+\cdots)+\theta_1y_{t-1}-\theta_1^2y_{t-2}+\cdots+\varepsilon_t \tag{5.13}$$

以上推导过程已经说明了一个 MA(1) 过程的可逆条件，即当 $|\theta_1|<1$ 时，MA(1) 过程可逆。在这种情况下，MA(1) 过程可以"逆"过来写成 AR(∞) 的形式。这也是 MA(1) 过程的重要特性之一，需要读者仔细领会。

## 5.1.2　MA(2) 模型

1. MA(2) 模型的基本定义

二阶移动平均过程，简记为 MA(2)，其定义表达式如下：

$$y_t=c+\varepsilon_t+\theta_1\varepsilon_{t-1}+\theta_2\varepsilon_{t-2} \tag{5.14}$$

这里 $\varepsilon_t$ 仍然代表方差为 $\sigma^2$ 的白噪声过程，$c$ 为常数项，$\theta_1$ 和 $\theta_2$ 是模型中的系数。当然，如果利用滞后算子，可以将式（5.14）重新写成

$$y_t=c+(1+\theta_1L+\theta_2L^2)\varepsilon_t \tag{5.15}$$

为了提供MA(2)过程的直观图示，图5-3画出了利用一个简单的MA(2)过程模拟生成的100个序列观测值的线形图，其中白噪声过程的方差设为2。

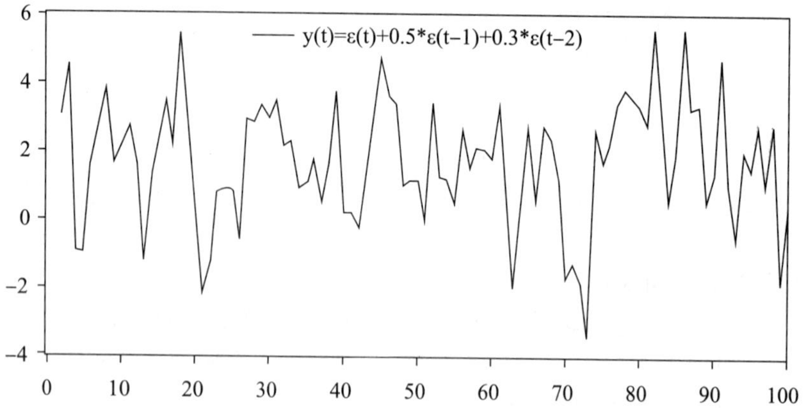


**图5-3 MA(2)过程模拟生成的序列：$y_t=\varepsilon_t+0.5\varepsilon_{t-1}+0.3\varepsilon_{t-2}$**

### 2. MA(2)过程的均值、自协方差与自相关函数

与MA(1)过程的求解类似，要求解MA(2)的均值，对式(5.14)两侧取期望，就可以得到MA(2)过程的均值表达式，即

$$\mu=E(y_t)=c \tag{5.16}$$

进而可以得到MA(2)过程的方差表达式，即

$$\gamma_0=E(y_t-\mu)^2=E(\varepsilon_t+\theta_1\varepsilon_{t-1}+\theta_2\varepsilon_{t-2})^2=(1+\theta_1^2+\theta_2^2)\sigma^2 \tag{5.17}$$

根据自协方差的定义，可以求得MA(2)过程自协方差的公式如下：

$$\gamma_j=\begin{cases}\theta_1(1+\theta_2)\sigma^2, & j=1\\ \theta_2\sigma^2, & j=2\\ 0, & j>2\end{cases} \tag{5.18}$$

这样，就可以直接求得MA(2)过程的理论自相关函数表达式，即

$$\rho_j=\begin{cases}\dfrac{\theta_1(1+\theta_2)}{1+\theta_1^2+\theta_2^2}, & j=1\\ \dfrac{\theta_2}{1+\theta_1^2+\theta_2^2}, & j=2\\ 0, & j>2\end{cases} \tag{5.19}$$

从式(5.19)容易看出，MA(2)过程的理论自相关函数前两期应该为非0的数值，而从第3期开始就陡然降为0。图5-4演示了MA(2)过程的这个特征，其中实际利用的MA(2)模型为$y_t=\varepsilon_t+0.5\varepsilon_{t-1}+0.3\varepsilon_{t-2}$。

在这里值得一提的是，图5-4的柱状图中第一根柱子的“高度”——第1期自相关函数$\rho_1$——是有上下限的。基于MA(2)过程的理论自相关函数，我们可以给出简单的证明：

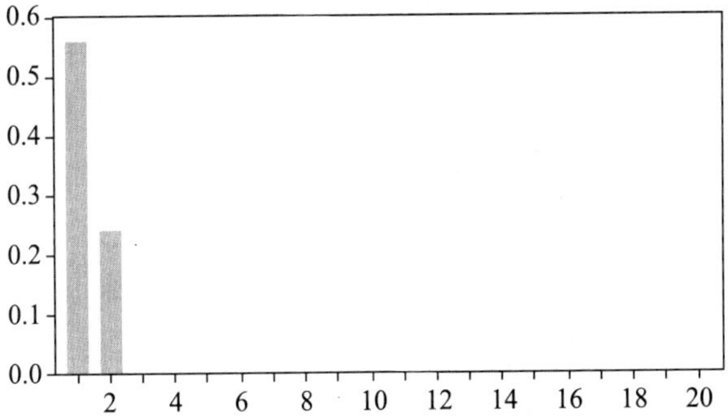


**图 5-4　MA(2) 过程的理论自相关函数图：**
**$y_t=\varepsilon_t+0.5\varepsilon_{t-1}+0.3\varepsilon_{t-2}$**

在均值不等式

$$1+\theta_2^2\geqslant 2\theta_2$$

两边同时加上 $1+\theta_2^2$，有

$$2(1+\theta_2^2)\geqslant(1+\theta_2)^2$$

即

$$1+\theta_2^2\geqslant\frac{(1+\theta_2)^2}{2}$$

或者等价于

$$1+\theta_1^2+\theta_2^2\geqslant\frac{(1+\theta_2)^2}{2}+\theta_1^2$$

由均值不等式

$$\frac{(1+\theta_2)^2}{2}+\theta_1^2\geqslant 2\sqrt{\frac{(1+\theta_2)^2}{2}\times\theta_1^2}=\sqrt{2}\,|\theta_1(1+\theta_2)|$$

得

$$1+\theta_1^2+\theta_2^2\geqslant\frac{(1+\theta_2)^2}{2}+\theta_1^2\geqslant 2\sqrt{\frac{(1+\theta_2)^2}{2}\times\theta_1^2}=\sqrt{2}\,|\theta_1(1+\theta_2)|$$

所以

$$|\rho_1|=\frac{|\theta_1(1+\theta_2)|}{1+\theta_1^2+\theta_2^2}\leqslant\frac{|\theta_1(1+\theta_2)|}{\sqrt{2}\,|\theta_1(1+\theta_2)|}=\frac{1}{\sqrt{2}}=\frac{\sqrt{2}}{2}$$

因此，当 $\theta_1=\sqrt{2}$、$\theta_2=1$ 时，$\rho_1$ 取最大值，为$\frac{\sqrt{2}}{2}$；当 $\theta_1=-\sqrt{2}$、$\theta_2=1$ 时，$\rho_1$ 取最小值，为$-\frac{\sqrt{2}}{2}$。

另外，从以上分析可以归纳出，MA(2) 过程在任何条件下均为平稳时间序列过程，所以没有所谓的平稳性条件。但是，对于 MA(2) 过程，同样涉及可逆性的问题。与 MA(1)过程对应的概念类似，MA(2) 过程的可逆性是指将 MA(2) 过程转化成 AR(∞) 的特性。在什么条件下 MA(2) 过程才可逆呢？首先需要从式（5.15）中识别并获得 MA(2) 过程的逆特征方程，即

$$1+\theta_1 z+\theta_2 z^2=0 \tag{5.20}$$

MA(2) 过程可逆，要求这个逆特征方程的根要全部落在单位圆外。当然，我们也完全可以使用特征方程的概念来给出 MA(2) 过程的可逆条件，实际上与 AR(2) 过程的平稳性条件是类似的。

### 5.1.3 MA($q$) 模型

$q$ 阶移动平均过程，即 MA($q$) 模型，是前面介绍的 MA(1) 和 MA(2) 模型的更一般化的拓展形式，其基本定义形式为

$$y_t=c+\varepsilon_t+\theta_1\varepsilon_{t-1}+\theta_2\varepsilon_{t-2}+\cdots+\theta_q\varepsilon_{t-q} \tag{5.21}$$

其中，$\varepsilon_t$ 仍然表示白噪声过程，而 $\theta_i(i=1,2,\cdots,q)$ 代表系数。

与 MA(1) 和 MA(2) 过程类似，MA($q$) 过程的均值为

$$\mu=E(c+\varepsilon_t+\theta_1\varepsilon_{t-1}+\theta_2\varepsilon_{t-2}+\cdots+\theta_q\varepsilon_{t-q})=c \tag{5.22}$$

根据白噪声的特性，MA($q$) 过程的方差求解也相对比较简单，即

$$\gamma_0=(1+\theta_1^2+\theta_2^2+\cdots+\theta_q^2)\sigma^2 \tag{5.23}$$

另外，关于 MA($q$) 过程的自协方差的求解稍微复杂，需要区分情况讨论。首先，如果 $j>0$，那么自协方差是

$$\begin{aligned}\gamma_j&=E(y_t-\mu)(y_{t-j}-\mu)\\&=E(\varepsilon_t+\theta_1\varepsilon_{t-1}+\theta_2\varepsilon_{t-2}+\cdots+\theta_q\varepsilon_{t-q})(\varepsilon_{t-j}+\theta_1\varepsilon_{t-j-1}+\theta_2\varepsilon_{t-j-2}+\cdots+\theta_q\varepsilon_{t-j-q})\\&=E(\theta_j\varepsilon_{t-j}^2+\theta_{j+1}\theta_1\varepsilon_{t-j-1}^2+\theta_{j+2}\theta_2\varepsilon_{t-j-2}^2+\cdots+\theta_q\theta_{q-j}\varepsilon_{t-q}^2)\end{aligned} \tag{5.24}$$

而对于 $j>q$，由于在 $\gamma_j$ 的公式中，$\varepsilon$ 的下标都不相同，因此根据白噪声的特性可知这些项的期望均为 0。综合起来，MA($q$) 过程的自协方差公式可以写成

$$\gamma_j=\begin{cases}(\theta_j+\theta_{j+1}\theta_1+\theta_{j+2}\theta_2+\cdots+\theta_q\theta_{q-j})\sigma^2, & j=1,2,\cdots,q\\0, & j>q\end{cases} \tag{5.25}$$

下面，依据式（5.25）就可以得到 MA($q$) 过程的自相关函数表达式，即

$$\rho_j=\begin{cases}\dfrac{\theta_j+\theta_{j+1}\theta_1+\theta_{j+2}\theta_2+\cdots+\theta_q\theta_{q-j}}{1+\theta_1^2+\theta_2^2+\cdots+\theta_q^2}, & j=1,2,\cdots,q\\0, & j>q\end{cases} \tag{5.26}$$

很明显，MA($q$) 过程的自相关函数在 $q$ 个滞后期以后陡然减小为 0。这与前面介绍的 MA(1) 过程和 MA(2) 过程的性质类似，并且我们将在以后运用这一特性来区分 AR 过

程与MA过程。

另外，如果$q\to\infty$，那么可以获得无穷阶移动平均过程，记作MA($\infty$)。有意思的是，我们在学习AR(1)过程的时候，曾经提到过AR(1)过程与MA($\infty$)过程的关系。我们可以简单地回顾一下，AR(1)模型可以写成

$$(1-\alpha L)y_t=c+\varepsilon_t \tag{5.27}$$

假设AR(1)模型为平稳过程，则可以得到

$$y_t=(1-\alpha L)^{-1}(c+\varepsilon_t)=\frac{c}{1-\alpha}+\varepsilon_t+\alpha\varepsilon_{t-1}+\alpha^2\varepsilon_{t-2}+\alpha^3\varepsilon_{t-3}+\cdots \tag{5.28}$$

所以，一个平稳的AR(1)模型总有一个对等的MA($\infty$)表达形式。这是一个非常有用的结论，我们将在后续内容中进一步讨论。

对于MA($q$)过程，其可逆条件可以从对MA(2)过程的讨论中得到启发。实际上，MA($q$)过程的可逆条件是逆特征方程

$$1+\theta_1 z+\theta_2 z^2+\cdots+\theta_q z^q=0 \tag{5.29}$$

的所有根都落在单位圆外。

## 5.2 自回归移动平均过程

### 5.2.1 ARMA($p$, $q$)过程的基本定义

在前面的内容中，我们分别介绍了AR过程和MA过程。而在这一小节我们要介绍这两种过程的组合，即自回归移动平均过程，记作ARMA过程（ARMA process）。一个一般的ARMA($p$, $q$)过程可以写成如下形式：

$$y_t=c+\alpha_1 y_{t-1}+\alpha_2 y_{t-2}+\cdots+\alpha_p y_{t-p}+\varepsilon_t+\theta_1\varepsilon_{t-1}+\theta_2\varepsilon_{t-2}+\cdots+\theta_q\varepsilon_{t-q} \tag{5.30}$$

其中，$\varepsilon_t$仍然定义为方差为$\sigma^2$的白噪声过程，$c$是常数项，$\alpha_i$和$\theta_j$分别是自回归系数和移动平均系数。

显然，如果$q=0$，那么式(5.30)就成为一个纯AR过程；而如果$p=0$，则式(5.30)变为一个纯MA过程。另外，还可以利用滞后算子将式(5.30)写成以下形式：

$$(1-\alpha_1 L-\alpha_2 L^2-\cdots-\alpha_p L^p)y_t=c+(1+\theta_1 L+\theta_2 L^2+\cdots+\theta_q L^q)\varepsilon_t \tag{5.31}$$

或者更为简约的形式，即

$$\alpha(L)y_t=c+\theta(L)\varepsilon_t \tag{5.32}$$

其中滞后算子多项式满足

$$\alpha(L)=1-\alpha_1 L-\alpha_2 L^2-\cdots-\alpha_p L^p$$

和

$$\theta(L)=1+\theta_1 L+\theta_2 L^2+\cdots+\theta_q L^q$$

### 5.2.2 ARMA($p$，$q$) 过程的平稳性与可逆性

从 MA 过程的特性我们已经知道，MA 过程在任何条件下都是平稳过程，所以，对于 ARMA 过程的平稳性要求就完全表现在对 AR 部分的要求上。

所以，对于任意一个 ARMA 过程，以式（5.31）为例，其平稳性要求是，等式

$$1-\alpha_1 z-\alpha_2 z^2-\cdots-\alpha_p z^p=0 \tag{5.33}$$

的根都要落在单位圆外。如果其中一个或多个根落于单位圆上，则此时的 ARMA($p$，$q$) 过程称为自回归单整移动平均（autoregressive integrated moving average，ARIMA）过程，记作 ARIMA($p$，$d$，$q$)，其中 $p$ 与 $q$ 分别表示 AR 和 MA 部分的阶数，而 $d$ 表示单整的阶数。所谓单整，就是指单个序列存在一个或者多个单位根时的情况。有关单整的进一步知识将在第 8 章介绍。

另外，对于 ARMA($p$，$q$) 过程而言，也存在所谓的可逆条件。与纯 MA 过程的可逆条件类似，ARMA($p$，$q$) 过程的可逆条件是方程

$$1+\theta_1 z+\theta_2 z^2+\cdots+\theta_q z^q=0 \tag{5.34}$$

的根都落在单位圆外，与纯 MA($q$) 过程的可逆条件完全相同。

### 5.2.3 ARMA($p$，$q$) 过程的均值、方差与自协方差

与分析 AR 和 MA 模型一样，我们也对 ARMA 过程的均值、方差和自协方差等感兴趣。通过对 ARMA 基本公式两侧取期望可以得到 ARMA 过程的均值表达式，为

$$\mu=\frac{c}{1-\alpha_1 L-\alpha_2 L^2-\cdots-\alpha_p L^p}=\frac{c}{\alpha(1)} \tag{5.35}$$

这个表达式与 AR($p$) 过程的均值表达式完全相同。这并不是巧合，而是因为 MA 部分对应的每个白噪声过程的期望都是 0，所以实际上 MA 部分对 ARMA 过程的均值的贡献是 0。

均值表达式（5.35）对推导 ARMA 过程的方差和自协方差表达式非常有帮助。我们可以利用式（5.35）将常数项 $c$ 表示成均值 $\mu$ 和自回归系数的函数，然后代入 ARMA 模型（5.30），得到

$$\begin{aligned} y_t-\mu=&\alpha_1(y_{t-1}-\mu)+\alpha_2(y_{t-2}-\mu)+\cdots+\alpha_p(y_{t-p}-\mu)\\ &+(\varepsilon_t+\theta_1\varepsilon_{t-1}+\theta_2\varepsilon_{t-2}+\cdots+\theta_q\varepsilon_{t-q}) \end{aligned} \tag{5.36}$$

下面利用以前曾多次运用过的技巧，即在式（5.36）两侧都乘以（$y_{t-j}-\mu$），并取期望，则得到

$$\begin{aligned} \gamma_j &=E(y_t-\mu)(y_{t-j}-\mu)\\ &=E[\alpha_1(y_{t-1}-\mu)(y_{t-j}-\mu)+\alpha_2(y_{t-2}-\mu)(y_{t-j}-\mu)+\cdots\\ &\quad+\alpha_p(y_{t-p}-\mu)(y_{t-j}-\mu)+(\varepsilon_t+\theta_1\varepsilon_{t-1}+\theta_2\varepsilon_{t-2}+\cdots+\theta_q\varepsilon_{t-q})(y_{t-j}-\mu)]\\ &=\alpha_1\gamma_{j-1}+\alpha_2\gamma_{j-2}+\cdots+\alpha_p\gamma_{j-p} \end{aligned}$$

$$+E[(\varepsilon_t+\theta_1\varepsilon_{t-1}+\theta_2\varepsilon_{t-2}+\cdots+\theta_q\varepsilon_{t-q})(y_{t-j}-\mu)]$$
$$=\alpha_1\gamma_{j-1}+\alpha_2\gamma_{j-2}+\cdots+\alpha_p\gamma_{j-p}$$
$$+E(\varepsilon_t y_{t-j})+\theta_1 E(\varepsilon_{t-1}y_{t-j})+\theta_2 E(\varepsilon_{t-2}y_{t-j})+\cdots+\theta_q E(\varepsilon_{t-q}y_{t-j}) \quad (5.37)$$

如果没有进一步的信息，式（5.37）便是一般的 ARMA($p$，$q$）过程的自协方差表达式。

### 5.2.4　ARMA($p$，$q$）过程的自相关函数

从自协方差公式（5.37）不难看出，当 $j>q$ 时，式（5.37）的最后一行各项都变为 0，所以此时有

$$\gamma_j=\alpha_1\gamma_{j-1}+\alpha_2\gamma_{j-2}+\cdots+\alpha_p\gamma_{j-p}, \quad j=q+1, q+2, \cdots \quad (5.38)$$

这样，当 $j>q$ 时，ARMA($p$，$q$）过程的自相关函数就是

$$\rho_j=\alpha_1\rho_{j-1}+\alpha_2\rho_{j-2}+\cdots+\alpha_p\rho_{j-p}, \quad j=q+1, q+2, \cdots \quad (5.39)$$

上面讨论了 $j>q$ 的情况，而对于 $j\leqslant q$ 的情况，自协方差的表达式（5.37）不容易进一步化简。尽管如此，对于比较简单的 ARMA 过程，如 ARMA(1，1）过程，其理论自相关函数还是相对比较容易求得的。我们可以利用刚才的推导结果，直接列出如下等式：

$$\gamma_0=\alpha_1\gamma_1+\sigma^2+\theta_1(\alpha_1+\theta_1)\sigma^2$$
$$\gamma_1=\alpha_1\gamma_0+\theta_1\sigma^2$$
$$\gamma_2=\alpha_1\gamma_1$$

这样，就可以得到

$$\rho_1=\frac{(1+\alpha_1\theta_1)(\alpha_1+\theta_1)}{1+\theta_1^2+2\alpha_1\theta_1} \quad (5.40)$$

而对于 $j>1$ 时的情况有

$$\rho_j=\alpha_1\rho_{j-1} \quad (5.41)$$

式（5.41）实质上给出了一个关于自相关函数的特殊 AR(1）过程（没有随机扰动项）。只要利用式（5.40）求解出 $\rho_1$，便可以利用式（5.41）循环地求出自相关函数在所有滞后期的表达式。因此，从理论上说，从第二个滞后期开始，ARMA(1，1）过程的自相关函数应该看起来像一个 AR(1）过程的动态路径一样（几何式衰减至 0）。

作为示范，图 5－5 描绘了与 ARMA(1，1）模型 $y_t=0.9y_{t-1}+\varepsilon_t+0.5\varepsilon_{t-1}$ 对应的理论自相关函数图。从图上可以很清晰地看到，这个自相关函数图确实与 AR(1）过程生成的序列的动态走势相似，从而印证了上面的讨论。

感兴趣的读者可以尝试推导一下 ARMA(1，2）和 ARMA(2，1）的理论自相关函数图，相信对深入理解各种不同过程的自相关函数表达式很有帮助。在求解之后，还可以尝试利用计算机生成相关的序列图示，与相关的 AR 过程或 MA 过程进行对比。

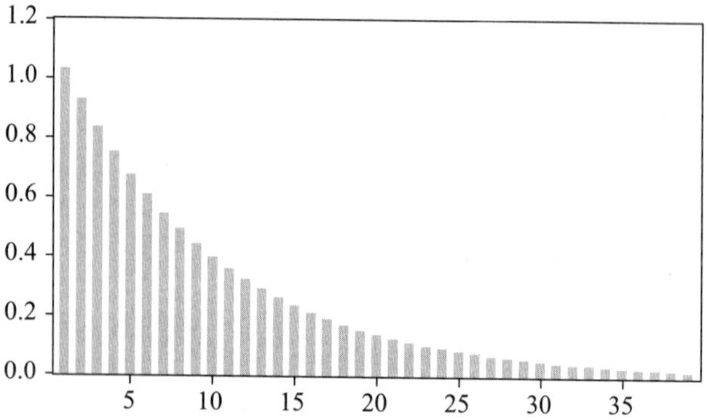


**图 5－5　ARMA(1，1) 的理论自相关函数图：**
**$y_t=0.9y_{t-1}+\varepsilon_t+0.5\varepsilon_{t-1}$**

### 5.2.5　AR 与 MA 模型的互相转化

如果平稳性和可逆性都满足，那么 AR 过程、MA 过程和 ARMA 过程之间可以相互转化。我们可以从 ARMA 模型（5.32）开始考查，即模型

$$\alpha(L)y_t=c+\theta(L)\varepsilon_t$$

如果将式（5.32）两侧都乘以 $\alpha(L)^{-1}$，则可以得到下面的等式，即

$$y_t=\alpha(L)^{-1}[c+\theta(L)\varepsilon_t]=\frac{c}{\alpha(1)}+[\alpha(L)^{-1}\theta(L)]\varepsilon_t=c^*+\varphi(L)\varepsilon_t \tag{5.42}$$

其中，$c^*=\frac{c}{\alpha(1)}$，并且 $\varphi(L)=\alpha(L)^{-1}\theta(L)$。如果把 $\varphi(L)$ 看作一个滞后算子多项式，那么式（5.42）就是一个移动平均模型。

反过来，如果将式（5.32）两侧都乘以 $\theta(L)^{-1}$，则可以得到下面的等式：

$$\theta(L)^{-1}\alpha(L)y_t=\theta(L)^{-1}c+\varepsilon_t \tag{5.43}$$

利用滞后算子的特性，可以进一步将式（5.43）写成更为直观的形式，即

$$\vartheta(L)y_t=c^{**}+\varepsilon_t \tag{5.44}$$

其中，$c^{**}=\frac{c}{\theta(1)}$，并且滞后算子 $\vartheta(L)=\theta(L)^{-1}\alpha(L)$。不难看出，式（5.44）给出的就是一个自回归模型。

关于式（5.42）和式（5.44），需要注意以下两点。首先，只要 $\alpha(L)\neq1$，那么式（5.42）给出的实际上是一个 MA(∞) 的形式。另外，只要 $\theta(L)\neq1$，那么式（5.44）是一个 AR(∞) 模型。

尽管 ARMA($p$，$q$) 模型既可以写成 MA 的形式，又可以转化成 AR 的形式，但是这两种不同的转化经常用在不同的方面。一般来说，将 ARMA 模型转化成 MA 模型（5.42）的目的是可以清楚地考查以往的随机冲击因素 $\varepsilon_{t-j}$($j=0$，1，2，…) 对当前的 $y_t$ 的影响效果。所以，在实证研究中，MA 模型或者 MA 的表达形式经常被用来分析随机扰动因素对代表特定含义的金融或经济变量的影响情况。典型的例子就是我们在第 3 章介绍

的脉冲响应函数。读者现在应该可以将以前介绍的有关差分方程的概念与本章和第 4 章介绍的这些平稳时间序列模型结合起来理解。

另外，将 ARMA 模型转化成 AR 模型的形式经常可以用来刻画某些金融时间序列变量的动态路径，例如，本章的最后一节利用 AR($p$) 模型来研究通货膨胀率的动态走势。为什么实际上在分析某些金融时间序列变量的动态变化时一般使用 AR 模型而不利用 ARMA模型或者 MA 模型呢？从本节关于 ARMA 模型、MA 模型与 AR 模型可以互相转化的介绍可以得到这个问题的答案：因为 ARMA 模型和 MA 模型都可以转化成 AR 模型的形式，虽然转化后完全对等的是无穷阶 AR 模型的形式，但是只要 AR 模型的滞后期选择相对合理，一般都可以相对精确地捕捉到变量的动态特征。

当然，这并不等于说所有金融变量的动态特征都可以使用 AR 模型来刻画，究竟应该选择哪种时序模型，还要综合运用其他模型选择标准，相关内容将在后续的章节中继续介绍。

此外，AR 模型比较常用的另外一个原因是其回归估计比较容易，一般来说，使用普通最小二乘法就可以得到 AR 模型中的系数估计值。而 MA 模型和 ARMA 模型在计量估计方面要比 AR 模型更加复杂一些。例如，对于 MA 过程的估计，经常使用 MLE，MLE 的内部算法要比 OLS 的算法复杂。当然，随着计量软件和计算机技术的进步，MLE 的计算也变得越来越方便了。

## 5.3　部分自相关函数

从上面的分析可以看到，利用已有的知识有的时候很难区分 AR 过程和 MA 过程。例如，虽然自相关函数 $\rho_j$ 可以提供一定的帮助，但是，从自相关的定义可以知道，在一个 AR(1) 过程中，$y_t$ 通过 $y_{t-1}$ 与 $y_{t-2}$ 相关，尽管 $y_{t-2}$ 并没有直接出现在 AR(1) 模型中，$y_t$ 与 $y_{t-2}$ 的相关程度由 $\rho_2=\rho_1^2$ 给出，即

$$y_t=\alpha y_{t-1}+\varepsilon_t=\alpha(\alpha y_{t-2}+\varepsilon_{t-1})+\varepsilon_t=\alpha^2 y_{t-2}+\alpha\varepsilon_{t-1}+\varepsilon_t \tag{5.45}$$

所以，实质上这种非直接的相关性会表现在任意阶数的 AR 模型的自相关函数图上。也正因为如此，自相关函数提供的信息是相对有限的。如果单纯从自相关函数来看，它不仅难以用来区分 AR 模型和其他模型，也不能精确判断 AR 模型的阶数。

与自相关函数的定义有联系但又不同的一个概念是部分自相关函数（partial autocorrelation function，PACF）。从定义上讲，部分自相关函数是指 $y_t$ 与 $y_{t+k}$ 之间在去除了这两期通过中间的 $y_{t+1}$，$y_{t+2}$，…，$y_{t+k-1}$ 形成的线性依赖关系后存在的相关性。有些书籍把 PACF 翻译成“偏自相关函数”，但是从 PACF 的基本定义可以看出，其实质刻画的是 $y_t$ 与 $y_{t+k}$ 之间在去除中间影响环节后的部分相关程度，所以更准确的对译应该是部分自相关函数。

PACF 的定义可能比 ACF 的定义理解起来稍微难一些，所以我们可以进一步用例子说明。例如，$y_t$ 与 $y_{t-2}$ 之间的部分自相关函数就是指在去除 $y_{t-1}$ 的中间影响后计算出的相关程度。式（5.45）说明的就是一种中间影响过程。如果能去除这一影响，那么计算出

的相关性就是一种“部分”自相关性。

由此可知，对于一个 AR(1) 模型，如果不考虑 $y_{t-1}$ 在 $y_t$ 与 $y_{t-2}$ 之间的“桥梁”和“纽带”作用，去除了它的中间影响，那么 PACF 在第 2 个滞后期就应该是 0。图 5－6 给出了一个自回归系数为 0.9 的 AR(1) 模型的理论 PACF 图示。从图上可以清楚地看到，该 AR(1) 模型的理论部分自相关函数在第 1 个滞后期为 0.9（等于 $\alpha$），而随后的各个滞后期对应的 PACF 值均为 0。

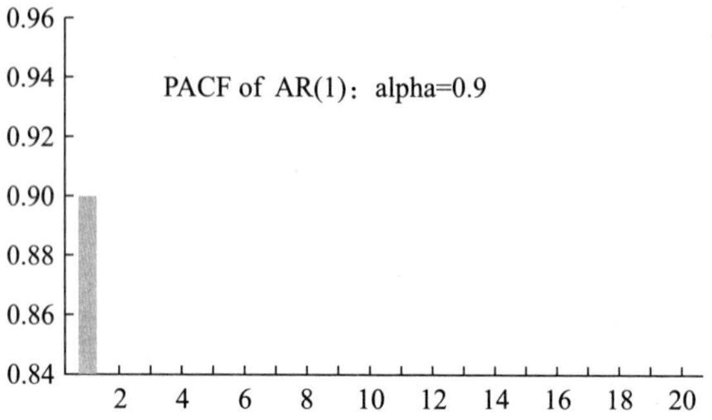


**图 5－6　AR(1) 模型的理论 PACF**

对于更一般的情况，如给定时间序列变量 $y_t$，假设其均值为 $\mu$，第 $k$ 期的 PACF 定义为下面等式中的系数 $\phi_{kk}$，即

$$y_t-\mu=\phi_{k1}(y_{t-1}-\mu)+\phi_{k2}(y_{t-2}-\mu)+\cdots+\phi_{kk}(y_{t-k}-\mu)+e_t \tag{5.46}$$

注意，式（5.46）等价于

$$y_t=c+\phi_{k1}y_{t-1}+\phi_{k2}y_{t-2}+\cdots+\phi_{kk}y_{t-k}+e_t \tag{5.47}$$

的形式，这里之所以使用式（5.46）的形式，是为了帮助读者理解下面介绍的知识。

如果在式（5.46）两侧同乘以（$y_{t-j}-\mu$）并且取期望，可以得到

$$\gamma_j=\phi_{k1}\gamma_{j-1}+\phi_{k2}\gamma_{j-2}+\cdots+\phi_{kk}\gamma_{j-k} \tag{5.48}$$

这样，根据简单的矩阵知识，就可以得到下面的关系式：

$$\begin{pmatrix}\phi_{k1}\\ \phi_{k2}\\ \vdots\\ \phi_{kk}\end{pmatrix}=\begin{pmatrix}\gamma_0 & \gamma_1 & \cdots & \gamma_{k-1}\\ \gamma_1 & \gamma_0 & \cdots & \gamma_{k-2}\\ \vdots & \vdots & & \vdots\\ \gamma_{k-1} & \gamma_{k-2} & \cdots & \gamma_0\end{pmatrix}^{-1}\begin{pmatrix}\gamma_1\\ \gamma_2\\ \vdots\\ \gamma_k\end{pmatrix} \tag{5.49}$$

或者可以进一步写成

$$\begin{pmatrix}\phi_{k1}\\ \phi_{k2}\\ \vdots\\ \phi_{kk}\end{pmatrix}=\begin{pmatrix}1 & \rho_1 & \cdots & \rho_{k-1}\\ \rho_1 & 1 & \cdots & \rho_{k-2}\\ \vdots & \vdots & & \vdots\\ \rho_{k-1} & \rho_{k-2} & \cdots & 1\end{pmatrix}^{-1}\begin{pmatrix}\rho_1\\ \rho_2\\ \vdots\\ \rho_k\end{pmatrix} \tag{5.50}$$

其中，$\gamma$ 和 $\rho$ 分别表示自协方差和自相关函数。

很显然，式（5.50）表明，滞后 1 期时的 PACF 值为

$$\phi_{11}=\rho_1 \tag{5.51}$$

而其他期的 PACF 值的解析式可以通过线性代数或者高等代数中学习过的克莱姆法则求解。例如，第 2 期的 PACF 值为

$$\phi_{22}=\frac{\rho_2-\rho_1^2}{1-\rho_1^2} \tag{5.52}$$

一般地，第 $k$ 期的 PACF 值 $\phi_{kk}$ 可以通过下列矩阵的最后一个元素求得，即

$$\begin{pmatrix} 1 & \rho_1 & \cdots & \rho_{k-1} \\ \rho_1 & 1 & \cdots & \rho_{k-2} \\ \vdots & \vdots & & \vdots \\ \rho_{k-1} & \rho_{k-2} & \cdots & 1 \end{pmatrix}^{-1} \begin{pmatrix} \rho_1 \\ \rho_2 \\ \vdots \\ \rho_k \end{pmatrix} \tag{5.53}$$

另外，可以证明，第 $k$ 期的 PACF 值 $\phi_{kk}$ 的解析表达式可以写成

$$\phi_{kk}=\frac{\rho_k-\sum_{j=1}^{k-1}\phi_{k-1,j}\rho_{k-j}}{1-\sum_{j=1}^{k-1}\phi_{k-1,j}\rho_j},\ k>1 \tag{5.54}$$

虽然上面介绍的 PACF 的求解看起来相当麻烦，但利用现代计算机是可以很快捷地获得 PACF 的结果的。

当然，还有一种更为直观和便于理解的估计 PACF 的方法，那就是利用 OLS 回归法。要获得 $\phi_{kk}$，只需回归下列方程

$$y_t=\mu+\phi_{k1}y_{t-1}+\phi_{k2}y_{t-2}+\cdots+\phi_{kk}y_{t-k}+e_t \tag{5.55}$$

所以，如果 AR($k-1$) 是真正的 AR 模型形式，利用式（5.55）估计出的结果应该显示 $\phi_{kk}$ 的估计值近似为 0，或者用更规范的统计语言说，在传统的显著性水平下，不能拒绝 $\phi_{kk}$ 的估计值为 0 的原假设。以上两种方法都可以用来求解 PACF。不同的计量软件可能使用不同的算法来估计一个给定序列的 PACF，例如 EViews 使用式（5.54）的算法估计 PACF，我们将在 5.4 节中介绍。

那么学习了 PACF 有什么具体的应用价值呢？上面的介绍其实已经表明，PACF 可以用来区分 AR 过程与 MA 过程，因为对于一个 AR($p$) 模型，其 PACF 应该在 $p$ 个滞后期之后陡然降为 0，而对于 MA($q$) 模型来说，由于它可以转化为 AR($\infty$) 形式，所以其对应的 PACF 应该呈现出逐渐衰减至 0 的态势，图 5－7 演示了 AR 模型与 MA 模型的 PACF 比较。

所以，读者现在应该意识到，通过对比 ACF 和 PACF，可以初步区分 AR 模型与 MA 模型。另外，无论对于 ACF 还是 PACF，如果图示出现在某一期陡然减小为 0（并且之后也为 0）的现象，则通常可以形象地将其描述为 ACF 或 PACF“在某期后出现截尾特征”。相反，如果图示出现逐渐衰减的态势，则可以将其描述为“拖尾特征”。为了记忆方便，表 5－1 归纳了 AR($p$) 模型与 MA($q$) 模型的 ACF 与 PACF 的特征比较。

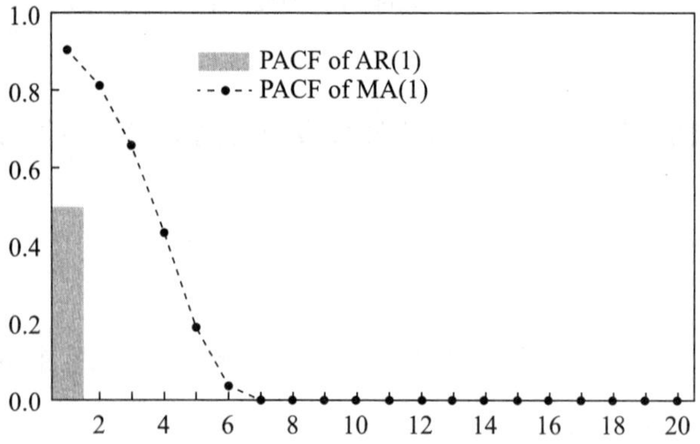


**图 5-7　AR 模型与 MA 模型的 PACF 比较演示**

**表 5-1　AR 模型与 MA 模型的 ACF 与 PACF 的特征比较**

| | AR($p$) 模型 | MA($q$) 模型 |
|---|---|---|
| ACF | 拖尾 | $q$ 期后截尾 |
| PACF | $p$ 期后截尾 | 拖尾 |

# 5.4　样本自相关与部分自相关函数

前面我们介绍了从理论上如何求解 AR 模型和 MA 模型的自相关函数和部分自相关函数。但是，在实际计算过程中，我们却难以确切知道一个给定时间序列的均值、方差或者自协方差。因此，要利用这些真实的值来求得 ACF 和 PACF 实际上是很难做到的。但是，如果我们处理的是平稳时间序列，那么可以通过样本信息来估计出相应的样本自相关函数（SACF）和样本部分自相关函数（SPACF）。下面首先介绍 SACF，然后介绍 SPACF。

## 5.4.1　样本自相关函数

要获得 SACF，先看下面的例子。例如，假设 $T$ 表示给定序列 $y_t$ 的样本大小，那么样本均值等统计量可以通过以下公式获得，即

$$\begin{cases} \overline{y}=\dfrac{1}{T}\sum\limits_{t=1}^{T} y_t \\ \hat{\sigma}^2=\dfrac{1}{T}\sum\limits_{t=1}^{T}(y_t-\overline{y})^2 \\ \hat{\gamma}_j=\dfrac{1}{T}\sum\limits_{t=j+1}^{T}(y_t-\overline{y})(y_{t-j}-\overline{y}) \end{cases} \tag{5.56}$$

从而，可以求出 SACF，即

$$\hat{\rho}_j=\frac{\hat{\gamma}_j}{\hat{\gamma}_0}=\frac{\sum\limits_{t=j+1}^{T}(y_t-\overline{y})(y_{t-j}-\overline{y})}{\sum\limits_{t=1}^{T}(y_t-\overline{y})^2} \tag{5.57}$$

其中，$\hat{\rho}_j$ 用来表示 SACF 的估计值，用以区别理论 ACF $\rho_j$，其他类似符号的含义与此相同。

SACF 的一个重要应用是著名的 Ljung 和 Box（1978）提出的 $Q$ 统计量，对应的检验称为 Ljung-Box $Q$ 检验或者简称为 $Q$ 检验。$Q$ 统计量被用来检验一系列自相关性（也称为序列相关性）是否具有统计显著性，原假设是待检验的变量从 1 至 $j$ 期没有自相关性，$Q$ 统计量的定义为

$$Q=T(T+2)\sum_{j=1}^{k}\frac{\rho_j^2}{T-j} \tag{5.58}$$

其中，$\rho_j$ 是第 $j$ 期的自相关函数，$T$ 代表有效观测值的个数（即样本大小）。原假设是所有的 $\rho_j=0$。在原假设条件下，$Q$ 统计量服从渐近卡方分布（asymptotic $\chi^2$ distribution），自由度为自相关的个数，即 $k$。

$Q$ 统计量经常被用来检验一个序列是不是白噪声过程（白噪声过程不应该出现自相关性）。虽然 $Q$ 统计量具有广泛的应用价值，但是在使用 $Q$ 统计量检验自相关性时要注意以下几点。首先，检验中的滞后期数需要小心地选取。如果滞后期数选取得太小，那么 $Q$ 统计量有可能检验不出存在的高阶自相关性。反过来，如果滞后期数选取得过大，那么 $Q$ 检验又可能出现较低的统计功效，且不能拒绝可能存在的自相关性。其次，$Q$ 检验如果用来检验 ARMA($p$，$q$) 模型，则检验的自由度要小心设定。例如，如果 ARMA($p$，$q$) 模型中含有常数项，则正确的自由度应该是 $(k-p-q-1)$。

### 5.4.2　样本部分自相关函数

在 5.3 节中，我们介绍了样本自相关函数的定义以及从理论上如何求解 PACF。SPACF 的估计是以这些理论公式为基础的。大部分计量软件都内嵌着估计 SPACF 的算法，而利用的理论知识与前面介绍的内容相同。例如，在 EViews 软件中，样本部分自相关函数的求解过程通过下面的步骤实现：

(1) 利用样本数据和 SACF 的公式（5.57）求出

$$\hat{\rho}_1=\frac{\hat{\gamma}_1}{\hat{\gamma}_0}=\frac{\sum_{t=2}^{T}(y_t-\overline{y})(y_{t-1}-\overline{y})}{\sum_{t=1}^{T}(y_t-\overline{y})^2} \tag{5.59}$$

(2) 利用式（5.54）进行循环计算以获得 SPACF 在其他各滞后期的值，即

$$\hat{\phi}_{kk}=\frac{\hat{\rho}_k-\sum_{j=1}^{k-1}\hat{\phi}_{k-1,j}\hat{\rho}_{k-j}}{1-\sum_{j=1}^{k-1}\hat{\phi}_{k-1,j}\hat{\rho}_j} \tag{5.60}$$

这种方法估计出来的 SPACF 是 PACF 的一致性近似值（consistent approximation）。如果想获得更精确的 PACF 的样本估计值，可以直接使用 5.3 节中介绍的回归方程（5.46）或者（5.47），利用 OLS 方法估计出 SPACF。

### 5.4.3 实例演示

我们已经讨论了理论 ACF、理论 PACF 以及 SACF 和 SPACF，而且了解了 SACF 和 SPACF 的估计过程，下面我们针对一个具体的例子来加以示范。例如，图 5－8 绘制了 2006 年 1 月—2023 年 4 月上海证券综合指数走势。

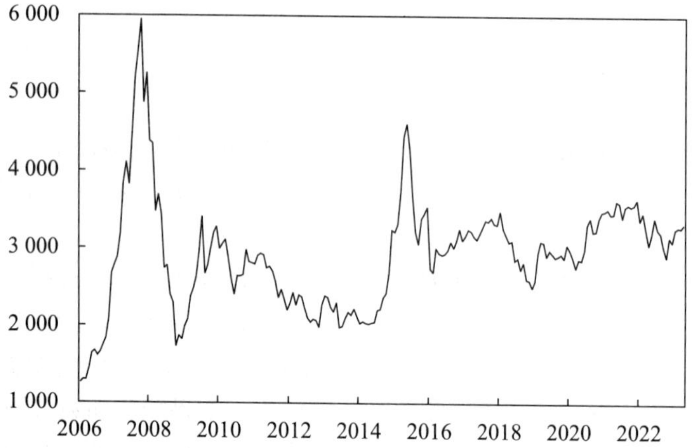


**图 5－8 上海证券综合指数走势：2006 年 1 月—2023 年 4 月**

资料来源：国泰安数据库。

我们曾经提到过，不同的统计软件可能以不同的形式给出 SACF 和 SPACF 等相关统计量。以 EViews 为例，打开股票价格时序变量，然后选择 "View"/"Correlogram"，弹出的对话窗口要求选择滞后期数，例如可以选择滞后至 12 期。注意，这里的 "Correlogram" 是 "Autocorrelation Function" 的同义表达，有的软件直接使用 "Autocorrelation" 之类的写法，不过都表示自相关（以及部分自相关）函数的信息。

图 5－9 给出了利用 EViews 得到的样本自相关函数、样本部分自相关函数和 $Q$ 统计量等。可能是为了方便一次性给出所有这些相关信息，EViews 在默认设置下绘制出的结果以竖直方向排列。

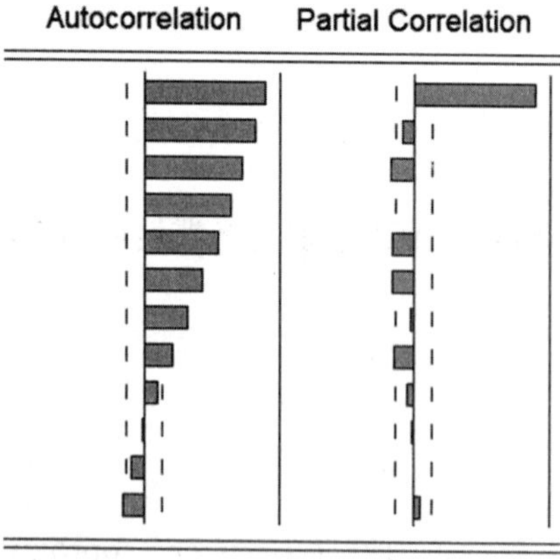


| | AC | PAC | Q-Stat | Prob |
|---|---|---|---|---|
| 1 | 0.930 | 0.930 | 182.34 | 0.000 |
| 2 | 0.852 | -0.091 | 336.16 | 0.000 |
| 3 | 0.756 | -0.173 | 457.87 | 0.000 |
| 4 | 0.666 | 0.001 | 552.78 | 0.000 |
| 5 | 0.560 | -0.164 | 620.20 | 0.000 |
| 6 | 0.442 | -0.163 | 662.49 | 0.000 |
| 7 | 0.329 | -0.018 | 685.95 | 0.000 |
| 8 | 0.207 | -0.150 | 695.30 | 0.000 |
| 9 | 0.094 | -0.043 | 697.23 | 0.000 |
| 10 | -0.013 | -0.016 | 697.27 | 0.000 |
| 11 | -0.102 | 0.002 | 699.56 | 0.000 |
| 12 | -0.172 | 0.052 | 706.13 | 0.000 |

**图 5－9 上海证券综合指数的 SACF、SPACF 以及 $Q$ 统计量等**

下面分析图 5－9 中包含的各种信息。首先，第 1 列的位置（“Autocorrelation”）绘制出了对应的样本自相关函数图，其中的虚线表示 SACF 估计值的 90%的置信区间的上下界，对应的上下界估计值为$\pm 2/\sqrt{T}$（其中 $T$ 是样本大小）。从这里的 SACF 可以看到，从 1 到 12 个滞后期，上海证券综合指数序列的 SACF 呈现拖尾特征。其次，第 2 列（“Partial Correlation”）对应的柱状图是 SPACF，图中的虚线仍然表示估计值的 90%的置信区间的上下界。很明显，除了第 1 期之外，该序列的 SPACF 从第 2 期开始出现截尾特征。最后，图 5－9 中的最后 4 列报告的依次是 SACF 的估计值、SPACF 的估计值、$Q$ 统计量以及 $Q$ 统计量的收尾概率（所谓收尾概率，也可称为伴随概率，是 $Q$ 检验对应的 $p$ 值）。$Q$ 统计量的收尾概率在各期都为 0.000，表明在 1%的显著性水平下可以拒绝“不存在自相关性”的原假设。这与图中第 1 列的 SACF 图示传递的信息是一致的。

作为练习，读者可以想办法采集这里使用的上海证券综合指数序列，然后计算出月度的指数收益率，再利用计量软件绘制出对应的样本自相关函数、样本部分自相关函数以及 $Q$ 统计量，看看得到什么结果。如果按照这样的步骤进行，获得的结果就应该与图 5－10 给出的示范相同。假设你得到了图 5－10 的结果，能否说明图示包含的信息和含义呢？

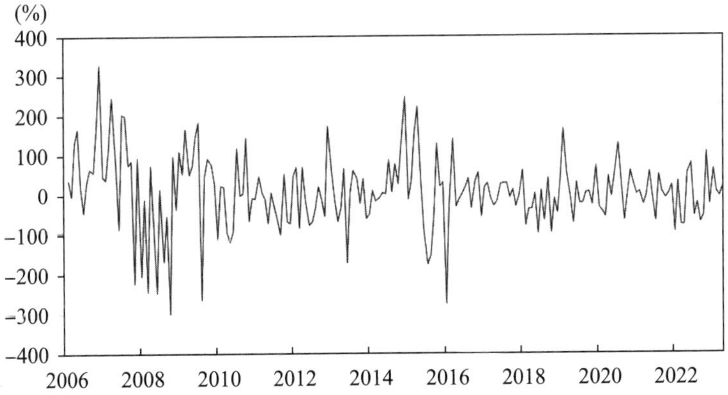


| Autocorrelation | Partial Correlation | | AC | PAC | Q-Stat | Prob |
|---|---|---|---|---|---|---|
| | | 1 | 0.137 | 0.137 | 3.9486 | 0.047 |
| | | 2 | 0.107 | 0.090 | 6.3797 | 0.041 |
| | | 3 | 0.055 | 0.030 | 7.0194 | 0.071 |
| | | 4 | 0.216 | 0.202 | 16.993 | 0.002 |
| | | 5 | 0.092 | 0.037 | 18.790 | 0.002 |
| | | 6 | -0.016 | -0.072 | 18.843 | 0.004 |
| | | 7 | 0.095 | 0.089 | 20.784 | 0.004 |
| | | 8 | 0.003 | -0.059 | 20.787 | 0.008 |
| | | 9 | -0.064 | -0.106 | 21.694 | 0.010 |
| | | 10 | -0.065 | -0.030 | 22.617 | 0.012 |
| | | 11 | -0.053 | -0.064 | 23.243 | 0.016 |
| | | 12 | -0.097 | -0.087 | 25.322 | 0.013 |

**图 5－10　上海证券综合指数收益率（上图）及其 SACF、SPACF 以及 $Q$ 统计量等**

# 5.5 ARMA 模型的建立与估计

如果把 AR 模型和 MA 模型看作 ARMA 模型的特殊情况，那么前面介绍的内容主要集中在平稳 ARMA 过程的理论模型方面，而在分析现实问题时，经常要考虑如何选择模型的具体形式、如何估计建立的理论模型等内容。因此，这一节对 ARMA 模型的实证建模和应用进行介绍，首先讨论 ARMA 模型的滞后期选择问题，然后介绍 ARMA 模型的回归估计方法。

## 5.5.1 ARMA 模型的滞后期设立

使用 ARMA 模型分析实际问题，首先需要处理的问题就是模型中的滞后期数。如何设立一个“最优”的滞后期数，从而使得模型能够较好地拟合现实数据的特征呢？对这个问题的回答，可以归结到著名的 Box-Jenkins 模型选择原则，基本思想是在确立滞后期时，应该兼顾模型的简约度和拟合程度。以 AR 模型为例，按照 Box-Jenkins 模型选择原则，我们希望确定一个滞后期数 $p$，使得模型在这个条件下既能满足较好的拟合优度，又能确保这个滞后期数 $p$ 不会过大（即模型要简约）。

基于这个传统的建模指导思想，一般有两种常见的方法可供选择滞后期时使用。第一种方法称为向下检验法。向下检验法的基本内容是：从一个最大滞后期开始检验最后一个滞后项的系数是否显著，如果不显著，则去掉该滞后项，依此类推，直至最后一个滞后项系数显著为止。以 AR 模型为例，首先可以根据具体问题设定一个最大的滞后期数，如 $p_m$，然后估计 AR($p_m$) 模型，即

$$y_t = c + \alpha_1 y_{t-1} + \alpha_2 y_{t-2} + \cdots + \alpha_{p_m} y_{t-p_m} + \varepsilon_t \tag{5.61}$$

向下检验法首先进行以下检验，即

$$\begin{aligned} &H_{01}: \alpha_{p_m} = 0 \\ &H_{A1}: \alpha_{p_m} \neq 0 \end{aligned} \tag{5.62}$$

其中，$H_0$ 和 $H_A$ 分别表示原假设和备择假设。如果原假设被拒绝，那么最优滞后期数就选定为 $p_m$，从而确定 AR($p_m$) 作为实证估计的模型。

相反，如果原假设不能被拒绝，那么开始下一轮估计与检验，即估计

$$y_t = c + \alpha_1 y_{t-1} + \alpha_2 y_{t-2} + \cdots + \alpha_{p_m-1} y_{t-(p_m-1)} + \varepsilon_t \tag{5.63}$$

并检验

$$\begin{aligned} &H_{02}: \alpha_{p_m-1} = 0 \\ &H_{A2}: \alpha_{p_m-1} \neq 0 \end{aligned} \tag{5.64}$$

如果式（5.64）中的原假设被拒绝，那么向下检验的步骤到此为止，对应选择的最优滞后期数为（$p_m-1$）。

向下检验法的思路比较简单，但在实际应用中有时可能需要重复进行很多次相似的检

验才能最终确定滞后期数。另外，必须首先设立一个最大滞后期数，如果这个期数选择不当，那么也可能会造成检验结论不能真实反映实际数据的动态特点。如果在实证分析中使用这种方法，那么建议初始设定的最大滞后期不要过小，对于季度数据，一般可以考虑 8 或者 4，但前者可能更为可靠一些。

另一个经常使用的选择滞后期数的方法是所谓的信息准则法，常用的信息准则包括 AIC（Akaike information criterion）和 SIC（Schwarz information criterion），SIC 有时也写成 BIC。假定我们分析的模型是类似于式（5.63）的 AR 模型，对应的有效样本（经过滞后期调整后的样本）大小为 $T_s$，那么 AIC 和 SIC 的定义如下：

$$\text{AIC}(p)=\ln\left(\frac{\sum_{t=1}^{T}\varepsilon_t^2}{T_s}\right)+\frac{2p}{T_s} \tag{5.65}$$

$$\text{SIC}(p)=\ln\left(\frac{\sum_{t=1}^{T}\varepsilon_t^2}{T_s}\right)+\frac{p\ln(T_s)}{T_s} \tag{5.66}$$

其中，$p$ 是正在考虑的滞后期数。使用 AIC 和 SIC 选择滞后期的原则是相同的，都是选择对应的 AIC 或 SIC 的值最小时对应的滞后期数。在实践中，需要比较 $p$ 取不同值时对应的 AIC 或 SIC 的一组值，选择最小的信息准则对应的 $p$ 值即可。

注意，AIC 和 SIC 的值有可能是正值，也有可能是负值，但是比较大小一律使用原值而不是绝对值。另外，在实践当中 AIC 和 SIC 给出的判断结果可能会不一致，AIC 选择的滞后期经常会比 SIC 对应的大。如果这种情况出现，应该如何取舍呢？最有效的解决办法是再尝试另外的滞后期选择方法，然后综合考虑。例如，利用 AIC 判断滞后期为 4，而 SIC 给出的是 2，再使用向下检验法发现滞后期为 4，那么通常可以判断为 4。但是，如果所有不同方法给出的结果都不一样（一般不常见），那么还可以进一步分别针对各个方法对应的模型进行回归，然后检验模型的残差是否具有序列相关性。如果都不具有，则选择最简约的，即最小的滞后期数；如果有的模型残差序列存在序列相关性，则不可采用。

总之，读者可以遵循上述过程确定一个 AR 模型的滞后期数，它同样也可以类似地用来分析 ARMA 模型。当然，除了 AIC 和 SIC 之外，信息准则还有很多种，感兴趣的读者可以参阅 Ng 和 Perron（2001）。

### 5.5.2　ARMA 模型的回归估计

在实证分析过程中，ARMA 模型的估计过程涉及一些非常具体的问题，这里加以介绍。例如，假设我们估计下面的 AR 模型

$$y_t=c+\alpha_1 y_{t-1}+\alpha_2 y_{t-2}+\cdots+\alpha_p y_{t-p},\ t=1,2,\cdots,T \tag{5.67}$$

假设模型不存在序列相关性，那么可以使用传统的 OLS 估计，即用当期的 $y_t$ 作为被解释变量，对一个常数项和它本身的 $p$ 个滞后期进行回归。

尽管式（5.67）可以看作一个传统的回归方程，但又存在一个特殊的实践性问题，那就是如何处理初始值 $y_0$，$y_{-1}$，$y_{-2}$，…，$y_{1-p}$。例如，当 $t=1$ 时，回归方程（5.67）应

该写成

$$y_1=c+\alpha_1 y_0+\alpha_2 y_{-1}+\cdots+\alpha_p y_{1-p} \tag{5.68}$$

实际上，与这里类似的情况我们将在第 6 章中进一步介绍，但那里讨论的是序列相关性的检验问题，这里是对原回归等式的估计问题，二者是有区别的。图 5－11 演示了在 AR 模型回归估计中如何处理由滞后造成的初始期观测值缺失。

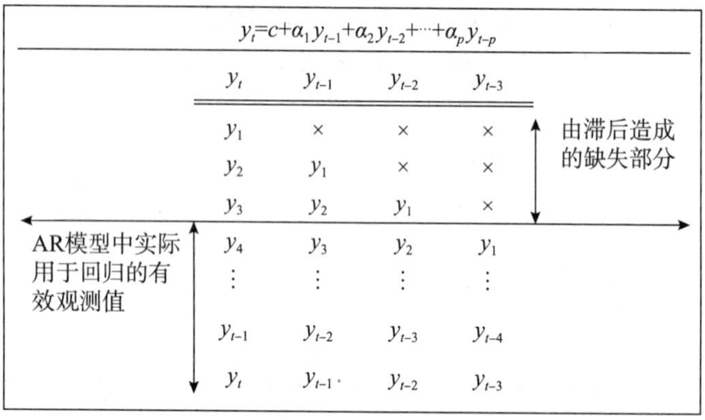


**图 5－11　AR 模型回归估计中由滞后造成的初始期观测值缺失及处理**

从以上说明和图 5－11 的演示可以知道，以一个 AR(4) 模型为例，如果样本观测值为 100，但是滞后了 4 期，那么实际卷入 AR(4) 回归估计的有效观测值个数只有 100－4＝96 个。

对于 AR 模型，一旦模型设立完毕并且正确地进行了回归估计，接下来就可以遵循传统的假设检验步骤来有针对性地进行统计检验和推断了。

以上的讨论主要以 AR 模型为例，而对于 MA 模型，由于涉及观测不到的随机干扰序列，所以，一般来说，OLS 估计在 MA 模型回归中是无效的，而经常使用的是非线性 (nonlinear) OLS，即 NLS 估计。NLS 估计的内部算法比较复杂，本书不做深入分析，对 NLS 感兴趣的读者可以参阅相关文献，如 Davidson 和 MacKinnon (1993) 以及 Franses 和 van Dijk (2000) 分别对一般性的非线性估计和金融时间序列的非线性估计进行了非常详尽的介绍。

## 5.6　实例应用：中国 CPI 通货膨胀率的 AR 模型

作为实例应用的例子，我们考察中国月度 CPI 通货膨胀率动态模型的设立与估计，CPI 原始数据来源于中国国家统计局。我们使用公布的月度价格指数（上年同月）的季末月份观测值（减 100）作为研究的季度数据，以减少由月度平均数作为季度数据可能带来的序列相关性。

为了方便讨论，我们集中在 CPI 通货膨胀率的 ARMA 模型的设立上，首先考虑 AR 模型和 MA 模型哪一个比较适合用来捕捉我国通货膨胀率的动态路径，如图 5－12 所示。

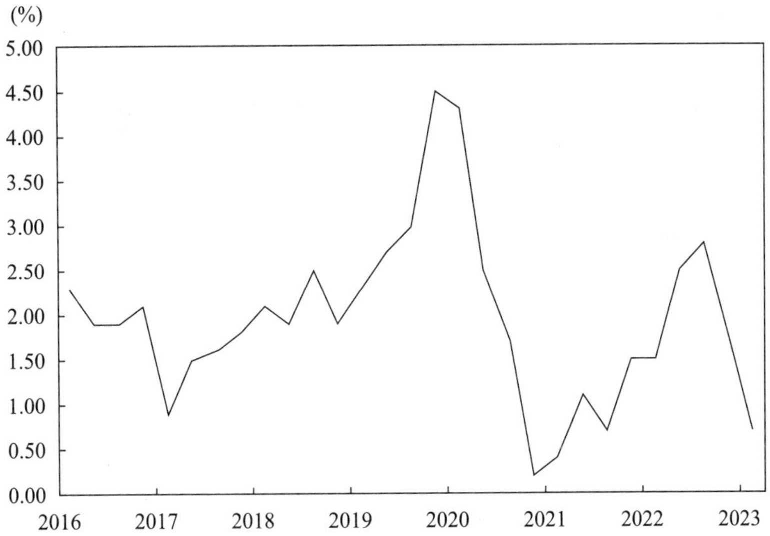


**图 5-12　中国季度 CPI 通货膨胀率：2016 年第一季度至 2023 年第一季度**

也就是说，模型是否可能包含移动平均（MA）项呢？有些研究，如刘金全和谢卫东（2003）就假设我国 CPI 通货膨胀率服从 ARMA 过程。依据我们介绍的时间序列分析理论，如果通货膨胀率随机时序轨迹的真实数据生成过程含有 MA 成分，其部分自相关函数（PACF）应该呈现拖尾态势，而 ACF 会出现截尾现象。为了帮助判断，图 5-13 画出了该通货膨胀率序列的样本自相关函数图和样本部分自相关函数图。从图中可以看到，通货膨胀率变量的 SPACF 在一定滞后期数后陡然切断到 0（即落在 2 个标准差的上下界内），而 SACF 则呈现出拖尾现象，从而表明用 AR($p$) 模型来刻画我国通货膨胀率的时序特性比较合理。

另外，要利用 AR 模型获得相对合理可靠的估计，应该科学有据地选取 AR 模型的滞后期数。可以初始设定 8 期，然后根据 AIC 标准来确定最优滞后期数（循环减少期数直至 AIC 达到最小值），从而也符合计量中模型确立的“从一般到特殊”（general-to-specific）的规则。在实践中，依据 SIC 标准选择的结果也完全一致。

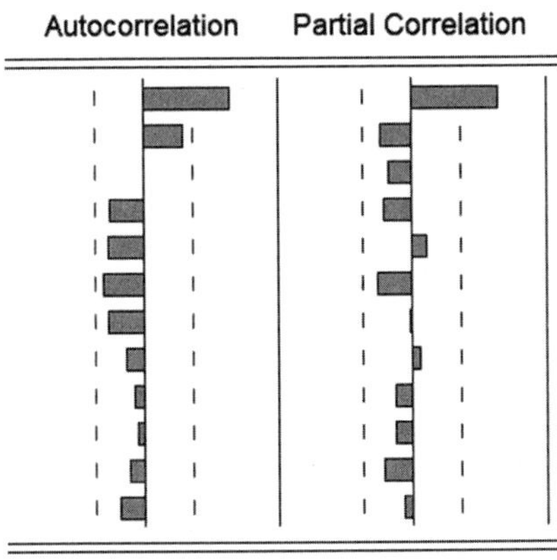


| | AC | PAC | Q-Stat | Prob |
|---|---|---|---|---|
| 1 | 0.664 | 0.664 | 14.164 | 0.000 |
| 2 | 0.304 | -0.245 | 17.242 | 0.000 |
| 3 | -0.005 | -0.179 | 17.243 | 0.001 |
| 4 | -0.257 | -0.205 | 19.619 | 0.001 |
| 5 | -0.275 | 0.119 | 22.453 | 0.000 |
| 6 | -0.316 | -0.256 | 26.351 | 0.000 |
| 7 | -0.276 | -0.010 | 29.463 | 0.000 |
| 8 | -0.133 | 0.059 | 30.221 | 0.000 |
| 9 | -0.081 | -0.126 | 30.513 | 0.000 |
| 10 | -0.047 | -0.127 | 30.617 | 0.001 |
| 11 | -0.119 | -0.213 | 31.324 | 0.001 |
| 12 | -0.186 | -0.058 | 33.147 | 0.001 |

**图 5-13　中国 CPI 通货膨胀率的 SACF 与 SPACF**

说明：图中虚线代表 2 个标准差的上下界。

根据以上分析，基本的模型设定为

$$\pi_t = c + \alpha_1 \pi_{t-1} + \varepsilon_t$$

其中，$\pi_t$ 代表通货膨胀率，$c$ 是截距项，$\varepsilon_t$ 是序列不相关的随机扰动误差项。OLS 回归估计结果报告在表 5 - 2 中。从结果的拟合优度、系数的显著性水平以及图 5 - 14 中描绘的残差序列图和残差的样本自相关函数图等来看，AR(1) 模型比较好地刻画了我国 2016—2023 年的季度 CPI 通货膨胀率。

**表 5 - 2　中国季度 CPI 通货膨胀率 AR(1) 模型估计结果**

Dependent Variable：INFLATION
Method：Least Squares
Sample (adjusted)：2016Q2 2023Q1
Included observations：28 after adjustments

| Variable | Coefficient | Std. Error | t-Statistic | Prob. |
|---|---|---|---|---|
| C | 0.005 | 0.003 | 1.625 | 0.116 |
| A1 | 0.707 | 0.146 | 4.826 | 0.000 |
| R-squared | 0.472 5 | Mean dependent var | | 0.019 |
| Adjusted R-squared | 0.452 | S. D. dependent var | | 0.009 |
| S. E. of regression | 0.007 | Akaike info criterion | | −6.915 |
| Sum squared resid | 0.001 | Schwarz criterion | | −6.819 |
| Log likelihood | 98.811 | Hannan-Quinn criter. | | −6.885 |
| F-statistic | 23.291 | Durbin-Watson stat | | 1.468 |
| Prob (F-statistic) | 0.000 | | | |

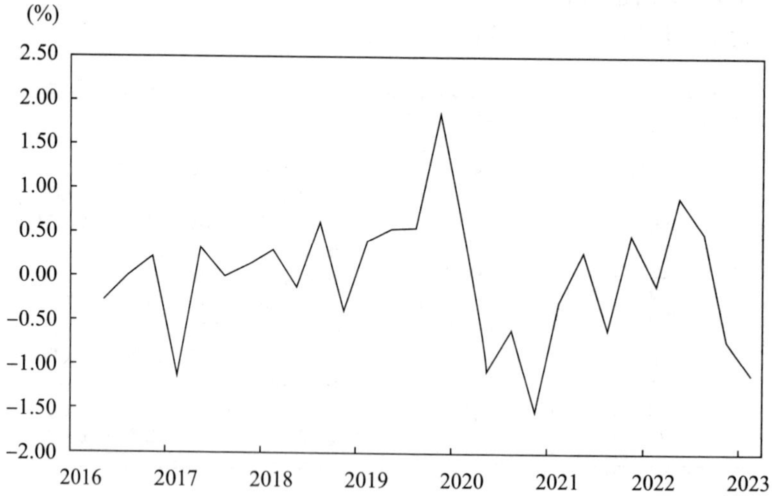


**图 5 - 14　AR(1) 模型回归的残差序列图与残差的样本自相关函数图等**

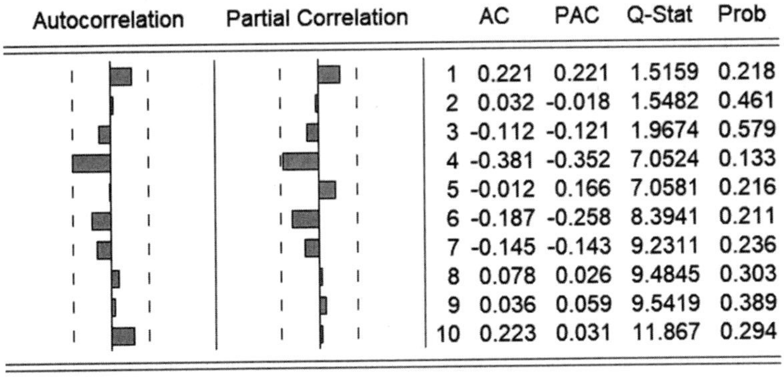

| Autocorrelation | Partial Correlation | | AC | PAC | Q-Stat | Prob |
|---|---|---|---|---|---|---|
| | | 1 | 0.221 | 0.221 | 1.5159 | 0.218 |
| | | 2 | 0.032 | -0.018 | 1.5482 | 0.461 |
| | | 3 | -0.112 | -0.121 | 1.9674 | 0.579 |
| | | 4 | -0.381 | -0.352 | 7.0524 | 0.133 |
| | | 5 | -0.012 | 0.166 | 7.0581 | 0.216 |
| | | 6 | -0.187 | -0.258 | 8.3941 | 0.211 |
| | | 7 | -0.145 | -0.143 | 9.2311 | 0.236 |
| | | 8 | 0.078 | 0.026 | 9.4845 | 0.303 |
| | | 9 | 0.036 | 0.059 | 9.5419 | 0.389 |
| | | 10 | 0.223 | 0.031 | 11.867 | 0.294 |

**图 5-14　AR(1) 模型回归的残差序列图与残差的样本自相关函数图等（续）**

## 练习 5

1. 考虑 MA(2) 模型

$$y_t=\varepsilon_t-\theta_1\varepsilon_{t-1}-\theta_2\varepsilon_{t-2}$$

(a) 求出 $y_t$ 序列的均值与方差。

(b) 推导出以下理论自相关函数：

$$\rho_1=(1+\theta_1^2+\theta_2^2)^{-1}(\theta_1\theta_2-\theta_1)$$
$$\rho_2=-\theta_2(1+\theta_1^2+\theta_2^2)^{-1}$$
$$\rho_j=0,\ j>2$$

(c) 在什么条件下该模型为平稳时间序列模型？该模型可逆的条件是什么？

2. 已知 AR 模型的扰动项具有序列相关性，即

$$y_t=c+\alpha_1 y_{t-1}+\cdots+\alpha_p y_{t-p}+e_t$$
$$e_t=\phi_1 e_{t-1}+\phi_2 e_{t-2}+\cdots+\phi_m e_{t-m}+\varepsilon_t$$

证明：$y_t$ 序列服从 AR($m+p$) 过程。

3. 已知下列 ARMA(1，1) 模型

$$y_t=c+\alpha_1 y_{t-1}+\varepsilon_t-\theta_1\varepsilon_{t-1}$$

假设该模型平稳且可逆。

(a) 证明原模型可以写成以下 MA 的形式：

$$y_t=(1-\alpha_1)^{-1}c+\varepsilon_t-(\theta_1-\alpha_1)\varepsilon_{t-1}-\alpha_1(\theta_1-\alpha_1)\varepsilon_{t-2}-\alpha_1^2(\theta_1-\alpha_1)\varepsilon_{t-3}-\cdots$$

(b) 证明原模型还可以写成以下 AR 的形式：

$$y_t=(1-\theta_1)^{-1}c+(\alpha_1-\theta_1)y_{t-1}+\theta_1(\alpha_1-\theta_1)y_{t-2}+\theta_1^2(\alpha_1-\theta_1)y_{t-3}+\cdots+\varepsilon_t$$

(c) 如果 $\alpha_1=\theta_1$，(a) 和 (b) 的结论如何变化？

4. 登录中国国家统计局网站，采集2001年到最近的CPI月度数据，通过分析该时序变量的SACF和SPACF判断以下问题：

（a）AR模型和MA模型哪一个更适合用来捕捉该序列的动态特征？

（b）设立你选择的模型形式，判断滞后期数的选择情况。

## 第6章
# 序列相关性检验

**本章导读**

序列相关性问题在时序分析中占有特殊重要的地位，因为如果时序模型回归估计结果的残差序列具有序列相关性，那么在很多情况下暗示了计量模型的设立存在问题。更重要的是，当回归模型是动态时序模型时（即因变量的滞后项出现在回归等式右侧），如果估计结果中残差序列表现出序列相关性，那么模型估计结果很可能是无效的（invalid），即使利用工具变量估计，也很可能无法去除或者减弱内生性问题，此时残差的序列相关性本质上意味着模型存在误设立问题（misspecification problem）。因此，序列相关性检验的基本原理和应用规则需要引起足够的重视。

在前文中我们介绍过 Ljung-Box $Q$ 统计量，并且知道 $Q$ 检验是检验自相关性的方法之一。实际上，在时间序列分析中，自相关性也被称为序列相关性。在面板数据和横截面数据模型中自相关性与序列相关性在使用上的含义存在差异，但是在时间序列分析的上下文中，“自相关性”和“序列相关性”可以互换使用。

在金融时间序列分析中，自相关性检验除了可以用来分析实际金融变量的动态特性外，在更多时候自相关性检验还被用于诊断随机扰动项是否存在自相关性。自相关性表明的是一个变量在不同期之间的相互依赖和相互关联的特征，而经典线性回归模型（CLRM）的一个重要假设是扰动项不存在序列相关性。从某种程度上说，如果一个时序模型的扰动因子出现自相关性，那么这暗示着原来设立的模型很可能并不正确或者不能够捕捉现实数据的动态特点。

由于自相关性的重要性，至今计量经济学领域已经拥有了许多不同的自相关性检验，重要的检验包括 Breusch-Godfrey LM 序列相关性检验、Durbin-Watson 序列相关性检验（简称 DW 检验）和 Ljung-Box $Q$ 检验等。$Q$ 检验在前面已经介绍过，我们接下来集中介绍 Breusch-Godfrey LM 序列相关性检验和 Durbin-Watson 序列相关性检验。

## 6.1 Breusch-Godfrey LM 序列相关性检验

Breusch-Godfrey LM 序列相关性检验的全名是 Breusch-Godfrey Lagrange Multiplier 序列相关性检验，是迄今为止使用最广泛、适用面最宽广的序列相关性检验之一，它不仅适用于回归等式中不存在被解释变量的滞后项的方程，也适用于含有被解释变量的滞后项的动态回归方程，而这一特点正是许多其他检验（如DW检验）所不具备的。

Breusch-Godfrey LM序列相关性检验是由澳大利亚国立大学的特雷弗·布鲁斯（Trevor Breusch）教授和英国约克大学的莱斯利·戈弗雷（Leslie Godfrey）教授于1978年在各自独立的两篇文章中同时提出的序列相关性检验方法，Breusch-Godfrey LM序列相关性检验（简称"Breusch-Godfrey LM检验"）也因此而得名。下面介绍这一检验的基本思想。我们先假定回归一个AR($p$)模型，即

$$y_t=c+\alpha_1 y_{t-1}+\cdots+\alpha_p y_{t-p}+u_t \tag{6.1}$$

其中$c$是常数项，$\alpha$表示自回归系数，$u_t$是一个序列相关的随机扰动项，并且这个扰动项服从以下AR($m$)过程，即

$$u_t=\phi_1 u_{t-1}+\phi_2 u_{t-2}+\cdots+\phi_m u_{t-m}+\varepsilon_t \tag{6.2}$$

其中$\phi$是这个AR($m$)模型的自回归系数，而$\varepsilon_t$是一个白噪声过程。注意，模型（6.2）中没有出现常数项，因为残差序列的均值总为0。（为什么?）

将式（6.2）代入式（6.1），可以得到

$$y_t=c+\alpha_1 y_{t-1}+\cdots+\alpha_p y_{t-p}+\phi_1 u_{t-1}+\phi_2 u_{t-2}+\cdots+\phi_m u_{t-m}+\varepsilon_t \tag{6.3}$$

很明显，如果式（6.1）中的扰动项$u_t$序列相关，真实的模型应该是式（6.3）。如果回归了式（6.1）会出现什么结果？从经典线性回归理论可以知道，模型（6.1）中所有系数的OLS估计是统计有偏的（biased），并且不具有统计一致性（consistency）。所以，在诸如式（6.1）这样的动态模型中，回归之后进行序列相关性检验是必不可少的。

当然，由于无法获知随机扰动项的观测值，所以想利用扰动项直接进行检验是不具有可操作性的。然而，Breusch-Godfrey LM检验巧妙地利用了式（6.1）回归后得到的残差序列$\hat{u}$进行序列相关性检验。如果我们将原始回归等式（6.1）写成更加一般的形式，即

$$y_t=x_t\beta+u_t \tag{6.4}$$

其中$x_t$表示包括常数项在内的一组解释变量，就可以写出Breusch-Godfrey LM检验利用的辅助回归等式，即

$$y_t=x_t\beta^*+\phi_1\hat{u}_{t-1}+\phi_2\hat{u}_{t-2}+\cdots+\phi_m\hat{u}_{t-m}+\varepsilon_t \tag{6.5}$$

其中$\hat{u}_{t-i}$（$i=1, 2, \cdots, m$）表示式（6.4）回归后获得的残差序列的对应项。

注意，在辅助回归等式式（6.5）中，解释变量中必须包括原始模型的解释变量$x_t$，这是因为只有这样才能确保式（6.5）中的扰动项$\varepsilon_t$与该回归方程中的所有解释变量互不相关，从而满足OLS回归的基本假设。另外，由于式（6.5）中出现了残差序列的滞后期，所以在实际回归中不可避免地会造成前$m$期观测值缺失，图6-1清楚地说明了这个问题。对该问题的一般解决办法是将这几期的观测值都设为0，如EViews软件在进行Breusch-Godfrey LM检验时，内部的处理机制就是采用这个方法。

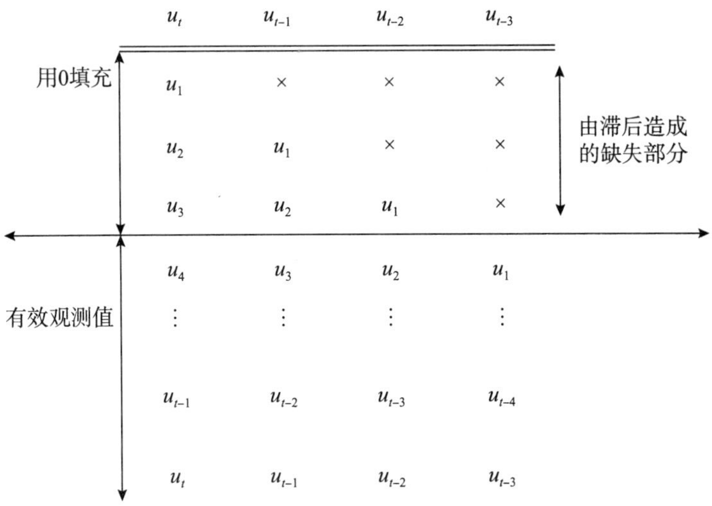


**图 6-1　序列相关性检验中滞后造成的观测值缺失及处理**

Breusch-Godfrey LM 检验的原假设是待检验的序列不存在最多至 $m$ 期的序列相关性，即

$$H_0: \phi_1=\phi_2=\cdots=\phi_m=0 \tag{6.6}$$

而备择假设是

$$H_A: \text{至少有一个 } \phi_j \neq 0, \ j=1, \cdots, m \tag{6.7}$$

Breusch-Godfrey LM 检验的统计量（简称 LM 检验统计量）等于有效样本大小乘以回归式（6.5）得到的拟合优度（goodness of fit），即

$$\text{LM 检验统计量}=(T-m)R^2 \tag{6.8}$$

在原假设条件下，Breusch-Godfrey LM 检验的统计量服从自由度为 $m$ 的卡方分布（$\chi_m^2$）。注意，在一般情况下，该检验统计量的分布实际上是渐近（asymptotic）卡方分布，而 LM 检验也是在渐近条件下有效。

虽然在样本不是很小的情况下式（6.8）中的统计量一般可以用来比较准确地检验 $m$ 阶序列相关性，但荷兰计量经济学家 Kiviet 在 1986 年的一篇文章中（Kiviet，1986）指出，在 Breusch-Godfrey LM 检验过程中，最好使用与原假设和备择假设相对应的 $F$ 统计量，即

$$F=\frac{(SSR_R-SSR_U)/m}{SSR_U/(T-k)} \tag{6.9}$$

其中，$SSR_R$ 和 $SSR_U$ 分别表示在有约束条件下（restricted）和无约束条件下（unrestricted）回归等式的残差平方和，而 $k$ 表示式（6.5）中解释变量的总个数。

在实践中，因为实际使用的样本一般都是相对有限的，因此建议读者使用式（6.9）的 $F$ 检验进行序列相关性检验。一般的计量软件（如 EViews）会同时给出式（6.8）和式（6.9）的结果作为比较。

## 6.2 Durbin-Watson 序列相关性检验

由于历史原因，另一个广泛使用的序列相关性检验是 DW 检验。这个检验主要用来检验序列是否存在一阶自相关性。我们仍然以上面的例子介绍 DW 检验。假定运用 OLS 回归原始模型后获得残差序列 $\hat{u}$，那么要检验这个残差序列是否存在一阶自相关性，即是否为 AR(1) 过程，DW 检验的统计量定义为

$$d=\frac{\sum_{t=2}^{T}(\hat{u}_t-\hat{u}_{t-1})^2}{\sum_{t=1}^{T}\hat{u}_t^2} \tag{6.10}$$

该检验的原假设为待检验的序列不存在一阶自相关性，备择假设是存在一阶自相关性。注意，该检验只局限于对一阶自相关性的检验。

另外，如果将式（6.10）中的分子项展开，可以获得

$$\sum_{t=2}^{T}(\hat{u}_t-\hat{u}_{t-1})^2\approx 2\left(\sum_{t=2}^{T}\hat{u}_t^2-\sum_{t=2}^{T}\hat{u}_t\hat{u}_{t-1}\right) \tag{6.11}$$

将式（6.11）代入式（6.10），同时注意到

$$\hat{\rho}=\frac{\sum_{t=2}^{T}\hat{u}_t\hat{u}_{t-1}}{\sum_{t=1}^{T}\hat{u}_t^2} \tag{6.12}$$

那么，可以得到 DW 检验统计量（又称 DW 统计量、DW 值）的另外一个近似表达式，即

$$d\approx 2(1-\hat{\rho}) \tag{6.13}$$

从式（6.13）的数量关系可以进一步观察到，如果不存在序列相关性，即 $\hat{\rho}$ 接近于 0，那么 DW 统计量应该非常接近于 2，而如果序列相关性非常强，即 $\hat{\rho}$ 接近于 1 或者 −1，则 DW 统计量应该非常接近于 0 或者 4。确实，在现实中，通过 DW 统计量快速判断是否存在一阶自相关性的方法之一就是看 DW 统计量与 2 的比较。如果 DW 值接近于 2，则可以初步判定不存在一阶自相关性，否则就可能存在一阶自相关性。

从 DW 检验的原理可以看到，该检验至少存在三个方面的弱点。第一，DW 检验只能检验一阶自相关性，不能用来检验高于一阶的情况。第二，我们尚未深入讨论 DW 检验的条件，实际上，DW 检验的一个条件就是原始回归方程中一定不能含有被解释变量的滞后项！简单地说，这是因为如果存在被解释变量的滞后项，那么使用 DW 检验不能保证扰动项与解释变量不相关。对于类似 AR 模型等动态时间序列模型，严格地讲，DW 检验是无效的。这一点必须引起注意，因为在许多发表的论文中也经常会忽略这个问题。第三，即使前面的条件满足，DW 检验也存在无法判定的检验区域，即存在某个实数域，如果 DW 统计量落在了这个域内，则 DW 检验无法判断是否拒绝原假设。

正因为以上原因，DW 检验在动态时间序列模型中的用处是极为有限的。虽然许多计量软件在回归后会默认给出 DW 统计量，但读者必须清楚以上提到的几个问题。而与 DW 检验相比，Breusch-Godfrey LM 检验适用的范围就广得多。所以，作为一个简单的规则，在检验时间序列模型回归后残差项的序列相关性时，尽量使用 Breusch-Godfrey LM 检验来判定是否存在序列相关性，而要谨慎使用或不使用 DW 检验。

需要说明的是，我们前面提到的 Ljung-Box $Q$ 检验多用来判断一个时间序列本身的自相关性。如果用来检验一个动态模型回归后残差项的序列相关性，$Q$ 检验也是无效的，原因与 DW 检验的第二个缺陷类似。关于这一点，可以参阅接下来的序列相关性检验的基本原理。

## 6.3　序列相关性检验的基本原理：高斯-牛顿回归方法[①]

有相当多的计量经济学文献致力于讨论回归模型扰动项序列相关性的检验问题。这类文献检验的原假设是线性回归模型的扰动项序列独立（即没有序列相关性），备择假设是扰动项服从 AR(1) 过程。我们下面根据 Davidson 和 MacKinnon（1993）介绍的 GNR（Gauss-Newton regression，高斯-牛顿回归）方法来介绍序列相关性检验的基本原理。所谓 GNR 方法，是指将利用相关的主回归模型（经常是非线性的形式）而人为设计出来的线性回归（即 artificial regression，人造回归）作为计算工具。

假设我们要检验下列模型中扰动项 $u_t$ 序列独立的原假设，备择假设是该序列服从 AR(1)过程（即 $u_t=\rho u_{t-1}+\varepsilon_t$）：

$$y_t=\boldsymbol{x}_t(\boldsymbol{\beta})+u_t \tag{6.14}$$

对 $t=2, \cdots, n$，备择假设模型可以写为

$$y_t=\boldsymbol{x}_t'(\boldsymbol{\beta}, \rho)+\varepsilon_t\equiv\boldsymbol{x}_t(\boldsymbol{\beta})+\rho[y_{t-1}-\boldsymbol{x}_{t-1}(\boldsymbol{\beta})]+\varepsilon_t \tag{6.15}$$

其中我们假定 $\varepsilon_t\sim$i. i. d.（0，$\omega^2$）。事实上，任何关于非线性回归方程参数的限制都可以用 GNR 方法来检验，并在原假设下得到 $n$ 阶一致估计量。这一般（但不必然）是非线性最小二乘（NLS）估计量。因此，在这种情况下，可以将 $y_t-\boldsymbol{x}_t'$ 对 $\boldsymbol{x}_t'(\boldsymbol{\beta}, \rho)$ 回归来检验 $\rho=0$ 的原假设。假设已经用最小二乘估计了式（6.14），则该估计是（$\tilde{\boldsymbol{\beta}} \vdots 0$），$\tilde{\boldsymbol{\beta}}$ 表示在 $\rho=0$ 的条件下对 $\boldsymbol{\beta}$ 的估计值。由于

$$\left.\begin{aligned}\frac{\partial \boldsymbol{x}_t'}{\partial \boldsymbol{\beta}_i}&=\boldsymbol{X}_t(\boldsymbol{\beta})-\rho\boldsymbol{X}_{t-1}(\boldsymbol{\beta})\\ \frac{\partial \boldsymbol{x}_t'}{\partial \rho}&=y_{t-1}-\boldsymbol{x}_{t-1}(\boldsymbol{\beta})\end{aligned}\right\} \tag{6.16}$$

所以 GNR 形式为

$$y_t-\boldsymbol{x}_t(\tilde{\boldsymbol{\beta}})=\boldsymbol{X}_t(\tilde{\boldsymbol{\beta}})\boldsymbol{b}+r[y_{t-1}-\boldsymbol{x}_{t-1}(\tilde{\boldsymbol{\beta}})]+residuals \tag{6.17}$$

---

① 6.3 节和 6.4 节适合中高级计量经济学读者；如果用作教材，本科生课程可以忽略这些内容。

将上式简写为

$$\tilde{\boldsymbol{u}}=\tilde{\boldsymbol{X}}\boldsymbol{b}+r\,\tilde{u}_{-1}+residuals \tag{6.18}$$

其中 $\tilde{\boldsymbol{u}}$ 表示由 $y_t-\boldsymbol{x}_t(\tilde{\boldsymbol{\beta}})$ 构成的最小二乘残差向量，$\tilde{\boldsymbol{X}}$ 表示由 $\boldsymbol{X}_{ti}(\tilde{\boldsymbol{\beta}})$ 构成的偏导数矩阵。该回归模型的形式十分简洁，尤其是当原始模型（6.14）为线性的时。此时，由于 $\tilde{\boldsymbol{X}}$ 为自变量矩阵，故只需把残差回归到自变量和残差滞后项上。检验统计量可以选用 $n$ 倍的非中心化处理的 $R^2$ 来计算，或检验 $r=0$ 对应的 $t$ 统计量。前者在原假设下渐近服从 $\chi^2(1)$，后者渐近服从 $N(0,1)$。在实际中，通常使用 $t$ 统计量，并将其与具有相应自由度的 $t$ 分布进行比较。

前述讨论忽略了如何处理初始观测值的问题。模型（6.15）仅针对第 $2\sim n$ 个观测值定义，潜台词是对 $\tilde{\boldsymbol{\beta}}$ 的估计也仅限于这 $n-1$ 个样本。不过，有两种方法来解决这一问题。一种方法是使用全样本估算 $\tilde{\boldsymbol{\beta}}$，并仅使用第 $2\sim n$ 个观测值进行 GNR。这种方法的唯一问题是 $\tilde{\boldsymbol{u}}$ 将不再与 $\tilde{\boldsymbol{X}}$ 正交。因此，即使忽略了 $\tilde{u}_{-1}$，GNR 的 $R^2$ 也不会为零，基于 $nR^2$ 的检验会更倾向于拒绝原假设。不过，如果在检验 $r=0$ 时使用的是 $t$ 统计量，将不会出现任何问题。另一种方法是用全样本估计 $\tilde{\boldsymbol{\beta}}$，在全样本中进行 GNR，并将不可观测的 $\tilde{u}_0$ 设为零。

当原始模型为线性的时，上述过程会稍有变化。因为 $\boldsymbol{X}\tilde{\boldsymbol{\beta}}$ 位于 $\delta(\boldsymbol{X})$ 中，所以回归

$$y=\boldsymbol{X}c+r\,\tilde{u}_{-1}+residuals \tag{6.19}$$

在此时将具有与原始检验方程（6.18）完全相同的残差平方和以及完全相同的检验假设 $r=0$ 对应的 $t$ 统计量。因此，对于线性模型，检验扰动项是否服从 AR(1) 过程的最简单方法是在原始回归中添加一个额外的自变量，第一个观测值设为 0，所有后续观测值均等于 $\tilde{u}_{t-1}$。然后，使用该自变量的 $t$ 统计量作为检验统计量。

将上述过程扩展至高阶 AR 误差的检验十分简单。假设备择假设是式（6.14）中的 $u_t$ 服从 AR($p$) 过程，则此模型可写为

$$y_t=\boldsymbol{x}_t(\boldsymbol{\beta})+\sum_{j=1}^{p}\rho_j[y_{t-j}-\boldsymbol{x}_{t-j}(\boldsymbol{\beta})]+\varepsilon_t,\ \varepsilon_t\sim \text{i.i.d.}(0,\omega^2) \tag{6.20}$$

与式（6.18）类似，检验方程为

$$\tilde{\boldsymbol{u}}=\tilde{\boldsymbol{X}}\boldsymbol{b}+\sum_{j=1}^{p}r_j\,\tilde{u}_{-j}+residuals \tag{6.21}$$

我们可以用 $nR^2$ 作为检验统计量，它在原假设下渐近服从 $\chi^2(p)$。不过，对 $r_1=r_2=\cdots=r_p=0$ 的渐近 $F$ 检验具有更好的有限样本性质。若在全样本中回归式（6.21），则该 $F$ 统计量的第一自由度和第二自由度分别为 $p$ 和 $n-k-p$。当原始模型为线性的时，仍可使用类似于式（6.19）的方法，将原始因变量 $y$ 替换为 $\tilde{\boldsymbol{u}}$。当然，此时不能使用 $nR^2$ 作为检验统计量。

需要再次提醒的是，Durbin 和 Watson（1950，1951）提出的 DW 检验仅适用于没有滞后因变量且扰动项服从正态分布的线性模型。事实上，Box 和 Pierce（1970）以及 Ljung 和 Box（1978）提出的检验都是基于残差的自相关性检验，即检验 $\tilde{u}_t$ 与 $\tilde{u}_{t-1}$、$\tilde{u}_{t-1}$

与$\tilde{u}_{t-2}$等之间的相关性。这些检验在用于检验 ARIMA 模型的残差自相关性时有效，但当线性或非线性回归模型在回归函数中同时包含外生变量和滞后因变量时通常无效。在这种情况下它们无效的原因与 DW 统计量无效的原因基本相同。

## 6.4　工具变量估计与序列相关性检验

到目前为止，我们都假定回归函数 $\boldsymbol{x}(\boldsymbol{\beta})$ 仅取决于外生变量和前定变量。但是，当解释变量内生时，误差项序列相关的情况也可能存在。在本节中，我们简要讨论如何利用工具变量（IV）检验此类模型中的序列相关性问题。

事实上，时序分析中经常使用动态时序模型，此时确保扰动项不存在序列相关性更加重要。如果扰动项存在序列相关性，则意味着常用的滞后项工具变量与扰动项非正交，这样就会导致其他相关时序变量的滞后项也与扰动项相关。此时即使采用工具变量估计，结果也不具备统计一致性，而且有偏。因此，在动态时序模型的设立过程中必须进行序列相关性检验。

传统的序列相关性检验（如 DW 检验或 Breusch-Godfrey LM 检验）在工具变量估计模式下是无效的，需要应用 Godfrey（1994）的工具变量序列相关性检验，其基本思想基于如下辅助回归方程：

$$\tilde{\eta}_t=\boldsymbol{Xb}+\rho(L)\tilde{\eta}_{t-1}+v_t \tag{6.22}$$

其中，$\rho(L)$ 表示滞后算子多项式，$\tilde{\eta}$ 是原始模型使用工具变量估计后获得的残差序列，$\boldsymbol{X}$ 表示原始回归模型中的自变量矩阵，$v$ 是辅助方程的扰动项（允许存在异方差，但不能序列相关）。假定最初的工具变量集合为 $Z$，那么用于估计辅助模型的工具变量需要在 $Z$ 的基础上再增加 $\tilde{\eta}$ 的滞后项。这样，使用增广后的工具变量集合对式（6.22）进行估计并计算对应的拉格朗日乘数（LM）统计量，以此对 $\tilde{\eta}$ 是否具有序列相关性进行检验（原假设是 $\rho=0$）。在实际检验过程中，动态模型中滞后变量的存在会使 $\tilde{\eta}$ 有缺失值，根据 Kiviet（1986）的研究结果，建议用 0 进行插补，以使检验结果更加精确。

## 6.5　多维模型的序列相关性问题

当使用时间序列数据估计多元回归模型时，经常会遇到这些模型存在序列相关性的问题。考虑如下模型：

$$\left.\begin{aligned}\boldsymbol{y}_t&=\boldsymbol{\xi}_t(\boldsymbol{\beta})+u_t\\ u_t&=u_{t-1}\boldsymbol{R}+\varepsilon_t\text{，}\varepsilon_t\sim\text{i.i.d.}(0\text{，}\boldsymbol{\Omega})\end{aligned}\right\} \tag{6.23}$$

其中，$\boldsymbol{y}_t$、$\boldsymbol{\xi}_t(\boldsymbol{\beta})$、$u_t$ 和 $\varepsilon_t$ 都是 $1\times m$ 维向量，$\boldsymbol{R}$ 和 $\boldsymbol{\Omega}$ 都是 $m\times m$ 维矩阵。上式定义了一般的具有 AR(1) 误差的多元回归模型。很自然地，可以将上式转化为如下形式：

$$\boldsymbol{y}_t=\boldsymbol{\xi}_t(\boldsymbol{\beta})+\boldsymbol{y}_{t-1}\boldsymbol{R}-\boldsymbol{\xi}_{t-1}(\boldsymbol{\beta})\boldsymbol{R}+\varepsilon_t\text{，}\varepsilon_t\sim\text{i.i.d.}(0\text{，}\boldsymbol{\Omega}) \tag{6.24}$$

并对上式进行序列相关性检验。注意，这里的重要区别是相关系数从 $\rho$ 变成了矩阵 $\boldsymbol{R}$，这意味着 $u_t$ 的每个元素都可以依赖于 $u_{t-1}$ 的每个元素。因此，如果 $m$ 很大，则即使是一阶序列自相关也会引入大量附加参数，这导致我们难以得到 $\boldsymbol{\beta}$ 和 $\boldsymbol{R}$ 的可靠估计。为减少需要估计的参数数目，研究者可能希望对 $\boldsymbol{R}$ 施加一些限制。一个很自然的限制是它为对角矩阵，这意味着 $u_{t,i}$ 仅取决于 $u_{t-1,i}$，而不取决于 $u_{t-1,j}$，$j\neq i$。

Berndt 和 Savin（1975）证明，如果方程组是奇异的，则对矩阵 $\boldsymbol{R}$ 有更为严格的限制。如果假定 $\boldsymbol{R}$ 为对角矩阵，则所有对角线元素必须相同。要了解其中的原因，为简单起见，我们假设 $m=2$，并将 AR 过程 $u_t=u_{t-1}\boldsymbol{R}+\varepsilon_t$ 写成如下形式：

$$u_{t1}=r_{11}u_{t-1,1}+\varepsilon_{t1}$$
$$u_{t2}=r_{22}u_{t-1,2}+\varepsilon_{t2}$$

两式求和，我们有

$$u_{t1}+u_{t2}=r_{11}u_{t-1,1}+r_{22}u_{t-1,2}+\varepsilon_{t1}+\varepsilon_{t2} \tag{6.25}$$

根据误差项在整个方程组中求和为零的假设，有 $u_{t-1,1}+u_{t-1,2}=0$ 和 $\varepsilon_{t1}+\varepsilon_{t2}=0$。综合这两个条件，我们发现只要 $r_{11}=r_{22}=\rho$，就有 $u_{t1}+u_{t2}=0$，因为

$$u_{t1}+u_{t2}=\rho(u_{t-1,1}+u_{t-1,2})+\varepsilon_{t1}+\varepsilon_{t2}=\rho\cdot 0+0=0$$

上述 Berndt-Savin 结果可以推广到非对角矩阵 $\boldsymbol{R}$ 和高阶 AR 过程的情形，但必须注意推导过程中使用的关键假设，即误差项在整个方程组中求和为零，通常称其为 Berndt-Savin 条件。如果 Berndt-Savin 条件不成立，则变换后的系统（6.24）将不再是奇异的，从而上述推导不再成立。另外，根据“如果 $\boldsymbol{R}$ 是对角矩阵且满足 Berndt-Savin 条件，则所有对角线元素必须相同”这一事实，在某些情况下可以简化问题。Beach 和 MacKinnon（1979）使用该结果得到了一个极大似然估计量，该估计量在具有 AR(1) 误差和对角矩阵 $\boldsymbol{R}$ 的系统中保留了第一个观测值。

## 练习 6

1. 对于动态时序模型，序列相关性检验可以使用哪几种方法？原理是什么？
2. 如果回归模型存在内生性，如何进行序列相关性检验？

**第7章**

# 预测理论与应用

**本章导读**

预测是经济金融分析中的重要内容。微观金融市场未来的波动性趋势以及宏观金融变量的未来走势都是市场和决策层极为关注的内容。因此，科学准确的预测无论对于微观金融分析还是宏观金融政策制定都至关重要。英格兰银行的通货膨胀预测系统（特别是其独特的带状预测图）就是现实应用的典型实例之一。当然，预测需要依据一定的模型和信息集，并且预测结果并非百分之百准确，而是存在一定的置信区间。另外，预测分为静态预测和动态预测，对于静态预测而言，其结果实质上就是我们在计量经济学基础课程中学习过的“拟合值”序列。本章从最简单的预测分析开始介绍，采用循序渐进的方式展开讲解，希望对读者能有所启发。

## 7.1　基本概念与预测初步

### 7.1.1　基本概念

在本节我们介绍三个在预测分析中经常遇到的基本概念，即预测信息集、预测期和最优预测。这些基本概念对于我们后续进行预测分析非常重要，而且在今后撰写相关方面的研究报告或者论文的过程中要尽量使用这些基本概念对应的术语，这样会使你的分析更具有专业性。

**1. 预测信息集**

预测分析中最主要的可能就是预测信息集了。预测结果的准确程度在很大程度上取决于预测信息集是否完备可靠。任何预测都依赖于对应的信息集内容。事实上，尽管平时我们在对未来事物的判断过程中可能并没有意识到信息集的存在，但任何判断都依据一定的信息集。

为了理解预测信息集的概念，我们可以考虑一个时序变量 $y$，其拥有从 1 到 $T$ 的历史数据。假定没有任何其他信息，那么对 $y$ 的未来预测所依据的信息集可以写成

$$\Omega_T=\{y_T，y_{T-1}，y_{T-2}，\cdots，y_1\} \tag{7.1}$$

这种信息集称为单变量信息集。如果还有其他变量 $x$ 也影响 $y$ 的未来走势，就形成多变量

信息集，即

$$\Omega_T = \{y_T, y_{T-1}, y_{T-2}, \cdots, y_1, x_T, x_{T-1}, x_{T-2}, \cdots, x_1\} \tag{7.2}$$

在预测过程中，一般要搜集尽可能多的相关信息，从而尽量减小预测结果的误差。

**2. 预测期**

预测期是指当期与预测对应的日期之间的时间间隔。可见，预测期与数据频率有关。如果我们使用的数据频率为年度数据，并且当期年份为 $T$，那么如果要预测 $T+4$ 期此变量的对应值，预测期就是 4 期。在预测分析中经常使用“向前 $h$ 期预测”这样的表述，其中 $h$ 表示预测期。为了更直观地解释预测期的概念，图 7－1 给出了一个 $T=20$、预测期为 4 期的时间序列变量对应的图示。

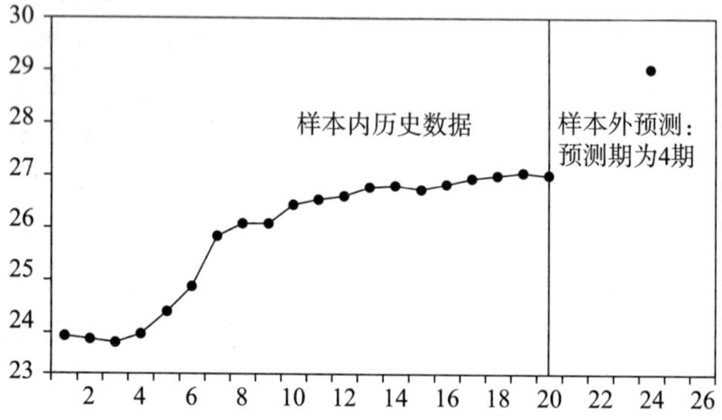


**图 7－1　预测期为 4 期的点预测**

**3. 最优预测**

最优预测是指在给定信息集下，预测结果能够最小化预测损失（假定存在损失函数）。在一般情况下，可以证明给定信息集下的条件期望就是最优预测，即 $E(y_{T+h}|\Omega_T)$。当然，给定信息集的元素与被预测变量之间的关系可能是线性的，也可能是非线性的，只不过在同样的条件下，线性模型相对容易处理。值得说明的是，在预测领域，“预测”“期望”和“投影”（projection）这几个词都表示相同的意思，所以我们经常会看到 $E(y_{T+h}|\Omega_T)$ 与 $P(y_{T+h}|\Omega_T)$ 交替使用的情况。

## 7.1.2　预测初步：基于时间趋势模型的预测

我们在学习任何新知识的过程中，都希望从最简单的开始，逐渐深入。这种循序渐进的学习方法有利于初学者对新知识的理解和掌握，也有利于学生培养对相关知识的兴趣。我个人在教学过程中也始终遵循“尽量简单”的原则。我们相信，再繁难的知识也可以有简单的解读和诠释方式。

在预测分析中，基于时间趋势模型的预测可能是最简单易学的预测内容，因此这里先讲解这部分知识。事实上，时间趋势模型不仅简单，而且在现实中也有很多应用。例如我们在后面章节讲到去除非平稳序列的趋势成分时，对某些变量就可以考虑使用时间趋势模型。下面我们先介绍几种常见的时间趋势模型，再进一步阐释如何利用时间趋势模型进行预测分析。

### 1. 线性时间趋势模型

时间趋势模型又称为确定性趋势模型，我们在后面的章节还会进一步涉及此类模型。时间趋势模型最简单的形式就是右侧自变量只有一个时间变量 $t$（当然可以有一个常数项）。因为在这一模型中时间变量是线性表达形式，所以这种简单形式称为线性时间趋势模型。需要注意的是，我们在计量经济学的常规模型中判断其是否为线性模型的标准不一定是以变量的形式，更多的是以模型中系数的形式，只不过这里我们沿袭了时间序列分析领域常用的表述形式来描述时间趋势模型。

如果我们考虑变量 $y_t$ 对时间 $t$ 进行计量回归，并且考虑带有常数项 $c$，那么对应的线性时间趋势模型就是

$$y_t = c + \beta t + \varepsilon_t \tag{7.3}$$

其中，$\varepsilon_t$ 表示随机扰动项，暂时假设为独立同分布；$\beta$ 是回归模型的斜率系数，其正负决定了 $y$ 是增长趋势序列还是减弱趋势序列，其大小决定了趋势序列的陡峭程度。另外，在模型（7.3）中，$t$ 的取值完全和时间一一对应。在初始时点 $t=1$，在第二个时点 $t=2$，依此类推。如果样本为 $T$，那么 $t$ 的取值就是（1，2，…，$T-1$，$T$）。

作为示范，我们以模型（7.3）作为数据生成过程生成趋势序列，在图 7－2 中描绘了两个不同参数取值所对应的趋势序列，其中常数项分别取 10 和－20，斜率系数分别取 0.6 和－0.3，随机扰动项都设定为独立同标准正态分布。从图中可以看到不同参数对应生成的趋势序列存在明显的差别。

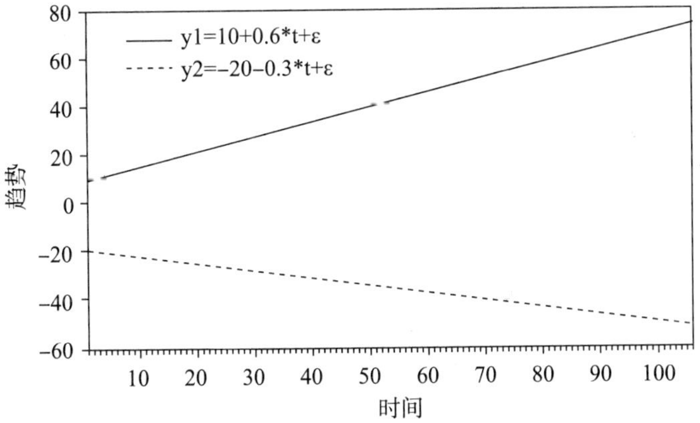


**图 7－2　基于不同参数取值的时间趋势序列**

为了便于读者练习，我们分别给出了基于 EViews 软件（对应的工作文档样本区间为 1～100）和 GAUSS 软件生成图 7－2 中对应序列的程序。读者除了可以动手尝试依据不同模块生成对应的序列，还可以比较一下不同软件编写程序的差别。相信细心的读者会逐渐发现，虽然基于 EViews（以及 Stata 等）这样的软件编写程序并不困难，但是在处理大规模矩阵问题以及一些底层程序的编译时，GAUSS 等软件更为方便和强大。

我们在第 2 章曾讨论过，从教学经验看，对于学生学习和教师教学而言，最好先从 EViews 和 Stata 这样的易学易用软件入手，有了一定的基础后可以再涉猎更多其他软件。确实，在熟悉了多个软件之后，我们会发现计量问题的解决并不在于选择什么样的

软件，实际上大部分软件都可以用来解决同一个计量问题，只不过方便程度可能有所差别。

程序 EViews　　程序 GAUSS

在以上分析中我们注意到，图 7－2 描绘的是完全依据线性时间趋势模型生成的虚拟序列，而现实中是否存在一些经济、金融变量可以大致使用时间趋势模型来刻画其动态路径特征呢？答案是肯定的。为了直观地说明问题，图 7－3 描绘了美国平民劳动力（civilian labor force，CLF）人口的原始序列，同时报告了以 CLF 人口作为因变量的线性时间趋势模型回归（使用 OLS 法）后的拟合序列。美国劳工部所统计的平民劳动力是指 16 岁及以上拥有固定工作或者正在找工作的人口。因其统计口径中不包含正在服兵役的人，因此称其为“平民劳动力”。根据美国劳工部公布的数据，CLF 人口在 21 世纪头十年有 1.4 亿～1.6 亿人。

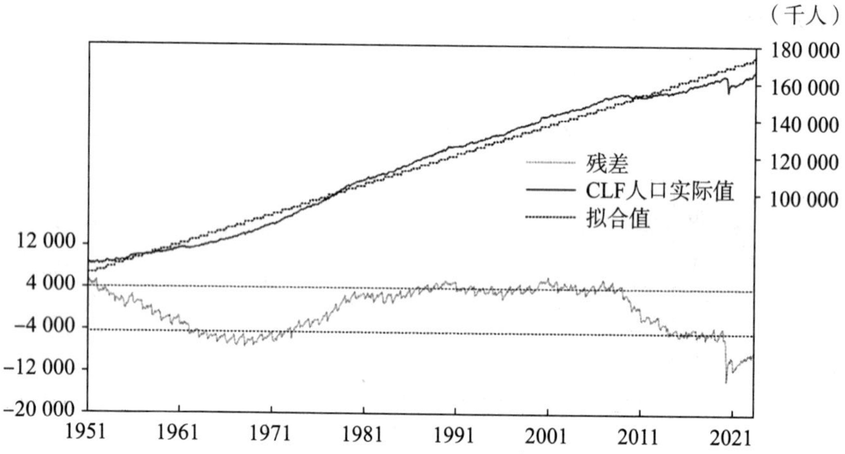


**图 7－3　美国平民劳动力人口的线性时间趋势模型拟合结果**

从图 7－3 中不难看出，对于 CLF 人口，似乎可以大致用线性时间趋势模型来刻画其动态路径。从拟合结果来看，1980—2020 年线性时间趋势模型对 CLF 人口的拟合程度比其他时段更高。

**2. 非线性时间趋势模型**

虽然我们上面的讲解使用的都是线性时间趋势模型，但在现实中我们经常会看到很多经济变量的动态走势似乎并非线性的，而是非线性的。例如图 7－4 给出了 2001 年 1 月至 2023 年 4 月上海证券交易所证券交易总额的月度时间序列，从中我们可以看到非常明显的非线性趋势。

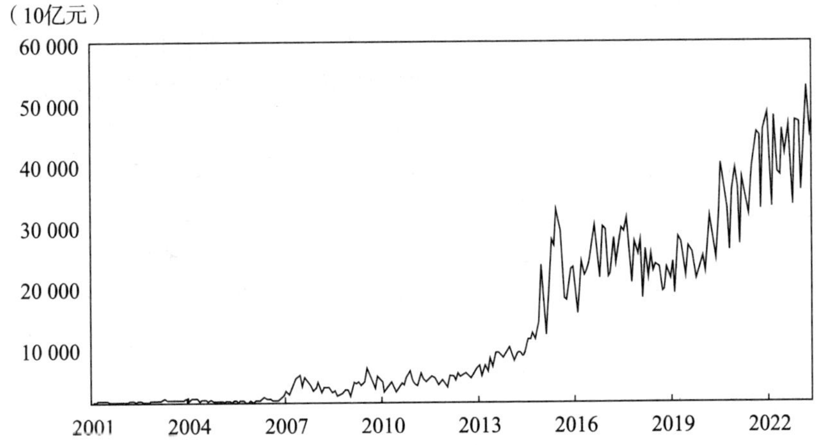


**图 7-4 上海证券交易所证券交易总额**

那么什么样的非线性时间趋势模型可能用来捕捉图 7-4 中证券交易总额的动态路径呢？我们这里仍然从最简单的形式开始讨论。二次型时间趋势模型是非线性时间趋势模型中比较简单和常见的类型之一，其模型可以写成

$$y_t = c + \beta_1 t + \beta_2 t^2 + \varepsilon_t \tag{7.4}$$

正是因为模型（7.4）中时间趋势项的最高阶是二次方的形式，所以称这样的模型为二次型时间趋势模型。对于应用二次型时间趋势模型生成序列 $y$ 的表现形式，我们可能不难想到在中学时代就接触过的二次函数对应的不同抛物线形状，其中参数 $c$、$\beta_1$ 和 $\beta_2$ 取值的正负以及大小决定了序列 $y$ 的具体形状。读者还可以尝试描绘不同的二次型时间趋势模型生成的时间序列图形。

为了进一步说明二次型时间趋势模型与现实中我们遇到的时序变量之间可能的关系，图 7-5 对比了二次型时间趋势模型拟合的上交所证券交易总额序列与对应的实际序列走势图。从图中可以看出，虽然 2006 年以后模型拟合的效果并不是非常理想［可能是因为 2006 年以后股市波动性出现结构性变化，参见 Zhang 等（2011）］，但从总体上看二次型时间趋势模型拟合的效果可能还是要比线性时间趋势模型更好。

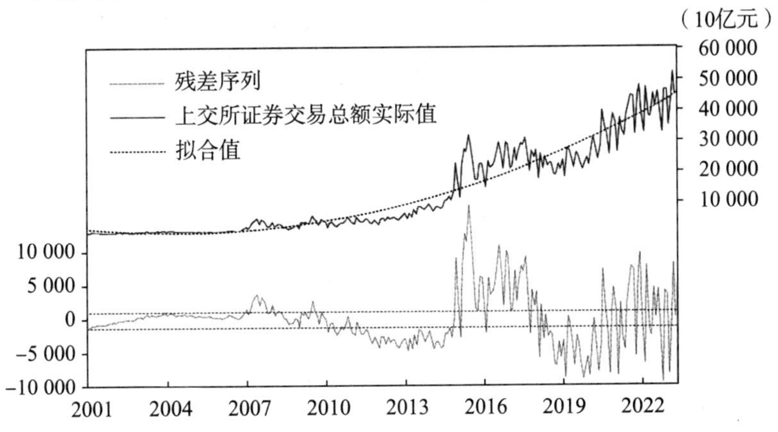


**图 7-5 上交所证券交易总额与二次型时间趋势模型拟合结果**

不过，需要说明的是，单纯从拟合效果来判定模型设立形式并不一定是最合适的选择，因为设立计量模型的另外一个重要原则是简约。对于非线性时间趋势模型更是如此。可以想象一下，三次型或者更高阶的非线性时间趋势模型可能会给出更好的拟合优度，但并不代表对应序列的真实数据生成过程就是高阶时间趋势模型。如果仅仅为了追求拟合效果，那么就可能需要追求无穷高阶的模型形式，这显然违背了计量建模的简约原则。

也正是因为以上原因，很多计量学家不太喜欢利用时间趋势模型去除含有确定性趋势的序列中的趋势。这一问题在 20 世纪七八十年代曾一度成为学界争论的焦点。当然，存在争议并不意味着我们在现实中就完全不能使用时间趋势模型来去除趋势变量中的趋势，一个可行的办法就是运用不同的去除趋势的方法，看结果是否具有稳健性。关于去除趋势的方法问题，我们将在第 8 章深入讨论。

**3. 基于时间趋势模型的预测分析**

以上我们介绍了常见的时间趋势模型，下面接着讨论基于这些时间趋势模型的预测分析问题。我们首先考虑基于线性时间趋势模型的点预测问题。假定我们现在处于时刻 $T$，预测期是 $h$，那么根据线性时间趋势模型（7.3），我们可以写出 $h$ 期以后序列 $y$ 的点预测值对应的表达式，即

$$y_{T+h}=c+\beta(T+h)+\varepsilon_{T+h} \tag{7.5}$$

显然，如果式（7.5）中右侧所有信息都已知，那么在 $T+h$ 时刻序列 $y$ 的预测值就可以直接且精确地获得。当然，扰动项 $\varepsilon_{T+h}$ 是一个不可观测的随机值，我们并不知道它的具体值。但是，因为我们假定该扰动项是服从正态分布的白噪声序列，所以根据最优预测的定义，$\varepsilon_{T+h}$ 的最优预测值为 0（下一节将有更详细的介绍）。

当然，我们也不知道式（7.5）中系数 $c$ 和 $\beta$ 的真实值，但可以根据历史数据获得对应的估计值 $\hat{c}$ 和 $\hat{\beta}$。这样，实践中的预测结果实际上可以写成

$$\hat{y}_{T+h}=\hat{c}+\hat{\beta}(T+h) \tag{7.6}$$

在获得了点预测值之后，还可以进一步计算其对应的置信区间。以 95%的置信区间为例，置信区间的上下界为 $\hat{y}_{T+h}\pm 1.96\hat{\sigma}$，其中 $\hat{\sigma}$ 表示回归模型中扰动项的标准差估计值。

虽然上述过程以线性时间趋势模型为例，但对于非线性时间趋势模型，我们仍然可以用类似的过程来进行预测。当然，在利用时间趋势模型进行预测之前，我们需要确认所分析的序列可以用时间趋势模型大致刻画其动态时序路径演进特征，不然，尽管我们大胆地进行了预测，并且获得了预测结果，但其实用价值可能就不高了。

## 7.2 基于 MA 模型的预测

基于 MA 模型的预测，我们以 MA(2) 模型为例进行说明。根据前面章节的学习，MA(2) 模型可以写成

$$\begin{cases} y_t=\varepsilon_t+\theta_1\varepsilon_{t-1}+\theta_2\varepsilon_{t-2} \\ \varepsilon_t \sim WN(0,\sigma^2) \end{cases} \tag{7.7}$$

其中，$WN$ 表示高斯白噪声，见第4章的介绍。

下面我们逐步具体地介绍预测分析的过程。为方便起见，我们可以仍然假定当期为 $T$，那么 $T+1$ 期的点预测值就可以写成

$$y_{T+1}=\varepsilon_{T+1}+\theta_1\varepsilon_T+\theta_2\varepsilon_{T-1} \tag{7.8}$$

注意，因为我们当前时点是 $T$ 期，所以当利用截止到 $T$ 期之前的所有信息来预测时，$T+1$ 期的噪声信息（即 $\varepsilon_{T+1}$）的期望就变成0了。因此，从式（7.8）获得的 $T+1$ 期点预测值应该写成

$$y_{T+1,T}=P(y_{T+1}|\Omega_T)=0+\theta_1\varepsilon_T+\theta_2\varepsilon_{T-1} \tag{7.9}$$

接下来我们可以继续对 $T+2$ 期进行预测。从原始模型（7.7）不难看出，

$$y_{T+2}=\varepsilon_{T+2}+\theta_1\varepsilon_{T+1}+\theta_2\varepsilon_T \tag{7.10}$$

而基于 $T$ 期我们所掌握的信息集可知，下标为“$T+1$”和“$T+2$”对应的扰动项的期望（预期）都是0，因此式（7.10）对应的预测等式可以写成

$$y_{T+2,T}=P(y_{T+2}|\Omega_T)=0+0+\theta_2\varepsilon_T=\theta_2\varepsilon_T \tag{7.11}$$

依此类推，$T+2$ 期以上（我们用 $T+h$ 表示）的点预测值应该都为0，即

$$y_{T+h,T}=P(y_{T+h}|\Omega_T)=0 \tag{7.12}$$

有了点预测值的表达式，我们接下来考察对应的预测误差。预测误差就是指实际值与预测值之间的差，即

$$e_{T+h,T}=y_{T+h}-y_{T+h,T} \tag{7.13}$$

其中要特别提醒读者注意 $y_{T+h}$ 与 $y_{T+h,T}$ 在下标表示符号上的细微差别，前者是 $T+h$ 期序列的实际值，后者是给定 $T$ 期（含 $T$ 期）之前的所有信息时序列的预测值。

依据预测误差的基本定义式（7.13），我们可以利用式（7.9）与式（7.8）来求出 $T+1$ 期对应的预测误差，再利用式（7.11）与式（7.10）求出 $T+2$ 期对应的预测误差。按照这样的思路，还可以进一步写出 $T+h$ 期对应的预测误差表达式。由此，从 $T+1$ 期开始一直到 $T+h$ 期对应的预测误差分别可以写成如下形式：

$$\begin{cases}e_{T+1,T}=\varepsilon_{T+1}(h=1)\\ e_{T+2,T}=\varepsilon_{T+2}+\theta_1\varepsilon_{T+1}(h=2)\\ \cdots\\ e_{T+h,T}=\varepsilon_{T+h}+\theta_1\varepsilon_{T+h-1}+\theta_2\varepsilon_{T+h-2}(h>2)\end{cases} \tag{7.14}$$

根据式（7.14），可以进一步得到预测误差对应的方差表达式，即

$$\begin{cases}\sigma_1^2=\sigma^2\\ \sigma_2^2=\sigma^2(1+\theta_1^2)\\ \cdots\\ \sigma_h^2=\sigma^2(1+\theta_1^2+\theta_2^2)\ (h>2)\end{cases} \tag{7.15}$$

从上述过程读者可能已经发现，对于高阶 MA 过程的预测，点预测值的理论表达式与 MA 过程的阶数和预测期数（$h$）有关。事实上，对于如下形式的 MA($q$) 过程

$$\begin{cases} y_t = \varepsilon_t + \theta_1 \varepsilon_{t-1} + \cdots + \theta_q \varepsilon_{t-q} \\ \varepsilon_t \sim WN(0, \sigma^2) \end{cases} \tag{7.16}$$

当 $h<q$ 时，$y$ 的点预测值可以写成如下形式［类似于模型（7.9）的形式］：

$$y_{T+h,T} = 0 + \text{扰动信息} \tag{7.17}$$

而当 $h>q$ 时，$y$ 的点预测值则变成

$$y_{T+h,T} = 0 \tag{7.18}$$

从这个意义上说，MA($q$) 过程最多可以预测到 $q$ 期，$q$ 期之后的点预测值从理论上讲都应该是 0 了。

以上我们讨论的都是有限阶数的 MA 过程，但在现实中无穷阶 MA 过程也存在很多应用。对于无穷阶 MA 过程，最优点预测又是什么情形呢？我们下面做一个抛砖引玉的介绍。在前面的章节我们已经学习了无穷阶 MA 过程，其模型形式可以写成

$$y_t = \sum_{i=0}^{\infty} b_i \varepsilon_{t-i} \tag{7.19}$$

其中，$\varepsilon_t \sim WN(0, \sigma^2)$，$b_0 = 1$，$\sigma^2 \sum_{i=0}^{\infty} b_i^2 < \infty$。根据以上模型，我们可以将未来 $h$ 期以后的 $y_{T+h}$ 写成

$$y_{T+h} = \underbrace{b_0 \varepsilon_{T+h}}_{\text{下标加总}=T+h} + \underbrace{b_1 \varepsilon_{T+h-1}}_{\text{下标加总}=T+h} + \cdots + b_h \varepsilon_T + b_{h+1} \varepsilon_{T-1} + \cdots \tag{7.20}$$

那么基于 $T$ 期之前的信息集，点预测值可以写成

$$\begin{aligned} y_{T+h,T} &= \underbrace{b_0 \varepsilon_{T+h}}_{0} + \underbrace{b_1 \varepsilon_{T+h-1}}_{0} + \underbrace{\cdots}_{0} + b_h \varepsilon_T + b_{h+1} \varepsilon_{T-1} + \cdots \\ &= b_h \varepsilon_T + b_{h+1} \varepsilon_{T-1} + \cdots \end{aligned} \tag{7.21}$$

对应的预测误差则可以表示为

$$\begin{aligned} e_{T+h,T} &= y_{T+h} - y_{T+h,T} \\ &= (\varepsilon_{T+h} + b_1 \varepsilon_{T+h-1} + \cdots + b_{h-1} \varepsilon_{T+1} + b_h \varepsilon_T + \cdots) - (b_h \varepsilon_T + b_{h+1} \varepsilon_{T-1} + \cdots) \\ &= \sum_{i=0}^{h-1} b_i \varepsilon_{T+h-i} \end{aligned} \tag{7.22}$$

对式（7.22）两边取期望，不难看出，

$$E(e_{T+h,T}) = E\Big(\sum_{i=0}^{h-1} b_i \varepsilon_{T+h-i}\Big) = 0 \tag{7.23}$$

对应的方差则可以表示为

$$\text{var}(e_{T+h,T}) = \sigma^2 \sum_{i=0}^{h-1} b_i^2 \tag{7.24}$$

在实际的预测分析过程中，上述等式和模型中的各系数需要首先运用已有样本数据进行拟合，然后按照相应程序获得预测结果。

## 7.3　基于AR模型的预测

AR模型在现实中可能比MA模型应用得更为广泛，很多宏观金融变量的动态路径（边际分布）可以用AR模型来刻画。另外，AR模型的估计相对容易一些，从而使预测结果的获得也相对简单。我们以最基本（但非常重要）的平稳AR(1)模型为例来介绍基于AR模型的预测过程。根据第4章对AR模型的介绍，AR(1)可以写成

$$\begin{cases} y_t = \alpha y_{t-1} + \varepsilon_t \\ \varepsilon_t \sim WN(0, \sigma^2) \end{cases} \tag{7.25}$$

我们仍然假定样本容量为$T$，并且当期为$T$，那么根据AR(1)模型的基本形式，我们可以写出$T+1$期的点预测值表达式，即

$$y_{T+1} = \alpha y_T + \varepsilon_{T+1} \tag{7.26}$$

因为我们是基于$T$期之前的信息集对$y_{T+1}$进行预测，所以$T$期之后的所有扰动信息都变为0，因此基于$T$期之前的信息集的点预测就是

$$y_{T+1,T} = \alpha y_T \tag{7.27}$$

依此类推，对于$T+2$期的预测可以写成

$$y_{T+2} = \alpha y_{T+1} + \varepsilon_{T+2} \tag{7.28}$$

而基于$T$期之前的信息集对$y_{T+2}$进行预测，则有

$$y_{T+2,T} = \alpha y_{T+1,T} \tag{7.29}$$

注意，式（7.29）中直接运用$T+1$期的点预测值$y_{T+1,T}$代替$y_{T+1}$，而没有使用$T+1$期的实际值。这种预测方式，即运用上一期的预测值对下一期进行预测，如此循环下去，称为动态预测（dynamic forecast）。相反，如果$T+1$期有实际观测值，而且预测中使用实际观测值进行预测，这种预测方式称为静态预测（static forecast）。一些软件甚至为实践人员提供了静态预测和动态预测两种不同方式的菜单选项，见图7-6的EViews预测菜单图，从右侧的“Method”项中可以看到“Dynamic forecast”和“Static forecast”的选择项。

但值得说明的是，当$T+1$期没有实际观测值时，基于AR模型的预测只能使用动态预测方式，静态方式无法实现预测功能。软件中菜单式的选择背后对应的是预测理论的基本内容。如果不掌握预测的理论知识而盲目地使用软件进行“预测”，那么结果可能就没有现实意义，更不具有科学性。

接下来，我们可以进一步对$T+3$期进行预测，即

$$y_{T+3} = \alpha y_{T+2} + \varepsilon_{T+3} \tag{7.30}$$

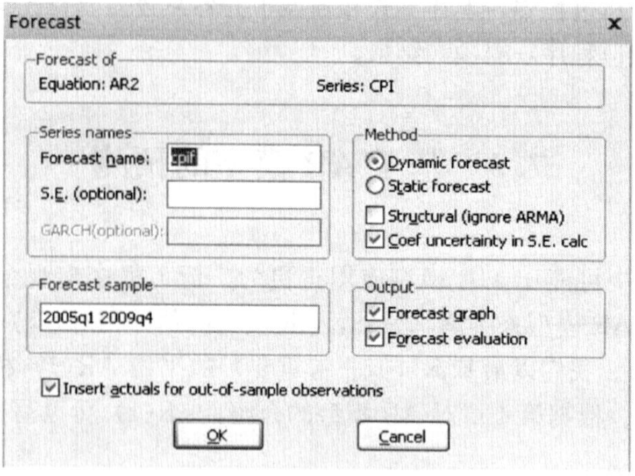


**图 7－6　EViews 预测菜单图**

同样，基于 $T$ 期之前的信息集对 $y_{T+3}$ 进行预测，并且利用动态预测方式，则有

$$y_{T+3,T}=\alpha y_{T+2,T} \tag{7.31}$$

如果我们按照这种方式循环下去，从理论上说可以得到任意 $h$ 期之后的点预测值，即

$$y_{T+h,T}=\alpha y_{T+h-1,T}$$

从以上过程我们可以看出，基于 AR 模型的预测实质上是运用了所谓的“链式法则”(chain rule)，一环一环地套下去，可以获得未来任意一期的预测值。

当然，在获得预测点的预测值之后，我们一般还要对各个预测值对应的标准差进行估计，从而获得点预测值对应的特定置信区间。那么如何获得点预测值对应的标准差呢？我们不要忘记了 AR 模型与 MA 模型的转化性质，正是这种它们彼此可转化的特性使获得基于 AR 模型的点预测值的标准差的理论表达式成为可能。

仍然以上面的 AR(1) 模型为例，我们可以按照第 4 章介绍的方法，将其写成 MA(∞) 的形式，即

$$y_t=(1+\alpha L+\alpha^2L^2+\cdots)\varepsilon_t=\varepsilon_t+\alpha\varepsilon_{t-1}+\alpha^2\varepsilon_{t-2}+\cdots \tag{7.32}$$

此时，我们对比式（7.32）与式（7.19），不难看出与式（7.32）对应的 $b$ 的取值可以写成

$$b_i=\alpha^i \tag{7.33}$$

这样，再利用之前得到的式（7.24），即可以得到 AR(1) 模型对应的预测误差项的方差表达式

$$\operatorname{var}(e_{T+h,T})=\sigma^2\sum_{i=0}^{h-1}b_i^2=\sigma^2\sum_{i=0}^{h-1}\alpha^{2i} \tag{7.34}$$

以上介绍的预测分析过程在宏观金融分析中经常会用到，建议读者反复阅读，掌握时序模型预测分析的精髓。下面我们将介绍常用的预测准确性的度量指标。

## 7.4　预测准确性的度量指标

在获得预测结果之后，我们往往还需要对所预测的结果是否精确加以度量。至今，常用的预测准确性的度量指标有表 7－1 中列出的几种，其中计算公式中的 $e$ 仍然表示预测误差项，$\hat{y}_t$ 和 $y_t$ 则分别表示预测值和实际值。

**表 7－1　常用的预测准确性的度量指标**

| 度量指标（缩写） | 英文名称 | 计算公式 |
|---|---|---|
| 均方误差（MSE） | mean squared error | $\sum_{t=T+1}^{T+h}\frac{e_t^2}{h}$ |
| 均方根误差（RMSE） | root mean squared error | $\sqrt{\sum_{t=T+1}^{T+h}\frac{e_t^2}{h}}$ |
| 平均绝对误差（MAE） | mean absolute error | $\sum_{t=T+1}^{T+h}\lvert e_t\rvert/h$ |
| 平均绝对百分比误差（MAPE） | mean absolute percentage error | $\sum_{t=T+1}^{T+h}\left\lvert\frac{e_t}{y_t h}\right\rvert$ |
| 泰尔（Theil）不等系数（TIC） | Theil inequality coefficient | $\sqrt{\sum_{t=T+1}^{T+h}\frac{e_t^2}{h}}\Big/\left(\sqrt{\sum_{t=T+1}^{T+h}\frac{\hat{y}_t^2}{h}}+\sqrt{\sum_{t=T+1}^{T+h}\frac{y_t^2}{h}}\right)$ |

从表 7－1 中列出的预测准确性的度量指标来看，前三个统计量与 $y$ 的度量单位有关，所以是在同一序列不同样本情况下衡量相对预测优劣的指标。而 MAPE 和 TIC 与度量单位无关，并且 TIC 的值在 0～1 之间。

### 练习 7

1. 获取 2001 年之后的中国月度 CPI 通货膨胀率，并用 EViews 或者其他软件编写 AR 模型预测过程；样本区间为 2001 年 1 月—2011 年 8 月，预测 2011 年 9 月及之后的点估计值和区间预测结果。

2. 同样利用 AR 模型，对上题中相同的样本区间、相同频率的股票收益率（以上证综指收盘价为基准）进行预测，并比较不同模型（滞后期不同）的预测结果的准确度。

第 8 章

# 非平稳时间序列模型

**本章导读**

非平稳（non-stationary）时间序列模型与平稳时间序列模型类似，都是时间序列分析中非常重要的内容。非平稳时间序列在经济、金融和商务中经常遇到，但是“非平稳性”的渊源却可能有多种，比如表现在实际序列变量的一阶矩（期望值）或二阶矩的非恒定性方面等。然而，在大多数情况下，非平稳时间序列最突出的特点是具有明显的“趋势”。因此，本章从介绍含有确定性趋势与随机趋势的时序模型开始，进而描述金融时间序列中常用的随机游走模型，最后介绍金融计量中需要用到的去除时间序列中的趋势成分的方法。本章内容为读者进一步了解和掌握金融时间序列分析的理论与应用提供了很好的平台。

我们在第 4 章和第 5 章中介绍了常见的平稳 AR 和 ARMA 时间序列模型，但是在现实应用中也会有非平稳时间序列模型的存在，所以有必要介绍一些常用的非平稳时间序列模型，最常见的是趋势成分的存在使得模型为非平稳模型。根据趋势成分的不同来源可以将非平稳模型分为确定性趋势模型和随机趋势模型，下面分别介绍确定性趋势模型、随机趋势模型以及如何将带有趋势成分的非平稳时间序列模型转化成平稳时间序列模型。

## 8.1 确定性趋势模型

所谓确定性趋势（deterministic trend），是指模型中含有明确的时间变量 $t$，从而使得某一时序变量随着时间的推移而明确地增长或下降。我们在第 7 章已经讨论过这种时间趋势模型。遵循第 7 章的介绍，最简单的线性确定性趋势模型可以写成

$$y_t=c+\beta t+u_t,\ t=1,\ 2,\ \cdots \tag{8.1}$$

其中，$u_t$ 表示均值为 0 的平稳随机变量。注意，在这里的模型设立中，我们并不要求 $u_t$ 必须是白噪声过程，而只假设其为平稳变量，所以 $u_t$ 可以存在序列相关性。

对式（8.1）两边同时取期望，可得

$$E(y_t)=c+\beta t \tag{8.2}$$

很明显，式（8.2）说明，只要系数 $\beta$ 不为 0，序列 $y_t$ 的均值绝对值就会随时间的推移而

不断增大。正因为这个特点，确定性趋势模型也称为“均值非平稳”（non-stationarity in the mean）过程。

模型（8.1）就是一个典型的带有确定性趋势的例子。这样的模型也经常被称为“趋势平稳”模型，因为如果将 $y_t$ 的“含有趋势”的均值 $E(y_t)$ 从式（8.1）中减去，就得到了一个平稳序列，即

$$y_t-E(y_t)=u_t \tag{8.3}$$

正是因为 $u_t$ 是一个平稳时间序列，所以 $y_t$ 表现出暂时性地偏离其“趋势”。

当然，式（8.1）只是给出了确定性趋势的一种表现形式，还有很多比这种线性趋势更加复杂的趋势函数。例如，二次型或者三次型的时间函数也可以给出确定性趋势模型，比如，二次型确定性趋势模型可以写成

$$y_t=c+\beta_1 t+\beta_2 t^2+u_t,\ t=1,\ 2,\ \cdots \tag{8.4}$$

或者，更一般地可以写成

$$y_t=c+\beta_1 t+\cdots+\beta_m t^m+u_t \tag{8.5}$$

如果使用正余弦曲线，还可以给出更为复杂的模型，例如经常出现在谱（spectrum）分析中的模型

$$y_t=c+\beta_1\cos(\bar{\omega}t)+\beta_2\sin(\bar{\omega}t)+u_t \tag{8.6}$$

但是，在很多情况下，复杂的确定性趋势函数并不会改变确定性趋势模型的一个根本特性，即确定性趋势过程是围绕其趋势变动的一种“趋势平稳”过程。

那么什么样的时间数据流会表现出确定性趋势呢？作为示范，图 8-1 刻画了 1947—2022 年美国真实 GDP 年度数据的时序图。从图中可以很清楚地观察到这个序列表现出了明显的随时间而趋势性上升的特征。在这种情况下，一个线性的或者二次型的确定性趋势模型或许就可以用来捕捉其动态特征。

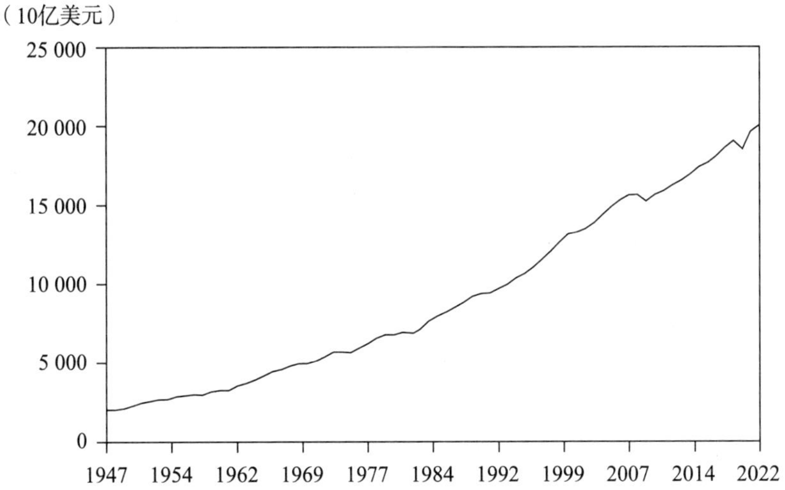


**图 8-1　美国真实 GDP 时序数据：1947—2022 年**

另外，式（8.1）中对于扰动项部分的假设也是最简单的情形，更一般地，可以使用一个平稳过程 $\varphi(L)u_t$ 来代替 $u_t$，即

$$y_t=c+\beta t+\varphi(L)u_t \tag{8.7}$$

其中，$\varphi(L)=\varphi_1 L+\varphi_2 L^2+\cdots+\varphi_m L^m$，是一个平稳的滞后算子多项式。在模型（8.7）中，$y_t$ 同样表现出一种趋势平稳的特征，因为 $y_t-E(y_t)=\varphi(L)u_t$。

# 8.2 随机趋势模型

## 8.2.1 随机趋势模型的基本定义

为介绍随机趋势模型，先考虑下面这个非常简单的 AR(1) 模型，即

$$y_t=y_{t-1}+\varepsilon_t \tag{8.8}$$

其中，$\varepsilon_t$ 代表方差为 $\sigma^2$ 的白噪声过程。从表面上看，这只是一个自回归系数为 1、常数项为 0 的特殊 AR(1) 模型。通过前面的学习我们知道，这是一个非平稳时间序列模型。但是，我们可以将模型（8.8）重新写成以下形式，即

$$\Delta y_t=\varepsilon_t \tag{8.9}$$

如果假设初始观测值为 $y_0$，那么通过迭代可以得到

$$y_t=y_0+\sum_{i=1}^{t}\varepsilon_i \tag{8.10}$$

现在，可以清晰地看到，式（8.10）中的表达式就可以看成是一种随机常数项，由于每个随机扰动因子对 $y_t$ 的条件均值的影响都是永久性的，所以这样的模型经常被称为随机趋势模型。可见，随机趋势模型中的“随机”体现在随机扰动项的永久性影响上。

## 8.2.2 随机游走模型

实际上，模型（8.8）的形式就是一个随机游走模型。随机游走模型的特点有哪些呢？首先，从基本定义式可以看到，随机游走模型就是一个常数项为 0 并且自回归系数为 1 的 AR(1) 模型。显然，从 AR 模型的学习中我们已经知道，这样的模型是一个非平稳模型。

由于随机游走模型在经济和金融领域有着重要的地位，所以我们进一步考查随机游走过程的均值和方差情况。从式（8.10）可以得到均值的表达式，即

$$E(y_t)=E\left(y_0+\sum_{i=1}^{t}\varepsilon_i\right)=y_0 \tag{8.11}$$

也就是说，对于一个给定的随机游走序列，其无条件均值是恒定不变的，等于其初始值。而给定初始值 $y_0$，容易求得随机游走过程的方差和自协方差。例如，

$$\mathrm{var}(y_t)=\mathrm{var}\left(y_0+\sum_{i=1}^{t}\varepsilon_i\right)=t\sigma^2 \tag{8.12}$$

从而，

$$\mathrm{var}(y_s)=\mathrm{var}\left(y_0+\sum_{i=1}^{s}\varepsilon_i\right)=s\sigma^2 \tag{8.13}$$

可见，对于不同时点的观测值，$y$ 都有不同的方差，所以，随机游走过程不满足平稳性条件，而是一种典型的非平稳时间序列。

另外，还可以进一步求得随机游走过程的自协方差和自相关函数。根据自协方差的定义，有

$$\begin{aligned}\gamma_j&=E(y_t-y_0)(y_{t-j}-y_0)\\&=E[(\varepsilon_t+\varepsilon_{t-1}+\cdots+\varepsilon_1)(\varepsilon_{t-j}+\varepsilon_{t-j-1}+\cdots+\varepsilon_1)]\\&=E(\varepsilon_{t-j}^2+\varepsilon_{t-j-1}^2+\cdots+\varepsilon_1^2)\\&=(t-j)\sigma^2\end{aligned} \tag{8.14}$$

进而，可以获得自相关函数的表达式，即

$$\begin{aligned}\rho_j&=\frac{\gamma_j}{\sqrt{\mathrm{var}(y_t)\mathrm{var}(y_{t-j})}}\\&=\frac{(t-j)\sigma^2}{\sqrt{t\sigma^2(t-j)\sigma^2}}\\&=\frac{t-j}{\sqrt{t(t-j)}}\\&=\left(\frac{t-j}{t}\right)^{\frac{1}{2}}\end{aligned} \tag{8.15}$$

式（8.15）给出的随机游走过程的理论自相关函数表达式非常重要，通过比较可以观察到，当滞后期数 $j$ 相对较小的时候，$(t-j)/t$ 近似等于 1，而随着滞后期数的增加，自相关函数值将不断减小。所以，如果单独从 ACF 来看，一个随机游走过程的 ACF 将呈现出开始接近于 1 而后缓慢衰减的拖尾现象。我们在平稳 AR 模型中曾经讲过，平稳 AR 模型也呈现拖尾现象。因此，单从 ACF 的图示来看，恐怕很难用肉眼观察到随机游走过程与平稳 AR 模型之间的差别。

实际上，以 AR(1) 模型为例，当平稳 AR(1) 模型的自回归系数接近 1 时，不仅其 ACF 图示将与随机游走过程的 ACF 图示类似，而且二者本身生成的序列图示也非常相似。

为了说明这一点，图 8－2 描绘了一个随机游走过程生成的数据序列和一个自回归系数为 0.9 的平稳 AR(1) 模型（无常数项）生成的数据序列，并且画出了其各自对应的样本自相关函数图。从图 8－2 中可以看到，这两个模型对应的数据时序图和数据序列的样本 ACF 的图示都相似。而如果把平稳 AR 模型的自回归系数改为 0.95 或者 0.98，对应的图示的差别就更不明显了。

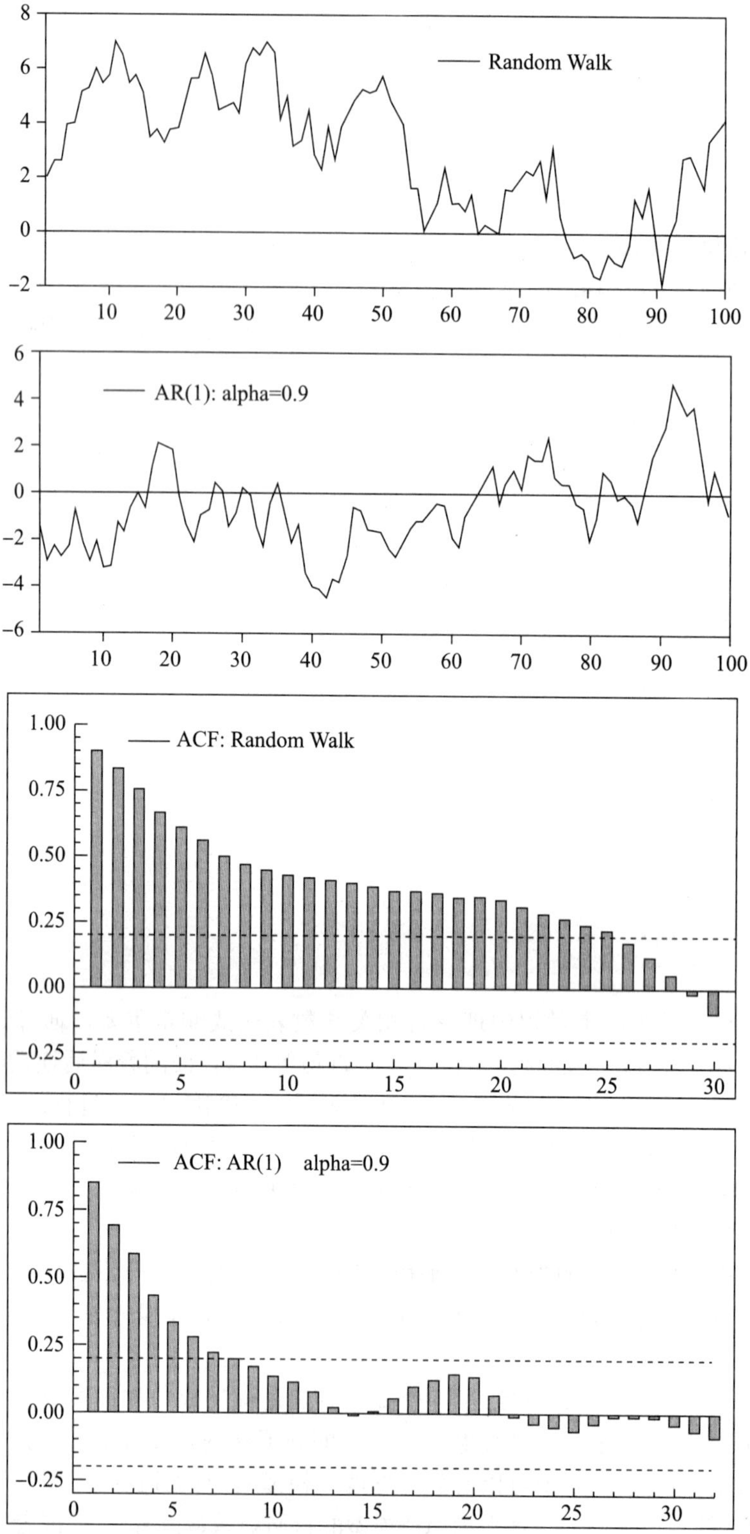


**图 8-2　随机游走过程与高持久性 AR(1) 模型的比较**

### 8.2.3 带有截距项的随机游走模型

当讨论随机游走模型时，我们假设模型中没有常数项。如果现在假设模型（8.8）中增加了一个常数项，即

$$y_t = c + y_{t-1} + \varepsilon_t \tag{8.16}$$

其他假设均不变，那么此时的模型称为带有截距项的随机游走（random walk with drift, RWD）[①] 模型。

由式（8.16）不难获得 RWD 过程的均值表达式。首先，利用迭代法将式（8.16）重新写成

$$y_t = ct + \left(y_0 + \sum_{i=1}^{t} \varepsilon_i\right) \tag{8.17}$$

现在，对比式（8.10）和式（8.17），读者可能已经看到是否含有一个截距项对模型含义的重要影响，也就是说，对于带有截距项的随机游走模型，影响 $y_t$ 的既有一个确定性趋势部分 $ct$，又有一个随机趋势部分 $\left(y_0 + \sum_{i=1}^{t} \varepsilon_i\right)$。

假设初始值 $y_0$ 给定，那么利用式（8.17）便可以求得 RWD 过程的均值表达式，即

$$E(y_t) = y_0 + ct \tag{8.18}$$

此时，我们观察到，虽然 RWD 过程只比随机游走过程多了一个常数项，但却存在本质的区别，随机游走过程的均值恒定不变，而 RWD 过程的均值绝对值却随着时间的推移而不断增大。

另外，根据方差的基本定义，RWD 过程的方差可以写成

$$\begin{aligned}
\gamma_0 &= E[y_t - E(y_t)]^2 \\
&= E[y_0 + ct + \varepsilon_1 + \varepsilon_2 + \cdots + \varepsilon_t - (y_0 + ct)]^2 \\
&= E(\varepsilon_1 + \varepsilon_2 + \cdots + \varepsilon_t)^2 \\
&= E(\varepsilon_1^2) + E(\varepsilon_2^2) + \cdots + E(\varepsilon_t^2) \\
&= t\sigma^2
\end{aligned} \tag{8.19}$$

所以，RWD 过程的方差表达式与随机游走过程相同。进一步，我们可以求得 RWD 过程的自协方差和自相关函数，即

$$\begin{aligned}
\gamma_j &= E[y_t - E(y_t)][y_{t-j} - E(y_{t-j})] \\
&= E[(\varepsilon_t + \varepsilon_{t-1} + \cdots + \varepsilon_1)(\varepsilon_{t-j} + \varepsilon_{t-j-1} + \cdots + \varepsilon_1)] \\
&= E(\varepsilon_{t-j}^2 + \varepsilon_{t-j-1}^2 + \cdots + \varepsilon_1^2) \\
&= (t-j)\sigma^2
\end{aligned} \tag{8.20}$$

---

① 早期的英文中译书籍常将其译成“带有漂移项的随机游走”，但这是一种不太贴切的直接翻译，其实“drift”一词就是“截距项”或者“常数项”的另一个英文表达方式。遗憾的是，在经济学和计量经济学中存在很多类似的人为造成的“语言障碍”，单从字面进行对译使得本来很直白的术语对于初学者来说却变得晦涩难懂。因此，本书采用“截距项”的译法。

从而，

$$\begin{aligned}\rho_j &= \frac{\gamma_j}{\sqrt{\operatorname{var}(y_t)\operatorname{var}(y_{t-j})}} \\ &= \frac{(t-j)\sigma^2}{\sqrt{t\sigma^2(t-j)\sigma^2}} \\ &= \left(\frac{t-j}{t}\right)^{\frac{1}{2}}\end{aligned} \tag{8.21}$$

综合上述结果，我们看到，虽然 RWD 过程的均值与随机游走过程不同，但是二者的方差、自协方差和自相关函数却完全相同，都随着时间的变化而变化，所以无论是随机游走过程还是 RWD 过程，都是非平稳时间序列。

为了演示 RWD 过程和其对应的自相关函数，图 8-3 绘制了一个 RWD 过程生成的时间序列和其样本自相关函数图，读者可以比较图 8-3 和图 8-2 的图示信息来进一步加深对随机游走过程的理解。

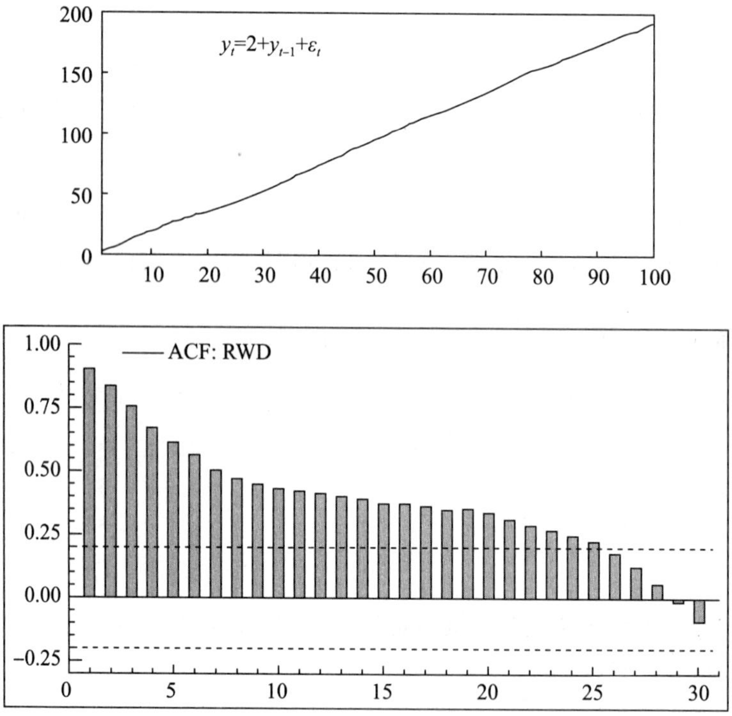


**图 8-3　带有截距项的随机游走过程及其样本自相关函数**

## 8.3　去除趋势的方法

在实际应用中，平稳时间序列要比非平稳时间序列具有更多吸引人的特性。另外，平稳时间序列与非平稳时间序列在某些重要特性方面差异明显。例如，随机冲击因素对平稳时间序列的影响只是暂时的，会随着时间的推移而逐渐衰减直至消失。另外，从长期来看，平稳时间序列最终会回复到它的均值水平（即均值回复）。

但是，含有趋势的时间序列却永远也不会回复到一个长期的固定水平。随机扰动对含有趋势的时间序列的影响将是长久的，表现出一种长期的记忆性。例如，随机趋势模型中介绍的随机游走过程，经常被称为“长期记忆过程”（long memory process）。如果含有趋势成分的非平稳时间序列参与计量回归，那么许多经典的回归估计假设条件将不再满足，所以就必须小心解释相应的统计检验和统计推断，在有的情况下会出现所谓的“伪回归”（spurious regression）现象，而在有的条件下需要应用“协整”（cointegration）分析方法，这些内容将在后续章节中详细介绍。

在本节中，我们暂时不把问题引申得太远，而是把注意力放在如何去除趋势非平稳时间序列的趋势成分上。一旦找到合适的方法来将趋势成分去除，就可以获得趋势非平稳时间序列的随机平稳部分。一般来说，常用的去除趋势的方法有差分法和去除趋势法（detrending method），前者主要针对随机趋势非平稳时间序列，而后者主要针对含有确定性趋势的非平稳时间序列。

### 8.3.1 差分法

正如上面所提到的，差分法一般用来去除含有随机趋势的非平稳时间序列。而随机趋势时序过程的一个典型例子就是随机游走过程。如果从 AR 模型的平稳性条件来考虑，那么随机游走过程之所以是非平稳过程，就是因为这个过程的特征方程有一个单位根（unit root）。也正因为如此，这一类模型经常被称为“单位根过程”（unit root process），或者称为“一阶单整过程”（integrated process of order one），一阶单整过程记作 $I(1)$，其中“$I$”表示单整，“(1)”表示单整的阶数。例如，如果特征方程有 2 个单位根，则对应为二阶单整过程，即 $I(2)$。

随机趋势非平稳过程可以通过差分法变为平稳过程。如果是 $I(1)$，则一次差分即可实现，而对于 $I(2)$ 过程，则可以通过两次差分获得平稳过程。以随机游走过程为例，一阶差分就是指使用原过程获得一次差分项 $\Delta y_t = y_t - y_{t-1}$ 的表达式，其中“Δ”表示差分符号，所以有

$$\Delta y_t = \varepsilon_t \tag{8.22}$$

从式（8.22）可以看到，基于随机游走过程的一次差分 $\Delta y_t$ 是一个平稳的随机时序变量，因为 $\Delta y_t$ 等于平稳白噪声过程 $\varepsilon_t$。

为了演示从非平稳到平稳序列的这种差分转化效果，图 8－4 描绘了一个带有截距项的随机游走过程 $y_t = 2 + y_{t-1} + \varepsilon_t$ 和其对应的一次差分过程 $\Delta y_t = 2 + \varepsilon_t$。容易看出，经过一次差分后的序列表现出明显的“平稳性”特征。

类似地，对于带有截距项的随机游走过程，一阶差分同样可以获得平稳序列，即

$$\Delta y_t = c + \varepsilon_t \tag{8.23}$$

我们也可以从平稳过程的定义出发来确定式（8.23）为平稳过程，即

$$\mu = E(\Delta y_t) = c$$

$$\gamma_0=\text{var}(\Delta y_t)=E(\Delta y_t-c)^2=\sigma^2$$

$$\gamma_j=\text{cov}(\Delta y_t,\ \Delta y_{t-j})=E[(\Delta y_t-c)(\Delta y_{t-j}-c)]=0,\ j>0$$

所以，经过一次差分的随机趋势模型的均值、方差与自协方差都满足平稳过程的要求，从而证明 $\Delta y_t$ 确实是平稳序列。

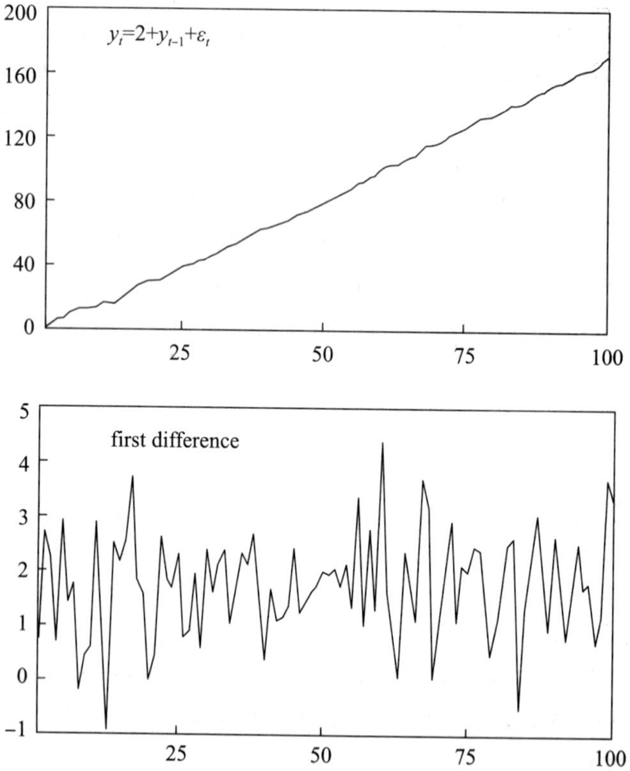


**图 8-4　带有截距项的随机游走过程与其一次差分后的序列**

以上处理方法很容易拓展到高阶单整序列。例如，假设 $y_t$ 是一个 $I(2)$ 过程，那么对其进行二次差分就可以获得平稳序列，即

$$\Delta^2 y_t=\Delta(\Delta y_t)=(y_t-y_{t-1})-(y_{t-1}-y_{t-2})=y_t-2y_{t-1}+y_{t-2} \tag{8.24}$$

其中“$\Delta^2$”表示二次差分符号，依此类推，“$\Delta^3$”表示三次差分符号，而“$\Delta^n$”表示 $n$ 次差分符号。

现在，我们可以把上面的结论推广到一般的 ARIMA($p$，$d$，$q$）模型，即

$$\alpha(L)y_t=\theta(L)\varepsilon_t \tag{8.25}$$

其中，$\alpha(L)$ 和 $\theta(L)$ 表示滞后算子多项式，滞后期数分别为 $p$ 和 $q$，$d$ 为单整阶数。

假设与 $\theta(L)$ 相关的特征方程满足可逆条件，同时与 $\alpha(L)$ 对应的特征方程只有一个单位根，那么总可以将 $\alpha(L)$ 分解质因式，写成以下形式

$$\alpha(L)=(1-L)\alpha^*(L) \tag{8.26}$$

其中，$\alpha^*(L)$ 表示阶数为（$p-1$）的滞后算子多项式。因为我们已经假设了与 $\alpha(L)$ 对

应的特征方程只有一个单位根，所以与 $\alpha^*(L)$ 对应的特征方程所有的根都应该落在单位圆内。

这样，式（8.25）就可以重新写成

$$(1-L)\alpha^*(L)y_t=\theta(L)\varepsilon_t \tag{8.27}$$

从而获得一次差分的表现形式，即

$$(y_t-y_{t-1})\alpha^*(L)=\theta(L)\varepsilon_t \tag{8.28}$$

或者利用差分符号写成

$$\alpha^*(L)\Delta y_t=\theta(L)\varepsilon_t \tag{8.29}$$

不难看出，式（8.29）是一个以一次差分序列 $\Delta y_t$ 为主体的 ARMA($p-1$，$q$）模型。因为$\alpha^*(L)$ 对应的特征方程的根满足平稳性条件，所以 $\Delta y_t$ 必定是平稳时间序列。

虽然我们这里讨论的是一阶单整形式的 ARIMA 模型，但二阶或者其他高阶 ARIMA 模型可以运用类似的思路获得平稳的差分序列。概括地说，一个 ARIMA($p$，$d$，$q$）过程经过 $d$ 次差分后就可以获得对应的平稳过程。

最后，对差分法去除趋势的使用做一点评论。我们知道，很多时间序列变量数据的水平值比较大，如股票价格指数经常以“千点”计，居民消费价格指数有时也以某年作为基期（为 100）而其他期对应的为 132、140 等，因此在实际应用中经常会使用到变量取自然对数的情况。实际上，自然对数在金融时间序列分析中的使用极为广泛，这也为差分法的使用奠定了基础。例如，对于已经取了对数的股票价格指数来说，即 $p_t=\ln(P_t)$，一次差分给出的实际上是一种增长率的形式，即股票的收益率 $r_t=p_t-p_{t-1}=\ln(P_t)-\ln(P_{t-1})$。因此，我们经常看到计量经济学家在分析许多经济问题时关注的是股票收益率、通货膨胀率和经济增长率等。

## 8.3.2　去除趋势法

虽然差分法被广泛用于去除非平稳序列的趋势成分，但在实践中并不是所有非平稳序列都适用于这种方法。另外一个比较常用的方法就是所谓的去除趋势法。为便于讨论，这里的“趋势”专指确定性趋势，即时间趋势。例如，考虑以下简单的线性时间趋势模型

$$y_t=c+\beta t+\varepsilon_t \tag{8.30}$$

其中，$\varepsilon_t$ 为平稳随机误差项。对于此类模型，差分法是不适用的。因为如果我们对式（8.30）应用差分法，则获得以下等式，即

$$\Delta y_t=\beta+\varepsilon_t-\varepsilon_{t-1}=\beta+(1-L)\varepsilon_t \tag{8.31}$$

显然，式（8.31）中的 MA 部分含有一个单位根，所以通过差分法获得的 $\Delta y_t$ 是一个不可逆的 MA 过程。

对于确定性趋势模型，正确的去除趋势成分的方法应该如下：首先回归估计模型(8.30)，获得估计序列 $\hat{y}_t=\hat{c}+\hat{\beta}t$；然后将估计出的序列从原始序列中减掉，即 $y_t-\hat{y}_t=\hat{\varepsilon}_t$，从而获得平稳序列 $\varepsilon_t$ 的估计值。所以，这种方法获得的序列具有良好的平稳序

列的特性。

当然，如果不能确定时间趋势成分是否仅为一次幂的形式，还可以采用更一般的确定性趋势非平稳序列的模型形式，如

$$y_t = c + \beta_1 t + \beta_2 t^2 + \cdots + \beta_m t^m + \varepsilon_t \tag{8.32}$$

然后可以通过 OLS 回归，运用向下检验法的原则或者信息准则法确定出 $t^m$ 的阶数，最终获得平稳序列 $\varepsilon_t$ 的估计值。

当然，以上介绍的方法都事先假设我们完全知道一个非平稳序列含有随机趋势还是确定性趋势。在分析实际问题时，有时候并不容易判断一个表现出趋势的非平稳序列究竟是含有确定性趋势还是随机趋势，或者二者兼有。这时经常采用的处理办法包括遵循前人研究的经验或者分别尝试不同的去除趋势的方法，然后比较获得序列的平稳性特征，选择合适的一个。

### 8.3.3 去除趋势方法的比较

前面两个小节分别讨论了差分法和去除趋势法，并且认识到不同的趋势非平稳序列需要采用不同的去除趋势成分的方法。实际上，非平稳时间序列去除趋势成分的方法还有很多滤波（filter）方法，常见的有 HP 滤波（Hodrick-Prescott filter）、卡尔曼滤波（Kalman filter），以及近年来新发展起来的 BK 滤波（Baxter-King filter）和 CF 滤波（Christiano-Fitzgerald filter），本小节将分别简短地加以介绍。

在此之前，我们首先利用前面两个小节介绍的差分法和去除趋势法分析美国的季度真实 GDP 序列（取自然对数），样本区间为 1947 年第一季度至 2022 年第四季度。

按照前面介绍的过程，图 8－5 画出了使用线性时间趋势模型获得的去除趋势后的序列（以及原始数据实际序列和拟合序列），即模型 $y_t = c + \beta t + \varepsilon_t$ 的残差序列，这里 $y_t = \ln(GDP_t)$，并给出了该序列对应的样本 ACF 图和 PACF 图。

观察图 8－5 给出的图示，我们发现，使用去除趋势法获得的美国真实 GDP 的对应序列看上去并不是很理想。从图 8－5（a）中可以看到，经过处理获得的随机扰动项的估计值序列（残差序列）表现出较强的持久性。另外，图 8－5（b）中绘制的样本 ACF 图显现出含有随机趋势的非平稳时间序列的特征：ACF 在第一期非常高（0.904），之后非常缓慢地衰减。所以，利用去除趋势法获得美国真实 GDP 的平稳序列成分并不是非常合适。

另外，我们使用一次差分法获得的同比增长率序列 $\Delta y_t = 100 \times [\ln(GDP_t) - \ln(GDP_{t-4})]$，以及获得的差分序列对应的样本 ACF 图、PACF 图等被归纳在图 8－6 中。而此时的结果表明差分后的序列具有比较明显的平稳时间序列的特征：差分后的序列没有显现出很强的持久性特征，对应的样本 ACF 图也在几期之内快速减小到 0。实质上，我们这里获得的一次差分序列给出的是真实 GDP 的增长率。一般来说，这个增长率变量是平稳的时间序列，这也是在宏观经济分析中，真实 GDP 的增长率是非常常用的分析变量之一的原因。

在本小节的开始我们还提到其他一些常用的滤波方法，利用这些方法也可以获得非平稳时间序列的平稳序列成分。HP 滤波就是很常用的一种，其基本思路如下：

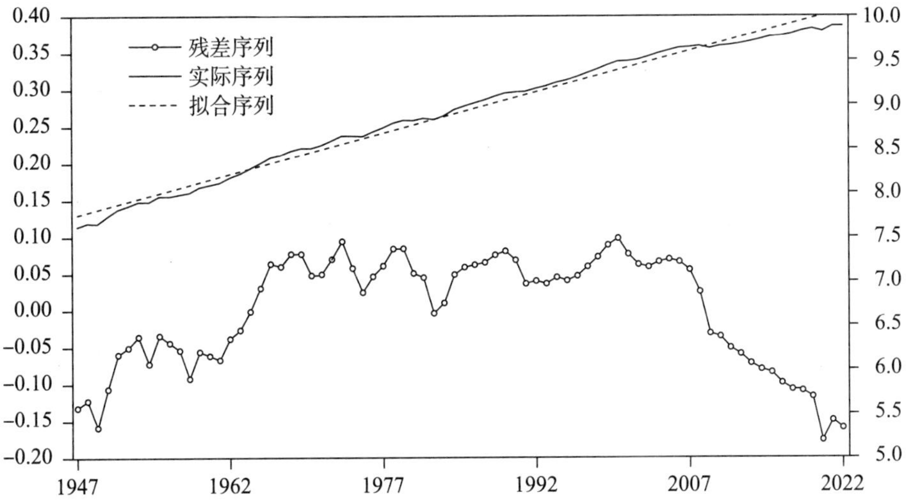


(a) 使用线性时间趋势模型去除趋势后的结果

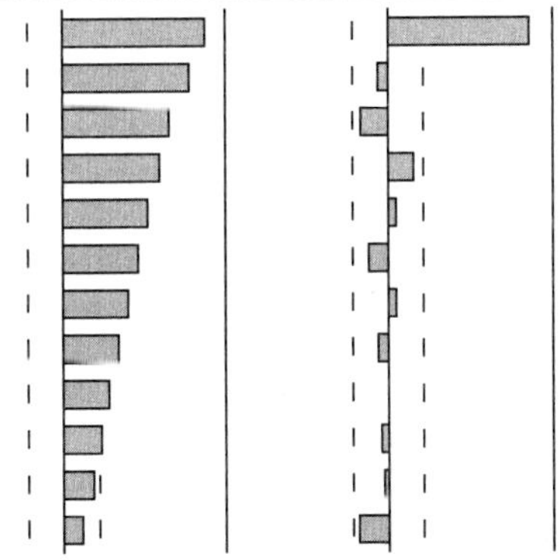

| Autocorrelation | Partial Correlation | | AC | PAC | Q-Stat | Prob |
|---|---|---|---|---|---|---|
| | | 1 | 0.904 | 0.904 | 64.549 | 0.000 |
| | | 2 | 0.806 | −0.058 | 116.60 | 0.000 |
| | | 3 | 0.685 | −0.180 | 154.75 | 0.000 |
| | | 4 | 0.607 | 0.166 | 185.08 | 0.000 |
| | | 5 | 0.543 | 0.044 | 209.71 | 0.000 |
| | | 6 | 0.475 | −0.131 | 228.84 | 0.000 |
| | | 7 | 0.418 | 0.042 | 243.85 | 0.000 |
| | | 8 | 0.349 | −0.063 | 254.47 | 0.000 |
| | | 9 | 0.294 | −0.003 | 262.14 | 0.000 |
| | | 10 | 0.236 | −0.034 | 267.15 | 0.000 |
| | | 11 | 0.185 | −0.031 | 270.29 | 0.000 |
| | | 12 | 0.108 | −0.187 | 271.38 | 0.000 |

(b) 残差序列的样本ACF图及PACF图

**图 8-5　去除趋势法获得的序列及其样本 ACF 图和 PACF 图**

假定一个非平稳序列 $y_t$ 可以分解为趋势成分 $\mu_t$ 和平稳成分（$y_t-\mu_t$），HP 滤波使用下列算法求解趋势成分 $\mu_t$，即最小化下列函数

$$H=\frac{1}{T}\sum_{t=1}^{T}(y_t-\mu_t)^2+\frac{\lambda}{T}\sum_{t=2}^{T-1}[(\mu_{t+1}-\mu_t)-(\mu_t-\mu_{t-1})]^2 \tag{8.33}$$

其中，$T$ 是样本大小，$\lambda$ 被称为“惩罚参数”（penalty parameter），用来控制趋势成分 $\mu_t$ 的平滑程度，$\lambda$ 越大，该序列越平滑。从式（8.33）不难看出，当 $\lambda=0$ 时，最小化式（8.33）的结果给出的是 $y_t=\mu_t$，即 $y_t$ 序列的趋势成分等于其本身。而在另一极端情况下 $\lambda\to\infty$，最小化式（8.33）的结果给出的是 $(\mu_{t+1}-\mu_t)-(\mu_t-\mu_{t-1})=0$。也就是说，在 $\lambda\to\infty$ 的情况下，趋势的变化幅度是恒定的，从而趋势成分就是一个线性趋势，因为 $\mu_t-\mu_{t-1}=\mu_{t-1}-\mu_{t-2}$。

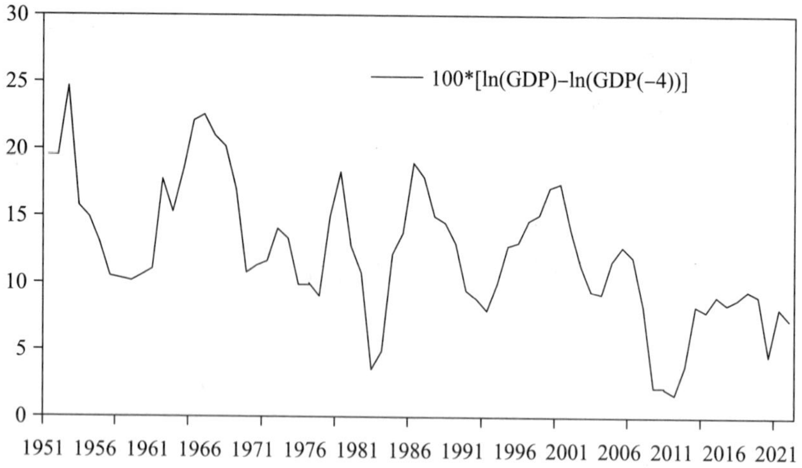


| Autocorrelation | Partial Correlation | | AC | PAC | Q-Stat | Prob |
|---|---|---|---|---|---|---|
| | | 1 | 0.788 | 0.788 | 46.617 | 0.000 |
| | | 2 | 0.541 | −0.212 | 68.894 | 0.000 |
| | | 3 | 0.259 | −0.250 | 74.082 | 0.000 |
| | | 4 | 0.087 | 0.104 | 74.669 | 0.000 |
| | | 5 | 0.068 | 0.256 | 75.042 | 0.000 |
| | | 6 | 0.070 | −0.129 | 75.434 | 0.000 |
| | | 7 | 0.069 | −0.121 | 75.825 | 0.000 |
| | | 8 | 0.070 | 0.144 | 76.233 | 0.000 |
| | | 9 | 0.105 | 0.223 | 77.165 | 0.000 |
| | | 10 | 0.161 | −0.018 | 79.380 | 0.000 |
| | | 11 | 0.225 | −0.018 | 83.791 | 0.000 |
| | | 12 | 0.209 | −0.075 | 87.684 | 0.000 |

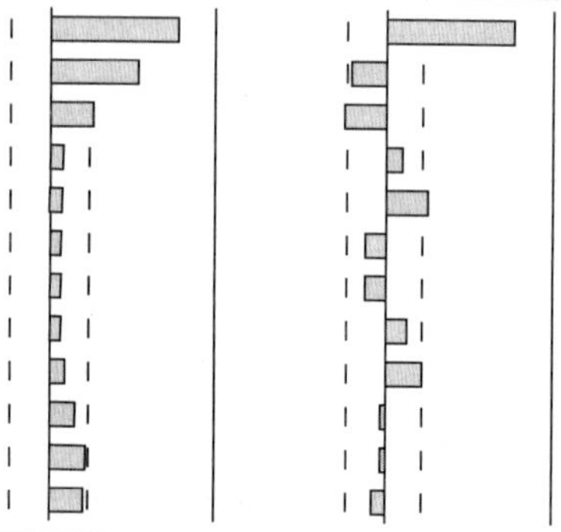

**图 8-6　差分法获得的序列及其样本 ACF 图和 PACF 图**

注意，因为式（8.33）中的 $T$ 并不影响函数最小化过程的实质性结果，所以有的教材可能会使用最小化下面的表达式来代替式（8.33），即

$$H=\sum_{t=1}^{T}(y_t-\mu_t)^2+\lambda\sum_{t=2}^{T-1}[(\mu_{t+1}-\mu_t)-(\mu_t-\mu_{t-1})]^2$$

另外，既然惩罚参数 $\lambda$ 对 HP 滤波的结果至关重要，在实际应用中应该如何设定它的值呢？已有的研究表明，对于不同频率的数据，可以参考下列规则来设定 $\lambda$ 的值，即

$$\lambda=\begin{cases}100\text{，年度数据}\\1\,600\text{，季度数据}\\14\,400\text{，月度数据}\end{cases}\tag{8.34}$$

实际上，这里介绍的是传统的双侧 HP 滤波，在分析有些问题的过程中，可能还会用到所谓的单侧 HP 滤波。单侧 HP 滤波的算法过程是利用卡尔曼滤波估计出以下模型中的趋势成分 $\mu_t$，即

$$\begin{cases}y_t=\mu_t+\varepsilon_t\\(1-L)^2\mu_t=\eta_t\end{cases}\tag{8.35}$$

其中，$\varepsilon_t$ 和 $\eta_t$ 是互不相关的白噪声序列，二者的方差满足下列关系

$$q=\frac{\mathrm{var}(\eta_t)}{\mathrm{var}(\varepsilon_t)} \tag{8.36}$$

Stock 和 Watson (1999) 建议 $q$ 的取值原则为

$$q=\begin{cases}0.75\times10^{-6}，月度数据\\0.675\times10^{-3}，季度数据\end{cases} \tag{8.37}$$

当然，上述过程用到了卡尔曼滤波的概念，卡尔曼滤波可以使用状态空间的时间序列模型来阐释，在此不做更多的介绍，感兴趣的读者可以参阅 Hamilton(1994)。

对于 BK 滤波和 CF 滤波，由于涉及的内容相对复杂，为节省篇幅，建议读者参考 Baxter 和 King(1999) 以及 Christiano 和 Fitzgerald(2003) 的原始文献。我们这里只给出应用各种滤波获得的美国真实 GDP 平稳序列的结果，如图 8-7 所示。

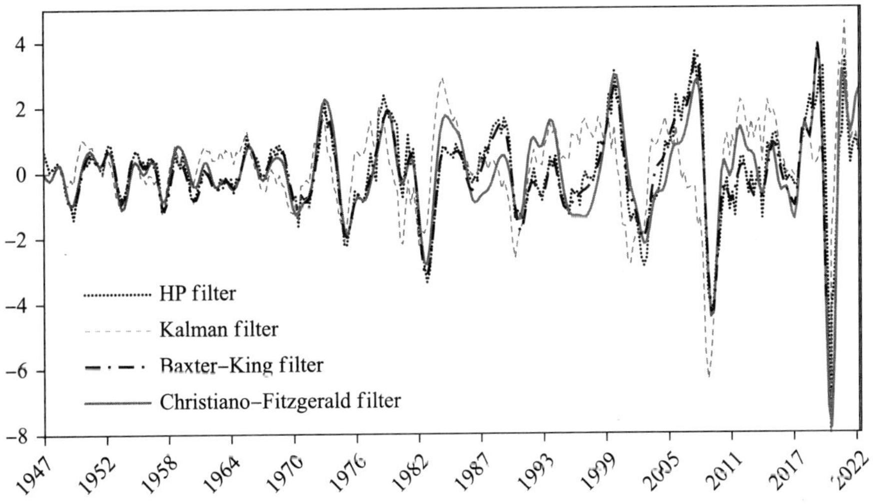


**图 8-7　各种滤波给出的美国真实 GDP 的周期成分**

从图 8-7 中可以看到，虽然各种滤波的算法不同，但得到的去除趋势后的周期成分的总体走势相似。当分析现实问题时，可以分别采用几种方法，然后比较对于研究的问题使用不同方法得出的结论是否具有稳健性。

至此，我们已经介绍了常见的几种去除趋势的方法，但是我们同时也看到有时选用哪种方法最为合适并不是非常清楚。有没有正式的检验可以帮助确定非平稳序列的具体特征呢？单位根检验就是常用的方法之一。我们将从第 9 章开始，介绍几种常用的单位根检验法。

## 练习 8

1. 采集中国真实 GDP 的季度数据，画出其时间序列图示。你能否判断出该序列是否为非平稳时间序列？如何判断该序列含有随机趋势还是确定性趋势？

2. 如果已知 AR($p$) 模型

$$y_t = \alpha(L) y_{t-1} + \varepsilon_t$$

有一个单位根，其中 $\alpha(L) = \alpha_1 + \alpha_2 L + \alpha_3 L^2 + \cdots + \alpha_p L^{p-1}$ 为滞后算子多项式，那么如何获得 $y_t$ 的平稳成分？

3. 如果对随机游走过程使用去除趋势法，获得的结果会呈现什么特征？

# 第9章 单位根检验法

**本章导读**

单位根检验是对非平稳时间序列模型的正式检验方法。单位根检验以DF检验和ADF检验最为常见，这两个检验的发展可以回溯到20世纪六七十年代，当时戴维·迪基（David Dickey）和韦恩·富勒（Wayne Fuller）提出了检验时间序列变量是否含有单位根的正式方法。值得一提的是，这二人在统计学界的知名度要远远高于在经济学界。在此之后，统计学和计量经济学领域在单位根检验方面的研究便一发而不可收。到目前为止，已经有多种单位根检验法可供应用计量学家和实证研究人员使用。本章以最根本的DF检验和ADF检验方法为核心，综合介绍了各种常用的单位根检验法。本章内容为读者进一步了解和掌握金融时间序列分析的理论与应用提供了很好的平台。

第4章曾经介绍过，平稳时间序列的自相关函数会随着时间的推移而逐渐减小，所以ACF图有时候可以提供有用的信息，以判断一个时间序列的平稳性。但是，我们也讨论过，有时候单凭目测得到的结论可能并不精确，因此，正式的计量检验是必要的。为综合介绍各种不同的单位根检验法，本章分为四部分：9.1节介绍最基础的DF检验；9.2节将DF检验拓展到ADF检验，并通过实例说明检验的过程和步骤；9.3节介绍其他单位根检验法；9.4节应用不同单位根检验法分析实际的时间序列数据。

## 9.1 DF检验

### 9.1.1 DF检验的基本概念

在第8章，我们介绍了非平稳时间序列模型，并且了解到，如果AR模型的特征方程的一个根为1，则该序列为非平稳时间序列。这样的序列通常表现出随着时间的推移而不断增大的特征，例如图9-1描绘的标准普尔500股票价格指数（1960年1月至2023年4月）就是典型的例子。

检验一个时间序列是否有单位根，称为单位根检验。而Dickey-Fuller(简称DF）检验是最简单的单位根检验之一。考虑一个简单的AR(1）模型，即

$$y_t = c + \alpha y_{t-1} + \varepsilon_t \tag{9.1}$$

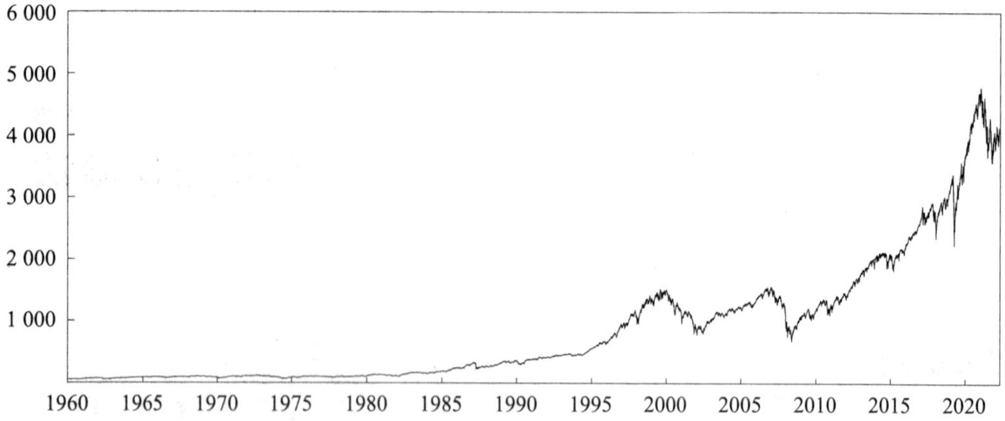


**图 9-1　标准普尔 500 股票价格指数**

其中，$\varepsilon_t$ 是方差为 $\sigma^2$ 的白噪声过程。由于任何可逆的 ARMA 模型总可以写成 AR 模型，所以研究 AR 模型具有一定的代表性。当然，这里的 DF 检验只考虑 AR(1) 模型的形式，而 9.2 节介绍的 ADF 检验将会把 AR(1) 模型拓展到 AR($p$) 的形式。

根据以前所讲过的知识，从表面看，检验式（9.1）是否有单位根并不难，只要检验原假设 $\alpha=1$ 相对于备择假设 $\alpha<1$ 能否被拒绝就可以了。

但是问题并不像想象中那么容易。主要原因是在原假设条件下，序列 $y_t$ 是非平稳的，所以传统的 $t$ 检验统计量将不再服从 $t$ 分布。这样，传统的 $t$ 检验使用的临界值就是无效的。

这个问题在今天看来已经不再是什么难题了，但是在很长一段时间却实实在在是时间序列分析领域的难题之一。幸运的是，Dickey 和 Fuller(1979) 首先正式地提出了这个问题，并且利用蒙特卡洛模拟获得了正确的临界值。正因为如此，现在一般把利用 AR(1) 形式进行单位根检验的过程称为 DF 检验，并且检验的统计量一般称为 DF$\tau$ 统计量，从而与传统的 $t$ 检验进行区分。

注意，在 DF 检验过程中，一般是把模型（9.1）先改写成以下形式：

$$\Delta y_t = c + \phi y_{t-1} + \varepsilon_t \tag{9.2}$$

其中，$\phi=\alpha-1$。这种模型的变形具有非常大的实用价值，因为原来针对式（9.1）的检验

$$\begin{aligned} &H_0: \alpha=1 \\ &H_A: \alpha<1 \end{aligned} \tag{9.3}$$

现在等同于下列检验

$$\begin{aligned} &H_0: \phi=0 \\ &H_A: \phi<0 \end{aligned} \tag{9.4}$$

这样，就可以直接使用 $\tau$ 比率检验系数为 0 的原假设。

另外，除了模型（9.2），DF 检验还包括不含截距项和既含有截距项又含有时间趋势两种情况，所以归纳起来，DF 检验一共包括以下三种情况：

$$\begin{aligned}&\text{Ⅰ}: \Delta y_t = \phi y_{t-1} + \varepsilon_t\\&\text{Ⅱ}: \Delta y_t = c + \phi y_{t-1} + \varepsilon_t\\&\text{Ⅲ}: \Delta y_t = c + \gamma t + \phi y_{t-1} + \varepsilon_t\end{aligned} \tag{9.5}$$

在原假设条件下，情况Ⅰ对应的是随机游走过程，情况Ⅱ对应的是带有截距项的随机游走过程，而情况Ⅲ对应的是既带有截距项又带有时间趋势的随机游走过程。

三种情况对应检验的原假设相同，都是待检验序列为含有单位根的非平稳时间序列。而情况Ⅰ和情况Ⅱ的备择假设是平稳时间序列，情况Ⅲ对应的备择假设是趋势平稳序列。特别需要注意的是，情况Ⅲ对应的备择假设是趋势平稳，而并不是真正的平稳序列，这一点在第 8 章曾经强调过。

在运用 DF 检验的过程中，需要首先确定使用上述三种情况中的哪一种。在不同情况下检验统计量的临界值是不一样的。Dickey 和 Fuller(1979) 以及 MacKinnon(1996) 等的研究发现，检验原假设 $\phi=0$ 的统计量的临界值与回归方程的形式（即是情况Ⅰ、Ⅱ还是情况Ⅲ）以及样本大小都有关系。在以上三种不同情况下，检验统计量的临界值一般是不同的，与情况Ⅰ、Ⅱ和Ⅲ对应的检验统计量一般分别记作 $\tau$、$\tau_\mu$ 和 $\tau_\tau$。下面我们分别介绍三种不同情况下的 DF 检验。

### 9.1.2　DF 检验的三种情况

**1. 情况Ⅲ**

情况Ⅲ用来刻画非平稳性由确定性趋势（时间趋势）造成的可能性。考虑对应的模型

$$\Delta y_t = c + \gamma t + \phi y_{t-1} + \varepsilon_t \tag{9.6}$$

如果 $\phi<0$ 并且 $\gamma\neq 0$，模型（9.6）对应的是一个趋势平稳过程，而如果 $\phi=\gamma=0$，则它对应的是一个随机游走过程。

DF 检验的原假设是模型中存在单位根，所以情况Ⅲ对应的原假设和备择假设仍然写成式（9.4）的形式，即

$$\begin{aligned}&H_0: \phi=0\\&H_A: \phi<0\end{aligned}$$

如果我们想用情况Ⅲ来检验的原假设是随机游走过程而备择假设是平稳过程或者趋势平稳过程，那么原假设可以写成联合检验的形式，即 $H_0$：$\phi=\gamma=0$，进而使用 $F$ 检验来进行判断，其 95%关键值与 99%关键值分别为 6.49 和 8.73。

如果我们想在上述随机游走假设的情况下，进一步明确模型中是否存在截距项，那么我们可以将原假设改成 $H_0$：$c=\phi=\gamma=0$。此时，原假设即为一个不存在截距项的随机游走模型。对于该假设，我们依然使用 $F$ 检验，其 95%关键值与 99%关键值分别为 4.88 和 6.50。

**2. 情况Ⅱ**

情况Ⅱ对应的模型是

$$\Delta y_t = c + \phi y_{t-1} + \varepsilon_t \tag{9.7}$$

在这种情况下，其对应的原假设和备择假设与情况Ⅲ相同，即

$$H_0: \phi=0$$
$$H_A: \phi<0$$

所以，情况Ⅱ的原假设对应的仍然是随机游走过程，而备择假设则为平稳时间序列。如果待检验序列的均值不为 0，并且不随时间变化，则可以考虑使用情况Ⅱ来进行 DF 检验。

此时，如果我们想同时确定模型中是否存在常数项，则原假设需要写成联合检验的形式，即 $H_0$：$c=\phi=0$。与情况Ⅲ相同，我们依然使用 $F$ 检验来进行判断，其 95%关键值与 99%关键值分别为 4.71 和 6.70。

**3. 情况Ⅰ**

情况Ⅰ是最简单的一种情形，也是情况Ⅱ的一种特殊情况，即截距项为 0。在这种情况下，原假设和备择假设与情况Ⅱ完全相同。但是，由于没有截距项的模型暗示 $y_t$ 序列的均值为 0，而这样的情况往往比较少，因此在实际应用中并不建议使用情况Ⅰ。实际上，情况Ⅰ对应的模型之所以存在，完全是为了理论研究的兴趣，并没有太多的使用价值。

对于选择哪种 DF 检验情况，要依据考查数据的特征。很明显，情况Ⅲ是最一般的情况，如果无法确定待考查数据是否含有时间趋势，就可以选用情况Ⅲ。然而，如果以往研究已经达成共识，某种变量不含有时间趋势，那么可以选用情况Ⅱ。

## 9.2 ADF 检验

### 9.2.1 ADF 检验介绍

ADF 检验，全称为 augmented Dickey-Fuller 检验，是 DF 检验的拓展。因为在 DF 检验中，所有情况对应的模型都是 AR(1) 的形式，而没有考虑高阶 AR 模型。ADF 检验将 DF 检验从 AR(1) 拓展到一般的 AR($p$) 形式，即

$$y_t=c+\alpha_1 y_{t-1}+\cdots+\alpha_p y_{t-p}+\varepsilon_t \tag{9.8}$$

可以证明，式（9.8）可以重新写成以下形式

$$\Delta y_t=c+\rho y_{t-1}+\sum_{i=2}^{p}\phi_i\Delta y_{t-(i-1)}+\varepsilon_t \tag{9.9}$$

其中，

$$\begin{cases}\rho=\sum\limits_{i=1}^{p}\alpha_i-1\\ \phi_i=-\sum\limits_{j=i}^{p}\alpha_j\end{cases} \tag{9.10}$$

模型（9.9）的形式经常被称为 ADF 形式，因为这种表达式被用在 ADF 检验当中。式（9.9）与式（9.8）的关系为：将式（9.9）展开再整理即可得到式（9.8）的原始形式。当然，还可以通过其他方式将式（9.8）转化成式（9.9）的形式。例如，考虑一个

AR(2) 模型，在其右侧加、减一项 $\alpha_2 y_{t-1}$，就可以获得

$$\begin{aligned} y_t &= c+(\alpha_1+\alpha_2)y_{t-1}-\alpha_2(y_{t-1}-y_{t-2})+\varepsilon_t \\ &= c+(\alpha_1+\alpha_2)y_{t-1}-\alpha_2\Delta y_{t-1}+\varepsilon_t \end{aligned}$$

对于 AR(3) 模型，加、减 $(\alpha_2+\alpha_3)y_{t-1}+\alpha_3 y_{t-2}$，从而获得

$$\begin{aligned} y_t &= c+(\alpha_1+\alpha_2+\alpha_3)y_{t-1}-(\alpha_2+\alpha_3)(y_{t-1}-y_{t-2})-\alpha_3(y_{t-2}-y_{t-3})+\varepsilon_t \\ &= c+(\alpha_1+\alpha_2+\alpha_3)y_{t-1}-(\alpha_2+\alpha_3)\Delta y_{t-1}-\alpha_3\Delta y_{t-2}+\varepsilon_t \end{aligned}$$

对于 AR(4) 模型，加、减 $(\alpha_2+\alpha_3+\alpha_4)y_{t-1}+(\alpha_3+\alpha_4)y_{t-2}+\alpha_4 y_{t-3}$，从而获得

$$\begin{aligned} y_t &= c+(\alpha_1+\alpha_2+\alpha_3+\alpha_4)y_{t-1}-(\alpha_2+\alpha_3+\alpha_4)(y_{t-1}-y_{t-2}) \\ &\quad -(\alpha_3+\alpha_4)(y_{t-2}-y_{t-3})-\alpha_4(y_{t-3}-y_{t-4})+\varepsilon_t \\ &= c+(\alpha_1+\alpha_2+\alpha_3+\alpha_4)y_{t-1}-(\alpha_2+\alpha_3+\alpha_4)\Delta y_{t-1} \\ &\quad -(\alpha_3+\alpha_4)\Delta y_{t-2}-\alpha_4\Delta y_{t-3}+\varepsilon_t \end{aligned}$$

这样的过程不断进行下去，一直到 AR($p$) 模型，则加、减

$$(\alpha_2+\alpha_3+\cdots+\alpha_p)y_{t-1}+(\alpha_3+\alpha_4+\cdots+\alpha_p)y_{t-2}+\cdots+\alpha_p y_{t-(p-1)}$$

从而获得

$$\begin{aligned} y_t &= c+(\alpha_1+\alpha_2+\cdots+\alpha_p)y_{t-1}-(\alpha_2+\alpha_3+\cdots+\alpha_p)(y_{t-1}-y_{t-2}) \\ &\quad -(\alpha_3+\alpha_4+\cdots+\alpha_p)(y_{t-2}-y_{t-3})-\cdots-\alpha_p[y_{t-(p-1)}-y_{t-p}]+\varepsilon_t \\ &= c+(\alpha_1+\alpha_2+\cdots+\alpha_p)y_{t-1}-(\alpha_2+\alpha_3+\cdots+\alpha_p)\Delta y_{t-1} \\ &\quad -(\alpha_3+\alpha_4+\cdots+\alpha_p)\Delta y_{t-2}-\cdots-\alpha_p\Delta y_{t-(p-1)}+\varepsilon_t \end{aligned} \tag{9.11}$$

然后将式（9.11）左右两边同减去一个 $y_{t-1}$，即可获得式（9.9）的形式。

与 AR(1) 模型类似，我们可以使用

$$\begin{aligned} &H_0: \rho=0 \\ &H_A: \rho<0 \end{aligned} \tag{9.12}$$

来进行单位根检验。如果假设式（9.9）中的均值恒为 $\mu$，可以推导出 $c$、$\mu$ 和 $\alpha$ 之间的关系为

$$c=-\rho\mu=(1-\sum_{i=1}^{p}\alpha_i)\mu \tag{9.13}$$

所以，与 DF 检验的情况类似，检验 $\rho=0$ 也就暗示着 $c=0$。

以上讨论说明，与 DF 检验相关的情况Ⅱ可以拓展到 ADF 检验，而不同的是模型形式。在 ADF 检验中，模型中增加了滞后期的差分项，即 $\Delta y_{t-i}(i=1, 2, \cdots, p-1)$。

对于 AR($p$) 模型，也很容易从情况Ⅱ拓展到情况Ⅲ。也就是说，在 ADF 检验中，对应的情况Ⅲ的模型可以写成

$$\Delta y_t=c+\gamma t+\rho y_{t-1}+\sum_{i=2}^{p}\phi_i\Delta y_{t-(i-1)}+\varepsilon_t \tag{9.14}$$

从而，可以证明，这种情况下的检验假设与式（9.12）完全相同。

对于 ADF 检验，使用哪种模型形式同样要根据具体的变量来区别对待。注意，只要 DF 检验中 AR(1) 过程不存在序列相关性，DF 检验的临界值与 ADF 检验的临界值在相应的情况下就是相同的。这是因为所谓的超级一致性（super consistency）。这一结论源于 Sims、Stock 和 Watson（1990）的重要文献。这些作者还证明，差分项 $\Delta y_{t-i}$（$i=1, 2, \cdots, p-1$）的系数收敛于 $t$ 分布，从而说明这些系数的联合显著性检验将收敛于 $F$ 分布。所以，无论式（9.9）中的系数 $\rho$ 取任何值，差分项的系数都可以使用传统的统计检验和统计推断。

特别需要指出的是，如果 AR 模型的设立不当，比如滞后期的选取不够多，从而导致出现序列相关性，那么超级一致性就不再成立了。所以，在 ADF 检验中，滞后期的选取至关重要。在实践中，通常有许多方法可以用来选择滞后期，例如信息准则法或者向下检验法。在通过这些方法确定滞后期之后，建议再检验一下模型是否存在序列相关性。

### 9.2.2 ADF 检验的应用

为了演示如何应用 ADF 检验来进行单位根检验，我们利用 ADF 检验的两种情况（情况Ⅱ和情况Ⅲ）分析了上海证券综合指数（取自然对数）月度数据是否含有单位根，数据的样本区间是 2006 年 1 月至 2023 年 4 月，图 9 - 2 绘制了这个时序变量随时间变动的情况。从图中并不能清楚地判断该序列是否存在一个确定性趋势，因此，我们可以分别使用情况Ⅱ和情况Ⅲ进行 ADF 检验。

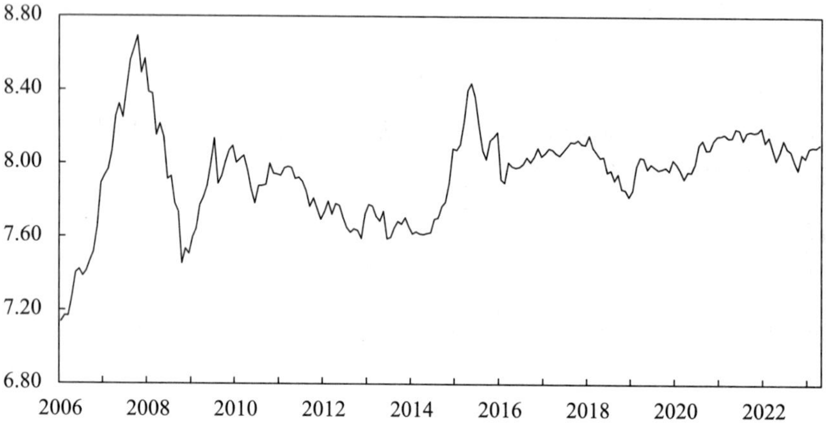


**图 9 - 2　上海证券综合指数（取自然对数）**

假定 $p_t$ 表示取自然对数的上海证券综合指数，为进行 ADF 检验，分别考虑以下两种情况，即

$$\text{情况Ⅱ}: \Delta p_t = c + \rho p_{t-1} + \sum_{i=1}^{m} \phi_i \Delta p_{t-i} + \varepsilon_t$$

$$\text{情况Ⅲ}: \Delta p_t = c + \gamma t + \rho p_{t-1} + \sum_{i=1}^{m} \phi_i \Delta p_{t-i} + \varepsilon_t$$

要设立这两种情况下分别对应的滞后期数，可以利用信息准则，如 AIC 或者 SIC 等。由于是月度数据，可以考虑设定最大的滞后期数为 12，然后依据信息准则确定最优滞后期数。

假设使用 EViews 来进行这两种情况的检验，只需要根据 EViews 菜单选项进行相应模型的选定即可，EViews 的对话框如图 9-3 所示。对于情况Ⅱ，在“Include in test equation”项中选定“Intercept”，对应的就是情况Ⅱ的模型。而对于情况Ⅲ，则选定“Trend and intercept”。在“Lag length”项中选择使用的信息准则（如 AIC），并给定一个最大的滞后期数（如 12）。

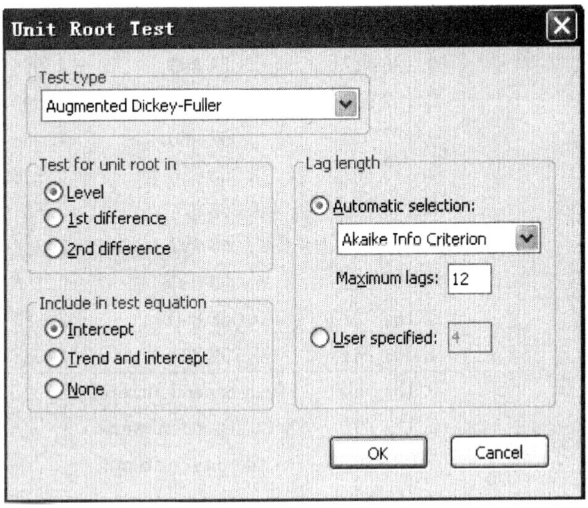


**图 9-3　EViews 中的 ADF 检验对话框**

在这样设定之后，点击“OK”即可获得对应的 ADF 检验结果。表 9-1 和表 9-2 分别报告了情况Ⅱ和情况Ⅲ的检验结果。从表中报告的结果来看，在两种情况下，原假设 $\rho=0$ 均具有统计显著性。根据 MacKinnon（1996），ADF 检验统计量 $\tau$ 对应的 $p$ 值在情况Ⅱ和情况Ⅲ下均为 0，说明在传统的统计显著性水平下（如 1%），两种情况均拒绝原假设。

另外，应该注意到，从表 9-2 的结果可以看到，时间趋势变量 $t$ 的系数不具有统计显著性，所以对于上海证券综合指数序列，ADF 检验应该选择情况Ⅱ的模型进行检验，即表 9-1 中的结果更具有分析价值，而表 9-2 中归纳的结果在这里只是为了进行比较。

从这些结果来看，读者能否判断出上海证券综合指数序列是否为平稳序列呢？检验的结果还说明了什么问题？从给出的结果能否判断出该序列服从随机游走过程还是带有截距项的随机游走过程？

**表 9-1　上海证券综合指数序列的 ADF 检验结果：情况Ⅱ**

| | | | |
|---|---|---|---|
| Exogenous：Constant | | | |
| Lag Length：7（Automatic-based on AIC，maxlag=12） | | | |
| | | t-Statistic | Prob. * |
| Augmented Dickey-Fuller test statistic | | −4.976 037 | 0.000 0 |
| Test critical values： | 1% level | −3.463 067 | |
| | 5% level | −2.875 825 | |
| | 10% level | −2.574 462 | |
| * MacKinnon（1996）one-sided p-values. | | | |

续表

| | | | | |
|---|---|---|---|---|
| Augmented Dickey-Fuller Test Equation | | | | |
| Dependent Variable：D(SZ) | | | | |
| Method：Least Squares | | | | |
| Sample (adjusted)：2006M09 2023M04 | | | | |
| Included observations：200 after adjustments | | | | |
| Variable | Coefficient | Std. Error | t-Statistic | Prob. |
| SZ(−1) | −0.126 417 | 0.025 405 | −4.976 037 | 0.000 0 |
| D(SZ(−1)) | 0.107 993 | 0.067 883 | 1.590 875 | 0.113 3 |
| D(SZ(−2)) | 0.127 017 | 0.067 960 | 1.868 996 | 0.063 2 |
| D(SZ(−3)) | 0.015 667 | 0.068 556 | 0.228 527 | 0.819 5 |
| D(SZ(−4)) | 0.236 715 | 0.066 974 | 3.534 440 | 0.000 5 |
| D(SZ(−5)) | 0.108 786 | 0.068 497 | 1.588 185 | 0.113 9 |
| D(SZ(−6)) | −0.010 830 | 0.069 031 | −0.156 883 | 0.875 5 |
| D(SZ(−7)) | 0.164 028 | 0.068 890 | 2.380 997 | 0.018 2 |
| C | 1.007 731 | 0.202 200 | 4.983 838 | 0.000 0 |
| R-squared | 0.181 586 | Mean dependent var | | 0.003 475 |
| Adjusted R-squared | 0.147 307 | S. D. dependent var | | 0.077 170 |
| S. E. of regression | 0.071 260 | Akaike info criterion | | −2.401 018 |
| Sum squared resid | 0.969 885 | Schwarz criterion | | −2.252 594 |
| Log likelihood | 249.101 8 | Hannan-Quinn criter. | | −2.340 953 |
| F-statistic | 5.297 283 | Durbin-Watson stat | | 2.009 283 |
| Prob (F-statistic) | 0.000 005 | | | |

**表 9-2　上海证券综合指数序列的 ADF 检验结果：情况Ⅲ**

| | | | | |
|---|---|---|---|---|
| Exogenous：Constant，Linear Trend | | | | |
| Lag Length：7 (Automatic-based on AIC，maxlag=12) | | | | |
| | | | t-Statistic | Prob. * |
| Augmented Dickey-Fuller test statistic | | | −5.169 975 | 0.000 1 |
| Test critical values： | 1% level | | −4.004 599 | |
| | 5% level | | −3.432 452 | |
| | 10% level | | −3.139 991 | |
| * MacKinnon (1996) one-sided p-values. | | | | |
| Augmented Dickey-Fuller Test Equation | | | | |
| Dependent Variable：D(SZ) | | | | |
| Method：Least Squares | | | | |
| Sample (adjusted)：2006M09 2023M04 | | | | |
| Included observations：200 after adjustments | | | | |
| Variable | Coefficient | Std. Error | t-Statistic | Prob. |
| SZ(−1) | −0.138 878 | 0.026 862 | −5.169 975 | 0.000 0 |
| D(SZ(−1)) | 0.112 872 | 0.067 804 | 1.664 688 | 0.097 6 |
| D(SZ(−2)) | 0.131 112 | 0.067 854 | 1.932 268 | 0.054 8 |
| D(SZ(−3)) | 0.021 403 | 0.068 508 | 0.312 417 | 0.755 1 |
| D(SZ(−4)) | 0.245 843 | 0.067 125 | 3.662 474 | 0.000 3 |

续表

| | | | | |
|---|---|---|---|---|
| D(SZ(−5)) | 0.119 216 | 0.068 732 | 1.734 509 | 0.084 4 |
| D(SZ(−6)) | 0.002 123 | 0.069 479 | 0.030 558 | 0.975 7 |
| D(SZ(−7)) | 0.177 196 | 0.069 361 | 2.554 705 | 0.011 4 |
| C | 1.092 751 | 0.210 657 | 5.187 338 | 0.000 0 |
| TREND | 0.000 130 | 0.000 093 | 1.398 591 | 0.163 6 |
| R-squared | 0.189 926 | Mean dependent var | | 0.003 475 |
| Adjusted R-squared | 0.151 554 | S. D. dependent var | | 0.077 170 |
| S. E. of regression | 0.071 082 | Akaike info criterion | | −2.401 261 |
| Sum squared resid | 0.960 002 | Schwarz criterion | | −2.236 345 |
| Log likelihood | 250.126 1 | Hannan-Quinn criter. | | −2.334 522 |
| F-statistic | 4.949 606 | Durbin-Watson stat | | 2.015 224 |
| Prob (F-statistic) | 0.000 006 | | | |

## 9.3　其他单位根检验法

除了 ADF 检验之外，迄今为止，成熟的单位根检验法还包括 ERS-DFGLS［即 Dickey-Fuller GLS（ERS)］检验、Phillips-Perron 检验、KPSS（Kwiatkowski-Phillips-Schmidt-Shin）检验、ERS（Elliott-Rothenberg-Stock）Point-Optimal 检验和 Ng-Perron 检验等。这些检验在一些计量软件中可以很方便地选用，例如，图 9－4 给出的是 EViews 单位根检验的对话框。从中可以看到，ADF 检验以及另外几种单位根检验法被嵌套在其中，要选用哪种检验，只要选中对应的检验就可以。

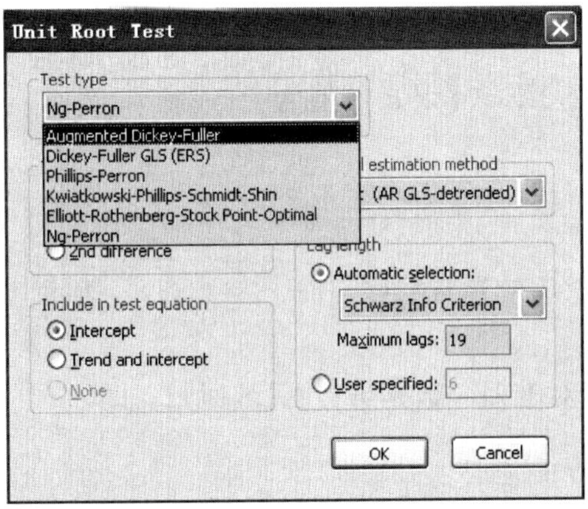


**图 9－4　EViews 单位根检验的对话框**

虽然利用既成的计量软件可以进行各种单位根检验，但是读者需要理解各种检验的相关理论。下面分别介绍其他几种单位根检验方法的原理。

### 9.3.1　ERS-DFGLS 检验

ERS-DFGLS 检验是 Elliott、Rothenberg 和 Stock(即 ERS)（1996）提出的一种单位

根检验法，其中 DFGLS 即使用广义最小二乘法去除趋势的 DF 检验（Dickey-Fuller test with GLS detrending）。其实质是利用广义最小二乘法（generalized least squares）首先对要检验的数据进行一次“准差分”（quasi-difference），然后利用准差分后的数据对原序列进行去除趋势处理，再利用 ADF 检验的模型形式对去除趋势后的数据进行单位根检验，但是此时 ADF 检验模型中不再包含常数项或者时间趋势变量。

可见，ERS-DFGLS 检验最终还是要利用 ADF 检验的形式，所以在 EViews 软件中，ERS-DFGLS 检验的对话框界面与 ADF 检验是相同的，如图 9－5 所示。

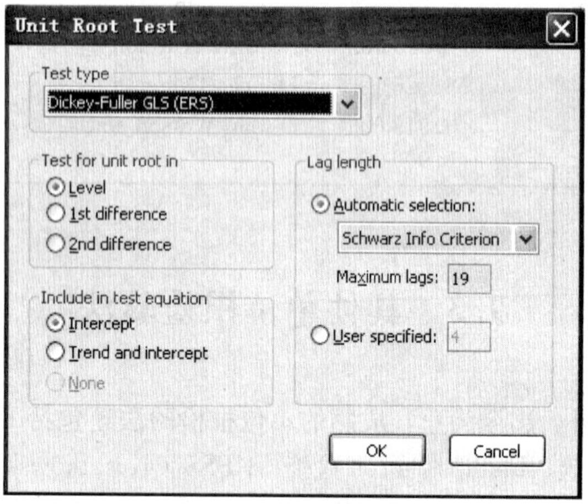


**图 9－5　EViews 中 ERS-DFGLS 检验的对话框**

在 ERS-DFGLS 检验中，首先定义 $y_t$ 的准差分形式，即

$$d(y_t|a)=\begin{cases} y_t, & t=1 \\ y_t-ay_{t-1}, & t>1 \end{cases} \tag{9.15}$$

其中，$a$ 是一个给定的点，ERS 建议 $a$ 的值为

$$a=\begin{cases} 1-7/T, & x_t=\{1\} \\ 1-13.5/T, & x_t=\{1,t\} \end{cases} \tag{9.16}$$

其中，$x_t=\{1\}$ 表示 $x_t$ 对应的是常数项，而 $x_t=\{1, t\}$ 表示其对应的是常数项和时间趋势两个变量。

然后，依据下列方程对准差分数据进行 GLS 回归，即

$$d(y_t|a)=d(x_t|a)'\beta+e_t \tag{9.17}$$

其中，$\beta$ 表示系数向量，$e_t$ 为随机扰动项。式（9.17）回归估计获得的系数为 $\hat{\beta}$。

下面，利用估计式（9.17）得到的 $\hat{\beta}$ 来获得去除趋势的变量，即

$$y_t^d=y_t-x_t'\hat{\beta} \tag{9.18}$$

最后，使用 ADF 检验的模型形式对 $y_t^d$ 进行检验，即

$$\Delta y_t^d=\rho y_{t-1}^d+\sum_{i=2}^{p}\phi_i\Delta y_{t-(i-1)}^d+\varepsilon_t \tag{9.19}$$

正是因为 $y_t^d$ 已经去除了趋势，所以在式（9.19）中没有加入常数项和时间趋势变量。根据式（9.19），接下来就可以使用与式（9.12）相类似的形式对 $\rho$ 进行检验，即

$$\begin{aligned} H_0: \rho=0 \\ H_A: \rho=a \end{aligned} \tag{9.20}$$

对应的临界值和 $p$ 值可以通过 ERS(1996) 获得，一些既成的计量软件（如 EViews）使用 MacKinnon(1996) 的方法计算出相关的临界值和 $p$ 值，不过许多现代软件在给出 ERS-DFGLS 检验的结果时，也会一并给出这些相关的统计量。当然，高级使用者可以运用 ERS(1996) 和 MacKinnon(1996) 的蒙特卡洛模拟，自行获得临界值和 $p$ 值。

## 9.3.2 ERS Point-Optimal 检验

ERS Point-Optimal 检验，即 ERS 点最优检验，是 Elliott、Rothenberg 和 Stock（1996）提出的另一种单位根检验法。ERS 点最优检验与 ERS-DFGLS 检验既相互联系，又有区别。ERS 点最优检验需要首先利用式（9.17）获得残差序列，即

$$\hat{e}_t(a)=d(y_t|a)-d(x_t|a)'\hat{\beta} \tag{9.21}$$

进而求得残差平方和

$$SSR(a)=\sum \hat{e}_t^2(a) \tag{9.22}$$

其中，$SSR(a)$ 表示给定 $a$ 时的残差平方和函数。由此，ERS 点最优检验统计量定义为

$$P_T=\frac{SSR(a)-aSSR(1)}{f_0} \tag{9.23}$$

其中，$f_0$ 表示频率为 0 的残差谱估计。ERS 点最优检验统计量对应的原假设和备择假设与式（9.20）相同，检验的临界值由 ERS(1996) 中表 1 的结果提供。在 EViews 中，ERS 点最优检验的对话框如图 9-6 所示。

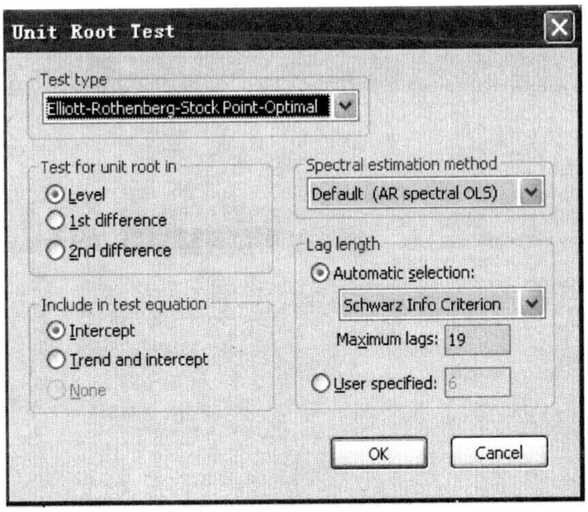


**图 9-6 EViews 中 ERS 点最优检验对话框**

### 9.3.3 Phillips-Perron 检验

Phillips-Perron 检验，简称 PP 检验，是 Phillips 和 Perron(1988) 提出的一种非参数 (nonparametric) 单位根检验法。该检验的特点是使用 DF 检验中的 AR(1) 模型形式，即以下三种形式中的一种：

$$\begin{cases}\Delta y_t = c + \gamma t + \phi y_{t-1} + \varepsilon_t \\ \Delta y_t = c + \phi y_{t-1} + \varepsilon_t \\ \Delta y_t = \phi y_{t-1} + \varepsilon_t \end{cases} \tag{9.24}$$

所以，PP 检验不使用 ADF 检验中的 AR($p$) 形式。这样，由于 AR(1) 模型的滞后期数可能不足，从而会导致出现序列相关性，因此 PP 检验在检验过程中控制序列相关性，从而获得相应的单位根检验统计量的分布情况，进而进行假设检验。

PP 检验的统计量可以写成

$$\hat{\tau}_\phi = \tau_\phi \left(\frac{\gamma_0}{f_0}\right)^{0.5} - \frac{T(f_0 - \gamma_0) se(\hat{\phi})}{2 f_0^{0.5} S} \tag{9.25}$$

其中，$T$ 表示样本大小，$\hat{\phi}$ 是 DF 检验模型中系数 $\phi$ 的估计值，$\tau_\phi$ 是检验统计量，$se(\hat{\phi})$ 表示估计的系数标准差，$S$ 是回归等式的标准差，$f_0$ 是频率为 0 的残差谱 (residual spectrum) 估计。另外，$\gamma_0$ 表示回归等式的一致方差估计，如果被解释变量的个数为 $k$，那么 $\gamma_0$ 的公式为

$$\gamma_0 = \frac{T-k}{T} S^2 \tag{9.26}$$

在 PP 检验的过程中，首先需要选定检验的模型形式，即式 (9.24) 中的其中一种，这与 DF 检验中模型的选择是相同的。其次，需要选择残差的谱估计方法来估计 $f_0$，原理涉及非参数估计和谱估计的一些方法，读者可以参阅 Hamilton(1994) 了解更多相关内容。在 PP 检验中，初学者可以尝试比较各种不同设置给出的结果。EViews 中 PP 检验的对话框见图 9-7。

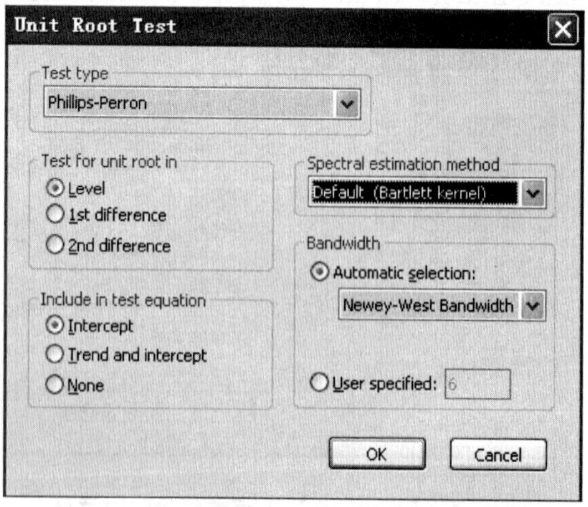


图 9-7 EViews 中 PP 检验的对话框

注意，PP 检验的统计量的渐近分布与 DF 检验相同，常见的计量软件一般都会给出检验统计量以及相关的临界值与 $p$ 值，通过比较检验统计量与临界值或者直接观察 $p$ 值，即可判断 PP 检验的结果。

### 9.3.4 KPSS 检验

KPSS 检验是 Kwiatkowski、Phillips、Schmidt 和 Shin(1992) 提出的一种单位根检验法。与以上介绍的几种单位根检验法相比，KPSS 检验最大的特点是它的原假设是平稳序列或趋势平稳序列，而备择假设是序列有单位根。

KPSS 检验首先需要从下式的 OLS 回归中获得残差序列 $\hat{u}_t$，即

$$y_t = x'_t\beta + u_t \tag{9.27}$$

其中，$x_t=\{1\}$($x_t$ 表示常数项)，或者 $x_t=\{1, t\}$($x_t$ 包括常数项和时间趋势两个变量)。

然后依据式 (9.27) 获得的残差序列定义一个 LM 统计量，即

$$LM = \sum_{t=1}^{T} S^2(t)/(T^2 f_0) \tag{9.28}$$

其中，$f_0$ 是频率为 0 的残差谱估计，而 $S(t)$ 是一个累积残差函数 (cumulative residual function)，定义为

$$S(t) = \sum_{i=1}^{t} \hat{u}_i \tag{9.29}$$

在 EViews 中，KPSS 检验的对话框与 PP 检验类似，见图 9－8。但是注意，在 KPSS 检验中，单位根检验使用的模型的基本形式只有两种，即

$$\begin{cases} \Delta y_t = c + \gamma t + \phi y_{t-1} + \varepsilon_t \\ \Delta y_t = c + \phi y_{t-1} + \varepsilon_t \end{cases} \tag{9.30}$$

检验的临界值依据 KPSS(1992) 的结果计算。

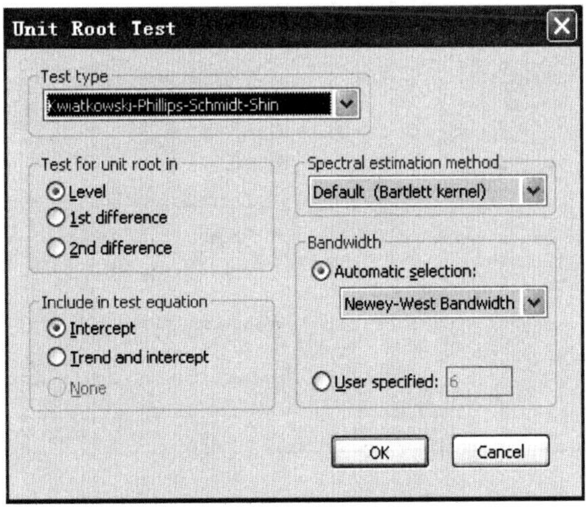


**图 9－8　EViews 中 KPSS 检验的对话框**

### 9.3.5 Ng-Perron 检验

Ng-Perron 检验是 Ng 和 Perron(2001) 利用 GLS 去除趋势的数据提出的，共有四个检验统计量，这些统计量是在已有研究的基础上发展起来的。在 9.3.1 小节中，我们介绍过，$y_t^d$ 表示去除趋势后的序列。利用这个序列，Ng-Perron 检验的第一步是定义

$$\kappa=\frac{\sum_{t=2}^{T}(y_{t-1}^d)^2}{T^2} \tag{9.31}$$

下面定义以下四个统计量：

$$\begin{aligned}
&MZ_\alpha=[T^{-1}(y_T^d)^2-f_0]/(2\kappa)\\
&MSB=(\kappa/f_0)^{0.5}\\
&MZ_t=MZ_\alpha\times MSB\\
&MP_T=\begin{cases}[\bar{c}^2\kappa-\bar{c}^2T^{-1}(y_T^d)^2]/f_0, & x_t=\{1\}\\ [\bar{c}^2\kappa+(1-\bar{c})T^{-1}(y_T^d)^2]/f_0, & x_t=\{1,t\}\end{cases}
\end{aligned} \tag{9.32}$$

其中，$f_0$ 是频率为 0 的残差谱估计，并且

$$\bar{c}=\begin{cases}-7, & x_t=\{1\}\\ -13.5, & x_t=\{1,t\}\end{cases}$$

在 EViews 中，Ng-Perron 检验的对话框如图 9-9 所示。设立好检验的选项之后，即可得到检验结果。检验统计量对应的临界值根据 Ng 和 Perron(2001) 计算。如果计算出的检验统计量小于临界值，则拒绝“序列有单位根”的原假设，意味着检验的序列没有单位根，为平稳时间序列。

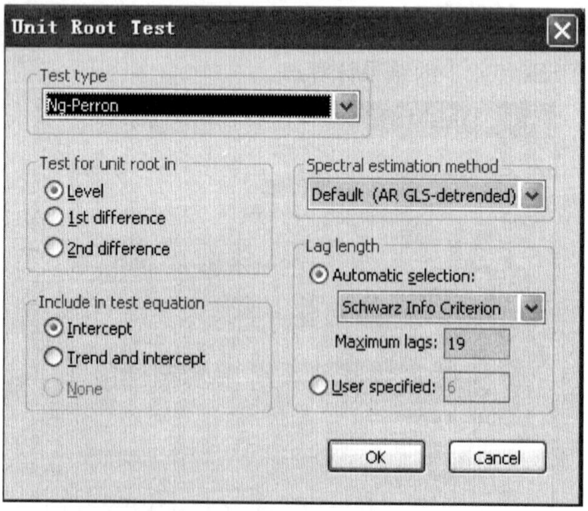


**图 9-9 EViews 中 Ng-Perron 检验的对话框**

## 9.3.6　面板单位根检验

面板单位根检验（panel unit root test），顾名思义，是对面板数据进行的单位根检验。如果我们有几个不同变量的时间序列数据，并且其时间跨度一致，就可以对这样的一组时间序列变量进行单位根检验。所以，面板单位根检验可以理解成对多个序列同时进行单位根检验。当然，由于多个序列同时进行单位根检验，因此面板单位根检验使用的回归方程和对应的检验统计量不可避免地要比检验单个序列时复杂一些。但是，因为面板数据实际上是从两个维度［即时间（$T$ 个）和不同序列个体（$N$ 个）］来组织数据的，所以面板单位根检验可以有效地规避有限样本问题。例如，假设我们要检验 2006—2015 年中国的年度真实 GDP 序列是否有单位根，由于样本只有 10 个，单个序列的单位根检验结果受小样本问题的影响比较严重，所以结果可能既不精确也不可靠。

但是，如果能收集到多个国家 2006—2015 年的年度真实 GDP 数据，如 7 个发达国家与中国，这样就有了 8 个国家同一变量的 10 年数据，获得了有 80 个数据的样本，再运用面板单位根检验，就可能获得更为精确且可靠的结果。

面板单位根检验的发展正是基于这样的思想，1999 年以来，一系列文献提出了几种面板单位根检验，包括 Levin、Lin 和 Chu(2002)，Breitung(2000)，Im、Pesaran 和 Shin (2003)，Maddala 和 Wu(1999)，Choi(2001)，以及 Hadri(2000)。一些现代计量软件经常将这几种面板单位根检验嵌套于其中，如图 9－10 给出了 EViews 中面板单位根检验的对话框。我们下面分别介绍几种面板单位根检验的原理。

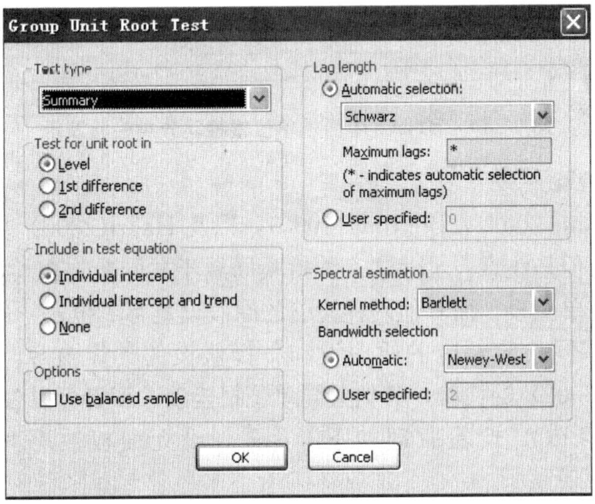


**图 9－10　EViews 中面板单位根检验的对话框**

### 1. 面板单位根检验的基本模型说明

在面板单位根检验中，其基本模型与 DF 检验和 ADF 检验的模型形式相似，但由于面板数据的构成特点，所以在变量下标的表示方面稍有不同。例如，以 AR(1) 形式的模型为例，对应的面板数据的表示形式为

$$\Delta y_{it}=\rho_i y_{i,t-1}+x_{it}\beta_i+u_{it} \tag{9.33}$$

其中，$i=1, 2, \cdots, N$ 表示截面个体，而 $t=1, 2, \cdots, T$ 表示时间序列，$x_{it}$ 表示外生变量（例如常数项或/和时间趋势），$u_{it}$ 表示彼此独立且异质的随机扰动项。面板单位根检验的基本原理就是：如果 $\rho_i<0$，那么对应的 $y_i$ 序列为平稳序列；如果 $\rho_i=0$，那么对应的 $y_i$ 序列有单位根。

根据面板数据模型的特点，$\rho_i$ 的检验主要有两大类情况。第一类情况是假定面板数据中的所有序列都有一个相同的单位根，即各个序列对应的 $\rho_i$ 都相等，这种情况称为共同单位根检验（test with common unit root，有时简称为 common root）。第二类情况是假定各个序列对应的 $\rho_i$ 都不同，这种情况称为个体单位根检验（test with individual unit root，有时简称为 individual root）。这种分类检验在 EViews 中设计得非常明确直观，如图 9 - 11 所示。

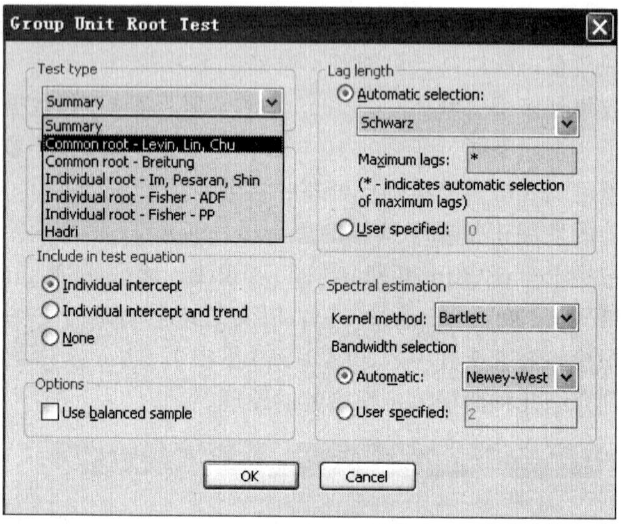


**图 9 - 11　EViews 中面板单位根检验分类检验演示**

### 2. 共同单位根检验

Levin、Lin 和 Chu(2002)，Breitung(2000)，以及 Hadri(2000) 提出的检验属于共同单位根检验的范畴。但是注意，虽然这三种检验同属于共同单位根检验的范围，但 Hadri 检验的原假设是没有单位根，而其他两种检验的原假设是有单位根，所以在实际应用过程中一定要注意各个不同检验对应的原假设和备择假设的具体内容。这里我们主要介绍 Levin、Lin 和 Chu(2002) 的检验，其他共同单位根检验，读者可以参阅相关文献。

Levin-Lin-Chu(LLC) 检验原理如下。首先，设立面板数据对应的 ADF 模型形式，即

$$\Delta y_{i,t}=\rho y_{i,t-1}+\sum_{j=1}^{p_i}\alpha_{ij}\Delta y_{i,t-j}+x_{it}\beta_i+u_{it} \tag{9.34}$$

对应的原假设和备择假设为

$$\begin{aligned} &H_0: \rho=0 \\ &H_A: \rho<0 \end{aligned} \tag{9.35}$$

要进行上述检验，LLC 设计了两个回归，即

$$\Delta y_{i,t}=\sum_{j=1}^{p_i}\alpha_{ij}^{\triangle}\Delta y_{i,t-j}+x_{it}\beta_i^{\triangle}+u_{it}^{\triangle} \tag{9.36}$$

$$y_{i,t-1}=\sum_{j=1}^{p_i}\alpha_{ij}^{\dagger}\Delta y_{i,t-j}+x_{it}\beta_i^{\dagger}+u_{it}^{\dagger} \tag{9.37}$$

下面，根据式（9.36）和式（9.37）的回归估计结果，定义以下两个序列，即

$$\Delta\overline{y}_{i,t}=\Delta y_{i,t}-\left(\sum_{j=1}^{p_i}\hat{\alpha}_{ij}^{\triangle}\Delta y_{i,t-j}+x_{it}\hat{\beta}_i^{\triangle}\right) \tag{9.38}$$

$$\overline{y}_{i,t-1}=y_{i,t-1}-\left(\sum_{j=1}^{p_i}\hat{\alpha}_{ij}^{\dagger}\Delta y_{i,t-j}+x_{it}\hat{\beta}_i^{\dagger}\right) \tag{9.39}$$

其中式（9.38）和式（9.39）中使用的系数分别为式（9.36）和式（9.37）中对应系数的估计值。

然后，假设回归式（9.34）得到的回归方程的标准差为 $S$，则可以分别将 $\Delta\overline{y}_{i,t}$ 和 $\overline{y}_{i,t-1}$ 标准化为

$$\Delta\tilde{y}_{i,t}=\Delta\overline{y}_{i,t}/S \tag{9.40}$$

$$\tilde{y}_{i,t-1}=\overline{y}_{i,t-1}/S \tag{9.41}$$

接着，可以利用下列回归方程获得 $\rho$ 的估计值，即

$$\Delta\tilde{y}_{i,t}=\rho\tilde{y}_{i,t-1}+\eta_{it} \tag{9.42}$$

基于以上步骤，LLC 给出了单位根检验的统计量，即

$$\tau_\rho^*=\frac{\tau_\rho-(N\tilde{T})S_N\hat{\sigma}^{-2}se(\hat{\rho})\mu_{m\tilde{T}^*}}{\sigma_{m\tilde{T}^*}} \tag{9.43}$$

其中，$\tau_\rho$ 是式（9.42）对应的 $t$ 统计量，$\hat{\sigma}$ 是 $\eta$ 对应的标准差估计值，并且 $\tilde{T}=\left(T-\sum_{i=1}^{N}p_i/N\right)-1$。对于其他相关统计量，可以参阅 LLC 原文。

### 3. 个体单位根检验

个体单位根的介绍以 Im、Pesaran 和 Shin(2003) 的检验（以下简称 IPS 检验）为主，对于其他检验，感兴趣的读者可以阅读原文。

IPS 检验研究的基本回归方程仍然为面板数据形式的 ADF 模型，对每个时间序列分别进行下列回归

$$\Delta y_{i,t}=\rho_i y_{i,t-1}+\sum_{j=1}^{p_i}\alpha_{ij}\Delta y_{i,t-j}+x_{it}\beta_i+u_{it} \tag{9.44}$$

因为这里假设的是个体单位根检验，所以原假设和备择假设分别定义为

$$H_0:\rho_i=0，对于所有的\ i$$

$$H_A:\begin{cases}\rho_i=0，对于\ i=1，2，\cdots，N_1\\ \rho_i<0，对于\ i=N_1+1，N_1+2，\cdots，N\end{cases} \tag{9.45}$$

在分别回归之后，可以获得 $\rho_i$ 的平均估计值，即

$$\bar{\tau}=\sum_{i=1}^{N}\tau_i(p_i)/N \tag{9.46}$$

根据这一结果，即可进行个体单位根的检验。

### 9.3.7 拔靴法与单位根检验

近年来，随着拔靴法（bootstrap）在经济计量中应用的发展，基于拔靴法进行的单位根检验也应运而生。拔靴法，也被称为“自举法”，此英文单词本义是不借助外力而拉着自己的靴带向上拔，它后来被形象地应用于统计学和计量学。这种方法实质上是利用重新抽样获得一个实证拟合出来的分布函数，然后利用这个实证分布函数计算相关统计量。

拔靴法的种类很多，在张成思和刘志刚（2007）的文献中有所介绍。而应用于单位根检验的拔靴法是基于 Hansen(1999) 的格点拔靴（grid bootstrap）方法。这种方法实质上是利用拔靴技术针对一系列可能的 $\rho$ 值模拟出最小二乘估计的有限样本分布，利用格点搜索法计算 $\rho$ 值的置信区间。Hansen 的蒙特卡洛模拟表明，无论是平稳时间序列模型还是局部含有单位根的非平稳模型，格点拔靴估计都能提供正确的置信区间，所以可以使用服从拔靴分布（bootstrap distribution）的百分位数函数构造 ADF 模型中系数 $\rho$ 的 90%的置信区间，进而利用格点拔靴方法估计的 50%百分位数计算惯性系数的中位无偏估计（median unbiased estimate）。如果 $\rho$ 的 90%的置信区间包括了单位 1，则不能拒绝序列有单位根的原假设，否则说明原序列没有单位根，为平稳序列。

关于格点拔靴方法的介绍和具体应用，读者可以参阅张成思和刘志刚（2007）以及 Zhang（2008）的文献。表 9 - 3 给出了 2000 年第一季度至 2023 年第一季度的 CPI 和 RPI（零售商品价格指数）通货膨胀率的格点拔靴估计结果和 OLS 估计结果。读者可以比较二者估计结果的差别，并且判断中国通货膨胀率变量是否有单位根。在格点拔靴估计的仿真过程中，格点数设定为 200，拔靴的模拟次数为 1 999，格点拔靴置信区间的估计使用了 White 异方差修正标准误。

**表 9 - 3　2000 年第一季度至 2023 年第一季度中国通货膨胀率 ADF 模型系数 $\rho$ 的估计**

| | 格点拔靴估计 | | 最小二乘估计 | | | |
|---|---|---|---|---|---|---|
| | 中位无偏 | 90%的置信区间 | $\hat{\rho}$ | $\bar{R}^2$ | $p$-auto | 滞后期 |
| CPI | 0.946 | [0.774, 1.118] | 0.999<br>(0.000) | 0.72 | 0.00 | 1 |
| RPI | 0.878 | [0.722, 1.034] | 0.999<br>(0.000) | 0.78 | 0.00 | 3 |

说明：$p$-auto 为 Breusch-Godfrey LM 序列相关性（至滞后 4 期）检验的 $p$ 值。

## 9.4　各种单位根检验法的应用

前文综合介绍了各种单位根检验法的原理。最根本的单位根检验法是 DF 检验和 ADF 检验。但是为了帮助读者了解其他各种单位根检验法的实际应用，这一部分利用标准普尔

500股票价格指数的月度数据（样本区间为1976年1月至2023年4月），报告了各种单位根检验法的结果，并且利用中国国际股票价格指数与标准普尔500股票价格指数（样本区间为2000年1月至2023年4月）一起进行了面板单位根检验的示范，读者可以扫描二维码查看，可比较不同检验的结果并得出结论。

拓展阅读

检验结果

## 练习9

1. 考虑下列AR(2)模型

$$y_t = c + \alpha_1 y_{t-1} + \alpha_2 y_{t-2} + \varepsilon_t$$

(a) 证明AR(2)模型可以写成下列ADF形式：

$$\Delta y_t = c + \alpha_1^* y_{t-1} + \alpha_2^* \Delta y_{t-1} + \varepsilon_t$$

其中，

$$\alpha_1^* = \alpha_1 + \alpha_2 - 1$$
$$\alpha_2^* = -\alpha_2$$

(b) 证明如果 $y_t \sim I(1)$，则有 $\alpha_1 + \alpha_2 = 1$。

2. 试证明AR($p$)模型可以写成下列形式：

$$\Delta y_t = c + \alpha y_{t-1} + \sum_{i=2}^{p} \phi_i \Delta y_{t-(i-1)} + \varepsilon_t$$

并且

$$\alpha = \sum_{i=1}^{p} \alpha_i - 1$$
$$\phi_i = -\sum_{j=i}^{p} \alpha_j$$

3. 采集2001年至今的中国CPI通货膨胀率月度数据（注意同比与环比的区别），并进行单位根检验。

(a) 对整个样本进行ADF单位根检验，如何选择检验模型形式？结论是什么？

(b) 改变样本范围，重新进行ADF单位根检验，你的结论是否变化了？为什么？

(c) 使用其他单位根检验方法，重复上述过程，你的结论是什么？

(d) 采集美国同期的CPI月度数据，并利用 $[\ln(P_t) - \ln(P_{t-1})]$ 换算成通货膨胀率的数据，然后与中国CPI通货膨胀率一起进行面板单位根检验，结论是什么？

# 第10章 向量自回归（VAR）模型

**本章导读**

多维时间序列模型最核心的内容之一是向量自回归（vector autoregression，VAR）模型。VAR模型的推广始于世界著名计量经济学家克里斯托弗·西姆斯（Christopher Sims）于1980年发表的著名文章。时至今日，关于VAR的研究已经从最初的简单二维模型拓展至多维度的多元模型。同时，依据一定经济理论建立模型的结构向量自回归（SVAR）模型以及近年来发展起来的因素向量自回归（FVAR）模型也是无约束VAR模型的拓展。由于经济、金融时间序列分析经常涉及多个变量，所以VAR模型在实际中尤其是货币政策分析等宏观金融中得到了极为广泛的应用。Fernandez-Villaverde等（2007）在《美国经济评论》上发表的一篇文章对VAR模型的理论发展脉络与现实应用等内容做了归纳与梳理，非常值得一读。本章从介绍最简单的VAR模型开始，对VAR模型的稳定性、各阶矩的特点以及VAR的计量检验等做了较为深入的讲解。然后，本章介绍了VAR模型的脉冲响应分析。

在前面几章里，我们主要介绍了单变量金融时间序列模型。而在分析现实问题的过程中，还可能遇到涉及多个变量的多维模型。本章和下一章要介绍的就是多维模型中的重要模型：向量自回归（VAR）模型和结构向量自回归（SVAR）模型。

## 10.1 VAR模型介绍

### 10.1.1 VAR模型的基本概念

VAR模型的实质是考查多个变量之间的动态互动关系。例如，假定我们考虑一组变量 $y_{1t}$，$y_{2t}$，…，$y_{nt}$，那么实际上每个变量都是一个时间序列变量。这样，我们可以将这些变量定义在一个 $n$ 维的向量 $\boldsymbol{Y}_t$ 上，即定义一个 $n\times 1$ 维的向量时间序列

$$\boldsymbol{Y}_t=\begin{pmatrix} y_{1t} \\ y_{2t} \\ \vdots \\ y_{nt} \end{pmatrix},\ t=1,\ 2,\ \cdots,\ T \tag{10.1}$$

例如，假设我们要分析货币增长率和通货膨胀率的关系，分别用 $m_t$ 和 $\pi_t$ 表示这两个变量。在这个例子中，向量 $\boldsymbol{Y}_t$ 就可以写成：

$$\boldsymbol{Y}_t=\begin{pmatrix} m_t \\ \pi_t \end{pmatrix}$$

更一般地，一个 $p$ 阶的 VAR 模型，即 VAR($p$)，定义为

$$\boldsymbol{Y}_t=\boldsymbol{C}+\boldsymbol{\Phi}_1\boldsymbol{Y}_{t-1}+\boldsymbol{\Phi}_2\boldsymbol{Y}_{t-2}+\cdots+\boldsymbol{\Phi}_p\boldsymbol{Y}_{t-p}+\boldsymbol{\varepsilon}_t \tag{10.2}$$

其中，$\boldsymbol{C}$ 代表 $n\times 1$ 维的常数向量，$\boldsymbol{\Phi}_i$（$i=1, 2, \cdots, p$）表示 $n\times n$ 维的自回归系数矩阵。而这里的 $\boldsymbol{\varepsilon}_t$ 代表 $n\times 1$ 维的向量白噪声（vector white noise），满足下列等式关系，即

$$\begin{aligned} &E(\boldsymbol{\varepsilon}_t)=\boldsymbol{0} \\ &E(\boldsymbol{\varepsilon}_t\boldsymbol{\varepsilon}_t')=\boldsymbol{\Omega} \\ &E(\boldsymbol{\varepsilon}_t\boldsymbol{\varepsilon}_s')=\boldsymbol{0}，\text{对于 } s\neq t \end{aligned} \tag{10.3}$$

其中，$\boldsymbol{\Omega}$ 表示 $n\times n$ 维的对称正定（positive definite）矩阵。

从式（10.3）中可以看到，随机扰动向量 $\boldsymbol{\varepsilon}_t$ 的均值为 $\boldsymbol{0}$，方差和协方差矩阵不随时间变化而变化。与其他协方差矩阵类似，矩阵 $\boldsymbol{\Omega}$ 必然是对称的半正定（positive semi-definite）矩阵。在实际应用中，经常会遇到的情况是向量 $\boldsymbol{\varepsilon}_t$ 中的任意一个扰动项都不是其他扰动项的线性组合，因此 $\boldsymbol{\Omega}$ 在一般情况下不仅是半正定矩阵，而且是秩为 $n$ 的正定矩阵。另外，式(10.3）还表明，扰动项 $\boldsymbol{\varepsilon}_t$ 的自协方差为 $\boldsymbol{0}$，而且跨项之间的协方差（cross-covariance）也为 $\boldsymbol{0}$。为了说明这一点，我们可以考虑一个简单的情形，即 $\boldsymbol{\varepsilon}_t=\begin{pmatrix} \varepsilon_{1t} \\ \varepsilon_{2t} \end{pmatrix}$。如果该扰动因素的向量满足向量白噪声过程，则有

$$E(\boldsymbol{\varepsilon}_t\boldsymbol{\varepsilon}_{t-1}')=\begin{pmatrix} E(\varepsilon_{1t}\varepsilon_{1,t-1}) & E(\varepsilon_{1t}\varepsilon_{2,t-1}) \\ E(\varepsilon_{2t}\varepsilon_{1,t-1}) & E(\varepsilon_{2t}\varepsilon_{2,t-1}) \end{pmatrix}=\boldsymbol{0}_{2\times 2}$$

所以，向量白噪声过程各项之间互不相关。

另外，如果使用滞后算子，可以把式（10.2）写成更为简约的形式，即

$$\boldsymbol{\Phi}(L)\boldsymbol{Y}_t=\boldsymbol{C}+\boldsymbol{\varepsilon}_t \tag{10.4}$$

其中，$\boldsymbol{\Phi}(L)$ 是一个 $n\times n$ 维的滞后算子多项式矩阵（matrix of polynomial in the lag operator），即

$$\boldsymbol{\Phi}(L)=\boldsymbol{I}_n-\boldsymbol{\Phi}_1 L-\boldsymbol{\Phi}_2 L^2-\cdots-\boldsymbol{\Phi}_p L^p \tag{10.5}$$

对于刚开始接触 VAR 模型的读者，往往会发现 VAR 模型比较复杂，甚至不容易理解。为了更清楚地介绍 VAR 的概念，帮助读者更清楚地将一维和多维的向量模型联系起来，下面给出一个具体的例子。我们考虑一个简单的情况，就是只有两个变量的 VAR(1) 模型

$$\boldsymbol{Y}_t=\boldsymbol{C}+\boldsymbol{\Phi}\boldsymbol{Y}_{t-1}+\boldsymbol{\varepsilon}_t \tag{10.6}$$

如果把这个 VAR 模型明确地写出来，可以写成

$$\begin{pmatrix} y_{1t} \\ y_{2t} \end{pmatrix} = \begin{pmatrix} c_1 \\ c_2 \end{pmatrix} + \begin{pmatrix} \phi_{11} & \phi_{12} \\ \phi_{21} & \phi_{22} \end{pmatrix} \begin{pmatrix} y_{1,t-1} \\ y_{2,t-1} \end{pmatrix} + \begin{pmatrix} \varepsilon_{1t} \\ \varepsilon_{2t} \end{pmatrix}$$
$$= \begin{pmatrix} c_1 + \phi_{11} y_{1,t-1} + \phi_{12} y_{2,t-1} + \varepsilon_{1t} \\ c_2 + \phi_{21} y_{1,t-1} + \phi_{22} y_{2,t-1} + \varepsilon_{2t} \end{pmatrix} \tag{10.7}$$

对比式（10.6）和式（10.7），不难看到

$$\boldsymbol{C} = \begin{pmatrix} c_1 \\ c_2 \end{pmatrix}$$
$$E(\boldsymbol{\varepsilon}_t \boldsymbol{\varepsilon}'_t) = \begin{pmatrix} E(\varepsilon_{1t}^2) & E(\varepsilon_{1t}\varepsilon_{2t}) \\ E(\varepsilon_{2t}\varepsilon_{1t}) & E(\varepsilon_{2t}^2) \end{pmatrix} = \begin{pmatrix} \sigma_1^2 & \sigma_{12} \\ \sigma_{21} & \sigma_2^2 \end{pmatrix}$$
$$\boldsymbol{\Phi}(L) = \boldsymbol{I} - \boldsymbol{\Phi} L = \begin{pmatrix} 1 & 0 \\ 0 & 1 \end{pmatrix} - \begin{pmatrix} \phi_{11} L & \phi_{12} L \\ \phi_{21} L & \phi_{22} L \end{pmatrix} = \begin{pmatrix} 1-\phi_{11} L & -\phi_{12} L \\ -\phi_{21} L & 1-\phi_{22} L \end{pmatrix}$$

在上面的例子中，因为滞后期数只有 1 期，所以读者可能并没有感觉到 VAR 模型书写方面的复杂。但是如果滞后期数增加，我们就会发现，VAR 模型相对来说要使用更多上标和下标。例如，如果使用 $\phi_{ij}^{(1)}$ 表示 $\boldsymbol{\Phi}_1$ 的第 $i$ 行第 $j$ 列元素，那么一个 VAR($p$) 模型对应的第一个等式就应该写成如下形式

$$\begin{aligned} y_{1t} = & c_1 + \phi_{11}^{(1)} y_{1,t-1} + \phi_{12}^{(1)} y_{2,t-1} + \cdots + \phi_{1n}^{(1)} y_{n,t-1} \\ & + \phi_{11}^{(2)} y_{1,t-2} + \phi_{12}^{(2)} y_{2,t-2} + \cdots + \phi_{1n}^{(2)} y_{n,t-2} \\ & + \cdots \\ & + \phi_{11}^{(p)} y_{1,t-p} + \phi_{12}^{(p)} y_{2,t-p} + \cdots + \phi_{1n}^{(p)} y_{n,t-p} + \varepsilon_{1t} \end{aligned} \tag{10.8}$$

可以看出，VAR 模型实质上刻画的是每个序列对所有序列的滞后期（包括其自身的滞后期）进行回归。一个包含 $n$ 个变量的 VAR($p$) 模型，如果每个等式都含有一个常数项，那么这个 VAR($p$) 系统一共含有 $n(np+1)$ 个系数。

### 10.1.2 VAR 模型的平稳性条件

我们在前面的章节曾经学习过单个时间序列的平稳性定义。对于 VAR 模型，基本定义是类似的。我们主要考虑的也是所谓的弱平稳性，简称平稳性。如果以下条件满足，则对应的 VAR 模型为平稳的，即

$$\begin{aligned} & E(\boldsymbol{Y}_t) = \boldsymbol{\mu} \\ & E(\boldsymbol{Y}_t - \boldsymbol{\mu})(\boldsymbol{Y}_t - \boldsymbol{\mu})' = \boldsymbol{\Gamma}_0 \\ & E(\boldsymbol{Y}_t - \boldsymbol{\mu})(\boldsymbol{Y}_{t-j} - \boldsymbol{\mu})' = \boldsymbol{\Gamma}_j \end{aligned} \tag{10.9}$$

其中，$\boldsymbol{\Gamma}_j$ 定义的是 $\boldsymbol{Y}_t$ 在第 $j$ 期的自协方差矩阵。

式（10.9）给出的只是一个比较笼统的平稳 VAR 的定义。如果给定一个 VAR($p$) 模型，具体如何判断其是否平稳呢？在单变量模型［如 AR($p$) 模型］中，我们讨论过自回归系数 $\alpha_i$（$i=1, 2, \cdots, p$）与 AR($p$) 模型平稳性的联系，即只要逆特征方程

$$1-\alpha_1 z - \alpha_2 z^2 - \cdots - \alpha_p z^p = 0$$

的根都落在单位圆外，或者对应的特征方程的根都落在单位圆内，那么这个 AR($p$) 模型就是平稳的。

对于 AR($p$) 模型拓展到 VAR($p$) 模型的情形，判断方法类似，但表达形式有些变化。对于一个 VAR($p$) 模型，其平稳性条件是

$$|\boldsymbol{\Phi}(z)|=|\boldsymbol{I}_n-\boldsymbol{\Phi}_1 z-\boldsymbol{\Phi}_2 z^2-\cdots-\boldsymbol{\Phi}_p z^p|=0 \tag{10.10}$$

的所有根都落在单位圆外，其中“| |”表示行列式符号。当然，也可以换成等同的判断方法，即如果

$$|\boldsymbol{I}_n\lambda^p-\boldsymbol{\Phi}_1\lambda^{p-1}-\boldsymbol{\Phi}_2\lambda^{p-2}-\cdots-\boldsymbol{\Phi}_p|=0 \tag{10.11}$$

的所有根都落在单位圆内，那么对应的 VAR($p$) 模型是平稳的。

为了深入地理解 VAR 模型的平稳性条件，我们考虑下面这个含有两个变量的简单 VAR(1) 模型，

$$\begin{pmatrix} y_{1t} \\ y_{2t} \end{pmatrix}=\begin{pmatrix} 1 & -0.6 \\ 0.5 & -0.7 \end{pmatrix}\begin{pmatrix} y_{1,t-1} \\ y_{2,t-1} \end{pmatrix}+\begin{pmatrix} \varepsilon_{1t} \\ \varepsilon_{2t} \end{pmatrix} \tag{10.12}$$

与式（10.10）对应的等式可以写成

$$|\boldsymbol{\Phi}(z)|=|\boldsymbol{I}_2-\boldsymbol{\Phi}_1 z|=\begin{vmatrix} 1-z & 0.6z \\ -0.5z & 1+0.7z \end{vmatrix}=0 \tag{10.13}$$

$$\Rightarrow(1-z)(1+0.7z)+0.3z^2=0$$

$$\Rightarrow z^2+0.75z-2.5=0$$

$$\Rightarrow z_1=5/4,\ z_2=-2$$

因为式（10.13）的两个根都落在了单位圆外，所以这个例子当中的 VAR(1) 过程是平稳的。

注意，在上面给出的例子中，很明显第一个等式的自回归系数是 1($\phi_{11}=1$)，但是整个 VAR(1) 系统是平稳的！所以，这里要强调，对于整个 VAR 模型系统的平稳与否，千万不能单凭某一个等式中的自回归系数判断，而是要考虑整个系统的平稳性条件。这是因为，如果只考虑单个等式中的某个自回归系数，就会忽略 $y_{1t}$ 和 $y_{2t}$ 之间的互动关系，而整个 VAR 模型是一个互动的动态系统！

为了进一步说明这个问题，下面考虑另外一个例子，也是一个两变量的简单 VAR(1) 模型，即

$$\begin{pmatrix} y_{1t} \\ y_{2t} \end{pmatrix}=\begin{pmatrix} 0.9 & 0.1 \\ 0.2 & 0.8 \end{pmatrix}\begin{pmatrix} y_{1,t-1} \\ y_{2,t-1} \end{pmatrix}+\begin{pmatrix} \varepsilon_{1t} \\ \varepsilon_{2t} \end{pmatrix} \tag{10.14}$$

现在，考虑 VAR 模型的平稳性条件，则有

$$|\boldsymbol{\Phi}(z)|=|\boldsymbol{I}_2-\boldsymbol{\Phi}_1 z|=\begin{vmatrix} 1-0.9z & -0.1z \\ -0.2z & 1-0.8z \end{vmatrix}=0$$

$$\Rightarrow(1-0.9z)(1-0.8z)-0.02z^2=0$$

$$\Rightarrow z_1=1,\ z_2=10/7$$

这里，出现了一个不同的结果：尽管我们看到式（10.14）中每一个等式的自回归系数都小于1，但是整个VAR系统是非平稳的，因为平稳性条件对应的方程中有一个根等于1，即$|\boldsymbol{\Phi}(z)|$含有一个单位根。

### 10.1.3 VAR($p$) 模型与 VAR(1) 的转化

在第3章中，我们曾经介绍过如何利用一个$\boldsymbol{F}$矩阵将AR($p$)模型转化成AR(1)的形式。类似地，我们也可以利用一个$\boldsymbol{F}$矩阵将VAR($p$)模型转化成VAR(1)的形式。将VAR($p$)转化成VAR(1)形式的主要原因是，在很多情况下，VAR(1)模型更容易分析其性质、进行计算和理论推导等。

要实现这样的转化，首先要注意到一个平稳的VAR($p$)模型具有一个恒定不变的常数项矩阵$\boldsymbol{\mu}$，即可以通过对式（10.2）左右两边取期望，获得下面的等式

$$\boldsymbol{\mu}=\boldsymbol{C}+\boldsymbol{\Phi}_1\boldsymbol{\mu}+\boldsymbol{\Phi}_2\boldsymbol{\mu}+\cdots+\boldsymbol{\Phi}_p\boldsymbol{\mu} \tag{10.15}$$

从而获得均值矩阵，即

$$\boldsymbol{\mu}=(\boldsymbol{I}_n-\boldsymbol{\Phi}_1-\boldsymbol{\Phi}_2-\cdots-\boldsymbol{\Phi}_p)^{-1}\boldsymbol{C} \tag{10.16}$$

这样，VAR($p$)模型（10.2）就可以重新写成去除均值（demean）的形式，即

$$\boldsymbol{Y}_t-\boldsymbol{\mu}=\boldsymbol{\Phi}_1(\boldsymbol{Y}_{t-1}-\boldsymbol{\mu})+\boldsymbol{\Phi}_2(\boldsymbol{Y}_{t-2}-\boldsymbol{\mu})+\cdots+\boldsymbol{\Phi}_p(\boldsymbol{Y}_{t-p}-\boldsymbol{\mu})+\boldsymbol{\varepsilon}_t \tag{10.17}$$

下面，定义一个$np\times1$维矩阵$\bar{\boldsymbol{Y}}_t$，即

$$\bar{\boldsymbol{Y}}_t=\begin{pmatrix}\boldsymbol{Y}_t-\boldsymbol{\mu}\\ \boldsymbol{Y}_{t-1}-\boldsymbol{\mu}\\ \vdots\\ \boldsymbol{Y}_{t-(p-1)}-\boldsymbol{\mu}\end{pmatrix} \tag{10.18}$$

再来定义一个$np\times np$维矩阵$\boldsymbol{F}$

$$\boldsymbol{F}=\begin{pmatrix}\boldsymbol{\Phi}_1 & \boldsymbol{\Phi}_2 & \boldsymbol{\Phi}_3 & \cdots & \boldsymbol{\Phi}_{p-1} & \boldsymbol{\Phi}_p\\ \boldsymbol{I}_n & \boldsymbol{0} & \boldsymbol{0} & \cdots & \boldsymbol{0} & \boldsymbol{0}\\ \boldsymbol{0} & \boldsymbol{I}_n & \boldsymbol{0} & \cdots & \boldsymbol{0} & \boldsymbol{0}\\ \boldsymbol{0} & \boldsymbol{0} & \boldsymbol{I}_n & \cdots & \boldsymbol{0} & \boldsymbol{0}\\ \vdots & \vdots & \vdots & & \vdots & \vdots\\ \boldsymbol{0} & \boldsymbol{0} & \boldsymbol{0} & \cdots & \boldsymbol{I}_n & \boldsymbol{0}\end{pmatrix} \tag{10.19}$$

以及一个$np\times1$维矩阵$\boldsymbol{V}_t$

$$\boldsymbol{V}_t=\begin{pmatrix}\boldsymbol{\varepsilon}_t\\ \boldsymbol{0}\\ \vdots\\ \boldsymbol{0}\end{pmatrix} \tag{10.20}$$

基于以上设计，VAR($p$)模型就可以重新写成VAR(1)的形式，即

$$\bar{\boldsymbol{Y}}_t=\boldsymbol{F}\bar{\boldsymbol{Y}}_{t-1}+\boldsymbol{V}_t \tag{10.21}$$

其中，

$$\begin{cases}E(\boldsymbol{V}_t\boldsymbol{V}_t')=\boldsymbol{E}\\E(\boldsymbol{V}_t\boldsymbol{V}_s')=\boldsymbol{0},\text{对于 } t\neq s\end{cases} \tag{10.22}$$

并且

$$\boldsymbol{E}_{np\times np}=\begin{pmatrix}\boldsymbol{\Omega} & \boldsymbol{0} & \cdots & \boldsymbol{0}\\ \boldsymbol{0} & \boldsymbol{0} & \cdots & \boldsymbol{0}\\ \vdots & \vdots & & \vdots\\ \boldsymbol{0} & \boldsymbol{0} & \cdots & \boldsymbol{0}\end{pmatrix} \tag{10.23}$$

在后续的学习中，读者会慢慢领会到将高阶 VAR 模型写成 1 阶 VAR 模型的好处。

### 10.1.4　向量自协方差和向量自相关函数

在上面介绍的内容中，我们提到过向量自协方差的概念。实际上，一个平稳的 VAR($p$)模型的向量自协方差的一般定义表达式可以写成

$$\boldsymbol{\Gamma}_j=E[(\boldsymbol{Y}_t-\boldsymbol{\mu})(\boldsymbol{Y}_{t-j}-\boldsymbol{\mu})'] \tag{10.24}$$

结合式（10.17）的结果，又可以得到

$$\begin{aligned}\boldsymbol{\Gamma}_j&=E[(\boldsymbol{Y}_t-\boldsymbol{\mu})(\boldsymbol{Y}_{t-j}-\boldsymbol{\mu})']\\&=\boldsymbol{\Phi}_1E[(\boldsymbol{Y}_{t-1}-\boldsymbol{\mu})(\boldsymbol{Y}_{t-j}-\boldsymbol{\mu})']+\boldsymbol{\Phi}_2E[(\boldsymbol{Y}_{t-2}-\boldsymbol{\mu})(\boldsymbol{Y}_{t-j}-\boldsymbol{\mu})']+\cdots\\&\quad+\boldsymbol{\Phi}_pE[(\boldsymbol{Y}_{t-p}-\boldsymbol{\mu})(\boldsymbol{Y}_{t-j}-\boldsymbol{\mu})']+E[\boldsymbol{\varepsilon}_t(\boldsymbol{Y}_{t-j}-\boldsymbol{\mu})']\\&=\boldsymbol{\Phi}_1\boldsymbol{\Gamma}_{j-1}+\boldsymbol{\Phi}_2\boldsymbol{\Gamma}_{j-2}+\cdots+\boldsymbol{\Phi}_p\boldsymbol{\Gamma}_{j-p},\text{ 对于 } j>1\end{aligned} \tag{10.25}$$

上式的推导过程利用了 $E[\boldsymbol{\varepsilon}_t(\boldsymbol{Y}_{t-j}-\boldsymbol{\mu})']=0$，因为向量白噪声过程 $\boldsymbol{\varepsilon}_t$ 与滞后期观测值之间不相关。

另外，在式（10.25）中，有些下标 $j-i$ 可能为负值，所以相应地可能会出现负的滞后期的自协方差。由于我们这里处理的是向量，所以此时不能简单地套用一维模型情况下的 $\gamma_j=\gamma_{-j}$。实际上，$\boldsymbol{\Gamma}_j\neq\boldsymbol{\Gamma}_{-j}$。根据矩阵的基本定义和性质，可以证明

$$\begin{aligned}\boldsymbol{\Gamma}_j'&=E[(\boldsymbol{Y}_t-\boldsymbol{\mu})(\boldsymbol{Y}_{t-j}-\boldsymbol{\mu})']'\\&=E[(\boldsymbol{Y}_{t-j}-\boldsymbol{\mu})(\boldsymbol{Y}_t-\boldsymbol{\mu})']\\&=\boldsymbol{\Gamma}_{-j}\end{aligned} \tag{10.26}$$

而对于 $j=0$ 时的协方差矩阵 $\boldsymbol{\Gamma}_0$，则有下列关系

$$\begin{aligned}\boldsymbol{\Gamma}_0&=E[(\boldsymbol{Y}_t-\boldsymbol{\mu})(\boldsymbol{Y}_t-\boldsymbol{\mu})']\\&=\boldsymbol{\Phi}_1E[(\boldsymbol{Y}_{t-1}-\boldsymbol{\mu})(\boldsymbol{Y}_t-\boldsymbol{\mu})']+\boldsymbol{\Phi}_2E[(\boldsymbol{Y}_{t-2}-\boldsymbol{\mu})(\boldsymbol{Y}_t-\boldsymbol{\mu})']+\cdots\\&\quad+\boldsymbol{\Phi}_pE[(\boldsymbol{Y}_{t-p}-\boldsymbol{\mu})(\boldsymbol{Y}_t-\boldsymbol{\mu})']+E[\boldsymbol{\varepsilon}_t(\boldsymbol{Y}_t-\boldsymbol{\mu})']\\&=\boldsymbol{\Phi}_1\boldsymbol{\Gamma}_{-1}+\boldsymbol{\Phi}_2\boldsymbol{\Gamma}_{-2}+\cdots+\boldsymbol{\Phi}_p\boldsymbol{\Gamma}_{-p}+E[\boldsymbol{\varepsilon}_t(\boldsymbol{Y}_t-\boldsymbol{\mu})']\end{aligned} \tag{10.27}$$

我们注意到

$$
\begin{aligned}
E[\boldsymbol{\varepsilon}_t(\boldsymbol{Y}_t-\boldsymbol{\mu})'] &= E[\boldsymbol{\varepsilon}_t(\boldsymbol{Y}_{t-1}-\boldsymbol{\mu})']\boldsymbol{\Phi}'_1+E[\boldsymbol{\varepsilon}_t(\boldsymbol{Y}_{t-2}-\boldsymbol{\mu})']\boldsymbol{\Phi}'_2+\cdots \\
&\quad +E[\boldsymbol{\varepsilon}_t(\boldsymbol{Y}_{t-p}-\boldsymbol{\mu})']\boldsymbol{\Phi}'_p+E(\boldsymbol{\varepsilon}_t\boldsymbol{\varepsilon}'_t) \\
&= \mathbf{0}+\mathbf{0}+\cdots+\mathbf{0}+\boldsymbol{\Omega} \\
&= \boldsymbol{\Omega}
\end{aligned}
\tag{10.28}
$$

其中，$\boldsymbol{\Omega}$ 与式（10.3）中的定义相同。我们可获得下面的关系式

$$
\begin{aligned}
\boldsymbol{\Gamma}_0 &= \boldsymbol{\Phi}_1\boldsymbol{\Gamma}_{-1}+\boldsymbol{\Phi}_2\boldsymbol{\Gamma}_{-2}+\cdots+\boldsymbol{\Phi}_p\boldsymbol{\Gamma}_{-p}+\boldsymbol{\Omega} \\
&= \boldsymbol{\Phi}_1\boldsymbol{\Gamma}'_1+\boldsymbol{\Phi}_2\boldsymbol{\Gamma}'_2+\cdots+\boldsymbol{\Phi}_p\boldsymbol{\Gamma}'_p+\boldsymbol{\Omega}
\end{aligned}
\tag{10.29}
$$

综合来看，式（10.25）至式（10.29）定义了自协方差矩阵、$\boldsymbol{\Omega}$ 以及 VAR 模型中的系数矩阵 $\boldsymbol{\Phi}_i(i=1,2,\cdots,p)$ 的一一对应关系。

基于以上定义，可以进一步获得相应的向量自相关函数（vector autocorrelation function，VACF）。在 AR 模型中，我们曾经求解过 ACF。而对于一个 VAR 模型，VACF 的推导不可避免地要比 AR 模型对应的形式更为复杂。但是，如果在获得了自协方差矩阵之后再使用自协方差除以方差矩阵对应的对角线元素，就可以获得 VACF。下面我们考查一个具体的例子。

**例：向量自相关函数与货币政策分析**

背景与数据：

现代货币政策分析经常研究通货膨胀率、GDP 缺口和利率工具的动态互动关系（如张成思，2007）。因此，我们采集了美国的相关数据，即 GDP 平减指数通货膨胀率、真实 GDP 和联邦基金利率。原始数据来源于美国圣路易斯联邦储备银行，样本区间为 1961 年第一季度至 2022 年第四季度。其中，根据真实 GDP 的序列，利用第 8 章介绍的 HP 滤波获得真实 GDP 缺口变量，即取自然对数的真实 GDP 变量减去 HP 滤波得到的趋势变量。这样，利用通货膨胀率、GDP 缺口和利率三个变量组成一个 VAR 模型。

VACF 的计算过程：

要计算各个变量对应的 VACF，首先利用 AIC 准则，在给定 8 期最大值的条件下获得 VAR 模型的最优滞后期数。在估计 VAR 模型的过程中，可以首先将 VAR($p$) 转化成 VAR(1) 模型，然后使用获得的自协方差除以方差矩阵对应的对角线元素，获得对应的向量自相关函数。这个计算过程可以在不同的计量软件中实现，本例中的计算过程是在 GAUSS 中编程计算获得的。

实证结果：

图 10 - 1 给出了各个变量对应的 VACF 图。通过各个 VACF 图，可以获得各个变量在受到相应的随机冲击后反应持续的时间长度和受到冲击后的反应方向等信息。例如，考虑整个 VAR 模型系统，通货膨胀率在受到一个随机冲击后反应持续的时间相当长，甚至超过了 2 年。Fuhrer 和 Moore（1995）、Fuhrer（1997）以及张成思（2007）的研究中都运用向量自相关函数分析了不同国家的通货膨胀率在受到冲击后返回静态值的时间长度，进行这方面实证分析的读者可以参阅相关文献，获得更多内容。

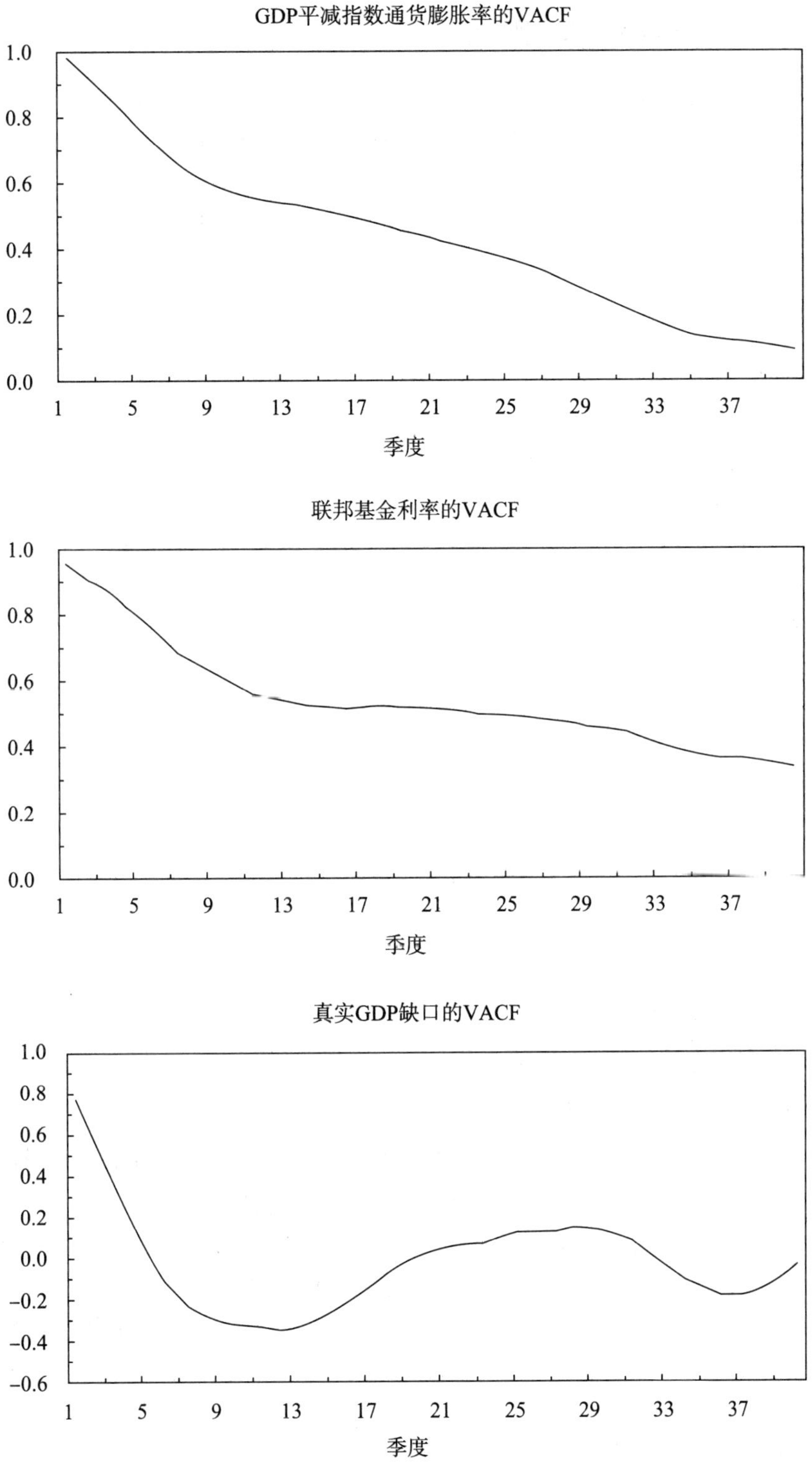


**图 10 - 1　美国 GDP 平减指数通货膨胀率、联邦基金利率与真实 GDP 缺口的 VAR 模型的 VACF**

### 10.1.5 VAR 模型与 VMA 模型的转化

在第 5 章中，我们曾经学习了 ARMA 模型，并且认识到 AR 模型与 MA 模型在一定条件下可以互相转化。这种相互转化的思想同样也可以延伸到向量自回归模型中来。这里介绍向量自回归模型与向量移动平均（vector moving average，VMA）过程之间的相互转化。所谓 VMA 过程，就是使用向量形式表示的移动平均过程，在这样的移动平均过程中，随机扰动项以向量白噪声的形式出现。一个 VMA($q$) 过程的定义为

$$\boldsymbol{Y}_t=\boldsymbol{C}+\boldsymbol{\varepsilon}_t+\boldsymbol{\Psi}_1\boldsymbol{\varepsilon}_{t-1}+\boldsymbol{\Psi}_2\boldsymbol{\varepsilon}_{t-2}+\cdots+\boldsymbol{\Psi}_q\boldsymbol{\varepsilon}_{t-q} \tag{10.30}$$

其中，$\boldsymbol{C}$ 表示常数向量，$\boldsymbol{\Psi}_i$ 表示系数矩阵，$\boldsymbol{\varepsilon}_t$ 仍然表示向量白噪声。所以，如果我们能将 VAR 转化成类似于式（10.30）的形式，就实现了 VAR 到 VMA 的转化。下面我们分 VAR(1) 和 VAR($p$) 两种情况分别讨论。

**1. VAR(1) 模型的转化**

我们先来考查最简单的情况，即 VAR(1) 模型。与单变量模型的情形类似，一个平稳的 VAR(1) 模型是可以转化成 VMA 形式的。例如，对于一个 VAR(1) 模型，使用滞后算子可以将它写成以下形式

$$(\boldsymbol{I}_n-\boldsymbol{\Phi}L)\boldsymbol{Y}_t=\boldsymbol{C}+\boldsymbol{\varepsilon}_t \tag{10.31}$$

其中，$\boldsymbol{I}_n$ 表示 $n$ 维单位矩阵。这样，可以进一步获得

$$\begin{aligned}\boldsymbol{Y}_t&=(\boldsymbol{I}_n-\boldsymbol{\Phi}L)^{-1}(\boldsymbol{C}+\boldsymbol{\varepsilon}_t)\\&=(\boldsymbol{I}_n+\boldsymbol{\Phi}L+\boldsymbol{\Phi}^2L^2+\cdots)(\boldsymbol{C}+\boldsymbol{\varepsilon}_t)\\&=(\boldsymbol{I}_n+\boldsymbol{\Phi}+\boldsymbol{\Phi}^2+\cdots)\boldsymbol{C}+\boldsymbol{\varepsilon}_t+\boldsymbol{\Phi}\boldsymbol{\varepsilon}_{t-1}+\boldsymbol{\Phi}^2\boldsymbol{\varepsilon}_{t-2}+\cdots\\&=\boldsymbol{\mu}+\sum_{i=0}^{\infty}\boldsymbol{\Phi}^i\boldsymbol{\varepsilon}_{t-i}\end{aligned} \tag{10.32}$$

式（10.32）很显然是 VMA 的一种特殊形式，即 VMA($\infty$)。

以上结果利用了滞后算子的性质，即

$$(\boldsymbol{I}_n-\boldsymbol{\Phi}L)^{-1}=\boldsymbol{I}_n+\boldsymbol{\Phi}L+\boldsymbol{\Phi}^2L^2+\cdots \tag{10.33}$$

这个有用的关系式在 AR 与 MA 的转化中曾经反复使用过，现在同样适用于向量形式，只要在式（10.33）左右两边同乘以一个（$\boldsymbol{I}_n-\boldsymbol{\Phi}L$）即可得到证明。

另外需要注意的一点是，在以上等式的矩阵中出现的幂的形式表示矩阵的幂。例如，$\boldsymbol{\Phi}^2$ 表示系数矩阵 $\boldsymbol{\Phi}$ 的 2 次方，其计算过程内部要用到矩阵的特征根和特征向量等知识。建议对矩阵代数基础知识掌握得不够扎实的读者复习一下高等代数或者线性代数的相关内容。实际上，矩阵代数不仅能帮助提高对传统的计量经济学相关理论的深入理解，而且对理解 VAR 这部分内容非常重要。

**2. VAR($p$) 模型的转化**

将 VAR(1) 模型转化成 VMA 模型的过程相对比较简单，只要将一维情况下的滞后算子多项式的一些性质拓展到向量情况下就能够实现转化。而对于 VAR($p$) 模型，由于滞后期数增加，转化过程的步骤稍微复杂一些，下面详细介绍。

前面已经提到过，在很多情况下，如果将 VAR($p$) 转化成 VAR(1) 的书写形式，可以简化很多问题的处理。这里同样需要首先将 VAR($p$) 转化成 VAR(1) 的形式，如式（10.21）的形式，即

$$\bar{\boldsymbol{Y}}_t=\boldsymbol{F}\bar{\boldsymbol{Y}}_{t-1}+\boldsymbol{V}_t$$

其中，

$$\boldsymbol{V}_t=\begin{pmatrix}\boldsymbol{\varepsilon}_t\\ \boldsymbol{0}\\ \vdots\\ \boldsymbol{0}\end{pmatrix}$$

再利用滞后算子，可以将该模型进一步写成

$$(\boldsymbol{I}_{np}-\boldsymbol{F}L)\bar{\boldsymbol{Y}}_t=\boldsymbol{V}_t \tag{10.34}$$

然后，利用式（10.33）中滞后算子多项式的性质，可以将式（10.34）写成以下形式，即

$$\bar{\boldsymbol{Y}}_t=(\boldsymbol{I}_{np}-\boldsymbol{F}L)^{-1}\boldsymbol{V}_t=(\boldsymbol{I}_n+\boldsymbol{F}L+\boldsymbol{F}^2L^2+\cdots)\boldsymbol{V}_t \tag{10.35}$$

至此，虽然式（10.35）已经具有了 VMA 的形式，但是我们还没有获得原始 VAR($p$)模型对应的 VMA 形式。我们最终的目标是将 VAR($p$) 模型中的 $\boldsymbol{Y}_t$ 表示成该模型中向量白噪声的函数。所以，还需要将式（10.35）进一步写成如下形式

$$\bar{\boldsymbol{Y}}_{t+s}=\boldsymbol{V}_{t+s}+\boldsymbol{F}\boldsymbol{V}_{t+s-1}+\boldsymbol{F}^2\boldsymbol{V}_{t+s-2}+\cdots+\boldsymbol{F}^{s-1}\boldsymbol{V}_{t+1}+\boldsymbol{F}^s\bar{\boldsymbol{Y}}_t \tag{10.36}$$

注意，式（10.36）的结果非常重要，它实际上暗示着 $\bar{\boldsymbol{Y}}_{t+s}$ 这个向量系统的前 $n$ 行可以写成

$$\begin{aligned}\boldsymbol{Y}_{t+s}=&\boldsymbol{\mu}+\boldsymbol{\varepsilon}_{t+s}+\boldsymbol{\Psi}_1\boldsymbol{\varepsilon}_{t+s-1}+\boldsymbol{\Psi}_2\boldsymbol{\varepsilon}_{t+s-2}+\cdots+\boldsymbol{\Psi}_{s-1}\boldsymbol{\varepsilon}_{t+1}\\&+\boldsymbol{F}_{11}^{(s)}(\boldsymbol{Y}_t-\boldsymbol{\mu})+\boldsymbol{F}_{12}^{(s)}(\boldsymbol{Y}_{t-1}-\boldsymbol{\mu})+\cdots+\boldsymbol{F}_{1p}^{(s)}[\boldsymbol{Y}_{t-(p-1)}-\boldsymbol{\mu}]\end{aligned} \tag{10.37}$$

其中，$\boldsymbol{\Psi}_i=\boldsymbol{F}_{11}^{(i)}$，$\boldsymbol{F}_{11}^{(i)}$ 表示 $\boldsymbol{F}^i$ 矩阵的左上角部分，而 $\boldsymbol{F}^i$ 是矩阵 $\boldsymbol{F}$［$\boldsymbol{F}$ 定义在式（10.19）中］的 $i$ 次幂。

要继续向下推导，需要复习几个与矩阵运算相关的重要定理。

第一个定理是：

如果 $p\times p$ 维矩阵 $\boldsymbol{F}$ 的特征根定义为 $\lambda$，那么 $\lambda$ 满足下列等式，即

$$\boldsymbol{I}_p\lambda^p-\boldsymbol{\Phi}_1\lambda^{p-1}-\boldsymbol{\Phi}_2\lambda^{p-2}-\cdots-\boldsymbol{\Phi}_{p-1}\lambda-\boldsymbol{\Phi}_p=\boldsymbol{0} \tag{10.38}$$

第二个定理是：

如果 $p\times p$ 维矩阵 $\boldsymbol{F}$ 的特征根各不相同（没有重复出现的值），那么总存在 $p\times p$ 维非奇异矩阵 $\boldsymbol{T}$，使得

$$\boldsymbol{F}=\boldsymbol{T}\boldsymbol{\Lambda}\boldsymbol{T}^{-1} \tag{10.39}$$

其中，

$$\boldsymbol{\Lambda}=\begin{pmatrix}\lambda_1 & 0 & 0 & \cdots & 0\\ 0 & \lambda_2 & 0 & \cdots & 0\\ 0 & 0 & \lambda_3 & \cdots & 0\\ \vdots & \vdots & \vdots & & \vdots\\ 0 & 0 & 0 & \cdots & \lambda_p\end{pmatrix} \tag{10.40}$$

由式（10.39）和式（10.40）可以证明

$$\boldsymbol{F}^s=\boldsymbol{T}\boldsymbol{\Lambda}^s\boldsymbol{T}^{-1} \tag{10.41}$$

并且

$$\boldsymbol{\Lambda}^s=\begin{pmatrix}\lambda_1^s & 0 & 0 & \cdots & 0\\ 0 & \lambda_2^s & 0 & \cdots & 0\\ 0 & 0 & \lambda_3^s & \cdots & 0\\ \vdots & \vdots & \vdots & & \vdots\\ 0 & 0 & 0 & \cdots & \lambda_p^s\end{pmatrix} \tag{10.42}$$

所以，只要 VAR($p$) 模型为平稳系统，就确保了矩阵 $\boldsymbol{F}$ 对应的特征根 $\lambda$ 都落在单位圆内，从而满足以下关系，即

$$s\to\infty\Rightarrow\boldsymbol{\Lambda}^s\to\boldsymbol{0}\Rightarrow\boldsymbol{F}^s=\boldsymbol{T}\boldsymbol{\Lambda}^s\boldsymbol{T}^{-1}\to\boldsymbol{0} \tag{10.43}$$

第二个定理针对的是 $\boldsymbol{F}$ 的特征根各不相同的情况。下面介绍第三个定理，针对的是 $\boldsymbol{F}$ 有重复的特征根的情况。

第三个定理，即若尔当分解（Jordan decomposition，也称约当分解）定理：如果 $p\times p$ 维矩阵 $\boldsymbol{F}$ 有重复的特征根，那么总存在 $p\times p$ 维矩阵 $\boldsymbol{M}$ 和矩阵 $\boldsymbol{J}$，使得

$$\boldsymbol{F}=\boldsymbol{M}\boldsymbol{J}\boldsymbol{M}^{-1} \tag{10.44}$$

其中，

$$\boldsymbol{J}=\begin{pmatrix}J_1 & 0 & 0 & \cdots & 0\\ 0 & J_2 & 0 & \cdots & 0\\ 0 & 0 & J_3 & \cdots & 0\\ \vdots & \vdots & \vdots & & \vdots\\ 0 & 0 & 0 & \cdots & J_s\end{pmatrix} \tag{10.45}$$

并且，

$$\boldsymbol{F}^s=\boldsymbol{M}\boldsymbol{J}^s\boldsymbol{M}^{-1} \tag{10.46}$$

所以，

$$s\to\infty\Rightarrow\boldsymbol{J}^s\to\boldsymbol{0}\Rightarrow\boldsymbol{F}^s=\boldsymbol{M}\boldsymbol{J}^s\boldsymbol{M}^{-1}\to\boldsymbol{0}$$

所以，无论矩阵 $\boldsymbol{F}$ 的特征根是否有重复的值，只要 VAR($p$) 模型平稳，随着 $s$ 的增大，$\boldsymbol{F}^s$ 就趋近于 $\boldsymbol{0}$。

利用以上结论，我们可以从式（10.37）推出更为一般的结果，即

$$\boldsymbol{Y}_t=\boldsymbol{\mu}+\sum_{j=0}^{\infty}\boldsymbol{\Psi}_j\boldsymbol{\varepsilon}_{t-j}=\boldsymbol{\mu}+\boldsymbol{\Psi}(L)\boldsymbol{\varepsilon}_t \tag{10.47}$$

如果将 $\boldsymbol{Y}_t$ 看成是减去均值 $\boldsymbol{\mu}$ 的形式，式（10.47）还可以写成更为简洁的形式，即

$$\boldsymbol{Y}_t=\boldsymbol{\Psi}(L)\boldsymbol{\varepsilon}_t \tag{10.48}$$

至此，我们成功地将 VAR($p$) 模型转化成了 VMA($\infty$) 模型的形式。

关于方程（10.48），需要注意以下两点。第一，因为矩阵 $\boldsymbol{F}$ 是由 VAR 模型中的系数组成的，所以 $\boldsymbol{\Psi}(L)$ 是这些系数的非线性函数。第二，在 VMA($\infty$) 模型中，方程右侧只有向量白噪声过程（和均值 $\boldsymbol{\mu}$）出现。这可以理解为，滞后项 $\boldsymbol{Y}_{t-j}$ 在经过迭代之后都从 VAR($p$) 中被替换掉了。与处理一维 AR($p$) 模型类似，这种迭代必然引入向量白噪声的滞后项，并最终将 $\boldsymbol{Y}_{t-j}$ 全部替代。将 VAR($p$) 写成 VMA 形式，这个 VMA 形式经常被称为 VAR($p$) 模型的伍德（Wold）表现形式。

## 10.2 VAR 模型的估计与相关检验

### 10.2.1 VAR 模型的估计方法

在上面小节的讨论中，我们集中介绍了 VAR 模型的基本概念和相关性质。在这些介绍中，无一例外地假设了模型中的系数 $\boldsymbol{\Phi}_i(i=1, 2, \cdots, p)$ 是给定的或者是已知的。

在实际应用中，更多情况是利用样本数据估计出相关的系数。所以，这一部分介绍在实践中如何估计 VAR 模型。

虽然 VAR 模型系统比一维模型看上去复杂得多，但是用来估计 VAR 的方法却并不一定很繁难。常见的估计方法包括极大似然估计（MLE）和常见的普通最小二乘（OLS）估计。在特定条件下，MLE 与 OLS 估计获得的系数是完全相同的。

例如，假设要估计一个 VAR 模型

$$\boldsymbol{Y}_t=\boldsymbol{C}+\boldsymbol{\Phi}_1\boldsymbol{Y}_{t-1}+\boldsymbol{\Phi}_2\boldsymbol{Y}_{t-2}+\cdots+\boldsymbol{\Phi}_p\boldsymbol{Y}_{t-p}+\boldsymbol{\varepsilon}_t \tag{10.49}$$

如果能够假设 $\boldsymbol{\varepsilon}_t$ 满足

$$\boldsymbol{\varepsilon}_t\sim\text{i. i. d.}N(\boldsymbol{0}, \boldsymbol{\Omega}) \tag{10.50}$$

即多元高斯分布（multivariate Gaussian distribution），并且假设待估计的系数和方差-协方差矩阵

$$\boldsymbol{\Theta}=\{\boldsymbol{C}, \boldsymbol{\Phi}_1, \boldsymbol{\Phi}_2, \cdots, \boldsymbol{\Phi}_p, \boldsymbol{\Omega}\} \tag{10.51}$$

没有特殊的约束条件，即所谓的无约束 VAR，就可以证明，使用 OLS 估计得到的系数矩阵

$$\boldsymbol{\Pi}'=(\boldsymbol{C}\quad \boldsymbol{\Phi}_1\quad \boldsymbol{\Phi}_2\quad \cdots\quad \boldsymbol{\Phi}_p) \tag{10.52}$$

结果与 MLE 的系数结果将完全一致。

要证明这一点，需要一定的似然估计的概念知识。我们假定读者学习过相关知识，根据式（10.41）的假设，对应的对数似然函数［$l(\boldsymbol{\Theta})$］可以写成以下形式

$$l(\boldsymbol{\Theta})=-\left(\frac{nT}{2}\right)\ln(2\pi)+\left(\frac{T}{2}\right)\ln|\boldsymbol{\Omega}^{-1}|-\frac{1}{2}\sum_{t=1}^{T}\left[(\boldsymbol{Y}_t-\boldsymbol{\Pi}'\boldsymbol{X}_t)'\boldsymbol{\Omega}^{-1}(\boldsymbol{Y}_t-\boldsymbol{\Pi}'\boldsymbol{X}_t)\right] \tag{10.53}$$

其中，$T$ 表示有效样本（如经过滞后期调整后的样本）的大小，$\boldsymbol{X}_t$ 表示 VAR 模型（10.49）中右侧的变量矩阵，$\pi$ 在这里表示圆周率。要求得使式（10.53）取最大值时对应的系数矩阵，运用矩阵求导法则，可以得到式（10.52）的估计值为

$$\hat{\boldsymbol{\Pi}}'=\left[\sum_{t=1}^{T}\boldsymbol{Y}_t\boldsymbol{X}_t'\right]\left[\sum_{t=1}^{T}\boldsymbol{X}_t\boldsymbol{X}_t'\right]^{-1} \tag{10.54}$$

如果熟悉 OLS 估计的系数矩阵表达式，就可以很容易看出，式（10.54）就等于 OLS 估计的系数矩阵。确实，如果将 $\hat{\boldsymbol{\Pi}}$ 的第 $j$ 行明确地写出来，则为

$$\hat{\boldsymbol{\Pi}}(j)=\left[\sum_{t=1}^{T}\boldsymbol{Y}_{jt}\boldsymbol{X}_t'\right]\left[\sum_{t=1}^{T}\boldsymbol{X}_t\boldsymbol{X}_t'\right]^{-1} \tag{10.55}$$

可以看出，式（10.55）对应的正是利用 OLS 估计方法，$\boldsymbol{Y}_{jt}$ 对 $\boldsymbol{X}_t$ 进行回归得到的系数估计值。

所以，只要 VAR 模型中的随机扰动项服从独立同分布，对 VAR 模型系统中的每个等式分别进行 OLS 回归，获得的系数估计值就都是有效的一致估计值。另外，即使跨等式的扰动项之间存在相关性，但是只要各个扰动项自身不存在序列相关性，并且 VAR 系统中每个回归等式的解释变量都相同，OLS 估计与其他多等式回归方法［如近似不相关回归（seemingly unrelated regression，SUR）］给出的结果也一样有效。

基于以上原因，同时又因为 OLS 估计方法的简单易行等特点，所以 OLS 回归是估计无约束 VAR 模型的最常用方法之一。下面我们以美国的 GDP 平减指数通货膨胀率（GDPIPD）和联邦基金利率（FFR）的季度数据组成的 VAR(2) 模型为例（样本区间为 1961 年第一季度至 2022 年第四季度），给出利用 EViews 估计出的 VAR(2) 模型的结果。

**例：美国通货膨胀率与短期利率的 VAR 模型分析**

数据：

图 10－2 描绘的是美国 GDP 平减指数通货膨胀率（同比）和作为美国货币政策工具的联邦基金利率的季度数据。从图中可以看到，联邦基金利率随着 GDP 平减指数通货膨胀率的动态变化而相应地同向变化，反映了 GDP 平减指数通货膨胀率在货币政策调节过程中的重要影响作用。二者相同的动态路径同时也暗示出美国的利率杠杆对宏观经济运行的有效调节。

VAR 模型的估计结果：

表 10－1 给出了利用 EViews 估计 VAR 模型的结果，每一列对应 VAR 模型中的一个回归等式。表中报告的结果为 OLS 估计结果，读者可以通过各个系数对应的 $t$ 统计量判断单个系数的显著性水平，也可以通过系数估计值的大小和正负判断 VAR 模型中变量之间的动态关系。

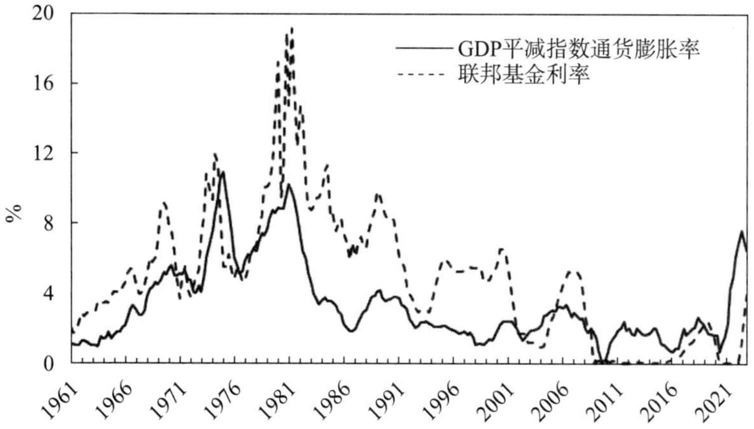


**图 10－2 美国 GDP 平减指数通货膨胀率与联邦基金利率**

**表 10－1 VAR(2) 模型的估计结果**

| Vector Autoregression Estimates<br>Sample (adjusted)：1961Q3 2022Q4<br>Included observations：246 after adjustments<br>Standard errors in ( ) & t-statistics in [] | | |
|---|---|---|
| | GDPIPD | FFR |
| GDPIPD (−1) | 1.515 | 0.241 |
| | (−0.053) | (0.178) |
| | [28.599] | [1.356] |
| GDPIPD (−2) | −0.545 | −0.146 |
| | (0.054) | (0.181) |
| | [−10.100] | [−0.804] |
| FFR (−1) | 0.065 | 0.847 |
| | (0.019) | (0.065) |
| | [3.343] | [13.014] |
| FFR (−2) | −0.061 | 0.065 |
| | (0.019) | (0.065) |
| | [−3.156] | [1.003] |
| C | 0.001 | 0.001 |
| | (0.000 4) | −0.001 34 |
| | [2.384] | [0.822] |
| R-squared | 0.978 | 0.906 |
| Adj. R-squared | 0.978 | 0.905 |
| Sum sq. resids | 0.003 | 0.032 |
| S. E. equation | 0.003 | 0.012 |
| F-statistic | 2 718.932 | 581.919 |

续表

| | | |
|---|---|---|
| Log likelihood | 1 048.981 | 751.209 |
| Akaike AIC | −8.488 | −6.067 |
| Schwarz SC | −8.416 | −5.995 |
| Mean dependent | 0.034 | 0.048 |
| S. D. dependent | 0.023 | 0.037 |
| Determinant resid covariance (dof adj.) | | 0.000 |
| Determinant resid covariance | | 0.000 |
| Log likelihood | | 1 803.721 |
| Akaike information criterion | | −14.583 |
| Schwarz criterion | | −14.441 |

### 10.2.2 VAR 模型的设定

在介绍了 VAR 模型的估计方法之后，我们需要讨论如何设定 VAR 系统。这主要涉及三方面问题：一是 VAR 模型中变量的平稳性问题；二是 VAR 模型中变量的选择问题；三是 VAR 模型中滞后期数的选择问题。我们下面分别介绍。

**1. 使用平稳变量还是非平稳变量**

尽管使用 OLS 方法估计 VAR 模型看上去很简单，但是在估计之前有几个很重要的内容需要厘清。先考虑包含在 VAR 模型中的各个变量的平稳性问题。有关这个问题，有些计量经济学家，如 Sims、Stock 和 Watson（1990）提出，非平稳序列仍然可以放在 VAR 模型中，通过估计结果分析经济、金融含义。他们认为，如果对一些本来一阶单整［即 $I(1)$］的经济变量先进行一次差分，获得对应的平稳序列，再利用 VAR 模型分析变量间的互动关系，就可能会隐藏许多非常有价值的原始变量之间的长期关系。因此，一部分计量经济学家推崇利用 VAR 模型进行协整分析，而这些内容将在本书第 12 章进行详细介绍。

但是，如果利用 VAR 模型分析实际问题，使用非平稳序列变量就会带来统计推断方面的麻烦，因为标准的统计检验和统计推断要求分析的所有序列必须都是平稳序列。

那么，利用 VAR 模型做回归分析，究竟应该在 VAR 系统内使用平稳序列还是非平稳序列呢？作为指导性原则，如果要分析不同变量之间可能存在的长期均衡关系，则可以直接选用非平稳序列；而如果分析的是短期的互动关系，则选用平稳序列。对于涉及的非平稳序列，必须先进行差分或去除趋势使其转化成对应的平稳序列，然后包含在 VAR 模型中进行进一步分析。在学习完本书第 12 章之后，相信读者对这个问题会有更深入的理解。

**2. VAR 模型中变量的选择**

VAR 模型应选择哪些变量进行分析，一般来说没有确定性的严格规定。变量的选择需要依据经济、金融理论，同时还需要考虑手中的样本大小。

例如，如果央行研究所研究人员希望分析货币政策与现实经济发展之间的互动关系，那么他就可以选择一个简单的包含两个变量的 VAR 模型，即一个能够代表货币政策工具的变量和一个能反映真实经济发展状况的变量。因此，该研究人员可以选择货币供应量增长率和真实 GDP 缺口两个变量构建一个 VAR 模型来研究相关问题。在这样的情况下，

VAR 模型就可以写成

$$\begin{pmatrix} y_t \\ x_t \end{pmatrix} = \boldsymbol{\Phi}(L)\begin{pmatrix} y_{t-1} \\ x_{t-1} \end{pmatrix} + \begin{pmatrix} \varepsilon_{1t} \\ \varepsilon_{2t} \end{pmatrix}$$

其中，$y_t$ 和 $x_t$ 分别代表货币供应量增长率和真实 GDP 缺口，$\varepsilon_{it}$ 表示对应于第 $i$ 个等式的随机冲击因素。

### 3. VAR 模型中滞后期数的选择

在理想情况下，我们希望选择的 VAR 模型中的随机扰动项服从向量白噪声过程。所以，从理论上说，如果能够有某种策略，根据这一策略选择的滞后期数能使得扰动项满足向量白噪声过程，那么滞后期的选择问题便迎刃而解了。

但是这种判断过程操作起来并不容易，而实际上通常采用的确定 VAR 模型中滞后期数的方法有两种。第一种方法很直观，就是基于各种信息准则来判断最优滞后期数。例如，常见的信息准则有 AIC 和 SIC。当然，在向量情况下，对应的 AIC 和 SIC 的计算公式与一维模型对应的公式有些变化。与一个不含有截距项的 VAR($p$) 模型相对应的 AIC 和 SIC 的计算公式分别为

$$\text{AIC} = \ln|\hat{\boldsymbol{\Omega}}| + \frac{2pn^2}{T} \tag{10.56}$$

$$\text{SIC} = \ln|\hat{\boldsymbol{\Omega}}| + \frac{pn^2\ln(T)}{T} \tag{10.57}$$

其中，$T$ 表示样本大小，$pn^2$ 是 VAR 系统系数的总个数（$n$ 个等式，每个等式有 $pn$ 个系数），$\hat{\boldsymbol{\Omega}}$ 表示残差向量的方差-协方差矩阵估计。AIC 和 SIC 选择滞后期数的标准相同，即选择使得 AIC 或 SIC 达到最小值时的滞后期数 $p$。在实际应用中，需要首先给定一个最大的滞后期数值，然后分别计算该值内所有其他期数对应的信息准则统计量值，最后选择信息准则统计量对应值最小的期数。当然，这一计算过程一般都会内嵌在计量软件中，而不需要人工进行计算，但是需要了解其计算机理。

第二种常用的 VAR 模型滞后期数选择方法是似然比（likelihood ratio，LR）检验法。该检验法基于极大似然估计。简单地说，LR 检验法就是比较不同滞后期数对应的似然函数值，例如，考查滞后期的增大是否导致 VAR 系统对应的似然函数出现显著增大。具体地说，考虑 VAR($p_1$) 与 VAR($p_2$)，并且 $p_2 > p_1$。这样，分别估计对应的两个 VAR 系统，获得相应的 $\hat{\boldsymbol{\Omega}}_1$ 和 $\hat{\boldsymbol{\Omega}}_2$。LR 检验统计量定义为

$$(T-\kappa)(\ln|\hat{\boldsymbol{\Omega}}_1| - \ln|\hat{\boldsymbol{\Omega}}_2|) \tag{10.58}$$

这个统计量衡量了不同滞后期是否显著影响模型的拟合情况。$\kappa$ 表示无约束条件下 VAR 模型中每个等式的系数个数。

检验统计量服从 $\chi^2$ 分布，自由度等于 VAR 模型中所有等式的约束条件个数。举例来说，对于一个含有 3 个变量的 VAR 模型，如果 $p_1=5$，$p_2=6$，那么约束 VAR 模型从 6 个滞后期到 5 个滞后期，每个等式就涉及 3 个约束条件。所以，在原假设条件下，所有约束的系数均为 0，则一共有 $3\times3=9$ 个约束条件，所以自由度为 9。

在实际应用中，首先需要给定一个最大的滞后期数，然后循环运用 LR 检验来判断最

优滞后期数。正因为如此，有些计量软件的输出结果会显示“sequential LR test”（循环LR 检验）的字样，实际上就是循环地应用了以上介绍的 LR 检验过程。

当然，最大滞后期数的设定具有一定的主观性。但是，通常可以根据分析的数据的频率来确定。例如，对于月度数据，可以考虑 12、18 或者 24 期为最大滞后期数；对于季度数据，一般可以先给定一个最大的 4 或 8 期滞后期数；对于年度数据，可以考虑 2、3 或者 4 期为最大滞后期数。

以上介绍了如何利用 AIC、SIC 和 LR 检验法判定 VAR 模型中的最优滞后期数。另外还有其他几种判断准则，例如最终预报误差（final prediction error，FPE）和 HQ（Hannan-Quinn）准则等，在此不再详尽介绍。

需要注意的是，在很多情况下，不同的准则或检验统计量选择的最优滞后期数可能会不同。在这种情况下，我们可以采用“多数原则”，即超过半数的可用判断准则指向的那个滞后期数很可能就是一个最优选择。如果利用这个原则仍然无法判断，则可以对不同滞后期数的 VAR 模型进行回归估计，然后考查结果是否对滞后期数很敏感，不同滞后期数对分析的问题的结论是否影响很大。这样的过程实际上就是所谓的稳健性检验过程。

现代计量软件在 VAR 模型的滞后期数选择方面一般都提供了非常快捷方便的途径。例如，表 10 - 2 演示了在 EViews 中，利用 1961 年第一季度至 2022 年第四季度美国 GDP 平减指数通货膨胀率和联邦基金利率组成的 VAR 模型滞后期数的判断结果。从表中可以看到，LR、FPE 和 AIC 都指向同样的 10 阶滞后期，而 SIC（即表中的 SC）给出的最优期数为 2，HQ 给出的最优期数为 9。如果按“多数原则”，在这个例子中，应该选择 VAR(10) 进行后续分析。

**表 10 - 2　EViews 中 VAR 模型滞后期数的判断结果**

VAR Lag Order Selection Criteria
Endogenous variables: GDPIPD FFR
Exogenous variables: C
Sample: 1961Q1 2022Q4
Included observations: 236

| Lag | LogL | LR | FPE | AIC | SC | HQ |
|---|---|---|---|---|---|---|
| 0 | 1 064.022 | NA | 0.000 000 423 | −9.000 | −8.971 | −8.988 |
| 1 | 1 670.234 | 1197.012 | 2.57E-09 | −14.104 | −14.016 | −14.068 |
| 2 | 1 723.120 | 103.531 | 1.7E-09 | −14.518 | −14.371* | −14.459 |
| 3 | 1 729.884 | 13.126 | 1.66E-09 | −14.541 | −14.336 | −14.459 |
| 4 | 1 736.455 | 12.640 | 1.62E-09 | −14.563 | −14.299 | −14.457 |
| 5 | 1 748.838 | 23.612 | 1.51E-09 | −14.634 | −14.311 | −14.504 |
| 6 | 1 759.485 | 20.122 | 1.43E-09 | −14.691 | −14.309 | −14.537 |
| 7 | 1 760.822 | 2.504 | 1.46E-09 | −14.668 | −14.228 | −14.490 |
| 8 | 1 768.706 | 14.631 | 1.41E-09 | −14.701 | −14.202 | −14.500 |
| 9 | 1 782.842 | 25.996 | 1.3E-09 | −14.787 | −14.229 | −14.562* |
| 10 | 1 789.531 | 12.189* | 1.27E-09* | −14.810* | −14.193 | −14.561 |
| 11 | 1 792.390 | 5.160 | 1.28E-09 | −14.800 | −14.125 | −14.528 |
| 12 | 1 794.234 | 3.298 | 1.31E-09 | −14.782 | −14.048 | −14.486 |

* indicates lag order selected by the criterion

续表

| |
|---|
| LR：sequential modified LR test statistic (each test at 5% level) |
| FPE：Final prediction error |
| AIC：Akaike information criterion |
| SC：Schwarz information criterion |
| HQ：Hannan-Quinn information criterion |

## 10.3　格兰杰因果关系

从计量经济学发展的历史来看，格兰杰因果关系（Granger causality）的概念要早于VAR模型。但是，格兰杰因果关系实质上就是利用了VAR模型来进行（一组）系数显著性的检验。格兰杰因果关系可以用来检验某个变量的所有滞后项是否对另一个或几个变量的当期值有影响。

正因为如此，格兰杰因果关系检验经常被解释为在VAR模型中，某个变量是否可以用来提高对其他相关变量的预测（forecast）能力。所以，“格兰杰因果关系”的实质是一种“预测”关系，而并非真正汉语意义上的“因果关系”。

为介绍格兰杰因果关系检验，考虑一个简单的两个变量的VAR($p$）模型，即

$$\begin{pmatrix} y_{1t} \\ y_{2t} \end{pmatrix} = \begin{pmatrix} c_1 \\ c_2 \end{pmatrix} + \begin{pmatrix} \phi_{11}^{(1)} & \phi_{12}^{(1)} \\ \phi_{21}^{(1)} & \phi_{22}^{(1)} \end{pmatrix} \begin{pmatrix} y_{1,t-1} \\ y_{2,t-1} \end{pmatrix} + \begin{pmatrix} \phi_{11}^{(2)} & \phi_{12}^{(2)} \\ \phi_{21}^{(2)} & \phi_{22}^{(2)} \end{pmatrix} \begin{pmatrix} y_{1,t-2} \\ y_{2,t-2} \end{pmatrix} + \cdots + \begin{pmatrix} \phi_{11}^{(p)} & \phi_{12}^{(p)} \\ \phi_{21}^{(p)} & \phi_{22}^{(p)} \end{pmatrix} \begin{pmatrix} y_{1,t-p} \\ y_{2,t-p} \end{pmatrix} + \begin{pmatrix} \varepsilon_{1t} \\ \varepsilon_{2t} \end{pmatrix} \tag{10.59}$$

基于以上系统，如果式（10.59）中$y_{2,t-j}$的系数都为0，则我们说$y_{2t}$不是$y_{1t}$的因果关系，即格兰杰因果关系对应的原假设是

$$H_0: \phi_{12}^{(1)} = \phi_{12}^{(2)} = \cdots = \phi_{12}^{(p)} = 0 \tag{10.60}$$

备择假设是这些系数中至少有一个不为0。

如果原假设成立，那么式（10.59）的约束条件下的形式为

$$\begin{pmatrix} y_{1t} \\ y_{2t} \end{pmatrix} = \begin{pmatrix} c_1 \\ c_2 \end{pmatrix} + \begin{pmatrix} \phi_{11}^{(1)} & 0 \\ \phi_{21}^{(1)} & \phi_{22}^{(1)} \end{pmatrix} \begin{pmatrix} y_{1,t-1} \\ y_{2,t-1} \end{pmatrix} + \begin{pmatrix} \phi_{11}^{(2)} & 0 \\ \phi_{21}^{(2)} & \phi_{22}^{(2)} \end{pmatrix} \begin{pmatrix} y_{1,t-2} \\ y_{2,t-2} \end{pmatrix} + \cdots + \begin{pmatrix} \phi_{11}^{(p)} & 0 \\ \phi_{21}^{(p)} & \phi_{22}^{(p)} \end{pmatrix} \begin{pmatrix} y_{1,t-p} \\ y_{2,t-p} \end{pmatrix} + \begin{pmatrix} \varepsilon_{1t} \\ \varepsilon_{2t} \end{pmatrix} \tag{10.61}$$

现在，如果根据样本数据分别获得了无约束条件下模型（10.59）和有约束条件下模型（10.61）的估计结果，并且将其各自对应的残差的方差-协方差矩阵分别记作$\hat{\boldsymbol{\Omega}}_u$和$\hat{\boldsymbol{\Omega}}_r$，那么与式（10.58）对应的LR检验统计量就可以写成

$$(T-\kappa)(\ln|\hat{\boldsymbol{\Omega}}_r| - \ln|\hat{\boldsymbol{\Omega}}_u|) \tag{10.62}$$

其中$\kappa$的定义在式（10.58）中已经介绍过，在这里等于（$2p+1$）。这样，得到的LR统

计量就是自由度为 $p$、服从 $\chi^2$ 分布的统计量。根据这个检验统计量的结果，如果原假设被拒绝，就说 $y_{2t}$ 是 $y_{1t}$ 的格兰杰因果关系。当然，从实质上说，此处检验判断的是一个变量是否对另一变量具有预测能力。但是，由于"A 变量是 B 变量的格兰杰因果关系"这种解释似乎已经作为一种约定俗成的说法，所以现在要改变这种习惯性"错误"恐怕为时已晚。但是，在使用这一检验的过程中，应该始终认识到格兰杰因果关系检验的实质。

在上面的例子中我们介绍了如何检验 $y_{2t}$ 是不是 $y_{1t}$ 的格兰杰因果关系。同样地，我们也可以反过来检验 $y_{1t}$ 是不是 $y_{2t}$ 的格兰杰因果关系。这一检验可以通过首先估计下面有约束条件下的模型对应的 $\hat{\boldsymbol{\Omega}}_r$，即

$$\begin{pmatrix} y_{1t} \\ y_{2t} \end{pmatrix} = \begin{pmatrix} c_1 \\ c_2 \end{pmatrix} + \begin{pmatrix} \phi_{11}^{(1)} & \phi_{12}^{(1)} \\ 0 & \phi_{22}^{(1)} \end{pmatrix} \begin{pmatrix} y_{1,t-1} \\ y_{2,t-1} \end{pmatrix} + \begin{pmatrix} \phi_{11}^{(2)} & \phi_{12}^{(2)} \\ 0 & \phi_{22}^{(2)} \end{pmatrix} \begin{pmatrix} y_{1,t-2} \\ y_{2,t-2} \end{pmatrix} + \cdots + \begin{pmatrix} \phi_{11}^{(p)} & \phi_{12}^{(p)} \\ 0 & \phi_{22}^{(p)} \end{pmatrix} \begin{pmatrix} y_{1,t-p} \\ y_{2,t-p} \end{pmatrix} + \begin{pmatrix} \varepsilon_{1t} \\ \varepsilon_{2t} \end{pmatrix} \tag{10.63}$$

然后利用式（10.62）来判断是否拒绝对应的原假设。

在一些计量软件中，在进行格兰杰因果关系检验之后，会给出式（10.62）对应的卡方统计量和卡方统计量对应的 $p$ 值，根据这些结果就可以进行统计推断。

例如，假设我们考虑 2001 年 1 月至 2023 年 5 月期间上海证券综合指数收益率（RSHANGHAI）与标准普尔 500 股票价格指数收益率（RSP500）这两个变量组成的 VAR(2) 模型，现在假定要检验二者是否互相为格兰杰因果关系。

在 EViews 中选择格兰杰因果关系检验，就会获得表 10－3 演示的结果，上下两个子表格分别对应这两个变量的格兰杰因果关系检验。在第一个子表格里，LR 检验的卡方统计量值比较小，对应的 $p$ 值大于 10%的显著性水平；在第二个子表格里，LR 检验的卡方统计量值比较大，对应的 $p$ 值小于 10%的显著性水平。由此可以初步断定，标准普尔 500 股票价格指数收益率是上海证券综合指数收益率的格兰杰因果关系，但上海证券综合指数收益率不是标准普尔 500 股票价格指数收益率的格兰杰因果关系。

**表 10－3 格兰杰因果关系 LR 检验结果**

| Dependent variable：RSP500 | | | |
|---|---|---|---|
| Excluded | Chi-sq | df | Prob. |
| RSHANGHAI | 0.153 31 | 2 | 0.926 2 |
| All | 0.153 31 | 2 | 0.926 2 |
| Dependent variable：RSHANGHAI | | | |
| Excluded | Chi-sq | df | Prob. |
| RSP500 | 20.393 54 | 2 | 0 |
| All | 20.393 54 | 2 | 0 |

虽然 LR 检验的过程并不难，特别是对于一些内部嵌有极大似然估计算法的计量软件，可以非常方便地计算出 LR 检验统计量，从而帮助研究人员进行统计推断，但是，有时极大似然估计的运算过程可能并不方便，这时就可以使用更为传统的检验方法，即联合显著性水平检验——$F$ 检验。例如，如果要检验 $y_{2t}$ 是不是 $y_{1t}$ 的格兰杰因果关系，就可以

使用 OLS 方法回归下面的方程

$$\begin{aligned} y_{1t}=&C_1+\alpha_1 y_{1,t-1}+\alpha_2 y_{1,t-2}+\cdots+\alpha_p y_{1,t-p} \\ &+\beta_1 y_{2,t-1}+\beta_2 y_{2,t-2}+\cdots+\beta_p y_{2,t-p}+\varepsilon_{1t} \end{aligned} \tag{10.64}$$

然后进行常规的 $F$ 检验，检验原假设

$$H_0: \beta_1=\beta_2=\cdots=\beta_p=0$$

一些计量软件还可以直接选定所研究的两个变量，然后直接选择“Granger Causality Test”选项获得结果。

回顾历史，格兰杰因果关系的概念在 Granger（1969）和 Sims（1972）的开创性研究之后得到了广泛的发展和应用。正如我们所反复强调的，“格兰杰因果关系”实质上检验的是一个变量的滞后项对另一变量是否具有边际预测作用，所以“格兰杰因果关系”并不是真正意味着“前因后果”的关系。

另外，在 VAR 的相关内容中，一个与格兰杰因果关系相关的概念就是所谓的 block exogeneity 检验，翻译过来可以称为“区块外生性”或“一揽子”外生性检验。在选择 VAR 模型中是否要包含额外的变量时，经常使用 block exogeneity 检验。此时，这一检验的核心与格兰杰因果关系检验是完全一致的。

## 10.4　VAR 模型与脉冲响应分析

### 10.4.1　VAR 模型中的脉冲响应介绍

在很多情况下，VAR 模型的各个等式中的系数并不是研究者关注的对象，其主要原因就是 VAR 模型系统中的系数往往非常多。例如，在一个 3 变量的 VAR(3) 模型中，每个回归等式都含有 $1+3\times3=10$ 个系数。所以，三个回归等式实际上一共有 $3\times10=30$ 个系数。对于一个稍微大一点的模型系统，如 5 个变量的 VAR(4) 模型，一共有 $5\times(5\times4+1)=105$ 个系数！

此外，如果我们考虑整个 VAR 模型系统中的互动关系就会认识到，其实所有单个系数只是反映了一个局部的动态关系，并不能捕捉全面复杂的互动过程。而研究者又常常希望获得一个变量的变化对另一个变量的全部影响情况。在这种情况下，VAR 模型中系数的作用就不是很大了。而与 VAR 模型相关的脉冲响应函数（IRF）却能够比较全面地反映各个变量之间的动态影响。

因此，在这一小节我们集中讨论 VAR 中的脉冲响应函数如何求解以及如何应用脉冲响应函数分析相关问题。虽然我们在差分方程部分（第 3 章）曾经介绍过脉冲响应函数的概念，但是与 VAR 模型相关的脉冲响应函数要稍微复杂一些。

当然，与 VAR 模型相关的脉冲响应函数的基本定义与一维模型中的定义还是比较类似的，都可以简单地概括成 $Y_t$ 序列在受到一个单位随机扰动因素的冲击后的动态变化路径。概括地说，根据对 VAR 模型中扰动项的假设不同，VAR 模型的脉冲响应函数可以分为简单 IRF 和正交 IRF。不同类型的 IRF 的求解方法各不相同，下面分别加以介绍。在分

类介绍之前，可以快速浏览一下 EViews 中分析 IRF 的对话框（见图 10－3），其中“Decomposition Method”（分解方法）一栏中列出了几种不同的分解方法选项，下面在相应的部分将会有所涉及。

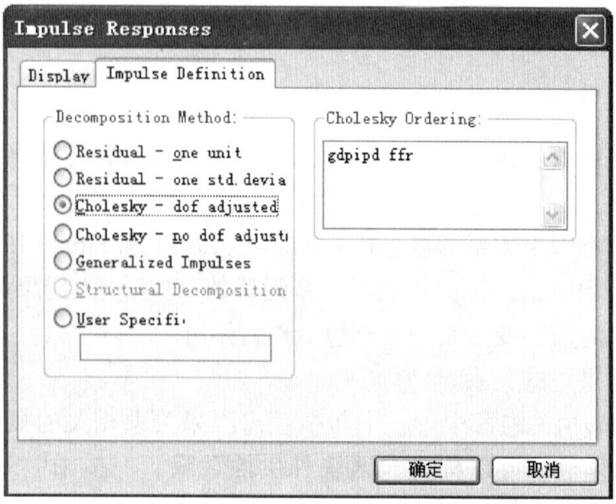


**图 10－3　EViews 中分析 IRF 的对话框**

## 10.4.2　简单脉冲响应函数

这里介绍的简单 IRF 包括两种形式：一种是所谓的“单位残差 IRF”；另一种是“单位标准差 IRF”。

**1. 单位残差 IRF**

单位残差 IRF 衡量的是变量序列在残差变化一个单位后受到的动态影响。单位残差 IRF 忽略度量单位，并且假设 VAR 模型中的残差项互不相关。在这一情况下，在计算 IRF 的过程中不需要任何变形。

从理论上看，在这一情况下的 IRF 实际上就是 VAR 模型 Wold 表现形式（即 VMA 形式）下的 MA 的系数。

更具体地说，利用 VAR 模型的 VMA(∞) 形式，也就是式（10.47）的形式。这里我们把式（10.47）以展开的形式给出，即

$$\boldsymbol{Y}_t=\boldsymbol{\mu}+\boldsymbol{\varepsilon}_t+\boldsymbol{\Psi}_1\boldsymbol{\varepsilon}_{t-1}+\boldsymbol{\Psi}_2\boldsymbol{\varepsilon}_{t-2}+\cdots \tag{10.65}$$

这个表现形式暗示着下列关系式

$$\frac{\partial \boldsymbol{Y}_{t+h}}{\partial \boldsymbol{\varepsilon}_t'}=\boldsymbol{\Psi}_h \tag{10.66}$$

对应的单个变量的形式可以写成

$$\frac{\partial y_{i,t+h}}{\partial \varepsilon_{jt}}=\psi_{ij}^h \tag{10.67}$$

其中，$\psi_{ij}^h$ 表示 $\boldsymbol{\Psi}_h$ 的第 $i$ 行第 $j$ 列的元素。换言之，式（10.67）说明了，$\psi_{ij}^h$ 刻画了第 $j$ 个

随机扰动因素（$\varepsilon_{jt}$）在 $t$ 期发生一个单位变化对 VAR 模型中第 $i$ 个变量在 $t+h$ 期（$y_{i,t+h}$）的影响情况，在这个过程中假定其他所有扰动项不变。根据以上定义，我们还可以知道，$\boldsymbol{\Psi}_0=\boldsymbol{I}_n$，其中 $\boldsymbol{I}_n$ 表示 $n$ 维单位矩阵。所以，当 $i=j$ 时，$\dfrac{\partial y_{it}}{\partial \varepsilon_{jt}}=1$，在其他情况下 $\dfrac{\partial y_{it}}{\partial \varepsilon_{jt}}=0$。

2. 单位标准差 IRF

从式（10.67）可以看到，当随机冲击为单位 1，即 $\varepsilon_{jt}=1$ 时，其影响马上就能体现在式（10.67）中。但是，因为 VAR 模型中的变量之间是线性关系，所以这种影响的大小会随随机冲击的单位变化而变化。为此，经常使用的是随机冲击的一个单位的标准差。这就是“单位标准差 IRF”名称的由来。所以，单位标准差 IRF 的定义是变量在受到随机冲击一个单位标准差的变化后的动态变化路径。在这种 IRF 的计算过程中，同样不考虑各个随机扰动项之间的相关性（即假定相关性为 0）。

无论是单位残差 IRF 还是单位标准差 IRF，都属于简单 IRF，描述的都是 $y_{i,t+h}$ 在受到一个暂时的随机冲击后的变化，假设其他所有变量在 $t$ 期以及之前的各项都不发生变化。因此，VAR 中的这类 IRF 捕捉了在第 $j$ 个等式发生的变化，经过整个系统的传导之后对第 $i$ 个变量的动态影响情况。

在求解 VAR 模型的 IRF 时，一个重要的实践问题是如何获得 IRF。如果考虑的是 VAR(1) 模型，这个问题就相对简单，只要把 VAR(1) 转化成 VMA 形式，就能把 VAR 模型中的系数矩阵 $\boldsymbol{\Phi}$ 转换成 VMA 模型（10.65）中的 $\boldsymbol{\Psi}_h$ 矩阵。但是，对于高阶 VAR 模型，如 VAR($p$) 模型，从矩阵 $\boldsymbol{\Phi}$ 到矩阵 $\boldsymbol{\Psi}_h$ 的转化就变得相当复杂。

那么对于 VAR($p$) 模型，有没有更直接快捷的途径获得其 IRF 呢？答案是肯定的。公认的一个做法是利用模拟方法获得不同滞后期对应的 IRF 值。例如，对于给定的 VAR($p$) 模型，选定一个特定的时点 $t$，然后设 $\boldsymbol{Y}_{t-1}=\boldsymbol{Y}_{t-2}=\cdots=\boldsymbol{Y}_{t-p}=\boldsymbol{0}$。再令 $\varepsilon_{jt}=1$ 或者其一个单位标准差并且如果 $i\neq j$，则令 $\varepsilon_{it}=0$。因为常数项矩阵并不影响 IRF，所以为方便起见，设 $\boldsymbol{C}=\boldsymbol{0}$。现在，VAR 系统就可以用来递归计算 $h=0, 1, 2, \cdots, m$ 对应的 $\boldsymbol{Y}_{t+h}$。因为 $\boldsymbol{\varepsilon}_{t+h}=\boldsymbol{0}$，所以向量 $\boldsymbol{Y}_{t+h}$ 的值对应的就是矩阵 $\boldsymbol{\Psi}_h$ 的第 $j$ 列。依照这个思路，就可以获得 $\boldsymbol{\Psi}_h$ 的其他各个列的元素。

## 10.4.3 正交脉冲响应函数

在简单 IRF 的介绍中，实际上有一个非常强的假设，就是我们假设当 $\varepsilon_{jt}$ 发生变化时，例如变化了一个单位或者一个单位的标准差，其他扰动项的变化为 0。这种假设实质上是假定扰动项的方差-协方差矩阵为对角矩阵，即

$$\boldsymbol{\Omega}=\begin{pmatrix}\sigma_1^2 & 0 & \cdots & 0\\ 0 & \sigma_2^2 & \cdots & 0\\ \vdots & \vdots & & \vdots\\ 0 & 0 & \cdots & \sigma_n^2\end{pmatrix} \tag{10.68}$$

但在一般情况下，这个方差-协方差矩阵却并不是一个对角矩阵。也就是说，VAR 模型的

各个等式的扰动项之间可能彼此相关。而简单 IRF 的计算过程却忽略了这些可能存在的扰动项之间的相关性。

因此，在很多情况下，利用简单 IRF 分析问题是存在缺陷的。解决这个问题的办法之一就是使用所谓的“正交脉冲响应函数”（orthogonalized impulse response function）。正交 IRF 的基本思想是依据 VAR 模型中变量的排列顺序，将互有相关性的扰动项 $\varepsilon_{jt}$ 转化成不相关的一组随机干扰项 $u_{jt}$，这种互不相关的特性在计量经济学里称为“正交”。如果我们能够找到这样的 $u_{jt}$，则有 $E(u_{it}u_{jt})=0$，$i\neq j$。这样，就可以分析 VAR 模型中的变量在受到一个单位的 $u_t$ 冲击后的动态路径了，这就是正交 IRF。

从上面的分析不难看到，关键是要将相关的扰动项向量分解成不相关的扰动项向量。到目前为止有几种常用的分解方法。

**1. 三角分解法**

三角分解法的思路是这样的：要找到互不相关的扰动项向量 $u_t$，回顾矩阵代数的知识，即对于任何实对称正定矩阵 $\boldsymbol{\Omega}$，都存在唯一的下三角矩阵 $\boldsymbol{A}$，其主对角线上的元素都为 1，还存在唯一的对角矩阵 $\boldsymbol{D}$，其主对角线元素均为正值，从而满足以下关系

$$\boldsymbol{\Omega}=\boldsymbol{ADA}' \tag{10.69}$$

其中，

$$\boldsymbol{A}=\begin{pmatrix}1 & 0 & \cdots & 0\\ a_{21} & 1 & \cdots & 0\\ \vdots & \vdots & & \vdots\\ a_{n1} & a_{n2} & \cdots & 1\end{pmatrix} \tag{10.70}$$

以及

$$\boldsymbol{D}=\begin{pmatrix}d_{11} & 0 & \cdots & 0\\ 0 & d_{22} & \cdots & 0\\ \vdots & \vdots & & \vdots\\ 0 & 0 & \cdots & d_{nn}\end{pmatrix} \tag{10.71}$$

式（10.69）一般被称为正定对称矩阵的三角分解（triangular decomposition）或称三角因式分解（triangular factorization）。

现在，矩阵 $\boldsymbol{A}$ 就可以用来构建 $n\times 1$ 的向量 $\boldsymbol{u}_t$，其中 $n$ 表示 VAR 模型中等式的个数。获得的 $\boldsymbol{u}_t$ 可以写成如下形式，即

$$\boldsymbol{u}_t=\boldsymbol{A}^{-1}\boldsymbol{\varepsilon}_t \tag{10.72}$$

要证明式（10.72）给出的 $\boldsymbol{u}_t$ 满足互不相关的条件，我们注意到

$$\begin{aligned}E(\boldsymbol{u}_t\boldsymbol{u}_t')&=(\boldsymbol{A}^{-1})E(\boldsymbol{\varepsilon}_t\boldsymbol{\varepsilon}_t')(\boldsymbol{A}^{-1})'\\&=(\boldsymbol{A}^{-1})\boldsymbol{\Omega}(\boldsymbol{A}^{-1})'\\&=(\boldsymbol{A}^{-1})\boldsymbol{ADA}'(\boldsymbol{A}^{-1})'\\&=\boldsymbol{D}\end{aligned} \tag{10.73}$$

因为矩阵 $\boldsymbol{D}$ 是一个对角矩阵，所以 $E(u_{it}u_{jt})=0$，$i\neq j$。

而一个与 $y_{jt}$ 对应的冲击对 $y_{it}$ 的影响，就可以通过正交 IRF 计算，即

$$\frac{\partial y_{i,t+h}}{\partial u_{jt}},\ h=0,1,2,\cdots \tag{10.74}$$

2. 乔利斯基分解

另一种常用的用来确定式（10.69）中矩阵 $\boldsymbol{A}$ 的元素的方法是著名的乔利斯基分解（Cholesky decomposition）。其基本方法如下：设 $\boldsymbol{D}^{1/2}$ 表示一个对角矩阵，对角线（$j$，$j$）位置的元素等于 $u_{jt}$ 的标准差，这样就可以将式（10.69）重新写成

$$\boldsymbol{\Omega}=\boldsymbol{A}\boldsymbol{D}^{1/2}\boldsymbol{D}^{1/2}\boldsymbol{A}'=\boldsymbol{P}\boldsymbol{P}' \tag{10.75}$$

其中，$\boldsymbol{P}=\boldsymbol{A}\boldsymbol{D}^{1/2}$。

以上方法就是所谓的乔利斯基分解，或称乔利斯基因式分解。许多现代计量软件，如 EViews 等（见图 10-3），都提供这种流行的分解方法来求 VAR 模型的脉冲响应函数。

注意，给定方差-协方差矩阵 $\boldsymbol{\Omega}$，不难计算出我们有 $n(n+1)/2$ 个已知量，而在矩阵 $\boldsymbol{A}$ 中有 $n(n-1)/2$ 个未知量，在矩阵 $\boldsymbol{D}$ 中还有另外 $n$ 个未知量。可以看出，未知量和已知量个数相等。因此，矩阵 $\boldsymbol{A}$ 与 $\boldsymbol{D}$ 的解是唯一的。

实质上，乔利斯基分解使用方差-协方差矩阵的乔利斯基因子(Cholesky factor）的逆阵来正交化脉冲响应函数。这种方法要求对 VAR 模型中的变量进行排序，并且把脉冲响应中的共同成分归结于 VAR 模型的第一个等式中的左侧变量。

从以上分析可知，虽然正交 IRF 在脉冲响应分析中占有重要地位，但是它同时又很可能对 VAR 模型中变量的排序非常敏感。不同的变量排序使用正交 IRF 给出的图示可能会非常不一样。这就对实践者提出了一定的挑战，要求实践者在设立 VAR 模型的过程中要尽量依据经济理论来对变量进行排序，确定哪个变量应该放在 VAR 模型中的第一个位置，哪个变量应该放在第二个位置等。

另外，在估计残差的方差-协方差矩阵 $\boldsymbol{\Omega}$ 的过程中，许多计量软件可能会使用或者不使用有限样本的自由度修正。例如，从图 10-3 的演示中我们已经看到，在 EViews 中，实践者可以选择使用或不使用自由度修正的方差-协方差矩阵估计。自由度修正的 $\boldsymbol{\Omega}$ 的估计结果可以写成

$$\hat{\boldsymbol{\Omega}}=\sum_{t=1}^{T}\varepsilon_{it}\varepsilon_{jt}/(T-p) \tag{10.76}$$

而没有经过自由度修正的 $\boldsymbol{\Omega}$ 的估计结果为

$$\hat{\boldsymbol{\Omega}}=\sum_{t=1}^{T}\varepsilon_{it}\varepsilon_{jt}/T \tag{10.77}$$

对于有限样本的情况，式（10.76）更可取一些。

3. 广义 IRF

上文已经介绍过，正交 IRF 的一个主要问题是其对 VAR 模型中变量的排序比较敏感。为了克服这一问题，Pesaran 和 Shin（1998）在发表在《经济学快报》（*Economics Letters*）的一篇文章中提出了一种新方法，用以构建随机冲击项的一系列正交集。该方法

称为广义 IRF（generalized IRF）。这种方法不需要将所有冲击项都正交化，并且不受 VAR 模型中变量的排序影响。关于广义 IRF 的更多内容，读者可以参阅原文，这里不再详细介绍。

**4. 使用者自定义的 IRF**

有些软件（如 EViews）还为实践者提供了自行设立脉冲响应函数的选项。你需要在相应的编辑窗口给出用来保存脉冲响应函数的矩阵或者向量。但是要注意，如果 VAR 模型有 $n$ 个内生变量，那么脉冲响应函数的矩阵必须具有 $n$ 行、1 或 $n$ 列，这样，每一列便对应一个脉冲响应函数向量。

脉冲响应函数在分析现实经济、金融问题方面有广泛的应用价值。例如，货币政策对通货膨胀的动态影响是货币政策专家非常关注的一个问题。货币政策的调节过程可能是通过货币总量、总产出与通货膨胀之间的动态作用来实现的。因此，通过一个向量动态模型可能会更精确地反映出通货膨胀在一个互动的系统内受到一个随机冲击后响应持续的时间跨度，从而清晰地表现出通货膨胀惯性和货币政策滞后效应。

在实践中，我们可以利用通货膨胀率、M2 增长率和真实 GDP 增长率建立一个三元的 VAR 模型。VAR 模型的滞后期可以由 AIC 或 SIC 准则确定。这样，通过基本的 VAR($p$) 模型与 VAR(1) 模型的转化技巧，可以计算出通货膨胀率在受到一个单位的随机冲击后的变化路径，即脉冲响应函数。因为 VAR 模型涵盖的信息丰富，特别是货币政策要素也包含在其中，所以这样计算出的脉冲响应函数可以更加准确地反映出通货膨胀率在受到随机冲击后发生变化所持续的时间，从而体现出货币政策滞后效果。

通过以上分析，可以获得通货膨胀率在偏离预期的水平后受到一个随机冲击（比如一个抑制通货膨胀的紧缩货币政策冲击）返回预期值所用时间的情况。如果时间较长，那么想要利用货币政策有效地调控通货膨胀率的走势，将未来的通货膨胀率掌控在预期的范围内，就要求货币当局具备很强的正确预期能力。只有这样，货币当局才能适时并有针对性地制定和施行紧缩或者宽松的货币政策，对经济发展进行正确干预。

以上说明对中国的货币政策制定有重要的启示意义。2007 年初，随着中国经济的快速增长，股票、基金以及房地产价格不断上扬，这引起政府对经济发展过热和通货膨胀抬头的警惕。为此，中国人民银行在 2007 年 3 月 18 日将金融机构人民币存贷款基准利率同步上调 0.27 个百分点。而鉴于市场的反应并不明显，中国人民银行在 2007 年 5 月又决定小幅上调金融机构人民币存贷款基准利率，在 2007 年 7 月再次决定上调金融机构人民币存贷款基准利率。央行的这一系列举措凸显了反通货膨胀的决心。但是，一国的利率调节不是无限制的，相反，还要受到汇率政策、国际资本流通状况等多种因素制约，因此，货币政策分析问题是一个困难但又充满挑战的工作。

## 10.5 VAR 模型与方差分解

脉冲响应函数能够捕捉到一个变量的冲击因素对另一变量的动态影响路径，而方差分解（variance decomposition）可以将 VAR 系统内一个变量的方差分解到各个扰动项上。因此，方差分解提供了关于每个扰动因素影响 VAR 模型内各个变量的相对程度。

实质上，所谓方差分解，就是指我们希望知道一个冲击要素 $\varepsilon_{jt}$ 的方差能由其他随机扰动项解释多少。通过获得这个信息，我们可以获知每个特定的冲击因素对于 $\varepsilon_{jt}$ 的相对重要性。

方差分解问题可以通过求解 $\boldsymbol{Y}_t$ 的未来 $h$ 期预测值来理解。在介绍方差分解之前，我们需要回顾一下 VAR 模型对应的 VMA 表现形式，即式（10.65）的形式。在这样的 VMA 形式中，可以看到 $\boldsymbol{Y}_{t-j}$ 是 $\boldsymbol{\varepsilon}_{t-j}$，$\boldsymbol{\varepsilon}_{t-j-1}$，$\boldsymbol{\varepsilon}_{t-j-2}$，…的线性函数。而对于 $j=0$，1，2，…，这些扰动项都与 $\boldsymbol{\varepsilon}_{t+1}$ 不相关。因此，$\boldsymbol{\varepsilon}_{t+1}$ 也就与 $\boldsymbol{Y}_{t-j}$ 不相关。所以，$\boldsymbol{Y}_{t+h}$ 基于 $\boldsymbol{Y}_{t-p}$ 的线性预测可以写成

$$\hat{\boldsymbol{Y}}_{t+h|t}=\boldsymbol{\mu}+\boldsymbol{F}_{11}^{(h)}(\boldsymbol{Y}_t-\boldsymbol{\mu})+\boldsymbol{F}_{12}^{(h)}(\boldsymbol{Y}_{t-1}-\boldsymbol{\mu})+\cdots+\boldsymbol{F}_{1p}^{(h)}[\boldsymbol{Y}_{t-(p-1)}-\boldsymbol{\mu}] \tag{10.78}$$

将式（10.78）与式（10.37）相结合，就可以获得未来 $h$ 期预测所对应的所谓的均方误差

$$\begin{aligned}MSE(\hat{\boldsymbol{Y}}_{t+h|t})&=E[(\boldsymbol{Y}_{t+h}-\hat{\boldsymbol{Y}}_{t+h|t})(\boldsymbol{Y}_{t+h}-\hat{\boldsymbol{Y}}_{t+h|t})']\\&=\boldsymbol{\Omega}+\boldsymbol{\Psi}_1\boldsymbol{\Omega}\boldsymbol{\Psi}_1'+\boldsymbol{\Psi}_2\boldsymbol{\Omega}\boldsymbol{\Psi}_2'+\cdots+\boldsymbol{\Psi}_{h-1}\boldsymbol{\Omega}\boldsymbol{\Psi}_{h-1}'\end{aligned} \tag{10.79}$$

其中，

$$\boldsymbol{\Omega}=E(\boldsymbol{\varepsilon}_t\boldsymbol{\varepsilon}_t') \tag{10.80}$$

另外，利用式（10.75），又可以得到下列关系

$$\boldsymbol{\varepsilon}_t=\boldsymbol{A}\boldsymbol{u}_t=\boldsymbol{a}_1u_{1t}+\boldsymbol{a}_2u_{2t}+\cdots+\boldsymbol{a}_nu_{nt} \tag{10.81}$$

其中，$\boldsymbol{a}_j$ 是矩阵 $\boldsymbol{A}$ 的第 $j$ 列元素。式（10.80）和式（10.81）结合，给出

$$\boldsymbol{\Omega}=E(\boldsymbol{\varepsilon}_t\boldsymbol{\varepsilon}_t')=\boldsymbol{a}_1\boldsymbol{a}_1'\mathrm{var}(u_{1t})+\boldsymbol{a}_2\boldsymbol{a}_2'\mathrm{var}(u_{2t})+\cdots+\boldsymbol{a}_n\boldsymbol{a}_n'\mathrm{var}(u_{nt}) \tag{10.82}$$

其中，$\mathrm{var}(u_{jt})$ 表示矩阵 $\boldsymbol{D}$ 的对角线元素。将式（10.82）代入式（10.79），可以获得对未来 $h$ 期预测对应的均方误差的表达式为

$$\begin{aligned}MSE(\hat{\boldsymbol{Y}}_{t+h|t})=\sum_{j=1}^{n}[&\mathrm{var}(u_{jt})(\boldsymbol{a}_j\boldsymbol{a}_j'+\boldsymbol{\Psi}_1\boldsymbol{a}_j\boldsymbol{a}_j'\boldsymbol{\Psi}_1'+\boldsymbol{\Psi}_2\boldsymbol{a}_j\boldsymbol{a}_j'\boldsymbol{\Psi}_2'+\cdots\\&+\boldsymbol{\Psi}_{h-1}\boldsymbol{a}_j\boldsymbol{a}_j'\boldsymbol{\Psi}_{h-1}')]\end{aligned} \tag{10.83}$$

根据定义，假设我们讨论的范围是平稳 VAR 模型，则有

$$h\to\infty,\ MSE(\hat{\boldsymbol{Y}}_{t+h|t})\to\mathrm{var}(\boldsymbol{Y}_t) \tag{10.84}$$

换言之，随着预测期 $h$ 的不断增大，一直到无穷大，式（10.79）中的预测值 $\hat{\boldsymbol{Y}}_{t+h|t}$ 可以看成是 $\boldsymbol{Y}_t$ 的"期望"，从而就接近于 $\boldsymbol{Y}_t$ 均值的真实值。此时式（10.79）中定义的 $MSE(\hat{\boldsymbol{Y}}_{t+h|t})$ 就接近于 $\boldsymbol{Y}_t$ 方差的真实值。

这样，我们就可以计算第 $j$ 个正交冲击项对未来 $h$ 期预测的均方误差的贡献有多大，即

$$\mathrm{var}(u_{jt})[\boldsymbol{a}_j\boldsymbol{a}_j'+\boldsymbol{\Psi}_1\boldsymbol{a}_j\boldsymbol{a}_j'\boldsymbol{\Psi}_1'+\boldsymbol{\Psi}_2\boldsymbol{a}_j\boldsymbol{a}_j'\boldsymbol{\Psi}_2'+\cdots+\boldsymbol{\Psi}_{h-1}\boldsymbol{a}_j\boldsymbol{a}_j'\boldsymbol{\Psi}_{h-1}'] \tag{10.85}$$

对应的方差分解用 $R_j$ 表示，就是由式（10.85）或式（10.84）给定的 $n$ 个值的集合，即

$$R_j = \frac{\operatorname{var}(u_{jt})(\boldsymbol{a}_j\boldsymbol{a}_j' + \boldsymbol{\Psi}_1\boldsymbol{a}_j\boldsymbol{a}_j'\boldsymbol{\Psi}_1' + \boldsymbol{\Psi}_2\boldsymbol{a}_j\boldsymbol{a}_j'\boldsymbol{\Psi}_2' + \cdots + \boldsymbol{\Psi}_{h-1}\boldsymbol{a}_j\boldsymbol{a}_j'\boldsymbol{\Psi}_{h-1}')}{\sum_{j=1}^{n}\{\operatorname{var}(u_{jt})(\boldsymbol{a}_j\boldsymbol{a}_j' + \boldsymbol{\Psi}_1\boldsymbol{a}_j\boldsymbol{a}_j'\boldsymbol{\Psi}_1' + \boldsymbol{\Psi}_2\boldsymbol{a}_j\boldsymbol{a}_j'\boldsymbol{\Psi}_2' + \cdots + \boldsymbol{\Psi}_{h-1}\boldsymbol{a}_j\boldsymbol{a}_j'\boldsymbol{\Psi}_{h-1}')\}} \tag{10.86}$$

虽然方差分解很有用，但是众所周知，在计量经济学领域方差分解的结果有时候对 VAR 模型中变量的排序也很敏感。然而，正如 Enders（2004）所指出的，无论是正交脉冲响应函数还是方差分解，在研究经济变量之间的互动关系时还是非常有帮助的。特别是，当 VAR 系统各个等式中的随机扰动项彼此之间的相关性比较小时，脉冲响应函数和方差分解受变量排序的影响就非常小了。

在一种极端情况下，VAR 系统中的各个扰动项彼此正交，互不相关，那么矩阵 $\boldsymbol{\Omega}$ 应该是对角矩阵。在这种情况下，依据式（10.69）可以知道，矩阵 $\mathbf{A}$ 必定是一个单位矩阵，从而 $\boldsymbol{\varepsilon}_t = \boldsymbol{u}_t$。这时，式（10.85）中的第 $j$ 个方差贡献就变成了

$$\operatorname{var}(u_{jt})[\boldsymbol{I}_n + \boldsymbol{\Psi}_1\boldsymbol{\Psi}_1' + \boldsymbol{\Psi}_2\boldsymbol{\Psi}_2' + \cdots + \boldsymbol{\Psi}_{h-1}\boldsymbol{\Psi}_{h-1}'] \tag{10.87}$$

或者写成更简单的形式，即

$$\sigma_j^2 \sum_{k=0}^{h-1} \psi_{ij,k}^2 \tag{10.88}$$

这样，对 $y_{it}$ 未来 $h$ 期的预测方差归结到 $u_{jt}$ 的贡献，或者说归结到 $\varepsilon_{jt}$ 的贡献，即方差分解，可以计算为

$$R_j = \frac{\sigma_j^2 \sum_{k=0}^{h-1} \psi_{ij,k}^2}{\sum_{j=1}^{n}\left[\sigma_j^2 \sum_{k=0}^{h-1} \psi_{ij,k}^2\right]} \tag{10.89}$$

在介绍了 VAR 模型方差分解的理论之后，我们给出一个实际的例题来示范方差分解的应用。

例：利用之前使用美国 GDPIPD 和 FFR 数据构建的 VAR 模型，给出对应的方差分解结果，将其归纳在表 10-4 中。从结果中的上下两部分中的数字可以清楚地观察到 VAR 模型中不同等式的扰动项对 GDPIPD 和 FFR 各自的方差贡献率随时间推移的变化情况。

**表 10-4　VAR 模型方差分析结果**

| Variance Decomposition of GDPIPD: | | | |
|---|---|---|---|
| Period | S. E. | GDPIPD | FFR |
| 1 | 0.003 | 100.000 | 0.000 |
| 2 | 0.006 | 98.668 | 1.332 |
| 3 | 0.009 | 97.981 | 2.019 |
| 4 | 0.011 | 97.600 | 2.400 |
| 5 | 0.013 | 97.387 | 2.613 |

续表

| | | | |
|---|---|---|---|
| 6 | 0.015 | 97.268 | 2.732 |
| 7 | 0.016 | 97.206 | 2.794 |
| 8 | 0.017 | 97.178 | 2.822 |
| 9 | 0.018 | 97.172 | 2.828 |
| 10 | 0.019 | 97.179 | 2.821 |
| Variance Decomposition of FFR： | | | |
| Period | S. E. | GDPIPD | FFR |
| 1 | 0.012 | 2.830 | 97.170 |
| 2 | 0.015 | 4.258 | 95.742 |
| 3 | 0.018 | 5.846 | 94.154 |
| 4 | 0.020 | 7.545 | 92.455 |
| 5 | 0.022 | 9.310 | 90.690 |
| 6 | 0.024 | 11.102 | 88.898 |
| 7 | 0.025 | 12.889 | 87.111 |
| 8 | 0.026 | 14.649 | 85.351 |
| 9 | 0.027 | 16.360 | 83.640 |
| 10 | 0.028 | 18.011 | 81.989 |
| Cholesky Ordering：GDPIPD FFR | | | |

作为总结，方差分解告诉我们，在 VAR 系统中一个变量序列的波动（其方差）有多少是归因于它自身的冲击因素，还有多少是由系统中其他扰动因素造成的。关于方差分解在金融领域的应用可以参阅早期的文献，如 Campbell 和 Shiller（1988）以及 Campbell（1991）等。

## 练习 10

1. 考虑下面的两变量 VAR（1）模型

$$\boldsymbol{y}_t=\boldsymbol{c}+\boldsymbol{\Phi}\boldsymbol{y}_{t-1}+\boldsymbol{\varepsilon}_t$$

其中，$\phi_{11}=0.9$，$\phi_{12}=0.1$，$\phi_{21}=0.1$，$\phi_{22}=0.9$，$\boldsymbol{c}=\boldsymbol{0}$。

请判断该 VAR(1) 系统是否为平稳系统。为什么？

2. 假定我们研究一个两变量 VAR(1) 模型

$$\boldsymbol{y}_t=\boldsymbol{\Phi}\boldsymbol{y}_{t-1}+\boldsymbol{\varepsilon}_t$$

其中，$\phi_{11}=0.6$，$\phi_{12}=0.1$，$\phi_{21}=-0.6$，$\phi_{22}=1.1$。

对于这个 VAR 模型，请回答：

(a) 获得矩阵 $\boldsymbol{\Psi}_j$ 对于 $j=0，1，2$ 的各个元素，并将 VAR 转化成下面的形式，即

$$\boldsymbol{y}_t=\sum_{j=0}^{\infty}\boldsymbol{\Psi}_j\boldsymbol{\varepsilon}_{t-j}$$

(b) 假设 $\boldsymbol{y}_t=\boldsymbol{0}$（当 $t<0$ 时）。现在，对于 $t=0$，设定 $\varepsilon_{10}=1$ 和 $\varepsilon_{20}=1$，请求出 $\boldsymbol{y}_t$ 对应于 $t=0，1，2$ 的值。

（c）通过比较（b）和（a）中的结果，试证明通过（b）中获得的结果可以直接求出 $y_1$ 和 $y_2$ 在 $j=0$，1，2 时的脉冲响应函数。

3. 下载中国 2001 年 1 月至现在的 M2 与 CPI 的月度数据，并构建一个两变量 VAR($p$) 模型。请分别画出各种脉冲响应的图示，并利用图示说明经济含义。

4. 阅读 Campbell（1991）的文献，同时尝试收集更新到目前的数据，并利用更新后的数据重新进行方差分解计算。

第 11 章

# 结构向量自回归（SVAR）模型

**本章导读**

下面这段话是时序分析领域的两位著名专家——斯坦福大学的詹姆斯·H.斯托克（James H. Stock）和哈佛大学的马克·W. 沃森（Mark W. Watson）在一篇关于 VAR 模型的综述性文章中的一段评语，从中读者可能会洞悉多维模型的计量方法在“经济结构”等方面分析的重要性。实际上，多维时间序列模型的另一个重要的模型是结构向量自回归（SVAR）模型。本章将一般的 VAR 模型拓展到经济、金融领域经常用到的结构性（structural）动态模型，即“结构向量自回归模型”，并介绍了缩减 VAR 模型与 SVAR 模型之间的本质联系。通过本章的学习，读者能够掌握多元时间序列分析的更多核心方法、理论和实际应用等内容。本章内容较多地涉及矩阵代数，这方面基础薄弱的读者可以跳过矩阵推导等内容而主要掌握 SVAR 模型的基本概念和应用步骤。但是对于基础较好的读者，还是建议仔细研读本章的内容，因为 SVAR 模型在经济计量分析中的应用相当广泛。

> 宏观计量经济学家做四件事：描述和总结宏观经济数据；进行宏观经济预测；量化我们对宏观经济真实结构的了解和不了解；为宏观经济政策制定者提供建议。
>
> ——詹姆斯·H. 斯托克和马克·W. 沃森
>
> 《经济展望杂志》（*Journal of Economic Perspectives*），2001

## 11.1　SVAR 模型初步

### 11.1.1　SVAR 模型的基本概念

严格地说，第 10 章介绍的 VAR 模型只是对多个变量之间的动态关系进行了统计描述，虽然在脉冲响应分析中我们曾经提到过 VAR 模型设立中各个变量的排序不同对脉冲响应分析的影响可能很大，但我们始终没有对卷入 VAR 模型系统中的内生变量（所谓内生变量，就是指由系统内的方程决定的变量；而与之相对的是外生变量，即那些不是由系统内的关系决定的、独立于模型系统的变量）之间的经济结构含义进行明确的刻画。

从一方面看，这是 VAR 模型的一个典型优点，因为经济变量之间的结构性关系有时候很难界定，因此使用 VAR 技术建模可以规避这个问题。而从另一方面看，经济变量之间没有给出明确的结构性关系却又是 VAR 模型特别是无约束条件 VAR 模型的一个不足。因此，VAR 模型实质上应该视为一个缩减式（reduced form）模型系统，在这个系统内各个变量之间不存在当期的（contemporaneous）关系，而只是存在滞后期与当期之间的互动。

那么能否将一定的基于经济、金融理论的变量之间的结构性关系引入 VAR 模型呢？结构向量自回归（SVAR）模型的出现从一定程度上解决了这一难题。结构向量自回归模型，正如其名称所表明的，可以捕捉模型系统内各个变量之间的即时的（instantaneous）结构性关系。而如果仅仅建立一个 VAR 模型，这样的结构关联性就被转移或者说掩藏到了随机扰动向量的方差-协方差矩阵中了。也正是基于这个原因，VAR 模型实质上是一个缩减形式，没有明确体现变量间的结构性关系。

回顾 SVAR 的发展历史，在 SVAR 研究领域，Amisano 和 Giannini（1997）的专著从某种程度上说是具有里程碑意义的。因为这两位意大利的计量经济学家在他们的这本专著中比较透彻地总结了 SVAR 模型的设立、识别、估计以及应用等内容。不过，阅读该书需要较高的计量理论基础，所以对于一般读者来说，该书可读性并不高。我们在本章将以更为通俗易懂的方式介绍与 SVAR 模型相关的知识，而且将在 11.3 节对 Amisano 和 Giannini（1997）的精髓内容做归纳和系统的诠释，以期读者能够比较顺利地理解 SVAR 的相关知识。同时，EViews 软件内嵌的 SVAR 分析机理是以 Amisano 和 Giannini（1997）的理论模型为基础的，本章对相关内容的介绍也可能对使用 EViews 软件从事实证研究的人员有一定帮助。

要理解 SVAR 模型，首先要明确 SVAR 模型的建立一般都是基于一定的经济理论基础。例如，现代货币政策传导机制的一条途径是通过欧拉等式（即 *IS* 等式）、菲利普斯曲线和货币政策反应方程（泰勒规则）的动态系统实现的。如果令 $x_t$ 表示真实经济产出缺口，$\pi_t$ 表示通货膨胀率，$i_t$ 表示短期利率，那么这样一个货币传导机制系统就可以写成以下模型形式，即

$$\begin{aligned} x_t &= c_1+\alpha_1 x_{t-1}+\alpha_2(i_t-\pi_t)+u_{xt} \\ \pi_t &= c_2+\beta_1\pi_{t-1}+\beta_2 x_t+u_{\pi t} \\ i_t &= c_3+\gamma_1 i_{t-1}+\gamma_2 x_t+\gamma_3\pi_t+u_{it} \end{aligned} \tag{11.1}$$

其中 $u_{xt}$、$u_{\pi t}$ 和 $u_{it}$ 分别表示需求冲击项、供给冲击项和货币政策冲击项。我们暂时假定这些随机冲击项都不存在序列相关性。

从以上模型系统我们可以看到，*IS* 等式描述了真实经济产出缺口与真实利率（$i_t-\pi_t$）之间的线性关系；菲利普斯曲线将通货膨胀率定义为历史的通货膨胀率和真实经济产出缺口的函数；而货币政策反应方程则说明了货币政策工具（即短期利率）本身具有一定的平滑性特征（出现利率滞后项），同时受到真实经济产出缺口和通货膨胀率的影响。

所以，式（11.1）这个模型系统中的每个等式都是基于一定的经济理论建立起来的，并且这三个变量之间通过三个等式形成一个有机的动态系统，这就是一个典型的 SVAR 模型。在整个系统中，每个变量除了受各自的滞后项的影响，同时还受其他变量的即时（当期）影响。

注意，对于式（11.1）这样的 SVAR 模型系统，每个等式不能再使用 OLS 进行回归

而获得无偏的估计结果了。这就是计量经济学科经常提到的联立方程偏倚（simultaneous equation bias）问题。之所以会出现这个问题，就是因为每个等式中的解释变量，通过整个系统的联系或者称为传导，实际上与各自等式中的随机扰动项具有相关性，而这违背了 OLS 估计的根本假设要求之一。

对于联立方程偏倚问题，这里不再深入讨论。我们这里继续介绍 SVAR 模型的相关内容。为进一步分析 SVAR 模型，我们尝试将模型系统（11.1）中的等式写成向量的形式。所以，首先定义向量

$$\boldsymbol{Y}_t=\begin{pmatrix}x_t\\ \pi_t\\ i_t\end{pmatrix} \tag{11.2}$$

这样，就可以将式（11.1）重新写成如下形式，即

$$\boldsymbol{\Gamma}_0\boldsymbol{Y}_t=\boldsymbol{\delta}+\boldsymbol{\Gamma}_1\boldsymbol{Y}_{t-1}+\boldsymbol{u}_t \tag{11.3}$$

其中，

$$\boldsymbol{\Gamma}_0=\begin{pmatrix}1 & \alpha_2 & -\alpha_2\\ -\beta_2 & 1 & 0\\ -\gamma_2 & -\gamma_3 & 1\end{pmatrix} \tag{11.4}$$

$$\boldsymbol{\Gamma}_1=\begin{pmatrix}\alpha_1 & 0 & 0\\ 0 & \beta_1 & 0\\ 0 & 0 & \gamma_1\end{pmatrix} \tag{11.5}$$

$$\boldsymbol{\delta}=\begin{pmatrix}c_1\\ c_2\\ c_3\end{pmatrix} \tag{11.6}$$

以及

$$\boldsymbol{u}_t=\begin{pmatrix}u_{xt}\\ u_{\pi t}\\ u_{it}\end{pmatrix} \tag{11.7}$$

基于以上定义，式（11.3）就是一个 SVAR(1) 模型的形式，其中各个变量的结构性关系体现在了非单位矩阵 $\boldsymbol{\Gamma}_0$ 上。而以前我们介绍的简单 VAR 模型，无一例外地都假设了当期变量 $\boldsymbol{Y}_t$ 的系数矩阵为单位矩阵。

### 11.1.2　SVAR 与缩减 VAR 模型

进一步推导可以帮助我们认识到 SVAR 模型与 VAR 模型的内在联系和区别。假设矩阵 $\boldsymbol{\Gamma}_0$ 有定义，并且可逆，那么在式（11.3）两侧同乘以 $\boldsymbol{\Gamma}_0^{-1}$，得到下面的等式，即

$$\boldsymbol{Y}_t=\boldsymbol{\Gamma}_0^{-1}\boldsymbol{\delta}+\boldsymbol{\Gamma}_0^{-1}\boldsymbol{\Gamma}_1\boldsymbol{Y}_{t-1}+\boldsymbol{\Gamma}_0^{-1}\boldsymbol{u}_t \tag{11.8}$$

此时，我们看到，由 SVAR 经过变换后的模型（11.8）至少从形式上看与 VAR 模型是一

致的。所以，从某种程度上说，VAR 模型是 SVAR 模型的缩减形式。所以，式（11.8）还可以写成

$$\boldsymbol{Y}_t=\boldsymbol{c}+\boldsymbol{\Phi}_1\boldsymbol{Y}_{t-1}+\boldsymbol{\varepsilon}_t \tag{11.9}$$

当然，如果我们将 SVAR(1) 模型（11.3）拓展到高阶的形式，即 SVAR($p$) 模型，那么可得

$$\boldsymbol{\Gamma}_0\boldsymbol{Y}_t=\boldsymbol{\delta}+\boldsymbol{\Gamma}_1\boldsymbol{Y}_{t-1}+\boldsymbol{\Gamma}_2\boldsymbol{Y}_{t-2}+\cdots+\boldsymbol{\Gamma}_p\boldsymbol{Y}_{t-p}+\boldsymbol{u}_t \tag{11.10}$$

其中，$p$ 表示滞后期数，$\boldsymbol{u}_t$ 仍然代表随机扰动项向量。与式（11.9）类似，我们还可以得到相应的缩减 VAR 模型，即

$$\boldsymbol{Y}_t=\boldsymbol{c}+\boldsymbol{\Phi}_1\boldsymbol{Y}_{t-1}+\boldsymbol{\Phi}_2\boldsymbol{Y}_{t-2}+\cdots+\boldsymbol{\Phi}_p\boldsymbol{Y}_{t-p}+\boldsymbol{\varepsilon}_t \tag{11.11}$$

其中，

$$\boldsymbol{\Phi}_k=\boldsymbol{\Gamma}_0^{-1}\boldsymbol{\Gamma}_k \tag{11.12}$$

$$\boldsymbol{c}=\boldsymbol{\Gamma}_0^{-1}\boldsymbol{\delta} \tag{11.13}$$

$$\boldsymbol{\varepsilon}_t=\boldsymbol{\Gamma}_0^{-1}\boldsymbol{u}_t \tag{11.14}$$

以及

$$\boldsymbol{\Omega}_\varepsilon=E(\boldsymbol{\varepsilon}_t\boldsymbol{\varepsilon}_t')=\boldsymbol{\Gamma}_0^{-1}\boldsymbol{\Omega}_u(\boldsymbol{\Gamma}_0^{-1})' \tag{11.15}$$

模型（11.10）就是一个典型的 SVAR($p$) 模型。在下面的研究中，为简单起见，我们暂时假定在 SVAR 模型中，$\boldsymbol{Y}_t$ 包含的所有变量均为内生变量。

对于缩减 VAR 模型（11.11），如果其对应的扰动项向量被假设服从多元高斯分布（multivariate Gaussian distribution），就可以使用 OLS 或者 MLE 方法估计这个模型系统。

可见，通过将 SVAR 模型转化成 VAR 模型，我们可以规避联立方程偏倚问题。而在估计 VAR 模型之后，原始的 SVAR 模型可以通过 SVAR 模型与对应的 VAR 模型之间的内在联系而获得。

当然，在大多数情况下，SVAR 模型的估计并不一定像上面陈述的那样简单，经常用到的估计方法也不一定是 OLS，而用到的更多是所谓的全信息极大似然估计（full information maximum likelihood estimation，FIMLE）。FIMLE 是 MLE 在多维模型情况下的拓展，我们将在之后介绍。

但是，在估计 SVAR 模型之前，还要涉及一个问题，就是 SVAR 模型的识别（identification）。所谓 SVAR 模型的识别，就是指通过限制一定的条件，使得能够利用样本信息估计出待估计的统计量。

## 11.2 SVAR 模型的基本识别方法

### 11.2.1 SVAR 模型的识别问题

对于 SVAR 模型的识别问题，其基本思想就是，通过一定的约束条件，使得估计出

的 VAR 模型对应的系数矩阵、对应的方差矩阵等统计量的个数不少于 SVAR 模型中待求的未知量的个数。

我们知道，SVAR 模型与 VAR 模型有着内在的联系，而 SVAR 模型的识别正是基于这种联系，通过对 VAR 模型的估计结果，估计出 SVAR 模型中待估计的未知量。

要想获得 SVAR 模型中的结构性系数，首先需要考虑所谓的“排序”（order）问题。什么是排序问题呢？简单地解释，排序问题就是对比 SVAR 模型中待估计量的个数与 VAR 模型中可以估计出来的对应量的个数。

例如，我们知道，对于一个包含 $n$ 个变量的 VAR($p$) 模型，如式（11.11），系数矩阵 $\boldsymbol{\Phi}_i$（$i=1, 2, \cdots, p$）中含有 $pn^2$ 个元素。另外，在 VAR 模型（11.11）中，扰动项的方差-协方差矩阵 $\boldsymbol{\Omega}_\varepsilon=\boldsymbol{\Gamma}_0^{-1}\boldsymbol{\Omega}_u(\boldsymbol{\Gamma}_0^{-1})'$ 含有 $n(n+1)/2$ 个元素。但是，对于与这个 VAR($p$)模型对应的 SVAR($p$) 模型而言，系数矩阵 $\boldsymbol{\Gamma}_i$（$i=0, 1, \cdots, p$）含有 $(p+1)n^2$ 个元素，并且 SVAR 模型的扰动项的方差-协方差矩阵 $\boldsymbol{\Omega}_u$ 含有 $n(n+1)/2$ 个元素待估计。

比较含有 $n$ 个变量的 VAR($p$) 模型与 SVAR($p$) 模型的这些数字关系，我们看到，SVAR($p$) 模型要比 VAR($p$) 模型多 $n^2$ 个待估计的未知量。因此，如果希望通过估计 VAR 模型然后利用 VAR 与 SVAR 的内在联系估计出 SVAR 模型的所有系数，就必须对 SVAR 模型施加 $n^2$ 个约束条件。

常见的一个约束条件是令矩阵 $\boldsymbol{A}_0$ 的对角线上的元素都为 1，例如在前面使用的货币政策传导机制模型的例子，即模型（11.3）。但是这个约束只能获得 $n$ 个限制条件，所以如果要保证 SVAR 模型能够被识别，就还需要至少 $n(n-1)$ 个限制条件。当然，如果约束条件多于这个标准，则称为“过度识别”（over-identified），反之则称为“不足识别”（under-identified）。

那么一般来讲，保证 SVAR 模型能够被识别的约束条件如何确定呢？Watson（1994）提出，约束条件应该由模型背后的经济含义来确定。如果不甄别所建立的 SVAR 模型的经济含义，那么任何讨论可能都没有什么实际意义。

## 11.2.2　识别 SVAR 模型的约束条件

在设立约束条件的过程中，下面几种情况是实证研究可以考虑采用的方法。

### 1. 对结构冲击项（structural shocks）的方差-协方差矩阵约束

与 Watson（1994）的讨论相似，我们用一个两个变量的 SVAR($p$) 模型对这种约束方法进行介绍。假定 SVAR 模型中包含的两个变量分别是真实 GDP 增长率（即经济增长率）和货币供给增长率，分别用 $y_{1t}$ 和 $y_{2t}$ 来表示这两个变量。这样，我们就可以获得由总供给和货币供给反应方程组成的 SVAR 模型，即

$$y_{1t}+\gamma_{12}^{(0)}y_{2t}=\sum_{i=1}^{p}\gamma_{11}^{(i)}y_{1,t-i}+\sum_{i=1}^{p}\gamma_{12}^{(i)}y_{2,t-i}+u_{1t} \tag{11.16}$$

$$y_{2t}+\gamma_{21}^{(0)}y_{1t}=\sum_{i=1}^{p}\gamma_{21}^{(i)}y_{1,t-i}+\sum_{i=1}^{p}\gamma_{22}^{(i)}y_{2,t-i}+u_{2t} \tag{11.17}$$

模型（11.16）可以解释为总供给方程，因为当期的经济增长率是当期和滞后的货币供给增长率以及滞后的经济增长率的函数。这样，$u_{1t}$ 就具有一定的经济含义，它表示总

供给或者生产率冲击。

模型（11.17）是一个货币供给反应方程，它刻画了当期的货币供给增长率如何受到当期的经济增长率和这两个变量的历史观测值的影响。在这个方程中，$u_{2t}$就可以解释为货币供给冲击。

就上面介绍的这个 SVAR 模型，如果把它看成式（11.10）的形式，那么对应的矩阵$\boldsymbol{\Gamma}_0$的对角线上的元素都为 1，从前面的介绍我们知道这个约束给出了 $n$ 个限制条件。而如果要保证 SVAR 模型能够被识别，还需要至少 $n(n-1)=2\times(2-1)=2$ 个限制条件。

其中一个约束条件可以考虑对该 SVAR 模型中扰动项的方差-协方差矩阵 $\boldsymbol{\Omega}_u$ 进行限制而实现。对这个矩阵的限制一般采用的形式是令对称矩阵 $\boldsymbol{\Omega}_u$ 为对角矩阵。如果限制了这个条件，就意味着我们假设 SVAR 模型中的结构冲击项之间彼此互不相关。对于上面的例子，这个约束条件的含义是，总供给冲击与货币供给冲击彼此不相关。这个假设经常被认为是比较合理的假设，因为这两个扰动因素之间在很多情况下确实并没有很强的关联性。

注意，这里限制 $\boldsymbol{\Omega}_u$ 为对角矩阵，只给出了 $n(n-1)/2=2\times(2-1)/2=1$ 个约束条件，还需要至少 $n(n-1)/2=2\times(2-1)/2=1$ 个额外的约束条件。这个额外的约束条件如何获得呢？通常可以考虑采用下面介绍的方法，即对 $\boldsymbol{\Gamma}_0$ 矩阵进行适当的限制。

**2. 对 $\boldsymbol{\Gamma}_0$ 矩阵的约束**

上面已经提到，对于尚缺的 1 个额外的约束条件，可以考虑通过对 $\boldsymbol{\Gamma}_0$ 矩阵进行适当的限制来获得。当然，对 $\boldsymbol{\Gamma}_0$ 的限制也应该有一定的经济含义解释。以上面的“产出-货币”SVAR 模型为例，必须找到对 $\gamma_{12}^{(0)}$ 或者 $\gamma_{21}^{(0)}$ 的限制条件。

从经济理论角度出发，我们可以考虑货币政策对现实经济的影响普遍存在的时滞特点，从而假定当期的货币政策冲击对当期的经济产出并不马上产生影响。这样，$u_{2t}$ 对 $y_{1t}$ 的影响乘数（impact multiplier）应该为 0，即

$$\frac{\partial y_{1t}}{\partial u_{2t}}=0 \tag{11.18}$$

如果限制了这个条件，那么考查式（11.16）和式（11.17）就知道，这个假设实质上要求 $\gamma_{12}^{(0)}=0$。如果有了这个限制条件，加上前面介绍的对矩阵 $\boldsymbol{\Omega}_u$ 的限制条件，对应的 SVAR 模型就可以被识别了。

虽然上面的讨论以两个变量的 SVAR 模型为例，但是容易拓展到对 $n$ 个变量情况下 $\boldsymbol{\Gamma}_0$ 矩阵的约束。在这种情况下，对 $\boldsymbol{\Gamma}_0$ 进行的类似的约束经常被称为“伍德因果链”（Wold causal chain，WCC）约束，即

$$\partial y_{it}/\partial u_{jt}=0, \quad i<j \tag{11.19}$$

从实质上看，WCC 给出了一个递归的 SVAR 系统，其中 $\boldsymbol{\Gamma}_0$ 为下三角矩阵，从而就给出了 $n(n-1)/2$ 个约束条件。

举例来说，如果 $n=3$，即一个三个变量的 SVAR 模型，WCC 约束给出的模型可以写成如下形式，即

$$y_{1t}=\sum_{i=1}^{p}\gamma_{11}^{(i)}y_{1,t-i}+\sum_{i=1}^{p}\gamma_{12}^{(i)}y_{2,t-i}+\sum_{i=1}^{p}\gamma_{13}^{(i)}y_{3,t-i}+u_{1t}$$

$$y_{2t}+\gamma_{21}^{(0)}y_{1t}=\sum_{i=1}^{p}\gamma_{21}^{(i)}y_{1,t-i}+\sum_{i=1}^{p}\gamma_{22}^{(i)}y_{2,t-i}+\sum_{i=1}^{p}\gamma_{23}^{(i)}y_{3,t-i}+u_{2t} \tag{11.20}$$

$$y_{3t}+\gamma_{31}^{(0)}y_{1t}+\gamma_{32}^{(0)}y_{2t}=\sum_{i=1}^{p}\gamma_{31}^{(i)}y_{1,t-i}+\sum_{i=1}^{p}\gamma_{32}^{(i)}y_{2,t-i}+\sum_{i=1}^{p}\gamma_{33}^{(i)}y_{3,t-i}+u_{3t}$$

在这个例子中，矩阵 $\boldsymbol{\Gamma}_0$ 的形式为

$$\boldsymbol{\Gamma}_0=\begin{pmatrix}1 & 0 & 0\\ \gamma_{21}^{(0)} & 1 & 0\\ \gamma_{31}^{(0)} & \gamma_{32}^{(0)} & 1\end{pmatrix} \tag{11.21}$$

当然，如果拓展到 $n$ 个变量的 SVAR 系统，WCC 约束条件对应的 $\boldsymbol{\Gamma}_0$ 矩阵就变成如下形式，即

$$\boldsymbol{\Gamma}_0=\begin{pmatrix}1 & 0 & \cdots & 0\\ \gamma_{21}^{(0)} & 1 & \cdots & 0\\ \vdots & \vdots & & \vdots\\ \gamma_{n1}^{(0)} & \gamma_{n2}^{(0)} & \cdots & 1\end{pmatrix} \tag{11.22}$$

这个约束条件的形式可以回溯到 Wold（1954）的文献，后来在 Sims（1980）的重要研究中获得新生。

### 3. 长期关系约束

在 SVAR 的识别过程中，还有一种著名的约束条件，称为长期关系（long-run relationship）约束条件。这种约束的实质可以通过下面的公式说明，即

$$\boldsymbol{\Gamma}(1)=\boldsymbol{\Gamma}_0-\sum_{i-1}^{p}\boldsymbol{\Gamma}_i \tag{11.23}$$

长期关系约束限制矩阵 $\boldsymbol{\Gamma}(1)$ 是一个下三角矩阵，从而就可以获得 $n(n-1)/2$ 个约束条件。这就是 Blanchard 和 Quah（1989）最初提出的长期关系约束条件。Watson（1994）以及其他研究人员对这种约束条件的理论和应用做了进一步的讨论，下面的内容将会继续介绍这种方法。

实际上，以上介绍的识别 SVAR 模型要求的约束条件的方法是一般性的讨论，实践研究者可以根据这里介绍的方法并且结合手中研究的具体问题来制定识别系统的约束条件。很多时候，这些约束条件需要利用计量软件编写一定的程序来实现。当然，前人研究出来的一些既定程序可能也会提高实际分析 SVAR 模型的效率。例如，WinRATS 经常会提供一些已有的处理 SVAR 模型的 WinRATS 程序。当然，不同的计量软件在处理问题的灵活程度上还是存在一定差别的，例如 GAUSS 编程工具在处理 SVAR 问题时就具有更大的灵活性，功能也更加强大。

我们在本章开始还提到，EViews 软件以 Amisano 和 Giannini（1997）的专著为蓝本分析 SVAR 模型。所以，11.3 节将集中介绍 Amisano 和 Giannini 归纳的三种模型，即 AB 模型、C 模型和 K 模型。这些模型的识别和估计方法与以上介绍的内容既有重叠的地方，又有其独特的方面，希望读者认真比较。

## 11.3 SVAR 模型的三种类型

应该指出，模型（11.10）只是 SVAR 模型的一种类型，它对应的是 Amisano 和 Giannini（1997）归纳的 C 模型，而 Amisano 和 Giannini（1997）根据 SVAR 系统中对当期变量之间的结构性关系假设的不同，提出了三种不同类型的 SVAR 模型，即 C 模型、K 模型和 AB 模型。

在介绍这几种不同的模型之前，我们首先需要重新回顾一下缩减 VAR 模型的形式。为了与 Amisano 和 Giannini（1997）中使用的假设一致，我们暂时假设 VAR 系统中不含有常数项。实际上我们总可以先将数据去除均值，从而获得不包含常数项的 VAR 模型。我们以前的介绍一直以 $\boldsymbol{Y}_t$ 表示变量组成的向量，而这里为了与之加以区分，我们将 $n$ 个变量组成的向量表示为 $\boldsymbol{y}_t$。这样，可以将缩减 VAR 模型写成以下形式，即

$$\boldsymbol{A}(L)\boldsymbol{y}_t=\boldsymbol{\varepsilon}_t \tag{11.24}$$

其中，

$$\begin{cases}\boldsymbol{\varepsilon}_t\sim VGW(\boldsymbol{0},\boldsymbol{\Omega})\\ E(\boldsymbol{\varepsilon}_t\boldsymbol{\varepsilon}_t')=\boldsymbol{\Omega}\\ \boldsymbol{A}(L)=\boldsymbol{I}_n-\boldsymbol{A}_1L-\boldsymbol{A}_2L^2-\cdots-\boldsymbol{A}_pL^p\end{cases} \tag{11.25}$$

这里，VGW（vector Gaussian white noise）表示向量高斯白噪声过程，$\boldsymbol{A}(L)$ 是滞后算子多项式的向量表现形式。我们假设等式 det $[\boldsymbol{A}(L)]$ [即矩阵 $\boldsymbol{A}(L)$ 的行列式]$=0$ 的所有根均落在单位圆外。这里需要提醒的是，我们这里使用 $\boldsymbol{A}_i(i=1,2,\cdots,p)$ 表示系数矩阵，这一方面是为了以下讲解的方便，另一方面也是为了与常用的计量软件（如 EViews）使用的符号相一致，方便应用者理解。

如果进一步假设矩阵 $\boldsymbol{A}(L)$ 可逆，那么利用我们以前讲过的内容，就可以将 $\boldsymbol{y}_t$ 写成向量移动平均（VMA）过程的形式，即

$$\boldsymbol{y}_t=\boldsymbol{C}(L)\boldsymbol{\varepsilon}_t \tag{11.26}$$

其中，

$$\boldsymbol{C}(L)=\boldsymbol{A}(L)^{-1} \tag{11.27}$$

另外，在介绍 VAR 模型的脉冲响应分析时，我们曾介绍过矩阵的乔利斯基分解法。例如矩阵 $\boldsymbol{\Omega}$ 的乔利斯基分解可以写为

$$\boldsymbol{\Omega}=\boldsymbol{AD}^{1/2}\boldsymbol{D}^{1/2}\boldsymbol{A}'=\boldsymbol{PP}' \tag{11.28}$$

其中，

$$\boldsymbol{P}=\boldsymbol{AD}^{1/2}$$

$\boldsymbol{A}$ 是可以唯一确定的下三角矩阵，$\boldsymbol{D}$ 是可以唯一确定的对角矩阵。

因此，如果在式（11.24）的两侧同时左乘矩阵 $\boldsymbol{\Omega}$ 的乔利斯基因子（注意矩阵的运算

顺序)，则可以获得以下结果，即

$$\boldsymbol{A}^*(L)\boldsymbol{y}_t=\boldsymbol{e}_t,\quad \boldsymbol{e}_t\sim VWN(\boldsymbol{0},\boldsymbol{I}_n) \tag{11.29}$$

并且从式（11.24）到式（11.29）不难看出，各种系数矩阵均满足以下关系，即

$$\boldsymbol{A}^*(L)=\sum_{i=1}^{p}\boldsymbol{A}_i^*,\ \boldsymbol{A}_0^*=\boldsymbol{P}^{-1},\ \boldsymbol{A}_i^*=\boldsymbol{P}^{-1}\boldsymbol{A}_i \tag{11.30}$$

在以上介绍的基础上，我们下面分别介绍三种不同类型的 SVAR 模型。

## 11.3.1　AB 模型

### 1. AB 模型的基本定义

基于前面介绍的基础内容，我们首先介绍 SVAR 模型中的 AB 模型，其基本定义如下：

$\boldsymbol{A}$ 和 $\boldsymbol{B}$ 都是 $n\times n$ 维可逆矩阵，并且满足下列条件：

$$\begin{aligned}&\boldsymbol{A}\boldsymbol{A}(L)\boldsymbol{y}_t=\boldsymbol{A}\boldsymbol{\varepsilon}_t\\&\boldsymbol{A}\boldsymbol{\varepsilon}_t=\boldsymbol{B}\boldsymbol{e}_t\\&E(\boldsymbol{e}_t)=\boldsymbol{0}\\&E(\boldsymbol{e}_t\boldsymbol{e}_t')=\boldsymbol{I}_n\end{aligned} \tag{11.31}$$

AB 模型的特点是可以明确建立系统内各个内生变量的当期结构关系，并且可以直观地分析标准正交随机扰动项（orthonormal random shock）对系统产生冲击后的影响情况，即 $\boldsymbol{e}_t$ 对系统的冲击影响情况。$\boldsymbol{e}_t$ 就是所谓的标准正交随机扰动项，因为它的组成元素之间互相正交（即互相独立），并且其方差-协方差矩阵为单位矩阵。

另外，在式（11.31）中，矩阵 $\boldsymbol{A}$ 和 $\boldsymbol{B}$ 被称为正交因子分解矩阵（orthogonal factorization matrix）。从式（11.31）中第二个等式可以看到，矩阵 $\boldsymbol{A}$ 将缩减 VAR 模型中的扰动项 $\boldsymbol{\varepsilon}_t$ 的向量进行转化，生成一个新的向量 $\boldsymbol{A}\boldsymbol{\varepsilon}_t=\boldsymbol{B}\boldsymbol{e}_t$，所以 $\boldsymbol{A}\boldsymbol{\varepsilon}_t$ 可以理解为由 $n$ 个互相独立的扰动项 $\boldsymbol{e}_t$ 通过一定的线性组合（通过矩阵 $\boldsymbol{B}$）而生成。

### 2. AB 模型的识别与估计

如果实践者已经建立了一个 AB 模型，那么如何进行模型识别呢？首先利用式（11.31）中的关系式 $\boldsymbol{A}\boldsymbol{\varepsilon}_t=\boldsymbol{B}\boldsymbol{e}_t$ 和 $E(\boldsymbol{e}_t\boldsymbol{e}_t')=\boldsymbol{I}_n$，可以得到以下关系，即

$$\boldsymbol{A}\boldsymbol{\varepsilon}_t\boldsymbol{\varepsilon}_t'\boldsymbol{A}'=\boldsymbol{B}\boldsymbol{B}' \tag{11.32}$$

上面这个等式的关系成立是因为

$$\boldsymbol{A}\boldsymbol{\varepsilon}_t(\boldsymbol{A}\boldsymbol{\varepsilon}_t)'=\boldsymbol{B}\boldsymbol{e}_t(\boldsymbol{B}\boldsymbol{e}_t)'=\boldsymbol{B}(\boldsymbol{e}_t\boldsymbol{e}_t')\boldsymbol{B}'=\boldsymbol{B}\times\boldsymbol{I}_n\times\boldsymbol{B}'=\boldsymbol{B}\boldsymbol{B}' \tag{11.33}$$

现在我们来考虑模型的识别问题。我们知道，$\boldsymbol{A}$ 和 $\boldsymbol{B}$ 都是 $n\times n$ 维矩阵，所以这两个矩阵有 $2n^2$ 个系数需要估计。从式（11.25）可知，$E(\boldsymbol{\varepsilon}_t\boldsymbol{\varepsilon}_t')=\boldsymbol{\Omega}$ 能够通过一定的估计方法（如 OLS 估计）获得而不需要约束条件。所以，模型的识别问题就是要寻找到 $2n^2$ 个约束条件。

如何设定 $2n^2$ 个约束条件呢？观察式（11.32）可以发现，其两侧表达式都是对称矩

阵。这说明，一旦模型的基本形式式（11.31）设定好了，关系式（11.32）就一定成立，而通过以上对式（11.32）性质的分析可以知道，SVAR 的 AB 模型一旦设立，首先就对矩阵 $\boldsymbol{A}$ 和 $\boldsymbol{B}$ 中的系数施加了 $n(n+1)/2$ 个非线性约束条件。这样，要识别 AB 模型，实质上就还剩下 $2n^2-n(n+1)/2$ 个额外的约束条件需要加以限制。

一般来讲，剩下的 $2n^2-n(n+1)/2$ 个约束条件可以考虑两种不同的限制方法，分别称为短期约束条件（short-run restriction）和长期约束条件（long-run restriction）。但这两种方法都是对矩阵 $\boldsymbol{A}$ 和 $\boldsymbol{B}$ 进行进一步的限制，所以我们经常把加以限制的这两个矩阵称为类型矩阵(pattern matrix)。一些计量软件，如 EViews，有专门的估计 SVAR 的 AB 模型的对话选项。我们可以通过文字来表达对矩阵 $\boldsymbol{A}$、$\boldsymbol{B}$ 的约束条件，也可以直接创建含有约束条件的类型矩阵 $\boldsymbol{A}$ 和 $\boldsymbol{B}$。

（1）短期约束条件。

在许多情况下，对矩阵 $\boldsymbol{A}$ 和 $\boldsymbol{B}$ 施加的约束条件是限制这两个矩阵中的某些位置上的元素取特定的值。这种直接令矩阵 $\boldsymbol{A}$ 和 $\boldsymbol{B}$ 中某些元素为特定值的约束条件称为短期约束条件。

为了方便说明，一般可以使用类型矩阵来说明短期约束条件的具体实现过程。例如，以两个变量的 VAR 模型为例，假设要限制矩阵 $\boldsymbol{A}$ 为下三角矩阵并且主对角线元素为 1，而约束 $\boldsymbol{B}$ 为对角矩阵，那么类型矩阵可以分别写成以下形式，即

$$\boldsymbol{A}=\begin{pmatrix} 1 & 0 \\ NA & 1 \end{pmatrix},\ \boldsymbol{B}=\begin{pmatrix} NA & 0 \\ 0 & NA \end{pmatrix} \tag{11.34}$$

大部分计量软件都可以比较容易地设立这样的类型矩阵。例如，在 EViews 中，在估计一个缩减 VAR 模型之后，选择“Estimate Structural Factorization”选项后，在左下角处选中“Matrix”选项，就会看到如图 11－1 所示的对话框，其中矩阵选项对应的“Short-run pattern”对应的就是这里介绍的矩阵 $\boldsymbol{A}$ 和 $\boldsymbol{B}$。

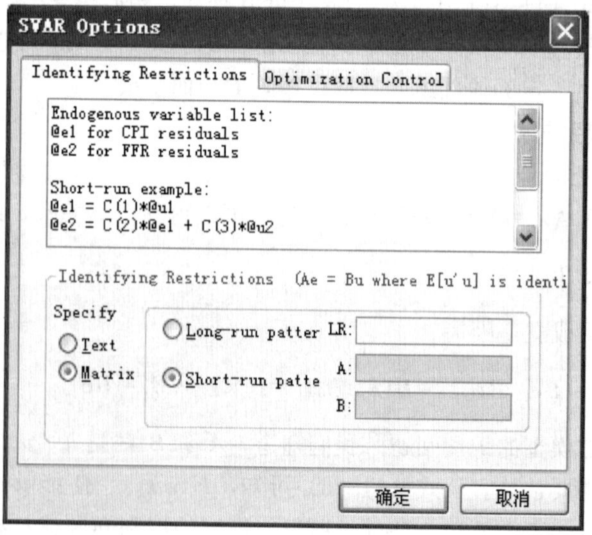


图 11－1　EViews 中 SVAR 矩阵选项对话窗口

要实现上述过程，具体做法如下：先在 EViews 的工作文档中创建式（11.34）这样的矩阵，选择“Object”/“New Object”，然后出现如图 11－2 所示的对话窗口，选择“Matrix-Vector-Coef”，当然，这时你需要为矩阵命名，然后将生成的对应矩阵名称输入图 11－1 中“A”和“B”对应的位置就可以了。

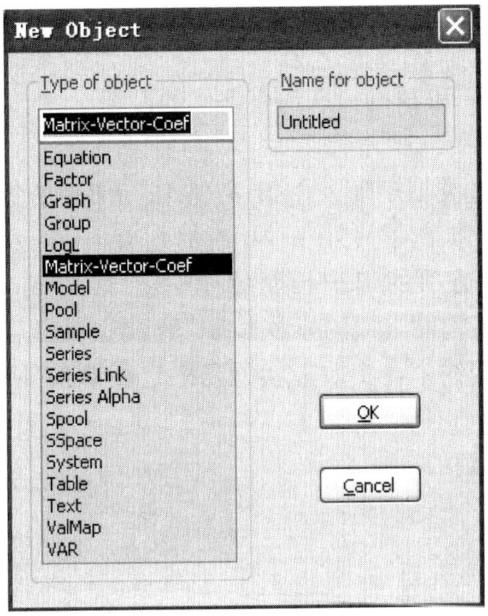


**图 11－2　EViews 中创建矩阵的对话窗口**

另外，还可以在 EViews 中以文本的形式直接输入类型矩阵的约束条件。例如，在估计一个缩减 VAR 模型之后，选择“Estimate Structural Factorization”选项后，在左下角处选中“Text”选项，就会看到如图 11－3 所示的对话框，然后可以在文本选项的对话窗口输入以下命令：

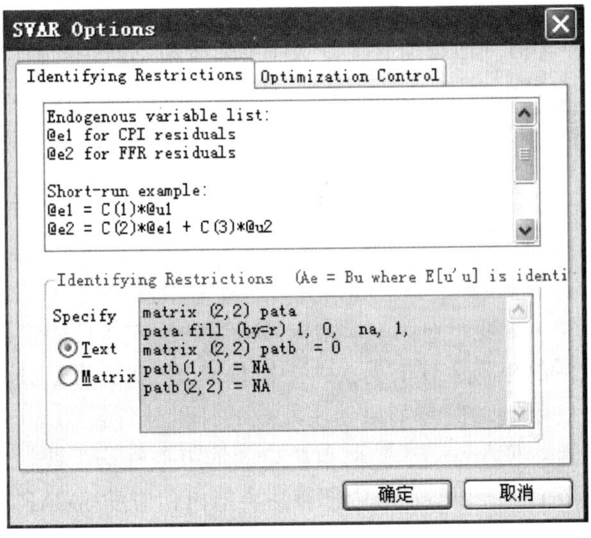


**图 11－3　EViews 中 SVAR 文本选项的对话窗口**

```
matrix(2,2)pata
pata.fill(by=r)1,0,na,1,
matrix (2,2)patb=0
patb(1,1)=NA
patb(2,2)=NA
```

同样可以实现对类型矩阵 **A** 和 **B** 的短期约束条件的设置。

（2）长期约束条件。

上面已经介绍过，通过类型矩阵 **A** 和 **B** 实现 $\boldsymbol{A\varepsilon}_t=\boldsymbol{Be}_t$ 的约束条件属于短期约束。而 Blanchard 和 Quah（1989）提出了另外一种相对的约束条件，称为长期约束条件。这种长期约束条件是基于结构冲击项的累积长期脉冲响应（accumulated long-run impulse response）的性质设定的。结构冲击项的累积长期脉冲响应可以通过式（11.26）中的矩阵 **C** 来刻画。所以，所谓长期约束，实质上就是要限定短期条件下的矩阵 **A** 和 **B** 与长期条件下的矩阵 **C** 之间的关系。

从式（11.31）我们知道

$$\boldsymbol{AA}(L)\boldsymbol{y}_t=\boldsymbol{Be}_t \tag{11.35}$$

所以

$$[\boldsymbol{AA}(L)]^{-1}\times\boldsymbol{AA}(L)\boldsymbol{y}_t=[\boldsymbol{AA}(L)]^{-1}\boldsymbol{Be}_t \tag{11.36}$$

从而得到

$$\boldsymbol{y}_t=[\boldsymbol{AA}(L)]^{-1}\boldsymbol{Be}_t \tag{11.37}$$

基于以上分析可以证明，结构冲击项的累积长期脉冲响应给出了以下等式关系：

$$\boldsymbol{C}=(\boldsymbol{I}_n-\hat{\boldsymbol{A}}_1-\cdots-\hat{\boldsymbol{A}}_p)^{-1}\boldsymbol{A}^{-1}\boldsymbol{B} \tag{11.38}$$

其中，$(\boldsymbol{I}_n-\hat{\boldsymbol{A}}_1-\cdots-\hat{\boldsymbol{A}}_p)^{-1}$是利用缩减式估计出的累积长期脉冲响应。

长期约束关系就是对矩阵 **C** 中的元素加以限制，然后利用这些约束条件以及 **C** 与矩阵 **A**、**B** 的关系式（11.38）估计出矩阵 **A** 和 **B** 中的系数。例如，常用的约束形式是设定 $\boldsymbol{C}_{ij}=0$（$i\neq j$），即

$$\boldsymbol{C}=\begin{pmatrix} NA & 0 \\ 0 & NA \end{pmatrix} \tag{11.39}$$

这个假设的含义是，第 $i$ 个变量对第 $j$ 个结构冲击项的反应从长期看是 0。

如果使用比较灵活的矩阵运算工具软件，如 GAUSS 等，那么长期约束的内部计算过程可能不会受到额外的限制。但是如果使用既成的计量软件，如 EViews，那么在设立长期约束条件时需要注意，EViews 要求 **A** 和 **B** 中的约束条件均为线性的。因此，在给定一个限制约束条件的矩阵 **C** 后，EViews 内部算法会给出相应的 SVAR 模型 **A**、**B** 矩阵中的系数，而无论如何限制矩阵 **C**，EViews 给出的结果中的矩阵 **A** 都是单位矩阵。

例如，我们用第 10 章中根据美国 GDPIPD 和 FFR 数据构建的 SVAR 模型设定一个长期约束条件式（11.39），估计出的结果归纳在表 11-1 中。容易看到，估计出的矩阵 **A**

正是一个单位矩阵。而如果使用其他更为灵活的计量工具软件，那么结果可能会有所不同。

**表 11-1　长期约束条件式（11.39）对应的 SVAR 模型的估计结果**

| | | | | |
|---|---|---|---|---|
| Structural VAR Estimates | | | | |
| Sample (adjusted)：1961Q3 2022Q4 | | | | |
| Included observations：246 after adjustments | | | | |
| Estimation method：method of scoring (analytic derivatives) | | | | |
| Convergence achieved after 8 iterations | | | | |
| Structural VAR is over-identified (1 degrees of freedom) | | | | |
| Model：Ae = Bu where E [uu′] = I | | | | |
| Restriction Type：long-run pattern matrix | | | | |
| Long-run response pattern： | | | | |
| C(1) | 0 | | | |
| 0 | C(2) | | | |
| | Coefficient | Std. Error | z-Statistic | Prob. |
| C(1) | 0.130 944 | 0.005 903 | 22.181 07 | 0.000 0 |
| C(2) | 0.220 685 | 0.009 949 | 22.181 07 | 0.000 0 |
| Log likelihood | 1 660.921 | | | |
| LR test for over-identification： | | | | |
| Chi-square (1) | 275.497 4 | | Probability | 0.000 0 |
| Estimated A matrix： | | | | |
| 1.000 000 | 0.000 000 | | | |
| 0.000 000 | 1.000 000 | | | |
| Estimated B matrix： | | | | |
| 0.004 041 | −0.000 768 | | | |
| −0.012 472 | 0.019 309 | | | |

在实践中，如果使用 EViews 软件，那么具体设立长期约束条件的做法是：首先在工作文档中创建一个矩阵（例如矩阵 $\boldsymbol{C}$），然后将有约束条件的元素设为 0，其他设为 $NA$ 即可。例如，假设我们考虑 3 个变量的 SVAR 模型，我们希望限制第 2 个变量对第 1 个等式中的结构冲击项的冲击反应为 0，而第 3 个变量对第 1、2 个等式中的结构冲击项的冲击反应为 0，那么长期约束条件对应的矩阵 $\boldsymbol{C}$ 就可以写成如下形式：

$$\boldsymbol{C}=\begin{pmatrix} NA & NA & NA \\ 0 & NA & NA \\ 0 & 0 & NA \end{pmatrix} \tag{11.40}$$

在此我们需要再次强调，在使用长期约束条件时，EViews 在计算过程中同时限定了矩阵 $\boldsymbol{A}$ 必须为单位矩阵，对于 $n$ 个变量的 SVAR，这实质上又给出了 $n^2$ 个限制条件。所以，当在 EViews 中设立长期约束条件时，实际上对矩阵 $\boldsymbol{C}$ 的约束条件只要有 $[2n^2-n(n+1)/2]-n^2=n^2-n(n+1)/2$ 个就满足了 SVAR 模型的可识别条件。所以，在上例中，对于 3 个变量的 SVAR 系统，我们实际上只需要在矩阵 $\boldsymbol{C}$ 中设立 $3^2-3\times(3+1)/2=3$ 个限制条件。

例如，如果我们现在重新对表 11-1 对应的 SVAR 模型进行估计，使用的约束条件是

$$\boldsymbol{C}=\begin{pmatrix} NA & NA \\ 0 & NA \end{pmatrix} \tag{11.41}$$

这时，因为模型识别条件仍然满足，所以 SVAR 的估计仍然可以进行，对应的结果报告在表 11 - 2 中。比较表 11 - 1 和表 11 - 2，我们看到，不同的约束条件对 SVAR 模型中涉及的系数矩阵 $\boldsymbol{A}$、$\boldsymbol{B}$ 和 $\boldsymbol{C}$ 的估计结果影响很大。这也说明，在进行 SVAR 模型的估计过程中，依据相关经济理论来设定约束条件非常重要。

当然，如果不对 $\boldsymbol{C}$ 加以任何限制，即

$$\boldsymbol{C}=\begin{pmatrix} NA & NA \\ NA & NA \end{pmatrix} \tag{11.42}$$

那么这时候没有满足用以识别模型的条件，所以一般软件在处理过程中会给出提示，例如 EViews 会弹出如图 11 - 4 所示的警告提示。

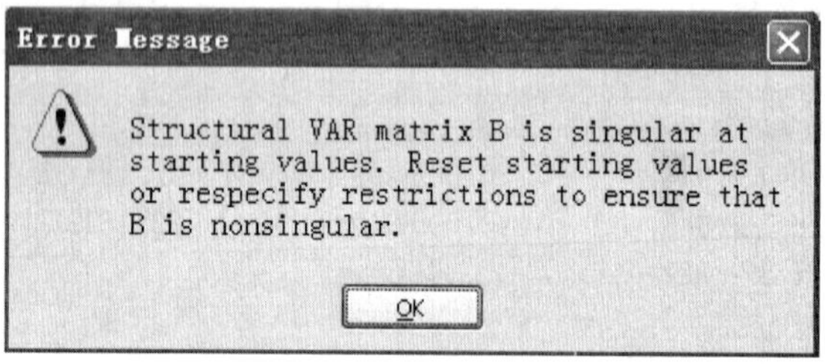


**图 11 - 4　EViews 中 SVAR 估计警告提示**

**表 11 - 2　长期约束条件式（11.41）对应的 SVAR 模型的估计结果**

| | | | | |
|---|---|---|---|---|
| Structural VAR Estimates | | | | |
| Date：06/24/23 Time：18：26 | | | | |
| Sample (adjusted)：1961Q3 2022Q4 | | | | |
| Included observations：246 after adjustments | | | | |
| Estimation method：method of scoring (analytic derivatives) | | | | |
| Convergence achieved after 9 iterations | | | | |
| Structural VAR is just-identified | | | | |
| Model：Ae = Bu where E [uu′] =I | | | | |
| Restriction Type：long-run pattern matrix | | | | |
| Long-run response pattern： | | | | |
| C(1) | C(2) | | | |
| 0 | C(3) | | | |
| | Coefficient | Std. Error | z-Statistic | Prob. |
| C(1) | 0.074 800 | 0.003 372 | 22.181 07 | 0.000 0 |
| C(2) | 0.107 477 | 0.006 799 | 15.808 48 | 0.000 0 |
| C(3) | 0.220 685 | 0.009 949 | 22.181 07 | 0.000 0 |
| Log likelihood | 1 798.670 | | | |
| Estimated A matrix： | | | | |
| 1.000 000 | 0.000 000 | | | |
| 0.000 000 | 1.000 000 | | | |
| Estimated B matrix： | | | | |
| 0.002 308 | 0.002 548 | | | |
| −0.007 125 | 0.009 072 | | | |

实际上，以上分析中提到的约束条件式（11.39）、式（11.41）和式（11.42）分别对应了模型识别条件中的“过度识别”（over-identification）、“恰好识别”（exact-identification）和“不足识别”（under-identification）三种情况。对于前两种情况，模型是可以获得估计结果的，即“可识别的”，而对于第三种情况，没有足够的条件识别模型中的系数，所以模型是不能识别的。

## 11.3.2　C 模型

Amisano 和 Giannini（1997）归纳的第二类 SVAR 模型称为 C 模型。C 模型的基本定义如下：

$$\begin{aligned}&\boldsymbol{A}(L)\boldsymbol{y}_t=\boldsymbol{\varepsilon}_t\\&\boldsymbol{\varepsilon}_t=\boldsymbol{C}\boldsymbol{e}_t\\&E(\boldsymbol{e}_t)=\boldsymbol{0}\\&E(\boldsymbol{e}_t\boldsymbol{e}_t')=\boldsymbol{I}_n\end{aligned}\tag{11.43}$$

初步来看，C 模型与 AB 模型的不同之处在于，C 模型并没有明确给出各个内生变量当期之间的关系。式（11.43）中的前两个等式说明，每个内生变量通过矩阵 $\boldsymbol{C}$ 受到标准正交随机扰动项的影响。

需要注意，这里的矩阵 $\boldsymbol{C}$ 与 AB 模型中长期约束条件涉及的矩阵 $\boldsymbol{C}$ 不是同一个概念，前面我们使用矩阵 $\boldsymbol{C}$ 的名称是为了方便读者理解 EViews 中的实际应用内容（EViews 中只提供一个 AB 模型的选项，长期关系约束使用符号 C）。而这里采用了 Amisano 和 Giannini（1997）中关于 C 模型的定义，希望读者能够区分开来。

从式（11.43）中的关系式，我们还可以进一步得到

$$\boldsymbol{\varepsilon}_t\boldsymbol{\varepsilon}_t'=\boldsymbol{C}\boldsymbol{e}_t\boldsymbol{e}_t'\boldsymbol{C}'\tag{11.44}$$

式（11.44）两侧同取期望，则有

$$\boldsymbol{\Omega}=E(\boldsymbol{\varepsilon}_t\boldsymbol{\varepsilon}_t')=E(\boldsymbol{C}\boldsymbol{e}_t\boldsymbol{e}_t'\boldsymbol{C}')=\boldsymbol{C}\boldsymbol{C}'\tag{11.45}$$

现在，如果假设 $\boldsymbol{\Omega}$ 可以估计出来，那么实际上已经对矩阵 $\boldsymbol{C}$ 施加了 $n(n+1)/2$ 个约束条件，所以还需要通过一定限制获得 $n^2-n(n+1)/2=n(n-1)/2$ 个约束条件。

那么如何实现需要的约束条件，从而使得 C 模型能够被识别呢？实际上，正如 Amisano 和 Giannini（1997）所提到的，C 模型可以看作是 AB 模型的一个特别情况，即如果把 AB 模型中的矩阵 $\boldsymbol{A}$ 固定为单位矩阵，然后把矩阵 $\boldsymbol{B}$ 看作 C 模型中的矩阵 $\boldsymbol{C}$，即得到这里所谓的 C 模型。

所以，在识别和估计 C 模型时，只要理顺 C 模型与 AB 模型的内在联系，而且明白 AB 模型的相应知识，就不难获得 C 模型的最终分析结果。

实际上，下面介绍的 K 模型也可以看作是 AB 模型的一种特殊情况，这就是为什么在许多既成的计量软件（如 EViews 等）中，只提供 AB 模型的相关设立与估计设置了。实践者只要理解和掌握了 AB 模型的识别与估计方法，SVAR 的 C 模型与 K 模型便迎刃而解了。

## 11.3.3　K 模型

有了前面关于 AB 模型与 C 模型的介绍，K 模型就很容易理解了。根据 Amisano 和

Giannini（1997），K 模型的基本定义可以写成

$$\begin{aligned} &\boldsymbol{KA}(L)\boldsymbol{y}_t=\boldsymbol{K\varepsilon}_t \\ &\boldsymbol{K\varepsilon}_t=\boldsymbol{e}_t \\ &E(\boldsymbol{e}_t)=\boldsymbol{0} \\ &E(\boldsymbol{e}_t\boldsymbol{e}_t')=\boldsymbol{I}_n \end{aligned} \tag{11.46}$$

K 模型与 AB 模型非常类似，只不过在 K 模型中，各个内生变量的当期之间的关系通过矩阵 $\boldsymbol{K}$ 来刻画，并且式（11.46）还暗示以下关系，即

$$\boldsymbol{K\varepsilon}_t(\boldsymbol{K\varepsilon}_t)'=\boldsymbol{K\varepsilon}_t\boldsymbol{\varepsilon}_t'\boldsymbol{K}'=\boldsymbol{e}_t\boldsymbol{e}_t' \tag{11.47}$$

对式（11.47）两侧同取期望，则有

$$\boldsymbol{K\Omega K}'=\boldsymbol{I}_n \tag{11.48}$$

与前面的分析类似，式（11.48）实际上对矩阵 $\boldsymbol{K}$ 施加了 $n(n+1)/2$ 个约束条件，所以仍然需要通过限制矩阵 $\boldsymbol{K}$ 获得另外的 $n^2-n(n+1)/2=n(n-1)/2$ 个约束条件。

如何识别和估计 K 模型呢？读者可能已经意识到，正如我们在介绍 C 模型的时候所提到的，K 模型也是 AB 模型的一种特殊情况，即当 AB 模型中的矩阵 $\boldsymbol{B}$ 为对角矩阵时，AB 模型就变成了 K 模型。因此，利用 K 模型与 AB 模型的内在联系，就可以获得 K 模型的估计结果。

## 11.4 SVAR 模型的估计方法总结

### 11.4.1 全信息极大似然估计

全信息极大似然估计（FIMLE）是估计 SVAR 模型最常用的方法之一。而 FIMLE 中最重要的内容便是似然函数的设立。所以，我们下面介绍 SVAR 模型对应的似然函数。如果能够获得似然函数，剩下的 FIMLE 通常可以通过一定的计量工具完成。然而由于篇幅原因，FIMLE 内部的具体计算过程这里不做详细阐述，读者可以参阅 Amisano 和 Giannini（1997）。

对于一般的 SVAR 模型，全信息的（自然对数）似然函数是模型中系数和扰动项矩阵的函数，可以写成

$$\begin{cases} l=c-\dfrac{T}{2}\ln|\boldsymbol{\Omega}|-\dfrac{T}{2}tr(\boldsymbol{\Omega}^{-1}\hat{\boldsymbol{\Omega}}) \\ \hat{\boldsymbol{\Omega}}=\boldsymbol{T}^{-1}\hat{\boldsymbol{\varepsilon}}\,\hat{\boldsymbol{\varepsilon}}' \end{cases} \tag{11.49}$$

根据这个 SVAR 模型对应的似然函数的一般表达式，K 模型、C 模型和 AB 模型对应的具体的似然函数分别定义如下：

（1）K 模型：

$$\begin{cases} l(\boldsymbol{K})=c+\dfrac{T}{2}\ln|\boldsymbol{K}|^2-\dfrac{T}{2}tr(\boldsymbol{K}'\boldsymbol{K}\,\hat{\boldsymbol{\Omega}}) \\ \boldsymbol{\Omega}=\boldsymbol{K}^{-1}\boldsymbol{K}'^{-1}=(\boldsymbol{K}'\boldsymbol{K})^{-1},\ \boldsymbol{\Omega}^{-1}=\boldsymbol{K}'\boldsymbol{K} \end{cases} \tag{11.50}$$

（2）C模型：

$$\begin{cases} l(\boldsymbol{C})=c-\frac{T}{2}\ln|\boldsymbol{C}|^2-\frac{T}{2}tr(\boldsymbol{C}'^{-1}\boldsymbol{C}\hat{\boldsymbol{\Omega}}) \\ \boldsymbol{\Omega}=\boldsymbol{CC}',\ \boldsymbol{\Omega}^{-1}=\boldsymbol{C}'^{-1}\boldsymbol{C}^{-1} \end{cases} \tag{11.51}$$

（3）AB模型：

$$\begin{cases} l(\boldsymbol{AB})=c+\frac{T}{2}\ln|\boldsymbol{A}|^2-\frac{T}{2}\ln|\boldsymbol{B}|^2-\frac{T}{2}tr(\boldsymbol{A}'\boldsymbol{B}^{-1\prime}\boldsymbol{B}^{-1}\boldsymbol{A}\hat{\boldsymbol{\Omega}}) \\ \boldsymbol{\Omega}=\boldsymbol{A}^{-1}\boldsymbol{BB}'\boldsymbol{A}^{-1\prime},\ \boldsymbol{\Omega}^{-1}=\boldsymbol{A}'\boldsymbol{B}'^{-1}\boldsymbol{B}^{-1}\boldsymbol{A} \end{cases} \tag{11.52}$$

### 11.4.2 广义矩估计

广义矩估计（generalized method of moments，GMM）是工具变量估计的拓展。GMM与FIMLE不同，GMM直接考虑SVAR模型（11.10）与其缩减式（11.11）的系数关系，然后使用选定的工具变量，运用矩估计法进行估计，从而获得最终结果。

回归式（11.10）与式（11.11），即

$$\boldsymbol{\Gamma}_0\boldsymbol{Y}_t=\boldsymbol{\delta}+\boldsymbol{\Gamma}_1\boldsymbol{Y}_{t-1}+\boldsymbol{\Gamma}_2\boldsymbol{Y}_{t-2}+\cdots+\boldsymbol{\Gamma}_p\boldsymbol{Y}_{t-p}+\boldsymbol{u}_t$$
$$\boldsymbol{Y}_t=\boldsymbol{c}+\boldsymbol{\Phi}_1\boldsymbol{Y}_{t-1}+\boldsymbol{\Phi}_2\boldsymbol{Y}_{t-2}+\cdots+\boldsymbol{\Phi}_p\boldsymbol{Y}_{t-p}+\boldsymbol{\varepsilon}_t$$

GMM从这两个模型的系数关系入手，即

$$\boldsymbol{\Gamma}_0^{-1}\boldsymbol{\Gamma}_i=\boldsymbol{\Phi}_i,\ i=1,\ 2,\ \cdots,\ p \tag{11.53}$$
$$\boldsymbol{\Gamma}_0^{-1}\boldsymbol{\Omega}_u\boldsymbol{\Gamma}_0^{-1\prime}=\boldsymbol{\Omega}_\varepsilon \tag{11.54}$$

其中，$\boldsymbol{\Omega}_u$ 和 $\boldsymbol{\Omega}_\varepsilon$ 分别表示式（11.10）与式（11.11）中对应的扰动项的方差-协方差矩阵。

使用GMM估计式（11.10）时还需要选择合适的工具变量，假定存在这样一组工具变量 $\boldsymbol{Z}_t$，满足矩条件：

$$\begin{cases} E(\boldsymbol{u}_t\boldsymbol{Z}_t')=\boldsymbol{0} \\ E(\boldsymbol{u}_t\boldsymbol{u}_t')=\boldsymbol{\Omega}_u \end{cases} \tag{11.55}$$

其中，$\boldsymbol{u}_t$ 和 $\boldsymbol{\Omega}_u$ 可以表示为未知系数 $\boldsymbol{\Theta}=\{\boldsymbol{\Gamma}_i,\ \boldsymbol{\Omega}_\varepsilon\}$ 的函数。还可以将矩条件写成

$$E[f(\boldsymbol{Y}_t,\ \boldsymbol{Z}_t,\ \boldsymbol{\Theta})]=\boldsymbol{0} \tag{11.56}$$

对应的样本矩条件就可以写成

$$g(\boldsymbol{\Theta})=\frac{1}{T}\sum_{t=1}^{T}f(\boldsymbol{Y}_t,\ \boldsymbol{Z}_t,\ \boldsymbol{\Theta})=\boldsymbol{0} \tag{11.57}$$

GMM通过矩估计法获得满足式（11.55）的系数 $\tilde{\boldsymbol{\Theta}}$，具体估计过程使用目标函数

$$\min_{\boldsymbol{\Theta}}\boldsymbol{Q}(\boldsymbol{\Theta})=\min_{\boldsymbol{\Theta}}g(\boldsymbol{\Theta})'\boldsymbol{\Xi}\,g(\boldsymbol{\Theta}) \tag{11.58}$$

其中，$\boldsymbol{\Xi}$ 表示一个可以通过循环机制获得的权重矩阵，该矩阵是正定对称矩阵。如果我们

处理的是线性矩估计问题，SVAR 中的系数估计就是传统的二阶段最小二乘法给出的估计结果。

当然，我们这里对 GMM 过程的介绍省略了更多的具体细节内容，读者可以参阅 Hamilton（1994）和 White（2001）以获得更多理论介绍，或者参考 Zhang、Osborn 和 Kim（2008；2009）的有关 GMM 的实证应用。

## 11.5 SVAR 与缩减 VAR 模型的脉冲响应及方差分解比较

我们在第 10 章介绍过 VAR 模型的脉冲响应与方差分解的概念和相关内容。要求解 SVAR 模型中的脉冲响应和方差分解，基本思路是类似的，都要依据脉冲响应和方差分解的基本定义进行计算。而基于 SVAR 模型计算出来的脉冲响应函数称为结构脉冲响应函数（structural impulse response function）。读者可以尝试，根据第 10 章介绍的求解脉冲响应函数的思路，推导出 SVAR 模型对应的结构脉冲响应函数解析式。但是，在求解过程中，要用到较多矩阵计算方法，如果读者的兴趣只是分析应用问题，可以略过相关内容。对理论感兴趣的读者，可以参考 Amisano 和 Giannini（1997）。

基于 SVAR 模型与其对应的缩减 VAR 模型的关系，有一点是明确的，就是 SVAR 模型对应的结构脉冲响应以及方差分解，与缩减 VAR 模型给出的对应结果会存在差别。具体使用 SVAR 模型还是缩减 VAR 模型，要根据具体分析问题的重点来确定。作为示范，我们使用美国 CPI 通货膨胀率与联邦基金利率的季度数据（1961 年第一季度至 2022 年第四季度）构建了一个 2 个变量的 VAR(2) 模型。图 11-5 和图 11-6 描绘出了 SVAR 和缩减 VAR 模型分别对应的脉冲响应和方差分解的结果。

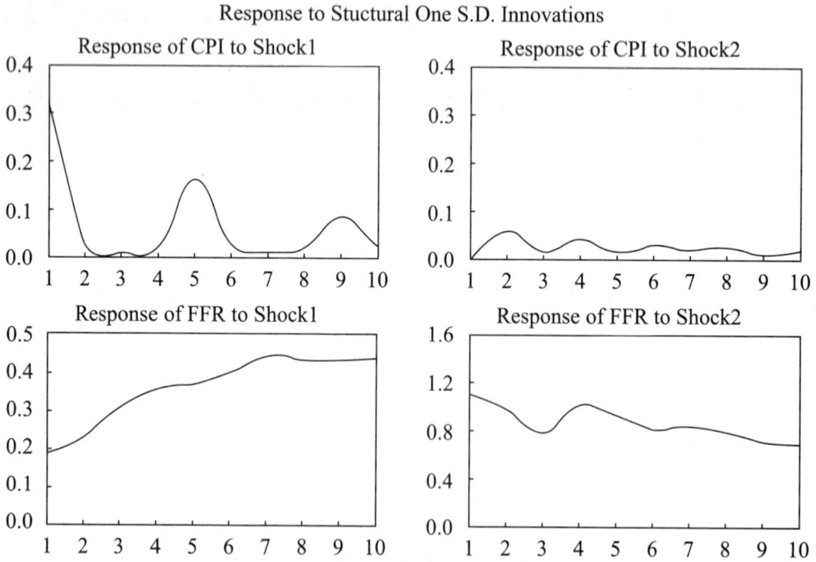


**图 11-5 SVAR 与缩减 VAR 模型的脉冲响应比较**

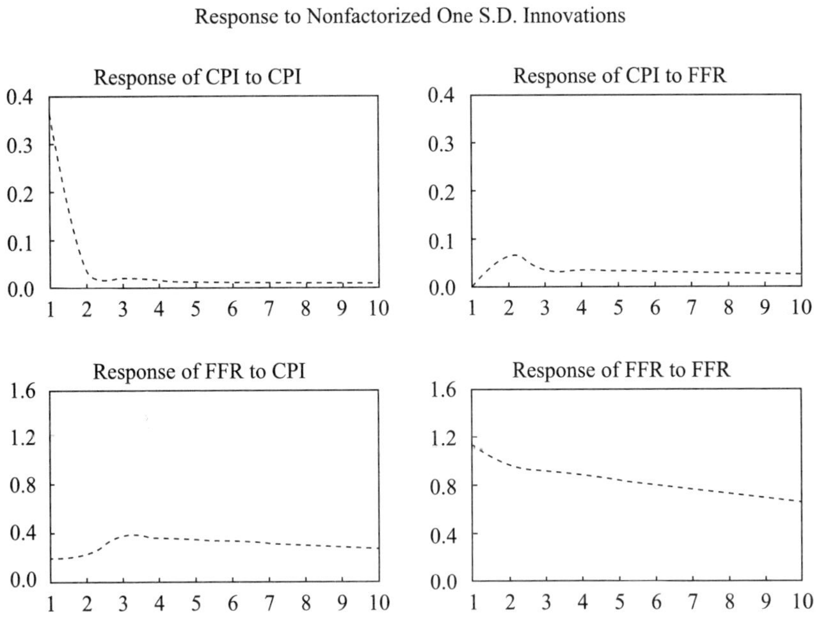


**图 11-5　SVAR 与缩减 VAR 模型的脉冲响应比较（续）**

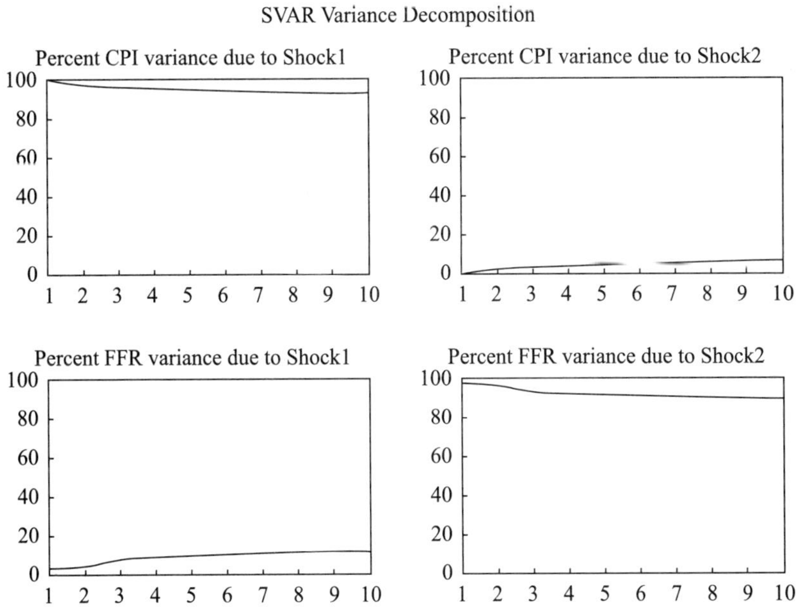


**图 11-6　SVAR 与缩减 VAR 模型的方差分解比较**

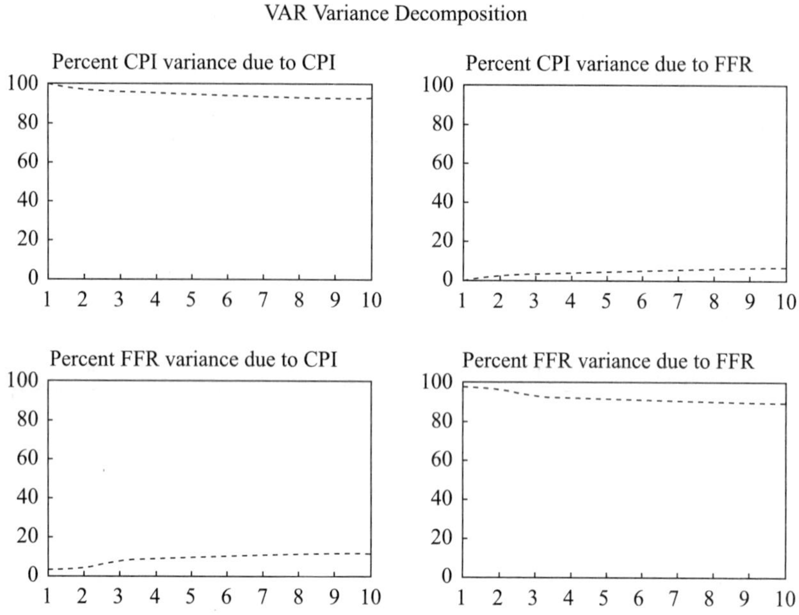


**图 11-6　SVAR 与缩减 VAR 模型的方差分解比较（续）**

## 练习 11

1. 采集中国真实 GDP 和通货膨胀率的季度数据，建立 SVAR 模型，并应用 SVAR 模型中 AB 模型的形式，采用短期条件约束方法，估计一个 SVAR(2) 模型。

2. 下载美国真实 GDP 增长率、CPI 通货膨胀率和联邦基金利率的数据，构建一个 VAR 模型：

(a) 利用这个 VAR 模型估计一个 SVAR 模型的 AB 模型；

(b) 获得 SVAR 模型的结构脉冲响应函数图；

(c) 获得 SVAR 模型对应的方差分解表格；

(d) 比较 SVAR 模型与其对应的缩减 VAR 模型的脉冲响应和方差分解结果，试说明为什么会出现差别。

第 12 章

# 协整与误差修正模型

**本章导读**

自从世界著名计量经济学家的开创性研究 [Box 和 Tiao (1977), Davidson 等 (1978), Granger (1981; 1983), Engle 和 Granger (1987), Johansen (1988; 1995), Johansen 和 Juselius (1990) 等] 以来，人们对非平稳时间序列，特别是服从一阶单整过程的时序变量的特性有了更新的认识。而时序领域的著名文献特别是 Stock 和 Watson (1988), Watson (1994), 以及 Sims、Stock 和 Watson (1990) 综合、深入的解析和研究进一步开创了分析具有单位根变量的多元模型（如向量自回归模型）的新天地。基于此，协整及与之相伴的误差修正模型得到日益广泛的应用。协整模型常用于经济学领域分析相关变量的长期均衡关系，也常被用来分析金融中的套利行为等。另外，从 20 世纪 90 年代至今，许多国际学术期刊都发表了相当数量的关于协整的文章。此类研究之所以受青睐，笔者认为，其中一个主要原因是这类模型对分析经济学中的重要概念，即长期均衡状态下经济变量的关系，提供了重要的理论研究基础。因此，本章对协整与误差修正模型做了细致的分析和深入浅出的讲解，对著名的 Engle-Granger 和 Johansen 协整建模方法进行了系统介绍、比较和实际应用点评，帮助读者准确把握协整模型的基本理论、掌握建模方法，并能进行实际应用。

## 12.1 协整与误差修正模型的基本定义

协整分析是基于非平稳（时间）序列的。利用非平稳序列进行回归，经常会出现伪回归现象。而另外一种情况却是更具有应用价值的协整关系。为了系统介绍协整分析方法，本节从伪回归的基本含义开始，过渡到协整分析的讲解。

### 12.1.1 伪回归

对于经典线性回归模型，如

$$y_t = c + \beta x_t + u_t \tag{12.1}$$

除了对随机扰动项的独立一致性分布要求之外，一般都要求回归变量 $y_t$ 和 $x_t$ 为平稳序列。这是因为，模型（12.1）中系数的 OLS 估计只有在平稳序列的前提下才具有统计一致性（consistency）和统计无偏性（unbiasedness）。

Granger 和 Newbold（1974）的研究已经证明，如果参与回归的变量是非平稳序列，并且回归后获得的残差序列也是非平稳序列，那么回归类似于式（12.1）这样的模型，很可能获得非常高的拟合优度 $R^2$、较低的 DW 统计量，并且模型中的系数表现出很强的显著性。

Granger 和 Newbold（1974）指出，在使用非平稳序列数据的回归中得到这样的回归结果，并不一定就能说明这两个变量真的存在显著的线性关系，它很可能是一种伪回归。所谓伪回归，就是指变量之间本来并不存在真正的关系，但由于变量都是趋势（非平稳）序列而造成的虚假显著性关系。

时至今日，已有的计量理论已经证明，在伪回归情况下，模型中的系数估计以及其他相关统计量并不可靠。根本原因就是传统统计量的估计不再具有正确的收敛性，相关统计量的估计与统计推断也就不再具有可信性。

在介绍伪回归概念的时候，一般都使用非平稳序列进行回归来演示。我们这里使用计算机模拟生成观测值为 241 个的两个带截距项的随机游走序列，即

$$y_t = 1.5 + y_{t-1} + u_t, \quad u_t \sim NID(0, 1)$$
$$x_t = 1.2 + x_{t-1} + v_t, \quad v_t \sim NID(0, 1) \tag{12.2}$$

其中 $u_t$ 和 $v_t$ 表示服从正态一致性分布、均值为 0、方差为 1 的随机扰动项。随机生成的这两个变量的图示描绘在图 12－1 中。

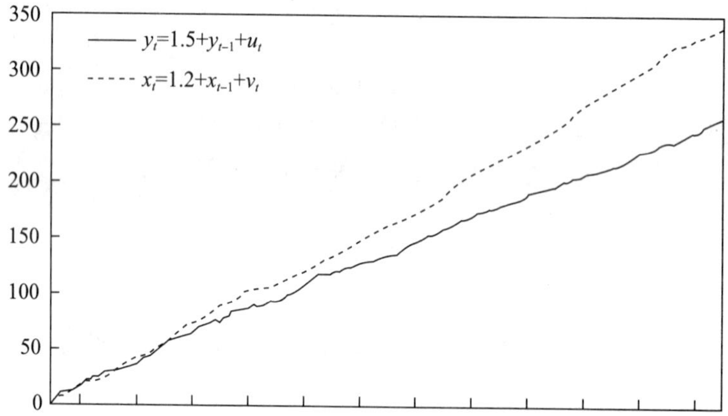


**图 12－1　模型（12.2）随机生成的带截距项的随机游走序列**

接下来，$y_t$ 对 $x_t$ 进行 OLS 回归，结果报告在表 12－1 中。不难看到，虽然并没有什么经济理论能够说明我们随机生成的这两个变量之间存在一定的联系，但回归估计结果却显示，模型中的系数都具有统计显著性，说明二者存在显著的线性关系。另外，表 12－1 中的回归结果还显示，模型拟合得几近完美，$R^2$ 高达 0.994，而 DW 统计量又非常小，只有 0.045！这是典型的伪回归症状。以上结果暗示，使用非平稳序列进行回归，如果没有一定的经济理论为基础，或者没有进一步的深入分析，很可能会出现伪回归现象。

表 12-1　伪回归估计结果

| Dependent Variable: y | | | | |
|---|---|---|---|---|
| Method: Least Squares | | | | |
| Included observations: 241 | | | | |
| Variable | Coefficient | Std. Error | t-Statistic | Prob. |
| x | 1.367 | 0.007 | 192 | 0.000 |
| C | −18.69 | 1.094 | −17.09 | 0.000 |
| R-squared | 0.994 | Mean dependent var | | 166 |
| Adjusted R-squared | 0.994 | S. D. dependent var | | 99 |
| S. E. of regression | 7.982 | Akaike info criterion | | 7.000 |
| Sum squared resid | 15 226 | Schwarz criterion | | 7.029 |
| Log likelihood | −841 | Hannan-Quinn criter. | | 7.012 |
| F-statistic | 36 984 | Durbin-Watson stat | | 0.045 |
| Prob (F-statistic) | 0.000 000 | | | |

但是，并不是所有非平稳序列之间都没有一定的联系，有一种特殊情况，即非平稳序列的线性组合是平稳序列。这时候，我们说这些非平稳序列之间存在长期的均衡关系，这就是我们下面要介绍的协整关系。协整关系与伪回归不同，因为协整刻画了确实存在内在联系的经济变量之间的长期关系。因此，在分析非平稳序列的回归的过程中，一定要注意区分伪回归与协整关系。

## 12.1.2　协整的定义

在一维模型中，特别是在只涉及一个变量的 ARMA 模型的介绍中，我们曾经看到，由于传统的计量回归估计要求涉及的变量为平稳序列变量，所以在很多情况下，如果遇到非平稳序列变量，我们倾向于将非平稳序列先去除趋势或者差分，从而将非平稳序列转化成平稳序列，然后进行其他分析。

但是，并非所有情况下都不能使用非平稳序列变量，也不是说在所有情况下都必须将非平稳序列变量先转化成平稳序列变量才能进行计量分析。事实上，究竟是使用平稳序列还是非平稳序列，依据的是所分析的问题的具体性质和内容。

对于多个非平稳序列，有一种特殊情况，也是经济计量研究人员非常感兴趣的一种情况，就是由这几个非平稳序列变量的线性组合形成的变量是平稳序列。在这种情况下，我们说这些非平稳序列存在协整关系（cointegration relationship）。如果几个变量存在协整关系，那么我们说这几个变量存在长期关系（long-run relationship）或者称为均衡关系（equilibrium relationship），也有人称之为长期均衡关系，总之这些名称说明的都是协整关系。

如果使用数学语言描述协整的定义，可以这样阐释：假定我们研究两个时间序列变量，分别为 $x_t$ 和 $y_t$，而且这两个变量都是一阶单整过程，即 $I(1)$ 过程；如果 $x_t$ 和 $y_t$ 的一个线性组合，如 $z_t=x_t-\beta y_t$，构成了一个平稳时间序列，那么我们说 $x_t$ 和 $y_t$ 具有协整关系，并且协整向量为 $(1\quad -\beta)$。

协整的基本定义在 Granger（1981）的研究中首次提出，后来在诸多世界著名计量经济学家的不断努力下得到快速的发展和广泛的应用，比较重要的文献包括 Granger（1983）、Engle 和 Granger（1987）、Engle 和 Yoo（1987，1991）、Phillips 和 Ouliaris（1990）、Stock 和 Watson（1988）、Phillips（1991）以及 Johansen（1988，1991，1994）等。

虽然协整看上去是一个统计学上的概念，但是协整关系具有丰富的经济含义，它刻画了相关联的经济变量之间的长期均衡关系，所以协整关系在经济学和金融学当中有着相当广泛的应用，例如，相对购买力平价理论、货币数量论等，都可以使用协整来建模分析。

举例来说，人们经常会考虑到真实个人消费与真实个人可支配收入之间的关系。一般来讲，收入越高，消费很可能也随之上升。这种关系似乎是一种长期的关系。为了更清楚地说明这一点，我们在图 12－2 中画出了美国 1960 年第一季度至 2023 年第一季度的真实个人消费与真实个人可支配收入的时间序列图。

从图 12－2 中可以观察到两个特点：第一，真实个人消费与真实个人可支配收入的动态走势看上去确实非常类似；第二，这两个变量都具有明显的上升趋势，具有典型的非平稳序列的特征。

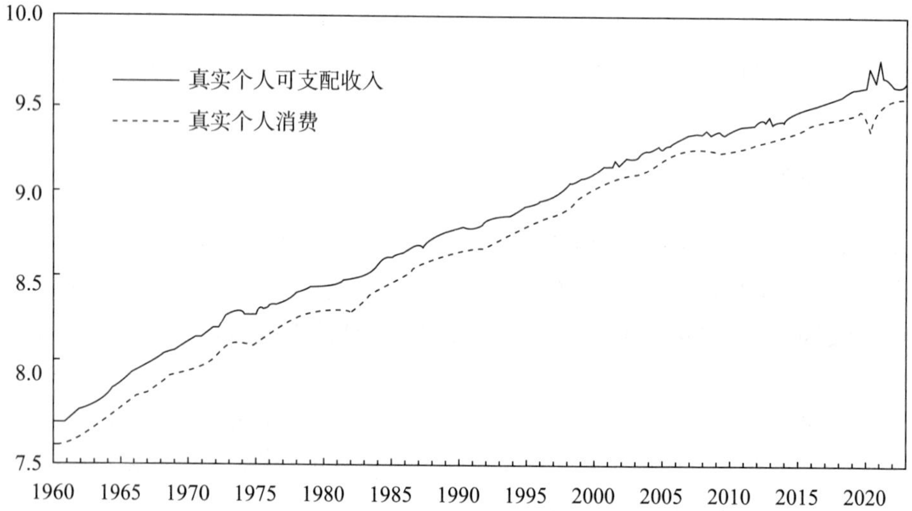


**图 12－2　美国真实个人消费与真实个人可支配收入（自然对数）**

资料来源：圣路易斯联邦储备银行。

为了证实这两个变量的非平稳特性，表 12－2 给出了对二者（都取了自然对数）分别进行式（12.3）的单位根检验的结果。不难看出，在 1%的显著性水平下，我们都不能拒绝变量含有单位根的假设。所以，真实个人消费与真实个人可支配收入确实应该看作非平稳序列。

$$\Delta y_t = c + \rho y_{t-1} + \sum_{i=2}^{p} \phi_i \Delta y_{t-(i-1)} + \varepsilon_t \tag{12.3}$$

**表 12－2　真实个人消费与真实个人可支配收入的单位根检验结果**

| | | | |
|---|---|---|---|
| Null Hypothesis: CONPT has a unit root | | | |
| Exogenous: Constant | | | |
| Lag Length: 1 (Automatic-based on AIC, MAXLAG=15) | | | |
| | | t-Statistic | Prob.* |
| Augmented Dickey-Fuller test statistic | | −2.569 | 0.101 |
| Test critical values: | 1% level | −3.456 | |
| | 5% level | −2.873 | |
| | 10% level | −2.572 | |
| Null Hypothesis: INC has a unit root | | | |
| Exogenous: Constant | | | |
| Lag Length: 6 (Automatic-based on AIC, MAXLAG=15) | | | |
| | | t-Statistic | Prob.* |
| Augmented Dickey-Fuller test statistic | | −3.131 | 0.026 |
| Test critical values: | 1% level | −3.457 | |
| | 5% level | −2.873 | |
| | 10% level | −2.573 002 | |

尽管我们发现真实个人消费与真实个人可支配收入在 99%的置信水平下均为非平稳序列，但从经济逻辑和现实情况考虑，消费与收入仍然可能有着某种紧密的联系。

为此，我们如果暂时忽略非平稳序列出现在线性回归中的问题，就可以设立以下回归方程，即

$$conpt_t = c + \beta inc_t + e_t \tag{12.4}$$

其中，$conpt_t$ 表示取自然对数的真实个人消费，而 $inc_t$ 表示取自然对数的真实个人可支配收入。回归结果报告在表 12－3 中。从回归的结果来看，整个模型似乎拟合得非常好，拟合优度 $R^2=0.998$，各个系数也具有统计显著性。但是，从我们前面介绍的内容可以知道，现在还不能确定这两个变量回归的结果是否属于伪回归，即是否由于二者存在共同趋势成分而使得回归结果拟合得如此之好。

**表 12－3　模型（12.4）的 OLS 回归结果**

| | | | | |
|---|---|---|---|---|
| Dependent Variable: CONPT | | | | |
| Method: Least Squares | | | | |
| Sample: 1960Q1 2023Q1 | | | | |
| Included observations: 253 | | | | |
| Variable | Coefficient | Std. Error | t-Statistic | Prob. |
| C | −0.379 | 0.028 | −13.651 | 0.000 |
| INC | 1.029 | 0.003 | 327.265 | 0.000 |
| R-squared | 0.998 | Mean dependent var | | 8.697 |
| Adjusted R-squared | 0.998 | S. D. dependent var | | 0.574 |
| S. E. of regression | 0.028 | Akaike info criterion | | −4.319 |
| Sum squared resid | 0.194 | Schwarz criterion | | −4.291 |
| Log likelihood | 548.395 | Hannan-Quinn criter. | | −4.308 |
| F-statistic | 107 102.2 | Durbin-Watson stat | | 0.501 |
| Prob (F-statistic) | 0 | | | |

在回答这个问题之前，我们先考查模型（12.4）。从模型（12.4）中我们可以获得真实个人消费与真实个人可支配收入之间的一个线性关系，即

$$e_t = conpt_t - c - \beta inc_t \tag{12.5}$$

现在，如果经济理论告诉我们，消费与收入存在一个均衡关系，那么从长期来看，$e_t$ 的期望值应该为 0，并且 $e_t$ 的方差不是无穷大。实质上，$e_t$ 应该表现出平稳时间序列的特性。实际上，根据永久收入理论（permanent income theory），永久消费的长期边际消费倾向（long-run marginal propensity to consume）应该接近于 1。对于含有单位根的（自然对数）真实个人消费与真实个人可支配收入变量，从计量学角度诠释永久收入理论，就可以理解为，真实个人消费与真实个人可支配收入变量具有协整关系。

如果这种情况确实是事实，能够得到数据的实证支持，那么我们应该看到模型（12.5）给出的两个非平稳序列的线性组合是一个平稳序列。这时，我们说真实个人消费与真实个人可支配收入存在协整关系，而且模型（12.4）也不属于伪回归。

根据协整的定义，最终判断真实个人消费与真实个人可支配收入是否存在协整关系，只要再对 $e_t$ 进行一次单位根检验即可。图 12－3 画出了模型（12.4）回归后的残差序列图示。表 12－4 报告了对这个残差序列进行单位根检验的结果。

但是注意，严格地讲，对 $e_t$ 进行单位根检验，对应的 ADF 检验临界值与传统的 ADF 检验临界值并不相同，对此我们在 12.2.1 小节将进一步介绍。在此，我们暂时仍然沿用传统的 ADF 检验，并且暂时使用 ADF 检验对应的临界值。

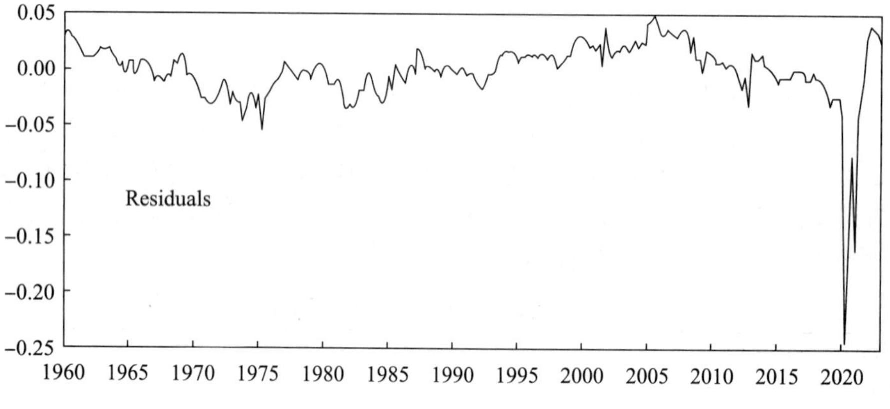


**图 12－3 模型（12.4）回归后的残差序列**

**表 12－4 模型（12.4）的残差的单位根检验结果**

| | | | |
|---|---|---|---|
| Null Hypothesis：E has a unit root | | | |
| Exogenous：Constant，Linear Trend | | | |
| Lag Length：3 (Automatic-based on AIC，MAXLAG=8) | | | |
| | | t-Statistic | Prob. * |
| Augmented Dickey-Fuller test statistic | | −4.637 | 0.001 |
| Test critical values： | 1% level | −3.995 | |
| | 5% level | −3.428 | |
| | 10% level | −3.137 | |

从ADF检验来看，残差项是平稳序列，因此，我们可以初步判断，美国的真实个人消费与真实个人可支配收入之间存在协整关系。

下面我们再举另一个关于货币需求的例子。宏观经济理论表明，真实货币需求应该由真实可支配收入和真实利率决定。所以，利用这样一个关系，可以设立下面的模型，即

$$m_t - p_t = c_0 + \beta_1 x_t + \beta_2 r_t + e_t \tag{12.6}$$

其中，$m_t$ 表示真实货币需求，$p_t$ 表示价格水平，$x_t$ 表示真实可支配收入，$r_t$ 表示真实利率。注意，除真实利率外，其他所有变量均为自然对数形式。而根据定义，$m_t - p_t$ 表示真实的货币持有量。

另外，经济理论还说明，如果真实的货币持有量与其他两个变量的关系出现偏离，那么这种偏离必须是暂时性的。所以，从式（12.6）来看，$e_t$ 必须是平稳的。在这个例子中，我们分析的变量比式（12.4）对应的例子中的变量多一个。然而，分析的基本思路是相同的，都是研究非平稳经济变量间是否存在协整关系。

至此，我们可以给出协整定义的更一般的陈述形式：如果两个或多个一阶单整变量的线性组合是平稳时间序列，那么这些变量存在协整关系，而对应的刻画这种关系的系数向量称为协整向量。

Engle和Granger（1987）提出，如果 $m$ 个变量存在协整关系，那么它们之间的长期均衡关系就可以表示成

$$\beta_1 x_{1t} + \beta_2 x_{2t} + \cdots + \beta_m x_{mt} = 0 \tag{12.7}$$

或者写成矩阵的形式，即

$$\boldsymbol{\beta X}_t = 0 \tag{12.8}$$

其中，

$$\boldsymbol{\beta} = (\beta_1, \beta_2, \cdots, \beta_m), \boldsymbol{X}_t = (x_{1t}, x_{2t}, \cdots, x_{mt})'$$

如果偏离这种长期关系，就会出现所谓的“均衡误差”，即

$$e_t = \boldsymbol{\beta X}_t \tag{12.9}$$

均衡误差概念的提出就联系到一个与协整紧密相关的概念，即误差修正模型，这也是在检验并确定协整关系之后所进行的模型分析。下一小节将介绍误差修正模型。

### 12.1.3　误差修正模型

误差修正模型是协整分析的一部分。以两个 $I(1)$ 变量 $x_{1t}$ 和 $x_{2t}$ 为例，假设通过一定的协整检验过程，我们能够判断 $x_{1t}$ 和 $x_{2t}$ 具有协整关系，即

$$x_{1t} = c + \beta x_{2t} + e_t \tag{12.10}$$

在OLS回归之后，$\hat{e}_t$ 为平稳序列。此时，我们说 $x_{1t}$ 和 $x_{2t}$ 存在一个长期均衡关系，从而使得误差项 $e_t$ 不会发散（diverge）。这样，由于 $x_{1t}$ 和 $x_{2t}$ 存在长期均衡关系，所以，长期来看，$e_t$ 的期望值为0。也就是说，在长期均衡状态下，$E(x_{1t} - c - \beta x_{2t}) = 0$。

但是，如果在短期内出现非均衡状态，即 $e_{t-1} \neq 0$，那么 $x_{1t}$ 和 $x_{2t}$ 必须进行动态修正

和调整，使得非均衡状态尽量恢复到均衡状态。也就是说，如果在 $t-1$ 期出现偏离均衡状态的情况，那么在 $t$ 期时，这两个变量会对出现的这种误差有所反应，分别进行修正，从而确保 $E(e_t)=0$。

以上描述的过程就是所谓的误差修正过程。如果以模型形式表现，则可以写成

$$\begin{cases}\Delta x_{1t}=c_{10}+\gamma_{11}e_{t-1}+\varepsilon_{1t}\\ \Delta x_{2t}=c_{20}+\gamma_{21}e_{t-1}+\varepsilon_{2t}\end{cases} \tag{12.11}$$

模型系统（12.11）就是形式最简单的误差修正模型（error correction model，ECM）。因为 ECM 刻画的是系统内变量的动态变化（差分形式）对出现偏离均衡状态的误差的反应，所以在 ECM 中，变量以差分形式出现。

另外，如果考虑到各个变量的滞后项对当期值的影响，式（12.11）对应的更一般的 ECM 形式是

$$\begin{cases}\Delta x_{1t}=c_{10}+\gamma_{11}e_{t-1}+\theta_1(L)\Delta x_{1,t-1}+\vartheta_1(L)\Delta x_{2,t-1}+\varepsilon_{1t}\\ \Delta x_{2t}=c_{20}+\gamma_{21}e_{t-1}+\theta_2(L)\Delta x_{1,t-1}+\vartheta_2(L)\Delta x_{2,t-1}+\varepsilon_{2t}\end{cases} \tag{12.12}$$

其中，滞后算子多项式定义为

$$\theta_1(L)=\theta_{11}+\theta_{12}L+\theta_{13}L^2+\cdots+\theta_{1p}L^{p-1}$$

和

$$\vartheta_1(L)=\vartheta_{11}+\vartheta_{12}L+\vartheta_{13}L^2+\cdots+\vartheta_{1m}L^{m-1}$$

$\theta_2(L)$ 与 $\vartheta_2(L)$ 的定义依此类推，其中各个滞后算子多项式中的滞后期数可以通过信息准则或者显著性检验法进行判断。

从一定角度看，模型系统（12.12）就是我们前面介绍过的 VAR 系统，只不过这里增加了 $e_{t-1}$ 项。在 ECM 系统（12.12）中，$\gamma_{11}$ 和 $\gamma_{21}$ 被称为修正速度（speed of adjustment）系数，因为它们反映了系统内变量对出现均衡偏差情况的调整（修正）速度。这些系数的绝对数值越大，说明修正反应越强烈。

以系统（12.12）为例，如果 $\Delta x_{1t}$ 对误差反应很小，则 $\gamma_{11}$ 的绝对值应该很小；如果 $\Delta x_{2t}$ 对误差反应很小，则 $\gamma_{21}$ 的绝对值应该很小。但是，不会出现 $\gamma_{11}$ 和 $\gamma_{21}$ 同时都不显著的情况，因为如果这两个系数同时为 0，那么 $x_{1t}$ 与 $x_{2t}$ 的长期均衡关系就不复存在了，整个系统也就没有协整关系和误差修正之说了。所以，对于协整模型，只要协整关系存在，ECM 中的修正速度系数就不会同时全部为 0，只可能出现部分修正速度系数为 0 或者不为 0 的情况。

注意，模型（12.12）只给出了两个变量的误差修正模型的情况，对于 $n$ 个非平稳序列的误差修正模型，可以直观地进行拓展。如果将 $n$ 个变量写成矩阵的形式，就是

$$\boldsymbol{X}_t=(x_{1t},\ x_{2t},\ \cdots,\ x_{nt})' \tag{12.13}$$

类似地，将涉及的扰动项和系数等均表示成矩阵的形式，那么，向量形式的误差修正模型可以写成

$$\Delta\boldsymbol{X}_t=\boldsymbol{C}_0+\boldsymbol{\Gamma e}_{t-1}+\boldsymbol{\Phi}(L)\Delta\boldsymbol{X}_{t-1}+\boldsymbol{\varepsilon}_t \tag{12.14}$$

利用 VAR 形式的模型（12.14），我们可以分析多个变量的协整关系及误差修正情况。我们将在 12.4 节对向量形式的 ECM，即 VECM，进行更详尽的介绍。

## 12.2　Engle-Granger 协整分析方法

### 12.2.1　Engle-Granger 协整分析的步骤

实际上，在 12.1.2 小节我们利用美国数据分析真实个人消费与真实个人可支配收入的关系时，已经运用了所谓的 Engle-Granger 协整分析方法的基本思路。

Engle 和 Granger（1987）提出了一个非常简单而又容易施行的方法，通过计量检验分析非平稳序列变量（具有单整性质的变量）之间是否具有协整关系，即检验非平稳变量之间的线性组合能否形成一个平稳序列。

注意，许多中文教材和研究文章在介绍 Engle-Granger 协整分析方法时，习惯性地或者从众性地称之为 Engle-Granger 协整检验两步法。从某种程度上说，这种说法并不精确，因为 Engle-Granger 协整分析过程涉及的核心步骤并不止两步，我们接下来进行介绍。

为方便理解，我们仍然以两个变量 $x_{1t}$ 和 $x_{2t}$ 为例。Engle-Granger 协整分析方法的主要过程如下：

第 1 步：变量的（非）平稳性检验。使用单位根检验法检验研究的变量是否为非平稳序列。注意，因为协整关系的前提是分析具有相同阶数的单整过程变量的线性组合关系，所以，第 1 步除了检验各个变量是否为非平稳序列之外，还要确认变量的单整阶数是否相同。例如，如果两个变量都是 $I(1)$ 过程，就可以继续下面的协整分析步骤。但是，如果其中一个变量为 $I(2)$ 过程，而另一个变量为 $I(1)$ 过程，则它们一定不存在协整关系。当然，如果一个变量为 $I(1)$ 过程，而另一个变量为平稳过程，即 $I(0)$，那么二者之间也不可能存在协整关系。

第 2 步：假设第 1 步中的检验结果表明两个变量为同阶的非平稳序列，例如 $x_{1t}$ 和 $x_{2t}$ 都是 $I(1)$ 过程，则进行以下回归

$$x_{1t}=c+\beta x_{2t}+e_t \tag{12.15}$$

并且获得 OLS 回归的系数估计值，并保存残差序列 $\hat{e}_t$，即

$$\hat{e}_t=x_{1t}-\hat{c}-\hat{\beta}x_{2t} \tag{12.16}$$

注意，如果我们在接下来的步骤中检验发现 $x_{1t}$ 和 $x_{2t}$ 确实具有协整关系，那么式（12.15）的 OLS 回归估计具有超级一致性，而式（12.15）则刻画了两个变量的长期均衡关系。对于超级一致性，可以参阅 Stock（1987）的介绍。但简单地说，超级一致性指的是长期均衡回归模型（12.15）估计的统计量的收敛速度要比传统的使用平稳序列进行 OLS 回归时的收敛速度更快。Stock（1987）的经典文献已经证明了这一点。

第 3 步：利用特殊的检验临界值来检验残差序列是否为平稳序列。这一步是对上一步保存的残差序列进行单位根检验。例如，可以对残差序列进行 ADF 检验，即

$$\Delta \hat{e}=\alpha_1\hat{e}_{t-1}+\sum_{i=1}^{p}\alpha_{i+1}\Delta \hat{e}_{t-i}+\varepsilon_t \tag{12.17}$$

注意，我们这里之所以将残差序列的 ADF 检验模型具体地写出来，是因为设立这里的单位根检验模型时，一般可以不包括常数项。这是因为，从模型（12.15）回归获得的残差序列的期望值一定为 0。

另外，特别需要注意的一点是，由于我们无法获得真正的 $e_t$ 序列，所以在单位根检验式（12.17）中，使用了残差序列来代替真正的随机干扰项。但正因为此，即使真正的扰动项是非平稳的，对通过 OLS 回归式（12.15）得到的残差序列进行 ADF 检验，结果一般也更倾向于平稳序列。实质的原因在于，用 OLS 方法回归式（12.15）时，由于使用“方差最小”的原则，因此可能会欺骗性地给出具有较小方差的残差序列。

因此，在 ADF 检验过程中，必须考虑到这一点。Davidson 和 MacKinnon（1993）以及 Enders（2004）对这个问题都进行了较为透彻的解释。那么实践者在进行到 Engle-Granger 协整检验的这个步骤时，应该如何对式（12.17）的单位根检验进行正确的判断呢？

在表 12 - 5 中，我们根据 Davidson 和 MacKinnon（1993）以及 Enders（2004）归纳了应该在检验中使用的正确临界值。这些临界值可以通过 MacKinnon（1991）的反应曲面（response surface）法计算获得。实践者和研究人员在进行 Engle-Granger 协整分析的过程中，可以参考表中的临界值。

**表 12 - 5　Engle-Granger 协整检验中残差序列单位根检验临界值**

| $n$ | $T$ | 1% | 5% | 10% |
|---|---|---|---|---|
| 2 | 50 | −4.123 | −3.461 | −3.130 |
| | 100 | −4.008 | −3.398 | −3.087 |
| | 200 | −3.954 | −3.368 | −3.067 |
| | 500 | −3.921 | −3.350 | −3.054 |
| | 无穷大 | −3.90 | −3.34 | −3.04 |
| 3 | 50 | −4.592 | −3.915 | −3.578 |
| | 100 | −4.441 | −3.828 | −3.514 |
| | 200 | −4.368 | −3.785 | −3.483 |
| | 500 | −4.326 | −3.760 | −3.464 |
| | 无穷大 | −4.29 | −3.74 | −3.45 |
| 4 | 50 | −5.017 | −4.324 | −3.979 |
| | 100 | −4.827 | −4.210 | −3.895 |
| | 200 | −4.737 | −4.154 | −3.853 |
| | 500 | −4.684 | −4.122 | −3.828 |
| | 无穷大 | −4.64 | −4.10 | −3.81 |
| 5 | 50 | −5.416 | −4.700 | −4.348 |
| | 100 | −5.184 | −4.557 | −4.240 |
| | 200 | −5.070 | −4.487 | −4.186 |
| | 500 | −5.003 | −4.446 | −4.154 |
| | 无穷大 | −4.96 | −4.42 | −4.13 |

说明：$n$ 表示 Engle-Granger 协整模型中的变量个数；$T$ 表示样本大小；表中“无穷大”对应的临界值与带有截距项的 ADF 模型相对应，其他临界值均对应没有截距项的 ADF 模型。

资料来源：Davidson 和 MacKinnon（1993）以及 Enders（2004）。

现在，如果利用表 12－5 中的临界值对式（12.17）进行单位根检验的结果说明含有单位根的原假设不能被拒绝，那么 $\hat{e}_t$ 是 $I(1)$ 序列，即非平稳序列，这时我们的结论是 $x_{1t}$ 和 $x_{2t}$ 不具有协整关系。而如果反过来，单位根检验的结果说明，含有单位根的原假设被拒绝，那么 $\hat{e}_t$ 是 $I(0)$ 序列，即平稳序列，这时我们的结论是 $x_{1t}$ 和 $x_{2t}$ 具有协整关系。在第二种情况下，下面继续进行 Engle-Granger 协整分析的第 4 步。

第 4 步：设立并估计误差修正模型。在第 3 步的基础上，如果判定了协整关系的存在，则设立并估计下面的 ECM，即

$$\begin{cases}\Delta x_{1t}=c_{10}+\gamma_{11}\hat{e}_{t-1}+\theta_1(L)\Delta x_{1,t-1}+\vartheta_1(L)\Delta x_{2,t-1}+\varepsilon_{1t}\\ \Delta x_{2t}=c_{20}+\gamma_{21}\hat{e}_{t-1}+\theta_2(L)\Delta x_{1,t-1}+\vartheta_2(L)\Delta x_{2,t-1}+\varepsilon_{2t}\end{cases} \tag{12.18}$$

其中，

$$\hat{e}_{t-1}=x_{1,t-1}-\hat{c}-\hat{\beta}x_{2,t-1} \tag{12.19}$$

其他符号与模型（12.12）中介绍的类似。

第 5 步：诊断检验并解释实证结果。在进行协整检验和 ECM 估计之后，最后就需要运用相关的诊断检验进一步验证误差修正模型是否完备，如各个滞后项的滞后期数是否合理等。同时，研究人员要对整个协整分析的结果进行综合解释，如果有可能，最好分析其含义。

至此，Engle-Granger 协整分析就可以结束了。为了方便记忆，我们将 Engle-Granger 协整分析的具体步骤归纳在图 12－4 中。

需要说明的是，我们上面介绍的步骤以 2 个变量并且它们均为 1 阶单整过程为例。对于多个变量和高阶单整过程，可以进一步进行拓展。根据 Engle 和 Granger（1987）的研究，更一般情况下的协整概念还可以定义为：

如果以下条件满足，则向量 $\boldsymbol{X}_t=(x_{1t}, x_{2t}, \cdots, x_{mt})'$ 为（$d$，$b$）阶协整向量，记作 $\boldsymbol{X}_t\sim CI(d, b)$。这些条件是：

（1）$\boldsymbol{X}_t$ 的所有组成元素具有相同的大于 0 的单整阶数，即 $d>0$。

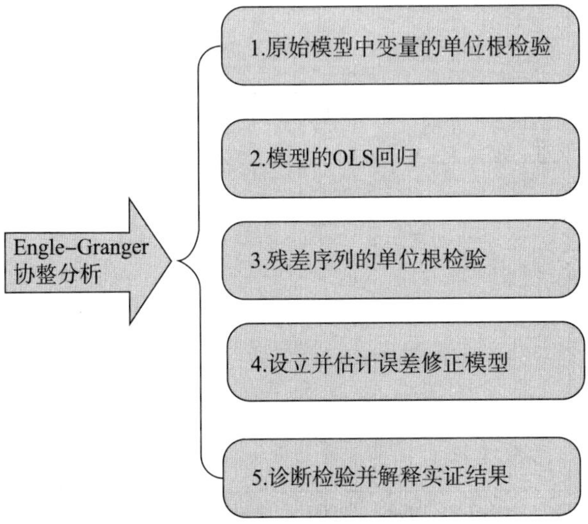


**图 12－4　Engle-Granger 协整分析流程图**

（2）存在一个协整向量 $\boldsymbol{\beta}=(\beta_1, \beta_2, \cdots, \beta_m)$，使得线性组合 $\boldsymbol{\beta X}_t$ 具有（$d-b$）阶单整性质。一般来讲，协整向量并不是唯一的。但是，通常的做法是将协整向量 $\boldsymbol{\beta}$ 进行标准化，使得 $\beta_1=1$（例如，将 $\boldsymbol{\beta}$ 的所有元素乘以 $1/\beta_1$），从而将协整向量写成 $\boldsymbol{\beta}=(1, \beta_2', \cdots, \beta_m')$ 的形式。

在实际应用中，经常遇到的情况是研究的变量都是一阶单整过程，此时，$\boldsymbol{X}_t \sim CI(1, 0)$。

### 12.2.2 Engle-Granger 协整分析方法的应用

这里，我们应用 Engle-Granger 协整分析方法研究实际的例子，就是国际金融学中非常著名的购买力平价（purchasing power parity，PPP）理论与费雪等式（Fisher equation）。PPP 理论研究的是两个国家汇率与物价之间的关系，而费雪等式描述的是名义利率、通货膨胀率和真实利率之间的关系。

首先来看 PPP 理论协整分析的例子。假设我们研究的两个国家分别为美国和英国，我们利用美国和英国的居民消费价格指数和美元/英镑的汇率数据进行分析，样本区间为 1988 年 1 月至 2023 年 5 月。其中，我们使用 $nex_t$、$p_t^{US}$ 和 $p_t^{UK}$ 分别表示汇率（1 英镑的美元价格）以及美国和英国的居民消费价格指数（数据均为取对数后的形式）。这些变量的时间序列图示如图 12－5 所示。

标准的国际金融学知识告诉我们，如果英美两国之间的 PPP 理论成立，那么真实汇

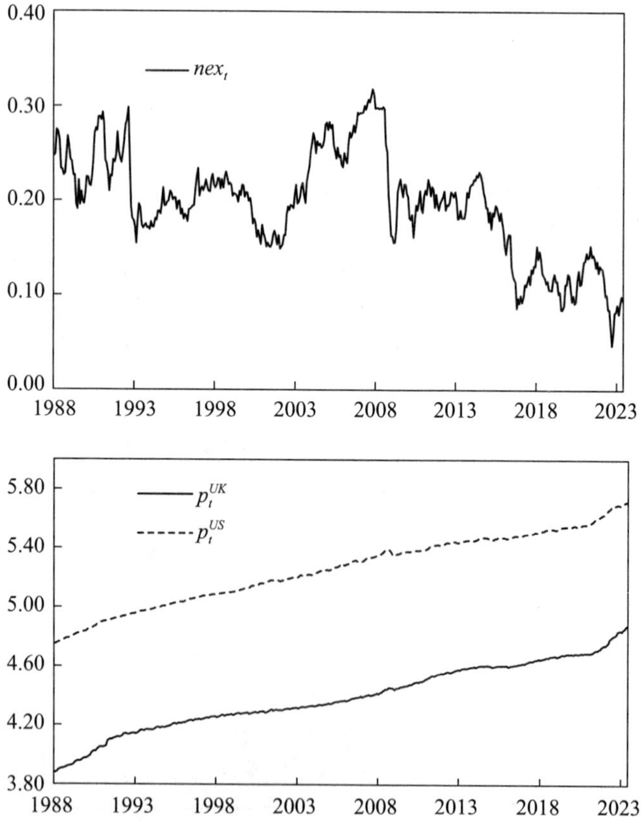


**图 12－5　美元/英镑汇率（上）和各自国家的居民消费价格指数（下）**

率应该为平稳时间序列。而真实汇率 $rex_t$ 可以写成

$$rex_t = nex_t + p_t^{UK} - p_t^{US} \tag{12.20}$$

现在，我们可以利用 Engle-Granger 协整分析方法检验英美两国之间 PPP 理论是否成立。我们注意到各个变量均为对数形式，所以可以构造一个序列 $f_t = nex_t + p_t^{UK}$，用来表示英国物价的美元价格。然后，考查下列均衡关系：

$$f_t = c + \beta_1 p_t^{US} + \varepsilon_t \tag{12.21}$$

如果能验证 $c=0$，$\beta_1=1$，并且 $\varepsilon_t$ 为平稳时间序列，则问题得到验证。

可以看出，这是一个典型的长期均衡问题，即协整关系问题。根据设计，我们构造了序列 $f_t = nex_t + p_t^{UK}$，构造出来的变量图示描绘在图 12－6 中。

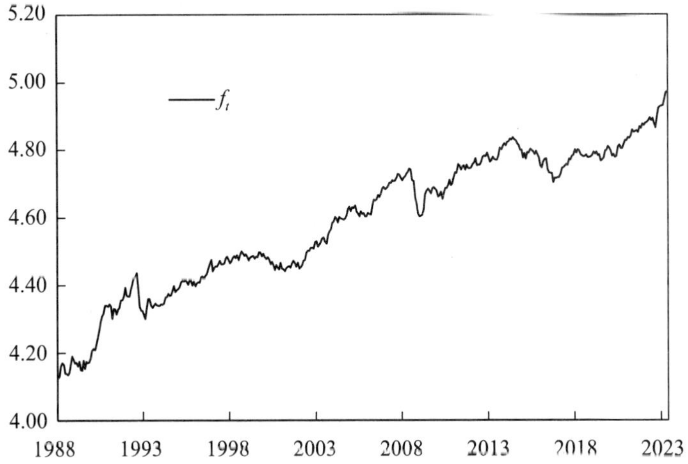


**图 12－6　英国物价的美元价格时序图**

接下来，我们利用 Engle-Granger 协整分析方法，以回归方程（12.21）为基础考查此例中的协整关系问题。

第 1 步：对 $f_t$ 和 $p_t^{US}$ 进行 ADF 检验，结果归纳在表 12－6 中。从单位根检验的结果可以看到，两个变量分别进行的单位根检验在 5%的显著性水平下都不能拒绝原假设，所以可以判断这两个变量为 $I(1)$ 序列。

这样，我们就可以进行 Engle-Granger 协整分析的第 2 步，即运用 OLS 对模型（12.21）进行回归估计，并获得残差序列。

**表 12－6　变量 $f_t$ 和 $p_t^{US}$ 的 ADF 检验结果**

| | | | |
|---|---|---|---|
| Null Hypothesis：$f_t$ has a unit root | | | |
| Exogenous：Constant，Linear Trend | | | |
| Lag Length：0 (Automatic-based on AIC，MAXLAG=12) | | | |
| | | t-Statistic | Prob.* |
| Augmented Dickey-Fuller test statistic | | −3.141 | 0.098 |
| Test critical values： | 1% level | −3.980 | |
| | 5% level | −3.420 | |
| | 10% level | −3.133 | |

续表

| | | | |
|---|---|---|---|
| Null Hypothesis：$p_t^{US}$ has a unit root | | | |
| Exogenous：Constant，Linear Trend | | | |
| Lag Length：12（Automatic-based on AIC，MAXLAG=12） | | | |
| | | t-Statistic | Prob. * |
| Augmented Dickey-Fuller test statistic | | −2.935 | 0.153 |
| Test critical values： | 1% level | −3.980 | |
| | 5% level | −3.421 | |
| | 10% level | −3.133 | |

* MacKinnon（1996）one-sided p-values.

第 2 步：我们运用 OLS 对模型（12.21）进行回归估计，并且将回归估计的结果报告在表 12－7 中，同时将获得的残差序列保存下来，其时序图描绘在图 12－7 中。从表 12－7 的结果看，模型（12.21）拟合得比较好，并且所有系数均具有统计显著性。而仔细观察图 12－7，我们可以看到，虽然残差序列没有表现出明显的发散趋势，但似乎具有相当大的持久性。

**表 12－7　模型（12.21）的 OLS 回归估计结果**

| | | | | |
|---|---|---|---|---|
| Dependent Variable：F | | | | |
| Method：Least Squares | | | | |
| Sample：1988M01 2023M05 | | | | |
| Included observations：425 after adjustments | | | | |
| Variable | Coefficient | Std. Error | t-Statistic | Prob. |
| C | 0.289 | 0.040 | 7.311 | 0.000 |
| PUS | 0.817 | 0.008 | 108.741 | 0.000 |
| R-squared | 0.965 | Mean dependent var | | 4.586 |
| Adjusted R-squared | 0.965 | S. D. dependent var | | 0.203 |
| S. E. of regression | 0.038 | Akaike info criterion | | −3.708 |
| Sum squared resid | 0.604 | Schwarz criterion | | −3.689 |
| Log likelihood | 790.002 | Hannan-Quinn criter. | | −3.701 |
| F-statistic | 11 824.518 | Durbin-Watson stat | | 0.123 |
| Prob（F-statistic） | 0 | | | |

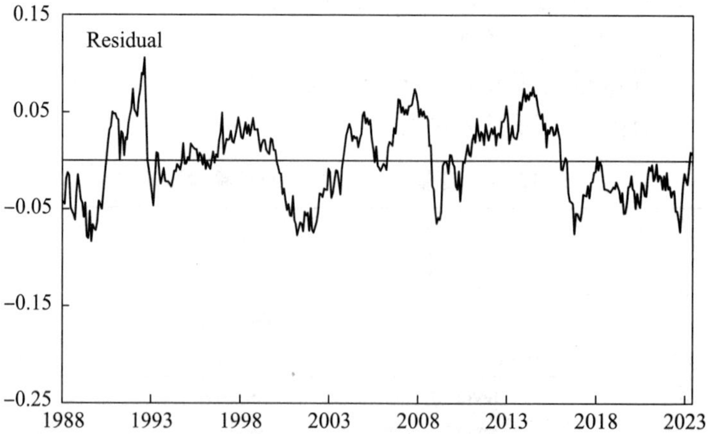


**图 12－7　模型（12.21）回归后的残差序列**

第 3 步：我们对残差序列进行 ADF 检验，并使用表 12－5 中归纳的 Engle-Granger 协整分析中特殊的 ADF 检验临界值来判断残差序列是否具有单位根。

为了说明在这一步中使用特殊临界值进行统计推断的重要性，我们同时报告了传统的 ADF 检验对应各个显著性水平的临界值，并给出了应该使用的特殊临界值，从而方便比较。单位根检验的结果见表 12－8。

表中的结论为在 1%的显著性水平下残差为非平稳序列。根据这个例子中使用的数据，我们得到的结论是：在 1%的显著性水平下，PPP 理论并没有得到实证数据的证实。因为没有协整关系的存在，所以就不必进行进一步的误差修正和模型的诊断检验等步骤了。但是如果选取不同的显著性水平，认为残差是平稳序列，则可以进行接下来的步骤。

**表 12－8　模型（12.21）对应的残差项单位根检验结果**

| | | | |
|---|---|---|---|
| Null Hypothesis：Residual has a unit root | | | |
| Exogenous：Constant，Linear Trend | | | |
| Lag Length：0（Automatic-based on AIC，MAXLAG=12） | | | |
| | | t-Statistic | |
| Augmented Dickey-Fuller test statistic | | －3.762 | 判断 |
| 传统 ADF 临界值： | 1% level | －3.980 | 不显著 |
| | 5% level | －3.420 | 显著 |
| | 10% level | －3.133 | 显著 |
| 特殊临界值： | 1% level | －3.921 | 不显著 |
| | 5% level | －3.350 | 显著 |
| | 10% level | －3.054 | 显著 |

从以上的应用例子中读者可能会感觉到，应用 Engle-Granger 协整分析方法可以很方便地研究经济变量的协整关系，但是在实际应用当中这往往并不像表面上看起来那么简单。特别是，当研究的变量个数 $n>2$ 时，问题就会变得更加复杂。原因在于，从理论上讲，如果 $n$ 个变量都是相同阶数的协整过程，那么这些变量之间最多可能存在 $n-1$ 个协整关系。

然而，Engle-Granger 协整分析方法的一个缺陷就是，它只能识别出一个协整关系。所以，在许多实际问题的协整分析中，特别是在国际期刊中的文献里，经常用到的是所谓的 Johansen 协整分析方法，其名称源于计量经济学家瑟伦·约翰森（Søren Johansen）。20 世纪 90 年代初以来，Johansen 在多个变量的向量协整分析研究中作出的贡献颇为显著。下面的内容将围绕 Johansen 检验方法展开介绍。

## 12.3　向量 ADF 模型与协整分析

### 12.3.1　向量形式的 ADF 模型

在第 9 章介绍单位根检验的内容中，我们曾经强调过 ADF 模型形式的重要性。在向量协整分析中，特别是在后面要介绍的 Johansen 检验以及相关的向量误差修正模型（VECM）中，都需要熟悉向量形式的 ADF 模型。因此，本节将集中介绍向量 ADF 模型的相关内容。

从以前的学习中我们知道，对于 AR($p$) 模型

$$\alpha(L)y_t = c + \varepsilon_t \tag{12.22}$$

与滞后算子多项式 $\alpha(L)$ 对应的逆特征方程

$$\alpha(z) = 1 - \alpha_1 z - \alpha_2 z^2 - \cdots - \alpha_p z^p = 0 \tag{12.23}$$

的根决定了 AR 模型的根本属性。另外，我们还可以把式（12.22）写成 ADF 的形式，即

$$\alpha^*(L)\Delta y_t = c + \alpha y_{t-1} + \varepsilon_t \tag{12.24}$$

其中，

$$\alpha = -\alpha(1) = -1 + \sum_{i=1}^{p} \alpha_i$$

$$\alpha^*(L) = 1 - \sum_{i=1}^{p-1} \phi_i L^i,\ \phi_i = -\sum_{j=i+1}^{p} \alpha_j$$

那么，AR 模型是否含有单位根的特性就由系数 $\alpha$ 决定，即

$$\alpha = 0 \Leftrightarrow y_t \sim I(1)$$
$$\alpha < 0 \Leftrightarrow y_t \sim I(0)$$

而对于向量形式的自回归模型，即 VAR($p$) 模型

$$\boldsymbol{\Phi}(L)\boldsymbol{Y}_t = \boldsymbol{C} + \boldsymbol{\varepsilon}_t \tag{12.25}$$

VAR 模型系统是否稳定，由逆特征方程

$$|\boldsymbol{\Phi}(z)| = 0 \tag{12.26}$$

的根决定。注意，式（12.26）是矩阵对应的行列式。VAR 模型系统内变量的平稳特性与逆特征方程的根紧密相关：

（1）如果 $|\boldsymbol{\Phi}(z)|=0$ 的所有根都落在单位圆外，则 VAR 模型系统内的所有变量均为平稳序列，即 $I(0)$。

（2）如果 $|\boldsymbol{\Phi}(z)|=0$ 的一个根等于 1，而其他所有根都落在单位圆外，那么 VAR 模型系统内的所有变量均为非平稳序列，即 $I(1)$。

另外，与式（12.24）相对应，含有 $n$ 个变量的 VAR($p$) 模型可以写成向量 ADF 模型，即

$$\boldsymbol{\Phi}^*(L)\Delta\boldsymbol{Y}_t = \boldsymbol{C} + \boldsymbol{\Pi}\boldsymbol{Y}_{t-1} + \boldsymbol{\varepsilon}_t \tag{12.27}$$

其中，

$$\begin{cases} \boldsymbol{\Pi} = -\boldsymbol{\Phi}(1) = \sum_{i=1}^{p} \boldsymbol{\Phi}_i - \boldsymbol{I}_n \\ \boldsymbol{\Phi}^*(L) = \boldsymbol{I}_n - \sum_{i=1}^{p-1} \boldsymbol{\varphi}_i L^i \\ \boldsymbol{\varphi}_i = -\sum_{j=i+1}^{p} \boldsymbol{\Phi}_j \end{cases} \tag{12.28}$$

现在，$n\times n$ 维矩阵 $\boldsymbol{\Pi}$ 实质上决定了 VAR 模型系统的平稳特性。为方便讨论，假定我们暂时考虑不含截距项、含有 $n$ 个变量的 VAR（1）模型，即

$$\boldsymbol{Y}_t=\boldsymbol{\Phi}\boldsymbol{Y}_{t-1}+\boldsymbol{\varepsilon}_t \tag{12.29}$$

这个模型可以写成 ADF 的形式，即

$$\begin{aligned}\Delta\boldsymbol{Y}_t&=(\boldsymbol{\Phi}-\boldsymbol{I}_n)\boldsymbol{Y}_{t-1}+\boldsymbol{\varepsilon}_t\\&=\boldsymbol{\Pi}\boldsymbol{Y}_{t-1}+\boldsymbol{\varepsilon}_t\end{aligned} \tag{12.30}$$

很容易看到，$\boldsymbol{\Pi}=\boldsymbol{\Phi}-\boldsymbol{I}_n=-\boldsymbol{\Phi}(1)$，是式（12.28）中第一个等式的特殊形式。

另外，如果学习过矩阵代数或者线性代数，那么我们知道给定一个 $n\times n$ 维方阵 $\boldsymbol{X}$，则有

$$|a\boldsymbol{X}|=a^n|\boldsymbol{X}| \tag{12.31}$$

从而可知，

$$|(-1)\times\boldsymbol{X}|=(-1)^n|\boldsymbol{X}| \tag{12.32}$$

这样就可以知道，式（12.28）中第一个等式的绝对值有如下关系：

$$\|\boldsymbol{\Pi}\|=\|\boldsymbol{\Phi}(1)\| \tag{12.33}$$

其中 $\|\cdot\|$表示矩阵行列式的绝对值。注意，式（12.33）在下面讨论协整关系时有着重要的应用。

### 12.3.2　矩阵 $\boldsymbol{\Pi}$ 的秩条件与协整关系

上面，我们介绍了矩阵 $\boldsymbol{\Pi}$ 与 $\boldsymbol{\Phi}(1)$ 之间的重要关系。现在我们希望找到 $\boldsymbol{\Phi}(1)$、$\boldsymbol{\Pi}$ 与协整关系之间的联系。仍然以含有 $n$ 个变量的 VAR(1) 模型为例，其相应的逆特征方程是

$$|\boldsymbol{\Phi}(z)|=0 \tag{12.34}$$

因为这是一个行列式，所以我们总可以利用因式分解获得下面的结果，即

$$|\boldsymbol{\Phi}(z)|=(1-\gamma_1 z)(1-\gamma_2 z)\cdot\cdots\cdot(1-\gamma_n z)=0 \tag{12.35}$$

所以，式（12.35）的根为 $z=\dfrac{1}{\gamma_i}$，$i=1，2，\cdots，n$。

现在我们看到，如果特征方程含有一个单位根，即 $z=1$ 是方程（12.34）的一个根，那么$|\boldsymbol{\Phi}(1)|=0$。但是，从式（12.28）中第一个等式我们又知道：

$$\|\boldsymbol{\Pi}\|=\|\boldsymbol{\Phi}(1)\| \tag{12.36}$$

所以，单位根暗示着$|\boldsymbol{\Pi}|=0$。这就意味着 VAR 系统中所有变量都是 $I(1)$ 序列，从而矩阵 $\boldsymbol{\Pi}$ 必然是奇异矩阵。不难看出，在极端情况下，即如果 $\boldsymbol{\Pi}$ 是一个零矩阵，即 $\boldsymbol{\Pi}=\boldsymbol{0}$，那么此时 VAR(1) 模型就变成一个以 $\Delta\boldsymbol{Y}_t$ 为核心变量的 VAR(0) 过程。

以上关于矩阵 $\boldsymbol{\Pi}$ 与 VAR(1) 模型系统平稳性的讨论，可以自然地拓展到 VAR($p$)

模型的情况。现在，我们来归纳一下矩阵 $\boldsymbol{\Pi}$ 与 $n$ 个变量的 VAR($p$) 模型系统的平稳性以及协整关系个数之间的联系，这些联系可以大致分为 3 种情况。

情况 1：$\boldsymbol{\Pi}$ 为非奇异矩阵，即满秩矩阵，以矩阵秩的形式表示就是

$$rank(\boldsymbol{\Pi})=n$$

如果满足这个条件，那么 VAR 模型为平稳系统，其所有组成变量均为平稳序列。显然，在这种情况下，不存在协整关系。

情况 2：$\boldsymbol{\Pi}$ 为非零奇异矩阵，即 $\boldsymbol{\Pi}\neq\mathbf{0}$ 但 $|\boldsymbol{\Pi}|=0$，从而 $|\boldsymbol{\Phi}(z)|$ 含有一个单位根。在这种情况下，VAR 系统的所有组成部分都是一阶单整过程，即 $I(1)$ 过程。因为矩阵 $\boldsymbol{\Pi}$ 是一个奇异矩阵但又非零，所以其秩 $rank(\boldsymbol{\Pi})=r$ 满足下列条件，即

$$0<r<n$$

在这种情况下，VAR 系统存在协整关系。也就是说，VAR 系统内所有变量均为 $I(1)$ 序列，但是这些变量通过矩阵 $\boldsymbol{\Pi}$ 形成一定的组合，能够去除非平稳性。这种情况经常被称为缩减秩（reduced rank），$\boldsymbol{Y}_t$ 中的元素共有 $r$ 种不同的组合，形成平稳序列。

情况 3：$\boldsymbol{\Pi}$ 为零矩阵，此时矩阵 $\boldsymbol{\Pi}$ 的秩为 0，即

$$\boldsymbol{\Pi}=\mathbf{0}\Leftrightarrow rank(\boldsymbol{\Pi})=0$$

在这种情况下，式（12.27）变成

$$\boldsymbol{\Phi}^*(L)\Delta\boldsymbol{Y}_t=\boldsymbol{C}+\boldsymbol{\varepsilon}_t \tag{12.37}$$

在这种情况下，VAR 系统中的一次差分变量 $\Delta\boldsymbol{Y}_t$ 是平稳的，但每个变量自身是随机游走过程。因此，如果出现这种情况，则暗示着系统内存在 $n$ 个不同的单位根过程，而这些变量并不构成协整关系。

从以上讨论我们知道，协整关系的出现要求

$$0<r<n \tag{12.38}$$

因此，在 $\boldsymbol{Y}_t$ 的 $n$ 个变量中，至多存在（$n-1$）个协整向量。另外，如果 $n\times n$ 维矩阵 $\boldsymbol{\Pi}$ 是满秩矩阵，那么对应的 VAR 模型系统是平稳的，系统内所有变量也是平稳时间序列过程。

### 12.3.3 VAR 模型与矩阵 $\boldsymbol{\Pi}$ 的演示

为了说明以上介绍的内容，即矩阵 $\boldsymbol{\Pi}$ 的特性与 VAR 模型中变量的协整关系的联系，我们举一个简单的例子来阐释。例如，考虑下面 2 个变量的 VAR(1) 模型：

$$\begin{pmatrix}y_{1t}\\y_{2t}\end{pmatrix}=\begin{pmatrix}0.4&1.5\\-0.2&1.5\end{pmatrix}\begin{pmatrix}y_{1,t-1}\\y_{2,t-1}\end{pmatrix}+\begin{pmatrix}\varepsilon_{1t}\\\varepsilon_{2t}\end{pmatrix} \tag{12.39}$$

这个 VAR 模型对应的逆特征方程可以写成如下形式，即

$$|\boldsymbol{\Phi}(z)|=|\boldsymbol{I}_2-\boldsymbol{\Phi}z|=0$$

即

$$\left|\begin{pmatrix}1 & 0\\ 0 & 1\end{pmatrix}-\begin{pmatrix}0.4z & 1.5z\\ -0.2z & 1.5z\end{pmatrix}\right|=0$$

$$\Rightarrow(1-0.4z)(1-1.5z)+0.3z^2=0$$

$$\Rightarrow 0.9z^2-1.9z+1=0$$

$$\Rightarrow z_1=1,\ z_2=10/9$$

从上面的推导过程中我们看到，$|\boldsymbol{\Phi}(z)|$含有一个单位根，而另外一个根落在单位圆外（大于 1），所以 VAR 系统内的变量都是 $I(1)$ 序列。

进一步，我们可以将式（12.39）写成向量 ADF 模型，即

$$\begin{bmatrix}\Delta y_{1t}\\ \Delta y_{2t}\end{bmatrix}=\begin{pmatrix}-0.6 & 1.5\\ -0.2 & 0.5\end{pmatrix}\begin{bmatrix}y_{1,t-1}\\ y_{2,t-1}\end{bmatrix}+\begin{bmatrix}\varepsilon_{1t}\\ \varepsilon_{2t}\end{bmatrix} \tag{12.40}$$

从而得到

$$\boldsymbol{\Pi}=\begin{pmatrix}-0.6 & 1.5\\ -0.2 & 0.5\end{pmatrix}$$

这里不难看到矩阵 $\boldsymbol{\Pi}$ 的两行或者两列之间存在一个比例关系，说明矩阵 $\boldsymbol{\Pi}$ 是秩为 1 的奇异矩阵。因为 $rank(\boldsymbol{\Pi})=1$，所以我们可以得到结论，$y_{1t}$和 $y_{2t}$之间存在一个协整关系。

对于更为复杂的 VAR 模型系统，其基本思路是一样的，读者可以利用上面介绍的过程来判断下列含有 2 个变量的 VAR(2) 模型系统内各个变量的协整关系情况：

$$\begin{bmatrix}y_{1t}\\ y_{2t}\end{bmatrix}=\begin{pmatrix}0.4 & 1.5\\ -0.2 & 1.5\end{pmatrix}\begin{bmatrix}y_{1,t-1}\\ y_{2,t-1}\end{bmatrix}+\begin{pmatrix}1 & 1.6\\ -0.8 & 1.2\end{pmatrix}\begin{bmatrix}y_{1,t-2}\\ y_{2,t-2}\end{bmatrix}+\begin{bmatrix}\varepsilon_{1t}\\ \varepsilon_{2t}\end{bmatrix} \tag{12.41}$$

## 12.4　向量误差修正模型

### 12.4.1　VECM 表达式

在介绍如何利用向量模型检验协整关系的内容之前，有必要介绍一下向量形式的误差修正模型，即向量误差修正模型（vector error correction model，VECM）。

我们知道，对于含有 $n$ 个变量的 VAR 模型，当对应的矩阵 $\boldsymbol{\Pi}$ 的秩介于 0 和 $n$ 之间的时候，即 $0<r<n$，这 $n$ 个变量之间存在 $r$ 个协整关系。我们定义一个 $n\times r$ 维矩阵$\boldsymbol{B}$，其中 $\boldsymbol{B}$ 的列含有 $r$ 个不同的线性独立的协整向量，所以 $rank(\boldsymbol{B})=r$。

我们将在下一小节介绍如何获得矩阵 $\boldsymbol{B}$，为当前分析方便，假设我们已经获得了矩阵 $\boldsymbol{B}$，接下来定义

$$\boldsymbol{Z}_t=\boldsymbol{B}'\boldsymbol{Y}_t \tag{12.42}$$

这样，获得的矩阵 $\boldsymbol{Z}_t$ 就是一个 $r\times 1$ 维向量。$\boldsymbol{Z}_t$ 的这 $r$ 个元素都是平稳序列。

因为 $rank(\boldsymbol{\Pi})=r$，而式（12.42）中矩阵 $\boldsymbol{B}'$的行含有 $r$ 个来自矩阵 $\boldsymbol{\Pi}$ 的线性无关行，所以矩阵 $\boldsymbol{\Pi}$ 的所有 $n$ 个行可以写成矩阵 $\boldsymbol{B}'$的组合，即 $\boldsymbol{\Pi}=\boldsymbol{A}\boldsymbol{B}'$。所以，只要给定矩阵 $\boldsymbol{\Pi}$

和 $\boldsymbol{B}$，我们总能获得一个 $n\times r$ 维矩阵 $\boldsymbol{A}$，其中 $rank(\boldsymbol{A})=r$。

如果把式（12.42）代入式（12.27），就可以获得

$$\begin{aligned}\boldsymbol{\Phi}^*(L)\Delta\boldsymbol{Y}_t &= \boldsymbol{C}+\boldsymbol{A}\boldsymbol{B}'\boldsymbol{Y}_{t-1}+\boldsymbol{\varepsilon}_t\\ &= \boldsymbol{C}+\boldsymbol{A}\boldsymbol{Z}_{t-1}+\boldsymbol{\varepsilon}_t\end{aligned} \tag{12.43}$$

模型（12.43）就是所谓的 VECM 表达式。实际上，在英文中，VECM 可以是下面三种名称中任何一种的缩写，即 vector error correction model、vector error correction mechanism 或者 vector equilibrium correction mechanism。

式（12.43）的 VECM 表达式包含了所谓的格兰杰表达式定理（Granger representation theorem）的一个重要部分，由 Engle 和 Granger（1987）提出。从实质上说，这个定理提出，如果 VAR 模型的组成变量之间存在协整关系，那么总存在这样的 VECM 表达式。

根据定义，$\boldsymbol{Z}_{t-1}=\boldsymbol{B}'\boldsymbol{Y}_{t-1}$ 必定为平稳的，而矩阵 $\boldsymbol{B}'$ 是协整向量的矩阵，每一个协整关系均代表了非平稳变量组成的一个长期均衡关系，所以 $\boldsymbol{B}'\boldsymbol{Y}_t$ 捕捉了 $r$ 个不同的长期均衡关系，从长期来看，即所谓的均衡状态或者静止状态。这样的关系精确地存在，所以在长期，我们有

$$\boldsymbol{Z}_t=\boldsymbol{B}'\boldsymbol{Y}_t=\boldsymbol{0}$$

然而，从短期来看，例如对于每个确定的时刻 $t$，都存在偏离协整关系 $\boldsymbol{B}'\boldsymbol{Y}_t$ 的成分。因为这种偏离代表了这些长期关系在短期内的一定程度的非均衡状态，所以偏离成分一般被称为误差（error）。因此，$\boldsymbol{A}\boldsymbol{Z}_{t-1}=\boldsymbol{A}\boldsymbol{B}'\boldsymbol{Y}_{t-1}$ 促使 $\Delta\boldsymbol{Y}_t$ 增加或者减少，从而使得 $\boldsymbol{B}'\boldsymbol{Y}_t$ 朝着它的长期均值移动。（长期均值为 **0**，为什么？）这种增加或者减小的变化实际上是一种调整，所以称为误差修正（error correction）。因为这里我们研究的对象是 VAR 模型，所以 VECM 的名字由此而来。

根据定义，矩阵 $\boldsymbol{A}$ 衡量了 $\boldsymbol{Y}_t$ 中每个变量是如何调整从而回复到长期均衡关系的水平上的。所以，矩阵 $\boldsymbol{A}$ 经常被称为调整系数（adjustment coefficient）。另外，在实践中，经常对协整向量 $\boldsymbol{B}$ 进行标准化（normalization），例如，将 VAR 模型中第一个变量对应的系数标准化为 1。

### 12.4.2 VECM 的演示

这里，我们分别以简单的 2 个变量的 VAR(1) 模型和 3 个变量的 VAR(1) 模型演示这些 VAR 模型对应的 VECM 表达式。

**1. 2 个变量的 VAR(1) 模型的 VECM**

2 个变量的 VAR(1) 模型是最简单的 VAR 模型，我们以下面的 VAR(1) 模型为例，即

$$\begin{pmatrix} y_{1t}\\ y_{2t}\end{pmatrix}=\begin{pmatrix} 0.4 & 1.5\\ -0.2 & 1.5\end{pmatrix}\begin{pmatrix} y_{1,t-1}\\ y_{2,t-1}\end{pmatrix}+\begin{pmatrix}\varepsilon_{1t}\\ \varepsilon_{2t}\end{pmatrix} \tag{12.44}$$

在这个例子中，

$$\boldsymbol{\Pi}=\begin{pmatrix} -0.6 & 1.5\\ -0.2 & 0.5\end{pmatrix}$$

在 12.3.3 小节中，我们曾经看到，这个 VAR 模型中存在一个协整关系，这个协整关系由矩阵 $\boldsymbol{\Pi}$ 的任何一行给定。为了使协整向量唯一，可以将矩阵 $\boldsymbol{\Pi}$ 的任何一行的元素进行同等变换，例如，可以使 $y_{1t}$ 的系数都为 1。这样，就可以定义

$$\boldsymbol{Z}_t = y_{1t} - 2.5y_{2t} \tag{12.45}$$

为平稳的协整向量。

协整关系的存在暗示着 $y_{1t}=2.5y_{2t}$ 的关系是该 VAR 系统内两个变量的一个长期均衡关系。根据定义，$\boldsymbol{Z}_t = y_{1t} - 2.5y_{2t}$ 捕捉了 $y_{1t}$ 相对于 $y_{2t}$ 的非均衡状态的情况。所以，当 $y_{1t}$ 超过 $2.5y_{2t}$ 时，$\boldsymbol{Z}_t$ 是正值，而当 $y_{1t}$ 小于 $2.5y_{2t}$ 时，$\boldsymbol{Z}_t$ 是负值。

在这个例子中，协整向量是

$$\boldsymbol{B}' = (1 \quad -2.5) \tag{12.46}$$

并且，$\boldsymbol{\Pi}=\boldsymbol{AB}'$ 对应的是

$$\begin{pmatrix} -0.6 & 1.5 \\ -0.2 & 0.5 \end{pmatrix} = \boldsymbol{A}(1 \quad -2.5) \tag{12.47}$$

由式（12.47）可以很容易获得

$$\boldsymbol{A} = \begin{pmatrix} -0.6 \\ -0.2 \end{pmatrix}$$

这样，本例中 VAR 模型对应的 VECM 表达式就可以写成

$$\begin{aligned} \begin{pmatrix} \Delta y_{1t} \\ \Delta y_{2t} \end{pmatrix} &= \begin{pmatrix} -0.6 \\ -0.2 \end{pmatrix} (1 \quad -2.5) \begin{pmatrix} y_{1,t-1} \\ y_{2,t-1} \end{pmatrix} + \begin{pmatrix} \varepsilon_{1t} \\ \varepsilon_{2t} \end{pmatrix} \\ &= \begin{pmatrix} -0.6 \\ -0.2 \end{pmatrix} (y_{1,t-1} - 2.5y_{2,t-1}) + \begin{pmatrix} \varepsilon_{1t} \\ \varepsilon_{2t} \end{pmatrix} \end{aligned} \tag{12.48}$$

或者写成

$$\begin{aligned} \Delta y_{1t} &= -0.6(y_{1,t-1} - 2.5y_{2,t-1}) + \varepsilon_{1t} \\ \Delta y_{2t} &= -0.2(y_{1,t-1} - 2.5y_{2,t-1}) + \varepsilon_{2t} \end{aligned} \tag{12.49}$$

注意，式（12.49）的第一个等式中系数 −0.6 的含义是，在 $y_{2t}$ 不变的情况下，$y_1$ 在 $t$ 期的变化（$\Delta y_{1t} = y_{1t} - y_{1,t-1}$），从而消除前期 60%的非均衡水平。而第二个等式中的系数 −0.2说明，在 $y_{1t}$ 不变的情况下，$y_2$ 将变化，从而消除前期出现的 20%的偏离均衡状态。从总体上看，这个 VECM 系统朝着消除非均衡状态的方向移动。

**2. 3 个变量的 VAR(1) 模型与 VECM**

上面的讨论可以拓展到更多变量的情况，我们在这里再举一个含有 3 个变量的 VAR(1) 模型的例子。由于有前面的知识作为铺垫，因此可以直接写出该 VAR 模型的 ADF 形式，即

$$\Delta \boldsymbol{Y}_t = \boldsymbol{\Pi} \boldsymbol{Y}_{t-1} + \boldsymbol{\varepsilon}_t$$

或者写成

$$\begin{pmatrix}\Delta y_{1t}\\ \Delta y_{2t}\\ \Delta y_{3t}\end{pmatrix}=\begin{pmatrix}\Pi_{11} & \Pi_{12} & \Pi_{13}\\ \Pi_{21} & \Pi_{22} & \Pi_{23}\\ \Pi_{31} & \Pi_{32} & \Pi_{33}\end{pmatrix}\begin{pmatrix}y_{1,t-1}\\ y_{2,t-1}\\ y_{3,t-1}\end{pmatrix}+\begin{pmatrix}\varepsilon_{1t}\\ \varepsilon_{2t}\\ \varepsilon_{3t}\end{pmatrix} \tag{12.50}$$

我们从最简单的协整情况开始，如果在这三个变量之间存在一个协整关系，即 $r=rank(\boldsymbol{\Pi})=1$，那么平稳的线性组合可以写成

$$\boldsymbol{Z}_t=\boldsymbol{B}'\boldsymbol{Y}_t=(1 \quad b_2 \quad b_3)\begin{pmatrix}y_{1t}\\ y_{2t}\\ y_{3t}\end{pmatrix}=y_{1t}+b_2y_{2t}+b_3y_{3t} \tag{12.51}$$

根据定义，$\boldsymbol{Z}_t$ 就是一个一维的随机变量，协整向量 $\boldsymbol{B}'=(1 \quad b_2 \quad b_3)$（标准化了的形式）。这样，调整系数矩阵 $\boldsymbol{A}$ 就是一个 $3\times1$ 维向量，从而对应的 VECM 表达式可以写成

$$\begin{aligned}\begin{pmatrix}\Delta y_{1t}\\ \Delta y_{2t}\\ \Delta y_{3t}\end{pmatrix}&=\begin{pmatrix}a_1\\ a_2\\ a_3\end{pmatrix}\boldsymbol{Z}_{t-1}+\begin{pmatrix}\varepsilon_{1t}\\ \varepsilon_{2t}\\ \varepsilon_{3t}\end{pmatrix}\\ &=\begin{pmatrix}a_1\\ a_2\\ a_3\end{pmatrix}(1 \quad b_2 \quad b_3)\begin{pmatrix}y_{1,t-1}\\ y_{2,t-1}\\ y_{3,t-1}\end{pmatrix}+\begin{pmatrix}\varepsilon_{1t}\\ \varepsilon_{2t}\\ \varepsilon_{3t}\end{pmatrix}\end{aligned} \tag{12.52}$$

因为这里假设 $r=rank(\boldsymbol{\Pi})=1$，所以矩阵 $\boldsymbol{\Pi}$ 的每一行都是其他行的倍数，这种倍数关系体现在调整系数矩阵 $\boldsymbol{A}$ 中。

对比式（12.52）和式（12.51），我们注意到，$\boldsymbol{B}'$ 中有 2 个未知系数，$\boldsymbol{A}$ 中有 3 个未知系数，而矩阵 $\boldsymbol{\Pi}$ 含有 9 个未知系数。所以，如果存在一个协整关系，那么在矩阵 $\boldsymbol{\Pi}$ 的元素之间一定存在 $9-5=4$ 个约束。

正如我们在前面讨论过的，在一个变量个数 $n=3$ 的 VAR 模型系统中，最多可能存在 2 个协整关系。换一种表达方式，如果 $r=rank(\boldsymbol{\Pi})=2$，那么 $\boldsymbol{Z}_t$ 存在两个线性无关的平稳组合，即

$$\boldsymbol{Z}_t=\begin{pmatrix}z_{1t}\\ z_{2t}\end{pmatrix}=\begin{pmatrix}\boldsymbol{B}_1'\\ \boldsymbol{B}_2'\end{pmatrix}\boldsymbol{Y}_t=\begin{pmatrix}1 & b_{12} & b_{13}\\ b_{21} & 1 & b_{23}\end{pmatrix}\begin{pmatrix}y_{1t}\\ y_{2t}\\ y_{3t}\end{pmatrix} \tag{12.53}$$

我们看到，传统的习惯是将 $b_{11}$ 和 $b_{22}$ 标准化为 1，这样，本例中就有两个协整关系，协整向量可以写成

$$\boldsymbol{B}'=\begin{pmatrix}\boldsymbol{B}_1'\\ \boldsymbol{B}_2'\end{pmatrix}=\begin{pmatrix}1 & b_{12} & b_{13}\\ b_{21} & 1 & b_{23}\end{pmatrix} \tag{12.54}$$

为了使矩阵维度能够匹配，矩阵 $\boldsymbol{A}$ 为 $3\times2$ 维，VECM 表达式可以写成

$$\begin{pmatrix}\Delta y_{1t}\\ \Delta y_{2t}\\ \Delta y_{3t}\end{pmatrix}=\begin{pmatrix}a_{11} & a_{12}\\ a_{21} & a_{22}\\ a_{31} & a_{32}\end{pmatrix}\begin{pmatrix}z_{1,t-1}\\ z_{2,t-1}\end{pmatrix}+\begin{pmatrix}\varepsilon_{1t}\\ \varepsilon_{2t}\\ \varepsilon_{3t}\end{pmatrix} \tag{12.55}$$

因此，$z_{1,t-1}$和$z_{2,t-1}$中的任何一个或者同时都可能进入 VECM 的这三个等式中，具体情况由矩阵 $\boldsymbol{A}$ 中的元素决定。

虽然我们以上列举的例子都是比较简单的 VAR 模型，但是相关的讨论可以拓展到 $n$ 个变量的 VAR($p$) 模型中。作为练习，我们鼓励读者尝试 3 个变量的 VAR(2) 模型对应的 VECM 表达式。

## 12.5　确定性趋势与协整分析

至此，我们还没有明确讨论一个重要的事情，就是 VECM 中趋势项的假设。从 AR 模型的 ADF 检验学习中，我们已经注意到，在自回归模型中，区别对待是否包含趋势项的情况十分重要。

为了说明这一点，我们先回顾一下单变量的情形。例如，考虑一个非平稳变量 $y_t \sim I(1)$。不难知道，在这种情况下 $\Delta y_t$ 是平稳序列。

现在，假设 $\Delta y_t$ 满足

$$\phi^*(L)\Delta y_t = c + \varepsilon_t$$

并假设 $\phi^*(L)\Delta y_t$ 是平稳的。从前面的知识我们知道，如果截距项 $c \neq 0$，那么$E(y_t)$将随时间的推移而呈现上升趋势。我们已经知道，这种情况就是所谓的确定性趋势。相反，如果 $c=0$，那么 $E(y_t)$ 就是一个常数。所以，在一个以 $\Delta y_t$ 为主要分析对象的动态模型中，是否包含常数项（趋势项），对原序列 $y_t$ 的统计特性有重要影响。

与这个道理类似，VAR 模型中是否包含常数项可以影响协整检验的分析。所以，在大部分情况下，我们需要明确选择是否在 VECM 中加入常数项。在利用现代计量软件进行 VECM 分析时也经常会遇到这个问题。

为了将核心问题讲清楚，我们使用 VAR(1) 模型来讨论向量协整分析中的确定性趋势设立问题。Johansen (1995) 提出了五种不同的情况，这些不同的情况被内嵌在一些计量软件的系统中，实证研究使用时相对比较方便，但是读者必须清楚其对应的理论背景。我们下面分别介绍：

第一种情况，即最简单的情形，假设 $\boldsymbol{Y}_t$ 的组成变量都不含有确定性趋势项，协整关系式中也不含有确定性趋势项（即常数项），即

$$\Delta \boldsymbol{Y}_t = \boldsymbol{\Pi} \boldsymbol{Y}_{t-1} + \boldsymbol{\varepsilon}_t = \boldsymbol{A}\boldsymbol{B}'\boldsymbol{Y}_{t-1} + \boldsymbol{\varepsilon}_t \tag{12.56}$$

其中，$\boldsymbol{\Pi}$，$\boldsymbol{A}$ 和$\boldsymbol{B}'$与前面的定义相同。

第二种情况，假设 $\boldsymbol{Y}_t$ 的组成变量都不含有确定性趋势项，而协整关系式中含有确定性趋势项，即

$$\begin{cases} \boldsymbol{Z}_t = \boldsymbol{B}'\boldsymbol{Y}_t + \boldsymbol{c}_0 \\ \Delta \boldsymbol{Y}_t = \boldsymbol{A}\boldsymbol{Z}_{t-1} + \boldsymbol{\varepsilon}_t \end{cases} \tag{12.57}$$

或者写成

$$\Delta \boldsymbol{Y}_t = \boldsymbol{A}(\boldsymbol{B}'\boldsymbol{Y}_{t-1} + \boldsymbol{c}_0) + \boldsymbol{\varepsilon}_t = \boldsymbol{\Pi}\boldsymbol{Y}_{t-1} + \boldsymbol{A}\boldsymbol{c}_0 + \boldsymbol{\varepsilon}_t \tag{12.58}$$

此时，不难看到模型（12.58）实际上是一种具有约束条件的模型，因为它要求$\boldsymbol{A c}_0=\mathbf{0}$。这样，这种情况要求$\boldsymbol{Z}_t$的元素为平稳序列，并且$E(\boldsymbol{Z}_t)=\mathbf{0}$。另外，因为$\Delta \boldsymbol{Y}_t=\boldsymbol{A Z}_{t-1}+\boldsymbol{\varepsilon}_t$，所以容易看到，$E(\Delta \boldsymbol{Y}_t)=\boldsymbol{A}E(\boldsymbol{Z}_{t-1})=\mathbf{0}$，从而，$E(\boldsymbol{Y}_t)=E(\boldsymbol{Y}_{t-1})$，这暗示着$\boldsymbol{Y}_t$中的各个变量都不含确定性趋势项。

第三种情况，假设$\boldsymbol{Y}_t$的组成变量含有线性趋势项（线性趋势就是指以时间$t$的形式表现的趋势），而协整关系式中含有截距项，即

$$\Delta \boldsymbol{Y}_t=\boldsymbol{A}(\boldsymbol{B}'\boldsymbol{Y}_{t-1}+\boldsymbol{c}_0)+\boldsymbol{A}_{\perp}\boldsymbol{\gamma}_0+\boldsymbol{\varepsilon}_t \tag{12.59}$$

其中，$\boldsymbol{A}_{\perp}$指的是在协整关系之外的确定性趋势项，$\boldsymbol{\gamma}_0$表示系数矩阵。

第四种情况，假设$\boldsymbol{Y}_t$和协整关系式中都含有线性趋势项，即

$$\Delta \boldsymbol{Y}_t=\boldsymbol{A}(\boldsymbol{B}'\boldsymbol{Y}_{t-1}+\boldsymbol{c}_0+\boldsymbol{c}_1 t)+\boldsymbol{A}_{\perp}\boldsymbol{\gamma}_0+\boldsymbol{\varepsilon}_t \tag{12.60}$$

第五种情况，假设$\boldsymbol{Y}_t$含有二次型趋势项，协整关系式含有线性趋势项，即

$$\Delta \boldsymbol{Y}_t=\boldsymbol{A}(\boldsymbol{B}'\boldsymbol{Y}_{t-1}+\boldsymbol{c}_0+\boldsymbol{c}_1 t)+\boldsymbol{A}_{\perp}(\boldsymbol{\gamma}_0+\boldsymbol{\gamma}_1 t)+\boldsymbol{\varepsilon}_t \tag{12.61}$$

其中，因为$\boldsymbol{A}_{\perp}$为时间趋势项，所以$\boldsymbol{A}_{\perp}(\boldsymbol{\gamma}_0+\boldsymbol{\gamma}_1 t)$就表示二次型趋势项。

关于以上五种情况，有一些需要说明的地方。首先，第一种和第五种情况使用得比较少。对于第一种情况，只有在能够确认$\boldsymbol{Y}_t$中的变量的平均值都是0的情况下才能使用。而对于第五种情况，虽然模型中包含的变量增多了，可能会使得模型在样本内拟合的结果从表面上看起来很好，但是这一模型给出的样本外预测一般来说不是很合理。

其次，如何选择设立模型的趋势项呢？如果研究的序列变量都不含有趋势项，那么选用第二种情况对应的模型比较好。如果怀疑变量含有随机趋势项（如随机游走过程序列），最好选择第三种情况对应的模型。如果确认研究的变量含有确定性趋势（如趋势平稳变量），则最好选用第四种情况对应的模型。当然，如果在某些情况下，我们无法合理地认定变量的特点，那么可以尝试所有五种情况，依据相关的结果再确定选用哪种模型形式。

一些计量软件，例如EViews，提供了比较方便的VECM分析过程。例如，图12-8

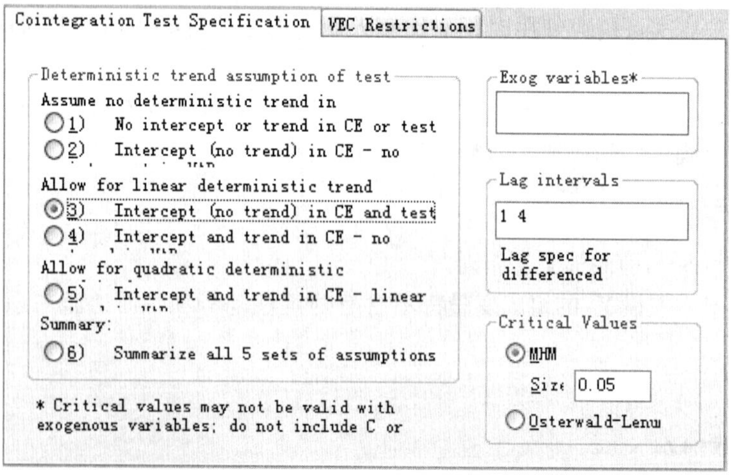


图12-8 EViews中的VECM选项

演示了 EViews 中进行 VECM 设立与估计的对话界面，从中可以看到，我们以上介绍的五种情况对应于从 1 到 5 的选项，而选项 6 对应的是将所有五种情况对应的结果都报告出来的情形。读者可以尝试运用这里介绍的方法和步骤，进行向量协整分析。当然，下面将介绍的 Johansen 检验方法会进一步帮助读者理解向量协整分析的综合过程。

# 12.6 Johansen 协整分析方法

## 12.6.1 Johansen 协整分析方法介绍

在 12.2 节我们讨论过 Engle-Granger 协整分析方法。前面也提到过，虽然 Engle-Granger 协整分析方法简单易用，但是这种方法只能识别出多个变量的一个协整关系。而如果存在多于一个协整关系的情形，Engle-Granger 协整分析方法就不再适用了。例如，如果分析 $n$ 个 $I(1)$ 变量，最多可能会存在 $n-1$ 个协整关系，此时使用 Engle-Granger 协整分析方法就无法捕捉到可能存在的多个协整关系。

因此，在多个变量的协整分析中，更常用的方法是 Johansen 协整分析方法。这种方法是在 Stock 和 Watson（1988）、Johansen（1988，1991，1994，1995）以及 Johansen 和 Juselius（1990）的研究的基础上逐渐发展完善的。由于 Johansen 在这个领域的贡献较为突出，所以现在大多使用 Johansen 协整分析方法来称呼。从估计方法来看，Johansen 协整分析方法是基于传统的参数估计方法，而近年来的研究将向量协整分析拓展到了非参数估计领域，如 Bierens（1997a，b）的研究。但是，由于 Johansen 协整分析方法的应用极为广泛，同时又因为许多既成的计量软件都提供 Johansen 协整分析选项，所以至今这种方法的使用还是最为广泛。

在 Johansen 协整分析过程中，第一步也是最重要的一步，就是检验协整关系的个数。在检验协整关系个数的同时，又会获得协整向量的估计结果（矩阵 $\boldsymbol{B}$）。这样就得到了矩阵 $\boldsymbol{Z}_t$ 的元素，从而进一步得到 VECM 系统（12.43）的估计结果。

为此，在下面的介绍中，我们首先介绍如何检验协整关系的个数，然后在 12.7 节介绍 VECM 的估计。

## 12.6.2 协整关系个数的检验

Johansen 协整分析方法在检验协整关系的个数时，运用了一个重要的矩阵代数的知识，即每一个 $n\times n$ 维方阵都有 $n$ 个特征根。例如，在之前的 VAR 分析中，矩阵 $\boldsymbol{\Pi}$ 有特征根 $\lambda_i$（$i=1, 2, \cdots, n$ 且 $0\leqslant\lambda_i<1$）。当然，如果读者对特征根的具体认识还不是很清楚，也没有关系，暂时可以不去深究 $\boldsymbol{\Pi}$ 的特征根到底是什么。但是，需要掌握的是，Johansen 协整分析方法在检验协整关系的个数时，就是检验这些特征根有多少个是大于 0 的正值。

我们遵从传统的符号表示方法，矩阵 $\boldsymbol{\Pi}$ 的 $n$ 个特征根记作 $\lambda_i(i=1, 2, \cdots, n)$。假设通过某种途径可以将这些特征根按照从大到小的顺序排列，即 $1>\lambda_1>\lambda_2>\cdots>\lambda_n$。那么，$r=rank(\boldsymbol{\Pi})$ 就暗示着，对于 $i=1, 2, \cdots, r$，$\lambda_i>0$；而对于 $i=r+1, r+2, \cdots, n$，$\lambda_i=0$。因此，矩阵 $\boldsymbol{\Pi}$ 对应的特征根的属性在实质上决定了这个矩阵的秩，而矩阵 $\boldsymbol{\Pi}$

的秩就是用来检验协整向量个数的统计量之一。

Johansen 协整分析方法实际上是一个循环过程，从检验第一个总体假设 $r=rank(\boldsymbol{\Pi})=0$ 开始，这个假设对应的是 VAR 系统内的所有变量都是非平稳的，又不存在协整关系。接下来，再检验 $r=rank(\boldsymbol{\Pi})=1$ 的情形，一直到一个平稳的系统对应的 $r=rank(\boldsymbol{\Pi})=n$。这个循环可以使用以下假设来描述：

$$\begin{aligned} &H_{00}: r=0,\ H_{A0}: r>0 \\ &H_{01}: r=1,\ H_{A1}: r>1 \\ &\quad\vdots \\ &H_{0k}: r=k,\ H_{Ak}: r=k+1 \end{aligned} \tag{12.62}$$

这样，首先考虑 $H_{00}$。如果这个原假设不能被拒绝，那么我们得到结论，不能拒绝系统内的变量不存在协整关系。相反，如果这个原假设被拒绝，则暗示系统内至少有一个协整关系。在拒绝 $H_{00}$ 的情况下，接下来继续检验 $H_{01}$。如果 $H_{01}$ 不能被拒绝，则得出结论，$r=1$。相反，如果 $H_{01}$ 被拒绝，那么接下来继续检验 $H_{02}$。

这个过程就可以用来检验向量系统内存在多少个协整关系。当过程在不能拒绝的点 $H_{0r}$ 停止时，对应的协整关系个数的估计值就是 $r$。

以上只是一般性地介绍了协整关系个数的检验过程，那么统计推断是如何进行的呢？我们知道，矩阵 $\boldsymbol{\Pi}$ 的特征根是 $\lambda_i(i=1, 2, \cdots, n)$，Johansen 提出以下两个统计量都可以用来检验向量协整关系的个数，这两个统计量分别定义为：

Trace 统计量

$$\lambda_{\text{trace}}=-T\sum_{i=r+1}^{n}\ln(1-\hat{\lambda}_i),\ r=0, 1, \cdots, n-1 \tag{12.63}$$

Maximal Eigenvalue 统计量

$$\lambda_{\max}=-T\ln(1-\hat{\lambda}_{r+1}),\ r=0, 1, \cdots, n-1 \tag{12.64}$$

其中，$\hat{\lambda}_i$ 指的是矩阵 $\boldsymbol{\Pi}$ 的特征根的估计值，$T$ 是有效的样本大小。Trace 统计量中的“Trace”就是矩阵的迹，而“Maximal Eigenvalue”的意思是“最大特征根值”。

如果统计量 $\lambda_{\text{trace}}$ 或者 $\lambda_{\max}$ 显著不为 0，就拒绝对应的原假设 $H_{0r}$。注意，从理论上说，因为所有真正的特征根都是非负的，并且按照从大到小的顺序排列，所以一旦发现有 0 值出现，那么这个特征根后面的值都是 0。但是，在实践中，我们并不能知道真正的特征根是多少，所以必须估计这些特征根。因此，虽然式（12.63）和式（12.64）两个统计量都是用来检验同一个假设的，但是各自给出的结论有可能不同。

那么在实际应用过程中，如果以上两个统计量的结果不同，应该如何判断呢？一般来说，最好选择 $\lambda_{\text{trace}}$ 对应的结果，因为这个统计量对应的检验实际上是一个联合显著性检验，即 $\lambda_r=\lambda_{r+1}=\cdots=\lambda_n=0$，而 $\lambda_{\max}$ 考查的却是一个特征根的估计值。

另外，需要注意，这两个统计量的传统假设检验结果不能用于统计推断，因为在原假设条件下，相关统计量的分布与传统分布不同。问题的根源与 ADF 检验中的类似，即传统的统计推断要假设变量为平稳序列，而这里在原假设条件下，变量是非平稳的。

为了获得这两个统计量对应的临界值，可以使用蒙特卡洛模拟方法。Johansen（1991）

以及 Johansen 和 Juselius（1990）最先提供了相应的临界值，Osterwald-Lenum（1992）在前人研究的基础上利用分位数回归方法获得了这两个统计量在不同显著性水平下的临界值，而在相对较新的研究中，MacKinnon、Haug 和 Michelis（1999）进一步研究了这些统计量的分布特征，并提供了相应统计量的 $p$ 值。对于实践者，并不一定要重新计算这些临界值或者 $p$ 值，许多计量软件都在内部嵌套了这些计算和检验的过程，并且在结果中会自动提供所需的统计量。

为了让读者能获得一定的感性认识，我们使用美国 GDP 平减指数通货膨胀率、真实 GDP 和联邦基金利率的季度数据（样本区间为 1961 年第一季度至 2022 年第四季度）建立了一个 VAR(4) 模型，并使用 Johansen 协整检验方法检验了协整关系的个数，结果报告在表 12－9 中，其中在 VECM 的趋势项设立中，使用的是第三种情况。

**表 12－9　向量协整关系个数的 Johansen 检验结果**

| Unrestricted Cointegration Rank Test (Trace) | | | | |
|---|---|---|---|---|
| Hypothesized No. of CE(s) | Eigenvalue | Trace Statistic | 0.05 Critical Value | Prob.** |
| None | 0.053 304 | 26.559 12 | 29.797 07 | 0.112 9 |
| At most 1 | 0.047 191 | 13.248 12 | 15.494 71 | 0.106 |
| At most 2 | 0.006 159 | 1.501 266 | 3.841 466 | 0.220 5 |

Trace test indicates no cointegration at the 0.05 level

* denotes rejection of the hypothesis at the 0.05 level

** MacKinnon-Haug-Michelis (1999) p-values

| Unrestricted Cointegration Rank Test (Maximum Eigenvalue) | | | | |
|---|---|---|---|---|
| Hypothesized No. of CE(s) | Eigenvalue | Max-Eigen Statistic | 0.05 Critical Value | Prob.** |
| None | 0.053 304 | 13.311 | 21.131 62 | 0.424 |
| At most 1 | 0.047 191 | 11.746 85 | 14.264 6 | 0.120 5 |
| At most 2 | 0.006 159 | 1.501 266 | 3.841 466 | 0.220 5 |

Max-eigenvalue test indicates no cointegration at the 0.05 level

* denotes rejection of the hypothesis at the 0.05 level

** MacKinnon-Haug-Michelis (1999) p-values

要解释这里的结果，首先注意上面的子表格，其中报告了 Trace 统计量 $\lambda_{trace}$ 给出的协整关系个数的检验结果，而下面的子表格给出了最大特征根值统计量 $\lambda_{max}$ 对应的协整关系个数的检验结果。

对表 12－9 报告的结果再进行一些说明：第一列对应的是在原假设条件下协整关系的个数，第二列报告的是从大到小排列的特征根的估计值，第三列是介绍过的两个统计量在各个原假设条件下的检验统计量，而最后两列分别报告的是 Osterwald-Lenum（1992）的 5%的显著性水平下的临界值以及 MacKinnon、Haug 和 Michelis（1999）的 $p$ 值。注意，在 EViews 软件中，检验统计量的（非标准）临界值是根据 Osterwald-Lenum（1992）的结果，而不是根据 Johansen 和 Juselius（1990）早期的研究结果确定的。

接着以上的讨论，要确定协整关系个数，就从 $r=0$ 到 $r=n-1$ 循环检验下去，直到不能拒绝原假设为止，这个循环过程的最后检验结果也可以从表 12－9 中看到（例如，"At most 1"对应的一行）。

从前面的理论介绍我们知道，Trace 统计量检验的原假设是系统含有 $r$ 个协整关系，备择假设是系统含有 $n$ 个协整关系，其中 $n$ 是系统内变量的个数，$r=0$，1，2，…，$n-1$。备择假设 $n$ 个协整关系对应的是，系统内所有变量都不含有单位根，而 VAR 模型应该是平稳的。最大特征根值统计量检验的原假设是系统含有 $r$ 个协整关系，而备择假设是系统含有 $r+1$ 个协整关系。

不同的计量软件在 Johansen 检验的过程中，具体内容可能会有不同，而对于 EViews 软件的使用者，以下几点是需要注意的：

首先，临界值对应的情况最多到 $n=10$。另外，模型中不同的趋势项设立形式对应的临界值也不同。如果 VAR 模型中含有虚拟变量，那么原有的五种情况下的临界值也不一定适用于这种情况。

其次，我们在前面也强调过，Trace 统计量与最大特征根值统计量可能会给出不同的结论。这时，应该选择 $\lambda_{trace}$统计量。这一点在 Johansen 和 Juselius（1990）的研究中也有所提及。

再次，在有些情况下，各个变量单独的单位根检验可能会暗示 VAR 系统内的有些变量是单整非平稳序列，而协整检验又可能暗示矩阵 $\boldsymbol{\Pi}$ 是满秩矩阵。这种明显的冲突性结果可能是由于 ADF 检验在有限样本中经常出现的低功效问题（low power problem），或者暗示实践者模型设立错误。

最后，我们要强调指出的是，表 12－9 报告的只是协整检验结果的一部分，其他内容在我们介绍完 VECM 的估计和相关的统计推断内容之后再进行演示。

## 12.7 VECM 的估计与统计推断

一旦向量协整关系个数 $r$ 检验完毕，协整向量 $\boldsymbol{B}$ 和调整系数矩阵 $\boldsymbol{A}$ 的估计就是 Johansen 协整分析过程中的一个副产品。在上面介绍的 Johansen 协整分析方法中，特征根 $\lambda_i$ 被估计出之后，矩阵 $\boldsymbol{B}$ 的列就是对应的特征根向量，这样，$\boldsymbol{Z}_t=\boldsymbol{B}'\boldsymbol{Y}_t$ 对应的 $r$ 个元素就可以被估计出来了。

从理论上说，矩阵 $\boldsymbol{B}$ 的估计涉及超级一致性问题，因为它是在估计一个由非平稳序列组成的平稳序列。换言之，估计值 $\hat{\boldsymbol{B}}$ 向真实值 $\boldsymbol{B}$ 收敛的速度要比传统的对平稳序列估计的收敛率 $\sqrt{T}$ 更快。

超级一致性对调整系数矩阵 $\boldsymbol{A}$ 的估计非常重要。这是因为，超级一致性确保了矩阵 $\boldsymbol{B}$ 能够被"超级一致"地估计，从而给出 $r$ 个变量，即 $\boldsymbol{Z}_t=\boldsymbol{B}'\boldsymbol{Y}_t$，进而矩阵 $\boldsymbol{A}$ 的系数可以通过 OLS 进行估计得到。

为了更具体地说明问题，考虑一个简单的例子，即 $n=3$、$r=2$ 的情况，对应的 VECM 可以写成

$$\begin{pmatrix}\Delta y_{1t}\\ \Delta y_{2t}\\ \Delta y_{3t}\end{pmatrix}=\begin{pmatrix}a_{11} & a_{12}\\ a_{21} & a_{22}\\ a_{31} & a_{32}\end{pmatrix}\begin{pmatrix}z_{1,t-1}\\ z_{2,t-1}\end{pmatrix}+\begin{pmatrix}\varepsilon_{1t}\\ \varepsilon_{2t}\\ \varepsilon_{3t}\end{pmatrix} \tag{12.65}$$

一旦使用估计出的协整关系获得了 $z_{1,t-1}$ 和 $z_{2,t-1}$，那么以下三个方程中的 $a_{ij}$ 就可以通过OLS估计获得，即

$$\Delta y_{1t}=a_{11}z_{1,t-1}+a_{12}z_{2,t-1}+\varepsilon_{1t}$$
$$\Delta y_{2t}=a_{21}z_{1,t-1}+a_{22}z_{2,t-1}+\varepsilon_{2t}$$
$$\Delta y_{3t}=a_{31}z_{1,t-1}+a_{32}z_{2,t-1}+\varepsilon_{3t}$$

因为超级一致性应用于协整关系的估计，当考虑矩阵 $\boldsymbol{A}$ 的系数式时就可以使用传统的统计推断，所以，传统的假设检验对检验调整系数的统计显著性是适用的。

根据定义，调整系数矩阵 $\boldsymbol{A}$ 必须是 $rank(\boldsymbol{A})=r$。这暗示，每一个非均衡状态项 $z_{j,t-1}$ $(j=1, 2, \cdots, r)$ 至少在其中一个等式中必须是显著的。如果出现一个或者多个 $z_{j,t-1}$ 在 $n$ 个等式中的任何一个都不显著，那么表明对应的协整关系是无效的。例如，这种情况可能说明，真正的协整关系个数要比Johansen检验给出的个数 $r$ 少。

对于更一般的VECM形式，即

$$\boldsymbol{\Phi}^{*}(L)\Delta\boldsymbol{Y}_t=\boldsymbol{A}\boldsymbol{Z}_{t-1}+\boldsymbol{\varepsilon}_t \tag{12.66}$$

传统的统计推断可以应用于调整系数矩阵 $\boldsymbol{A}$，也适用于动态系数矩阵 $\boldsymbol{\Phi}^{*}(L)$。这还是因为VECM系统内 $\boldsymbol{Z}_{t-1}$ 是平稳的。要想考查系统内究竟哪个变量使得短期内的运动朝向均衡状态，就需要经常检验调整系数的显著性。例如，在具有 $r$ 个协整关系的 $\boldsymbol{Z}_{t-1}$ 中，联合显著性检验 $a_{i1}=a_{i2}=\cdots=a_{ir}=0$ 就是检验 $\Delta y_{it}$ 是否含有关于长期均衡关系的信息。

## 12.8　Johansen协整分析方法的应用

在前面的Johansen协整分析中，我们并没有提供完整的检验结果。这里仍然运用表12-9中对应的变量和数据来示范Johansen协整分析方法的步骤和结果。我们考查美国GDP平减指数通货膨胀率、真实GDP和联邦基金利率的VAR(4)模型，依据趋势形式的第三种情况设立VECM，然后利用EViews估计出协整检验的结果和VECM的估计结果，报告在表12-10中。

为了节省空间，表12-10省略了Johansen协整检验结果的一部分，该部分在表12-9中我们已经演示过。这里，表12-10报告的是Johansen协整检验的另一部分和VECM估计结果。报告的结果包括矩阵 $\boldsymbol{B}$ 和调整系数矩阵 $\boldsymbol{A}$ 的估计值。我们曾经介绍过，要识别矩阵 $\boldsymbol{B}$，必须将其中一些元素标准化为1。在EViews这里报告的结果中，"Unrestricted Cointegrating Coefficients"对应的是基于 $\boldsymbol{B}'\boldsymbol{S}_{11}\boldsymbol{B}=\boldsymbol{I}$ 的标准化方法，其中 $\boldsymbol{S}_{11}$ 是在Johansen (1995) 中定义的。需要指出，表格中报告的结果实际上是 $\boldsymbol{B}$ 的转置矩阵，所以第一行数据就对应第一个协整向量，而第二行数据对应的就是第二个协整向量，依此类推。

表12-10中接下来报告的是每个可能的协整关系的个数 $r=0, 1, \cdots, n-1$ 对应的标准化结果。这个标准化过程将前 $r$ 个变量表示成剩下的 $n-r$ 个变量的函数。小括号内报告的是渐近标准误。

估计出VECM之后，就可以进行传统的假设检验了。例如，如果要约束协整向量中第一个元素为1，那么可以在EViews的"VEC Coefficient Restrictions"选项中选择"Impose

Restrictions”，然后在对应的对话窗口内设立“B(1，1)=1”，这个过程演示在图 12 - 9 中。

至此，我们已经将协整分析方法中最常见的 Engle-Granger 协整分析方法和 Johansen 协整分析方法介绍完毕。强烈建议读者亲自动手尝试这两种不同方法的分析过程，从中获得更多的体会，并收获动手实践的快乐。

**表 12 - 10　Johansen 协整检验结果**

| | | | |
|---|---|---|---|
| Unrestricted Cointegrating Coefficients (normalized by b′ * S11 * b=I)： | | | |
| GDPIPDPRICE | RGDP | FFR | |
| 48.399 94 | −0.000 18 | −43.645 3 | |
| −29.531 3 | −3.00E-05 | −15.506 9 | |
| 38.502 39 | 0.000 202 | −10.672 1 | |
| | | | |
| Unrestricted Adjustment Coefficients (alpha)： | | | |
| D(GDPIPDPRICE) | 5.39E-06 | 0.000 574 | −0.000 14 |
| D(RGDP) | −3.440 32 | 25.650 88 | 7.550 997 |
| D(FFR) | 0.002 467 | 0.000 581 | 8.51E-05 |
| | | | |
| 1 Cointegrating Equation(s)： | | Log likelihood | 256.251 6 |
| Normalized cointegrating coefficients (standard error in parentheses) | | | |
| GDPIPDPRICE | RGDP | FFR | |
| 1.00000 | −3.67E-06 | −0.901 76 | |
| | (1.6E-06) | −0.211 5 | |
| Adjustment coefficients (standard error in parentheses) | | | |
| D(GDPIPDPRICE) | 0.000 261 | | |
| | −0.010 19 | | |
| D(RGDP) | −166.511 | | |
| | −489.364 | | |
| D(FFR) | 0.119 379 | | |
| | −0.034 5 | | |
| | | | |
| 2 Cointegrating Equation(s)： | | Log likelihood | 262.125 |
| Normalized cointegrating coefficients (standard error in parentheses) | | | |
| GDPIPDPRICE | RGDP | FFR | |
| 1.000 00 | 0.000 00 | 0.215 254 | |
| | | −0.231 64 | |
| 0.000 00 | 1.000 00 | 304 726.9 | |
| | | −71 906.5 | |
| Adjustment coefficients (standard error in parentheses) | | | |
| D(GDPIPDPRICE) | −0.016 69 | −1.82E-08 | |
| | −0.011 74 | (3.7E-08) | |
| D(RGDP) | −924.015 | −0.000 16 | |
| | −565.149 | −0.001 79 | |
| D(FFR) | 0.102 234 | −4.55E-07 | |
| | −0.040 36 | (1.3E-07) | |

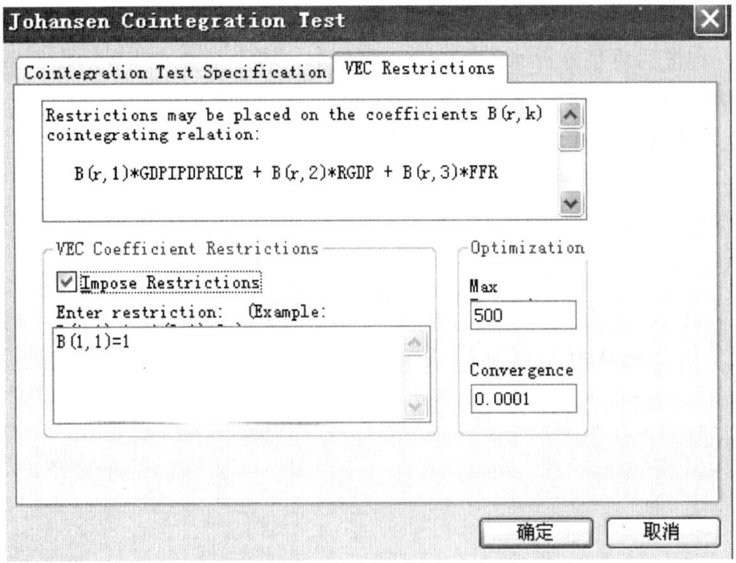


图 12-9　EViews 中 VECM 假设检验的对话窗口

## 练习 12

1. 考虑下面的 VAR (3) 模型，

$$\boldsymbol{Y}_t=\boldsymbol{\Phi}_1\boldsymbol{Y}_{t-1}+\boldsymbol{\Phi}_2\boldsymbol{Y}_{t-2}+\boldsymbol{\Phi}_3\boldsymbol{Y}_{t-3}+\boldsymbol{\varepsilon}_t$$

其中，$\boldsymbol{Y}_t$ 和 $\boldsymbol{\varepsilon}_t$ 分别代表 $k\times1$ 维向量，而 $\boldsymbol{\Phi}_j(j=1,2,3)$ 是 $k\times k$ 维矩阵。请问：

(a) 证明原模型可以写成下列形式

$$\boldsymbol{\Phi}^*(L)\Delta\boldsymbol{Y}_t=\boldsymbol{\Pi}\boldsymbol{Y}_{t-1}+\boldsymbol{\varepsilon}_t$$

并且有

$$\boldsymbol{\Pi}=\sum_{i=1}^{3}\boldsymbol{\Phi}_i-\boldsymbol{I}_k$$

(b) 说明滞后算子多项式 $\boldsymbol{\Phi}^*(L)$ 中的每个矩阵与原始模型中的矩阵 $\boldsymbol{\Phi}_i(i=1,2,3)$ 之间的对应关系。

2. 假设有 $k=2$ 个变量的 VAR(1) 模型，即

$$\boldsymbol{Y}_t=\boldsymbol{\Phi}_1\boldsymbol{Y}_{t-1}+\boldsymbol{\varepsilon}_t$$

并且已知

$$\boldsymbol{\Phi}_1=\begin{pmatrix}\phi_{11} & \phi_{12}\\ \phi_{21} & \phi_{22}\end{pmatrix}=\begin{pmatrix}0.9 & 0.1\\ 0.1 & 0.9\end{pmatrix}$$

(a) 证明：VAR 模型中的每个变量都是 $I(1)$ 序列。(提示：考查 $|\boldsymbol{\Phi}(L)|=0$ 的根。)

(b) 证明：系统内的变量具有协整关系，并写出标准化后的协整向量。

(c) 写成系统对应的 VECM 形式。

(d) 试解释和说明协整分析的结果的含义（例如，各个变量在出现均衡误差时的反应等）。

3. 实际应用题目：到相关网站下载中国 M2、真实 GDP 和 CPI 的季度数据，并且在 EViews 中建立一个名字为“vecm”的工作文档。

(a) 首先，利用题目中的三个变量，估计一个无约束的 VAR(2) 模型。

(b) 进行向量协整检验，即 Johansen 检验。

(c) 获得 VECM 的表达式，并解释协整分析的结果。

(d) 检验原假设 $H_0$：$a_{11}=a_{12}=0$，备择假设为至少有一个 $a_{1i}\neq 0$，其中 $a_{1i}$ 表示 VECM 中调整系数矩阵 $\mathbf{A}$ 对应的系数元素。

# 第13章
# ARCH 模型与 GARCH 模型

**本章导读**

微观金融数据的波动性特征经常会受到普遍关注，特别是在股票市场上，股票价格可能会发生突然性的波动，并且在一个大的波动后面常跟着另一个大的波动，而在一个小的波动后面又常跟着一个小的波动。这就是金融时间序列经常表现出的波动性的集群或聚类现象。这种现象经常会导致股票收益率的分布出现尖峰、厚尾，而不是有效市场假说所形容的正态分布。条件异方差模型最初就是用来分析这种波动性集群现象的。实际上，2003 年度诺贝尔经济学奖得主、两位著名计量经济学家罗伯特·恩格尔（Robert Engle）和克莱夫·格兰杰（Clive Granger）的主要贡献之一，就是解决了时间序列分析中的条件异方差问题。因此，本章将集中介绍常用的条件异方差模型。

## 13.1 背景介绍

在计量经济学发展的历史长河中，曾有一段时间，计量经济学家在进行回归估计的过程中，一直假设计量模型的残差序列具有不变的条件方差，即所谓的同方差性（homoscedasticity）。这个假设也是经典线性回归中，高斯-马尔可夫（Gauss-Markov）定理中假设的内容之一。我们知道，只有高斯-马尔可夫定理中所有的假设内容都成立，包括同方差性的假设，我们才能通过 OLS 估计方法获得最优线性无偏估计（best linear unbiased estimate，BLUE）。如果获得了 BLUE，那么进一步的统计推断就顺理成章了。从前面的学习中我们也认识到，这一定理同样也适用于自回归模型，同样可以用来估计 AR 模型的系数。

我们曾经介绍过，AR 模型可以用来捕捉相对频率较低的时间序列变量，如月度、季度通货膨胀率、GDP 增长率等。我们曾经提到过，AR 模型之所以经常可以用来对这样的时间序列数据进行分析，主要是因为这类序列自身经常表现出较高的持久性或平滑性，而对其进行 AR 模型回归之后的残差序列一般不表现出很强的异方差性。例如，图 13-1 描绘了美国季度真实 GDP 增长率（1948 年第一季度至 2023 年第一季度）和其对应的 AR(9)模型的残差序列（滞后期数由 AIC 准则判断）。

需要指出的是，金融时间序列数据的频率高低对计量建模分析方法的选择可能至关重

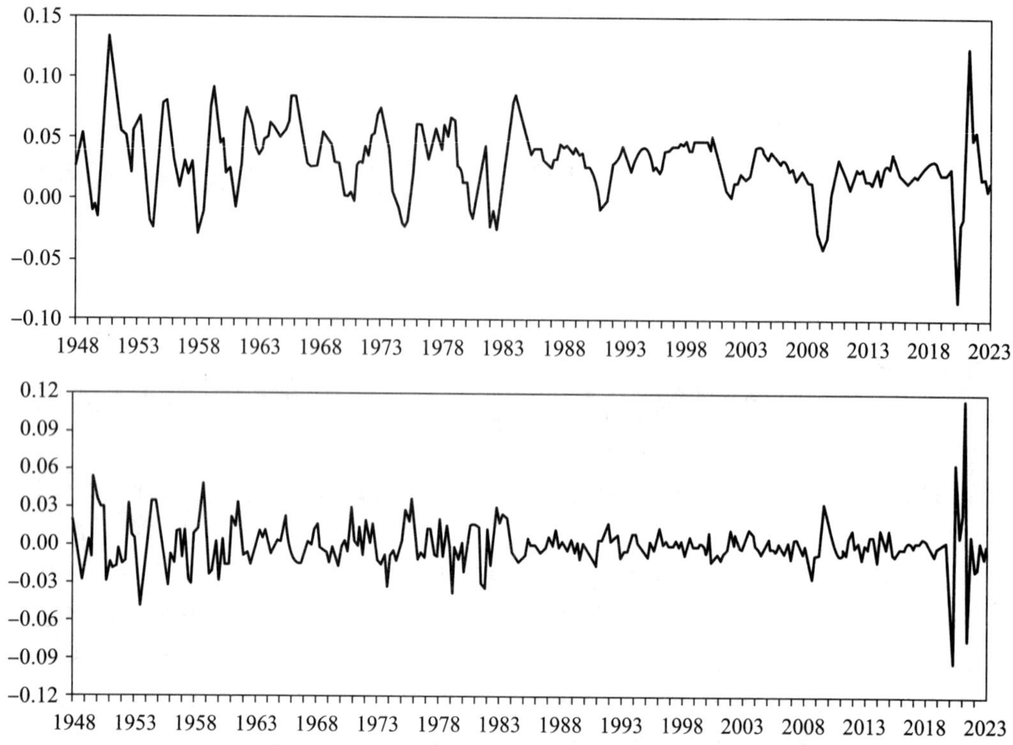


**图 13－1　美国季度真实 GDP 增长率与其 AR 模型残差序列**

要。例如，当较高频率的金融时间序列数据（如日度、周度数据）出现的时候，特别是金融工具和金融衍生产品出现时，对应的时间序列分析方法和模型与以前分析较低频率数据的方法和模型会出现显著的差别。这主要是因为，高频数据表现出与低频数据极为不同的特征。例如，图 13－2 绘制了道琼斯工业平均指数收益率、上海证券综合指数收益率的日度数据，样本区间分别为 1992 年 1 月 1 日至 2023 年 6 月 21 日和 1995 年 1 月 1 日至 2023 年 6 月 23 日。

对比这里的股票收益率的高频数据与图 13－1 中的季度真实 GDP 增长率数据，我们可以观察到相当大的差异：股票收益率高频数据表现出明显的集群现象，而在季度真实 GDP 增长率这样的时间序列变量中却没有这种现象。

为了加深印象，图 13－3 进一步描绘了 S&P500（SP500）股票价格指数的日度收益率（基于收盘价计算），以及使用 AR(1) 模型回归此序列获得的残差序列，样本为 1957 年 3 月 4 日至 2023 年 5 月 9 日的日度数据。与图 13－2 类似，我们可以看到明显的波动性集群现象。

这几个图综合来看，股票收益率的日度数据的表现形式与真实 GDP 增长率的走势确实存在明显的差别，并且股票收益率自回归模型的残差序列表现出很强的波动性，其方差在给定区间内表现出明显的变化。因此，在这种情况下基于 OLS 回归进行统计推断就变得有些复杂，计量经济学家也曾经一度寻找在这种情况下能够解决统计推断问题的方法。

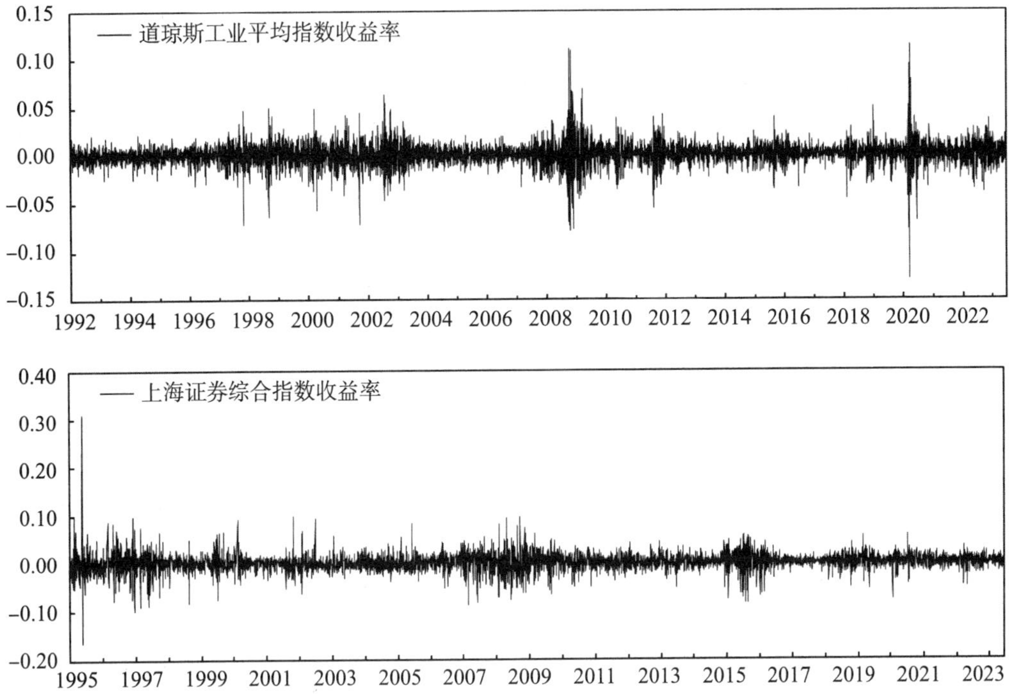


**图 13－2　道琼斯工业平均指数收益率与上海证券综合指数收益率**

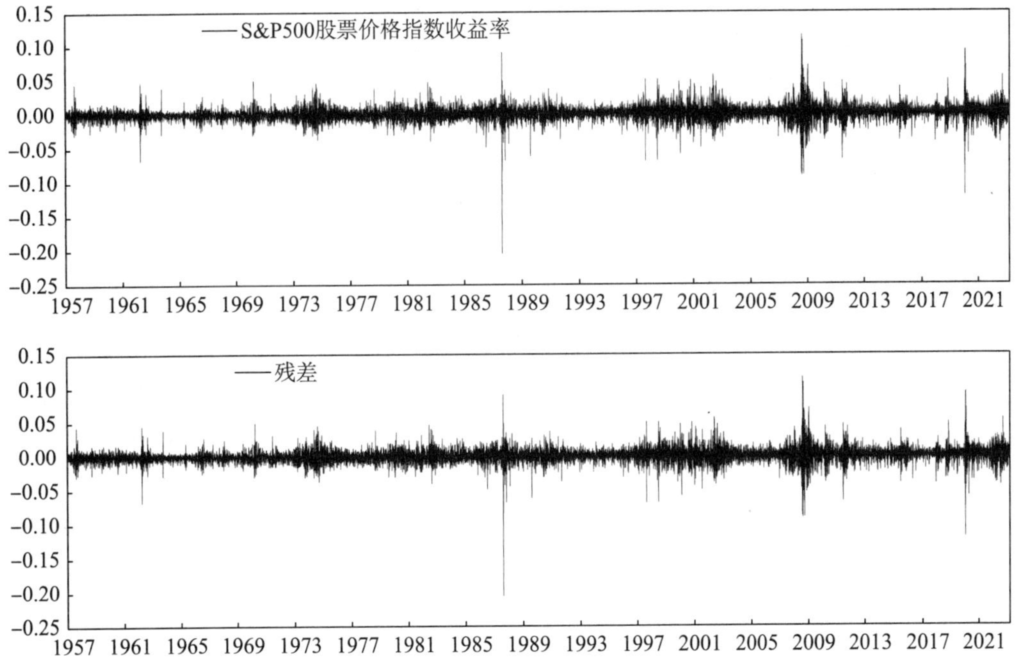


**图 13－3　S&P500 股票价格指数收益率及其 AR(1) 模型残差序列**

我们前面曾经提到，当出现异方差时，White 的异方差修正矩阵可以从一定程度上解决频率相对不是很高的数据。但是，当出现高频数据之后，问题就变得稍微复杂一些了。

问题的关键在于，当使用计量模型研究季度 GDP 或者其他季度宏观数据时，模型回归后得到的残差的方差一般没有什么明确的经济含义。但是对于高频金融数据，残差序列的方差却有着重要的含义：它衡量了投资的风险程度！例如，在一个高度理想化的世界里，在没有任何资本管制的情况下，你可能考虑投资购买 S&P500 股票价格指数相关产品，那么不可观测到的影响股票收益率的成分的波动性，如 S&P500 股票价格指数收益率的 AR(1) 模型的残差的方差，就暗示了你这个投资的风险有多大。如果残差方差大，那么投资风险就大，而如果残差方差较小，那么投资风险相对就小一些。

类似于这样的高频金融数据相关模型的残差是经济学家和金融做市商关注的焦点。因此，如何正确地对金融时间序列变量相关模型的残差序列进行建模分析，不仅是学术界研究的热点，更是金融投资分析的关注点。而分析金融时间序列波动性模型的主要贡献者当属罗伯特·恩格尔和蒂姆·布尔斯勒夫（Tim Bollerslev）。

曾经执教于加利福尼亚州大学圣迭戈分校（UCSD）、纽约大学斯特恩商学院的计量经济学家罗伯特·恩格尔教授在这个领域作出了尤为突出的贡献。他于 1982 年提出了用于刻画金融时间序列波动性的自回归条件异方差（autoregressive conditional heteroskedasticity，ARCH）模型。该模型自提出以来已被广泛地应用于经济学与金融学的计量分析中，是分析金融时间序列波动性的根本模型。

而布尔斯勒夫毕业于加利福尼亚州大学圣迭戈分校，曾经执教于美国西北大学和弗吉尼亚大学，现任职于美国杜克大学经济学系。Bollerslev（1986）在 Engle（1982）的 ARCH 模型的基础上，提出了所谓的广义自回归条件异方差（generalized ARCH，GARCH）模型。后续的研究，包括 Bollerslev、Engle 和 Wooldridge（1988）以及 Bollerslev（1990）等，在实证领域广泛地应用了 ARCH 模型和 GARCH 模型。为综合学习条件异方差模型，我们接下来首先介绍罗伯特·恩格尔的 ARCH 模型。

## 13.2 ARCH 模型

### 13.2.1 ARCH 模型的定义

ARCH 模型是最简单的条件异方差模型，被广泛地应用于金融时间序列分析。ARCH 模型的核心思想是误差项在时刻 $t$ 的方差依赖于时刻（$t-1$）的误差平方的大小。因此，在 ARCH 模型建模的过程中要涉及两个核心的模型回归过程，即原始回归模型和方差回归模型。

形式最简单的 ARCH 模型是 ARCH(1) 模型。这种形式的 ARCH 模型的滞后阶数“1”表现在与残差项相关的回归等式中。因此，ARCH(1) 模型的基本组成可以写成如下形式：

$$y_t=\boldsymbol{x}'_t\phi+u_t,\ u_t\sim N(0,\sigma_t^2) \tag{13.1}$$

$$\begin{aligned}\sigma_t^2&=E(u_t^2|u_{t-1})\\&=\alpha_0+\alpha_1u_{t-1}^2\end{aligned} \tag{13.2}$$

其中，$y_t$ 和 $\boldsymbol{x}_t$ 分别表示因变量和自变量，$u_t$ 表示序列不相关的（serially uncorrelated）

随机扰动项。

这里，$\sigma_t^2$ 表示 $t$ 时刻随机扰动项的方差，因为这个方差随时间变化，并且以过去的扰动项的信息为变化条件，所以称为“条件异方差”。注意，虽然我们在模型（13.1）中假设随机扰动项服从正态分布，但这并不是说在 ARCH 模型以及后面介绍的 GARCH 模型中，扰动项必须服从正态分布，这里只是使用正态分布作为示范。如果不做特殊说明，下面介绍的类似模型中的扰动项都使用正态分布的假设，但不排除其他分布的使用。

式（13.1）表示原始回归模型，在 ARCH 模型以及后面介绍的 GARCH 模型中，经常被称为“条件均值等式”，或者简称“均值等式”（mean equation）。式（13.2）体现的是 ARCH 模型的核心内容，该等式被称为“条件方差等式”，或者简称“方差等式”（variance equation）。

注意，凡是提到 ARCH 模型，实际上一定包含式（13.1）和式（13.2）这样的两个等式，缺一不可。另外，方差等式（13.2）有时候也可以写成下面的形式，即

$$\begin{cases} u_t = v_t\sqrt{h_t} \\ h_t = \alpha_0 + \alpha_1 u_{t-1}^2 \\ v_t \sim N(0, 1) \end{cases} \tag{13.3}$$

读者应该不难发现，模型（13.3）不过是方差等式（13.2）的另一种写法。为了方便阐述，在下面的介绍中，我们采用式（13.2）的形式。

式（13.1）和式（13.2）构成了 ARCH(1) 模型，而更一般地，我们可以将这个模型系统拓展到 ARCH($p$) 的形式，即

$$y_t = \boldsymbol{x}_t'\phi + u_t, \quad u_t \sim N(0, \sigma_t^2) \tag{13.4}$$

$$\begin{aligned} \sigma_t^2 &= E(u_t^2 \mid u_{t-1}, u_{t-2}, \cdots) \\ &= \alpha_0 + \alpha_1 u_{t-1}^2 + \alpha_2 u_{t-2}^2 + \cdots + \alpha_p u_{t-p}^2 \end{aligned} \tag{13.5}$$

需要注意的是，无论在 ARCH(1)模型中还是在 ARCH($p$)模型系统中，我们仍然假设随机扰动项 $u_t$ 不存在序列相关性，即 $E(u_t u_s)=0$，$s \neq t$。另外，我们还假设这个随机扰动项的无条件期望和条件期望都为 0，即 $E(u_t)=E(u_t \mid u_{t-1})=0$。

现在，重要的一点是，要认识到随机扰动项本身不存在序列相关性，或者说自相关性，但是式（13.2）和式（13.5）暗示，其平方项应该存在序列相关性。这可以通过自相关图直观地进行考查。例如，图 13-4 绘制了 S&P500 股票价格指数收益率 AR(1)模型的残差项和残差平方项的样本自相关函数（ACF）图。

从图 13-4 中可以观察到，虽然残差项自身在各期之间没有表现出明显的自相关性，但是其平方项确实呈现出较强的自相关性，即残差平方项样本 ACF 呈缓慢衰减态势，说明残差平方项可能符合自回归模型的特点。

以上分析要说明的是，我们不能利用随机扰动项自身的历史信息来预测 $u_t$，但是可以通过 $u_t^2$ 的历史信息来预测 $u_t^2$。在一般情况下，我们经常会观察到残差平方项之间存在一定的正相关性。这就是我们常说的股票市场波动性的集群现象，从图 13-2 中我们已经看到了这样的现象。

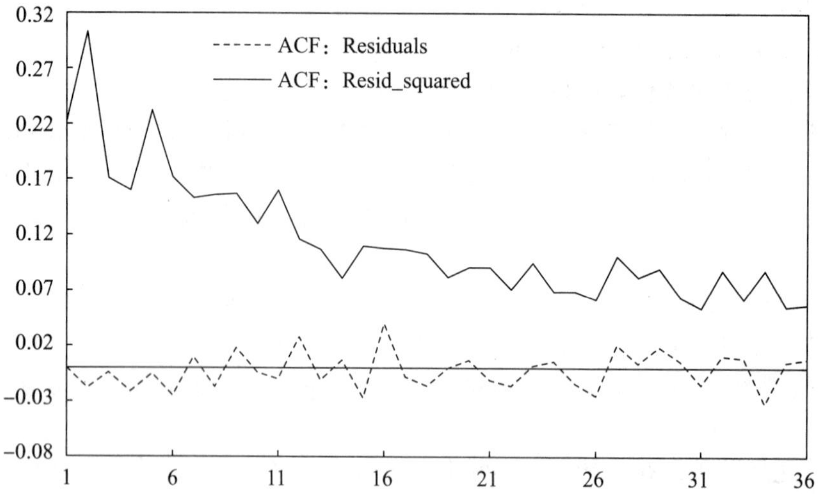


**图 13-4　S&P500 股票价格指数收益率 AR(1) 模型的残差项和残差平方项的样本自相关函数图**

至此，我们知道 ARCH 模型突出了条件期望的概念，而在传统的回归模型当中，我们以前经常使用的是无条件方差的概念。为了说明问题，我们以 AR(1)模型 $y_t=c+\phi y_{t-1}+u_t$ 为例。这里，扰动项的无条件方差和条件方差形式可以分别写成

$$\text{无条件方差：} u_t \sim N(0, \sigma^2)$$
$$\text{条件方差：} u_t \sim N(0, \sigma_t^2)$$

对于这两个不同的假设，对 $y_t$ 和 $u_t$ 的无条件期望和条件期望的结论可能不同。如果我们使用 $I_{t-1}$ 作为历史信息集，那么针对不同情况的期望结果既有相同的，也有不同的，参见表 13-1。

**表 13-1　无条件方差和条件方差对应的期望结果**

| | 无条件方差 | 条件方差 |
|---|---|---|
| $E(y_t)$ | $c/(1-\phi)$ | $c/(1-\phi)$ |
| $E(y_t \mid I_{t-1})$ | $c+\phi y_{t-1}$ | $c+\phi y_{t-1}$ |
| $E(u_t)$ | 0 | 0 |
| $E(u_t \mid I_{t-1})$ | 0 | 0 |
| $E(u_t^2)$ | $\sigma^2$ | $\sigma^2$ |
| $E(u_t^2 \mid I_{t-1})$ | $\sigma^2$ | $\sigma_t^2$ |

表 13-1 虽然列出了不同情况的预测（期望）结果，但是我们知道，动态模型是否为平稳过程对期望或者说预测有着至关重要的影响。因此，对于 ARCH 模型，我们需要知道的是方差等式在什么条件下才具有平稳性。我们下面就开始讨论这个问题。

### 13.2.2　ARCH 模型的属性

从 ARCH 模型的基本设置和传统的回归知识，我们可以知道，$E(u_t^2)=\sigma_t^2$。也就是

说，$\sigma_t^2$ 是 $u_t^2$ 的一个期望值，或者说是预测值。所以，在任意一个时刻 $t$，$\sigma_t^2$ 与 $u_t^2$ 是不完全相等的，而是存在一个预测误差项，可以表示为

$$u_t^2-\sigma_t^2=\varepsilon_t \tag{13.6}$$

由此，我们可以将 ARCH($p$) 模型的方差等式（13.5）重新写成以下形式：

$$u_t^2=\alpha_0+\alpha_1 u_{t-1}^2+\alpha_2 u_{t-2}^2+\cdots+\alpha_p u_{t-p}^2+\varepsilon_t \tag{13.7}$$

很明显，模型（13.7）可以看作是 $u_t^2$ 的 AR($p$) 模型。

现在，利用已经学习过的关于 AR 模型的平稳性条件，可以得到 ARCH 模型的方差等式的平稳性条件，即

$$1-\alpha_1 z-\alpha_2 z^2-\cdots-\alpha_p z^p=0 \tag{13.8}$$

的所有根都落在单位圆外。也就是说，只要将式（13.7）看作关于 $u_t^2$ 的 AR 模型，就可以获得其平稳性条件。

另外，利用 AR 模型的相关知识，还可以获得 $u_t^2$ 的无条件期望，即

$$\sigma^2=E(u_t^2)=\frac{\alpha_0}{1-\alpha_1-\alpha_2-\cdots-\alpha_p} \tag{13.9}$$

从以前 AR 模型的学习中我们知道，如果 $\sum_{i=1}^{p}\alpha_i<1$，那么 AR($p$)模型平稳。所以，只要 ARCH 系统的方差等式平稳，同时 $\alpha_0$ 限制为正值，那么式（13.9）一定为正值，这就确保了无条件方差有定义。

而对于 ARCH 系统的方差等式（13.5）来说，需要限制 $\alpha_i\geqslant 0$，再加上 $\alpha_0$ 为正值的约束，从而确保 $\sigma_t^2$ 为正值。

另外，如果方差等式（13.7）中的自回归系数均为 0，即 $\alpha_j=0(j=1,2,\cdots,p)$，也就是说，扰动项的平方之间不存在自相关性，那么我们从式（13.5）和式（13.7）的模型得到以下关系：

$$\sigma_t^2=\sigma^2=\alpha_0 \tag{13.10}$$

$$u_t^2=\alpha_0+\varepsilon_t \tag{13.11}$$

所以，

$$E(u_t^2)=\sigma^2=\alpha_0 \tag{13.12}$$

从而可知：

$$E(u_t^2\mid I_{t-1})=\sigma_t^2=\sigma^2=\alpha_0 \tag{13.13}$$

读者可能已经认识到，在这种情况下，ARCH 模型给出的是一个特殊的情况，即同方差的残差序列。

### 13.2.3　ARCH 模型的估计与检验

利用模型（13.7）的形式，还可以对一个回归模型的残差项直接检验 ARCH 效应。

具体步骤如下：

（1）利用 OLS 回归 $y_t=\boldsymbol{x}'_t\phi+u_t$，获得残差序列 $\hat{u}_t$；

（2）回归 $\hat{u}_t^2=c+\alpha_1\hat{u}_{t-1}^2+\alpha_2\hat{u}_{t-2}^2+\cdots+\alpha_p\hat{u}_{t-p}^2+\varepsilon_t$；

（3）进行假设检验：

$$H_0: \alpha_1=\alpha_2=\cdots=\alpha_p=0$$

$H_A$：至少有一个 $\alpha$ 不为 0

很多计量软件提供 ARCH 效应检验，例如在 EViews 中，在进行一般的等式回归之后，可以直接选择 ARCH 效应检验，从而判断残差序列是否具有 ARCH 效应。图 13-5 给出了 EViews 中 ARCH 效应检验的菜单窗口。

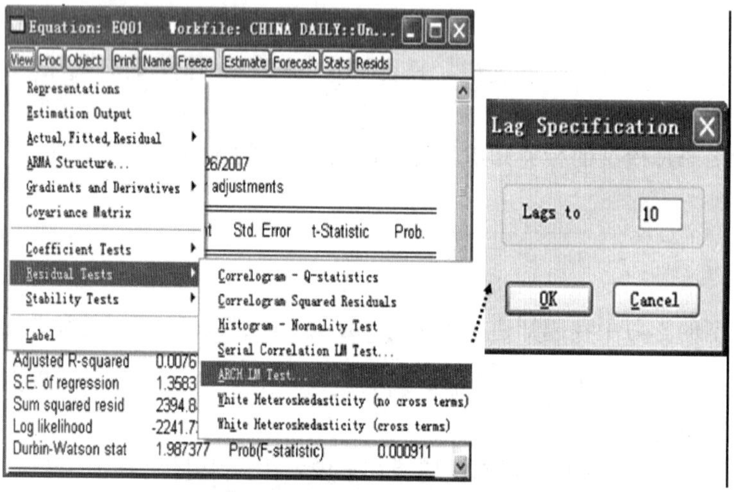


**图 13-5　EViews 中 ARCH 效应检验的菜单窗口**

ARCH LM 检验统计量的计算公式是

$$ARCH(LM)=T\times R^2 \tag{13.14}$$

其中，$T$ 表示样本大小，$R^2$ 是回归模型（13.7）获得的拟合优度。式（13.14）中的 LM 检验对应的统计量服从渐近卡方分布，自由度是 $p$。当然，在 ARCH 效应检验过程中，如果样本不是很大，最好使用 $F$ 检验替代 LM 检验。

在一些软件（例如 EViews）中，进行 ARCH 效应检验之后，结果除了给出 ARCH LM 检验统计量之外，还会给出 $F$ 检验统计量的结果。在一般情况下，如果样本不是很小，那么这两个统计量对应的结果一般是一致的。如果样本有限，而服从卡方分布的 LM 检验统计量与 $F$ 统计量的结果不一致，那么建议采用 $F$ 检验的结果。演示案例可扫码阅读。

拓展阅读

演示案例

这里提示一点，ARCH 效应检验只是 ARCH 建模的渠道之一，在 EViews 中的均值等式回归之后就可以很方便地进行这项检验。但是，在下文我们将会看到，在 EViews 中还有专门的 ARCH 建模窗口。

# 13.3　GARCH 模型

## 13.3.1　GARCH（1，1）模型的基本定义

在 ARCH($p$)模型的回归估计中，常常需要很多的滞后期数才能得到较好的拟合效果。这样，在使用 ARCH($p$)模型时就不可避免地需要估计很多参数。例如，从图 13-4 中我们能够看到，残差平方项的样本 ACF 图显示，这些项之间的相关性似乎在较长的滞后期之内都存在。

在介绍 ARCH 模型拓展到 GARCH 模型的内容之前，我们可以先回顾一下 AR 模型与 MA 模型之间的联系。我们知道，只要 AR 模型是平稳的，那么有限阶数的 AR 模型就可以写成无穷阶 MA 模型。从这一思路出发，可以将 ARCH 模型进行拓展。例如，可以考虑在 ARCH(1)模型的方差等式 $\sigma_t^2=\alpha_0+\alpha_1 u_{t-1}^2$ 中加入一个与 $\sigma_t^2$ 相应的 AR 项，即

$$\sigma_t^2=\alpha_0+\alpha_1 u_{t-1}^2+\beta_1\sigma_{t-1}^2 \tag{13.15}$$

这里，我们在 ARCH(1)模型中加入了 $\sigma_t^2$ 自身的一个滞后项，用以代替很多个 $u_t^2$ 的滞后项。

这样，我们就得到 GARCH(1，1) 模型的基本表达式：

$$\begin{cases} y_t=\boldsymbol{x}'_t\phi+u_t,\ u_t\sim N(0,\ \sigma_t^2) \\ \sigma_t^2=\alpha_0+\alpha_1 u_{t-1}^2+\beta_1\sigma_{t-1}^2 \end{cases} \tag{13.16}$$

与 ARCH(1)模型类似，GARCH(1，1) 模型（13.16）的第一个等式是均值等式，而第二个等式是方差等式。

由于 GARCH(1，1) 模型的方差等式比 ARCH 模型的方差等式多了一项，为了便于区分，$u_{t-1}^2$ 经常被称为 ARCH 项，而 $\sigma_{t-1}^2$ 被称为 GARCH 项。

另外，GARCH(1，1) 模型中的（1，1）是指阶数为 1（括号中的第一项）的 GARCH 项和阶数为 1（括号中的第二项）的 ARCH 项。可见，一个普通的 ARCH 模型是 GARCH 模型的一个特例，即在条件方差等式中不存在 $\sigma_t^2$ 的滞后项。

为了演示 GARCH(1，1) 与 ARCH 模型之间的联系，我们运用 ARMA 模型与 AR 模型之间的转化技巧来分析这个问题。例如，应用滞后算子，可以将式（13.15）重新写成以下形式：

$$\begin{aligned} &\sigma_t^2=\alpha_0+\alpha_1 u_{t-1}^2+\beta_1\sigma_{t-1}^2 \\ &\Rightarrow(1-\beta_1 L)\sigma_t^2=\alpha_0+\alpha_1 u_{t-1}^2 \\ &\Rightarrow\sigma_t^2=(1-\beta_1 L)^{-1}(\alpha_0+\alpha_1 u_{t-1}^2) \\ &\qquad=\frac{\alpha_0}{1-\beta_1}+\alpha_1 u_{t-1}^2+\alpha_1\beta_1 u_{t-2}^2+\alpha_1\beta_1^2 u_{t-3}^2+\cdots \end{aligned} \tag{13.17}$$

即

$$\sigma_t^2=\frac{\alpha_0}{1-\beta_1}+\alpha_1\sum_{j=1}^{\infty}\beta_1^{j-1}u_{t-j}^2 \tag{13.18}$$

可见，GARCH(1，1) 可以写成 ARCH(∞)的形式。所以，使用 GARCH(1，1) 模型在很多情况下要比 ARCH 模型得到的结果更可靠，也更精确。

例如，我们利用 S&P500 股票价格指数收益率的数据，对收益率变量进行 AR(1)回归，同时估计了 GARCH(1，1) 模型（假设 $u_t$ 服从正态分布），获得如下估计结果，归纳在表 13-2 中。

**表 13-2 S&P500 股票价格指数收益率的 GARCH (1，1) 估计结果**

| | | | | |
|---|---|---|---|---|
| Dependent Variable：SP500RETURN | | | | |
| Method：ML ARCH-Normal distribution (BFGS/Marquardt steps) | | | | |
| Included observations：16 661 after adjustments | | | | |
| Convergence achieved after 25 iterations | | | | |
| Presample variance：backcast (parameter=0.7) | | | | |
| GARCH=C(3)+C(4)*RESID(−1)^2+C(5)*GARCH(−1) | | | | |
| Variable | Coefficient | Std. Error | z-Statistic | Prob. |
| C | 0.000 5 | 0.000 | 9.130 | 0.000 |
| SP500RETURN(−1) | 0.074 5 | 0.008 | 9.057 | 0.000 |
| Variance Equation | | | | |
| C | 9E-07 | 0.000 | 14.043 | 0.000 |
| RESID(−1)^2 | 0.094 | 0.002 | 43.122 | 0.000 |
| GARCH(−1) | 0.900 | 0.003 | 352.206 | 0.000 |
| R-squared | −0.007 | Mean dependent var | | 0.000 |
| Adjusted R-squared | −0.007 | S. D. dependent var | | 0.010 |
| S. E. of regression | 0.010 | Akaike info criterion | | −6.771 |
| Sum squared resid | 1.735 | Schwarz criterion | | −6.768 |
| Log likelihood | 56 408.670 | Hannan-Quinn criter. | | −6.770 |
| Durbin-Watson stat | 2.156 | | | |

注意，表中出现的“Marquardt”指的是在估计 GARCH 模型的过程中使用的一种所谓的 Marquardt 算法，与计量算法中常见的 BHHH 算法类似。不熟悉计量算法的读者，暂时不必深究这种算法的具体内容。

根据表 13-2 中报告的结果，我们可以写出对应的 GARCH(1，1) 模型，即

$$\begin{cases} y_t = 0.000\,5 + 0.074\,5 y_{t-1} + u_t,\ u_t \sim N(0,\ \sigma_t^2) \\ \sigma_t^2 = 0.000\,000\,9 + 0.094 u_{t-1}^2 + 0.900 \sigma_{t-1}^2 \end{cases} \tag{13.19}$$

对于日度数据的股票收益率来说，以上结果具有一定的代表性。另外，如果利用式(13.17)，结合这里的结果，即

$$\alpha_0 = 0.000\,000\,9,\ \alpha_1 = 0.094,\ \beta_1 = 0.900$$

我们可以得到对应的 ARCH 模型的情况，即

$$\sigma_t^2 = \frac{0.000\,000\,9}{0.100} + 0.094 u_{t-1}^2 + 0.085 u_{t-2}^2 + 0.076 u_{t-3}^2 + \cdots \tag{13.20}$$

所以，$u_t^2$ 的滞后项对 $\sigma_t^2$ 的影响逐渐减小，但比较缓慢。这就意味着，当我们设立 ARCH 模型去捕捉这种关系的时候，就可能需要较长的滞后期数。而使用 GARCH(1，1) 模型就很好地规避了这个问题。因此，在实践当中，GARCH(1，1) 是最常使用的模型之一。当然，没有任何理由只停留在 GARCH(1，1) 模型上，而更一般的 GARCH($q$，$p$) 模型就是在模型（13.16）的基础上，对方差等式中的 ARCH 项和 GARCH 项的阶数进行拓展的结果。

## 13.3.2　GARCH($q$，$p$) 模型

以上我们讨论了 GARCH(1，1) 模型。很自然地，GARCH(1，1) 模型也可以拓展到 GARCH($q$，$p$) 模型，其中，$q$ 表示 GARCH 项的滞后阶数，$p$ 表示 ARCH 项的滞后阶数。这样，GARCH($q$，$p$) 模型的基本形式就可以写成

$$\begin{cases} y_t = \boldsymbol{x}'_t\phi + u_t,\ u_t \sim N(0,\ \sigma_t^2) \\ \sigma_t^2 = \alpha_0 + \sum_{i=1}^{p}\alpha_i u_{t-i}^2 + \sum_{j=1}^{q}\beta_j\sigma_{t-j}^2 \end{cases} \tag{13.21}$$

如果使用滞后算子符号，还可以将式（13.21）中的方差等式进一步化简。例如，定义

$$\alpha(L) = \alpha_1 L + \alpha_2 L^2 + \cdots + \alpha_p L^p \tag{13.22}$$

和

$$\beta(L) = 1 - \beta_1 L - \beta_2 L^2 - \cdots - \beta_q L^q \tag{13.23}$$

方差等式就可以写成

$$\beta(L)\sigma_t^2 = \alpha_0 + \alpha(L)u_t^2 \tag{13.24}$$

如果滞后算了多项式 $\beta(L)$ 对应的过程满足平稳性条件，那么式（13.24）可以写成

$$\sigma_t^2 = \beta(L)^{-1}\alpha_0 + \beta(L)^{-1}\alpha(L)u_t^2 \tag{13.25}$$

因为 $\beta(L)^{-1}$ 实际上是一个无穷阶滞后算子多项式，所以式（13.25）就是 GARCH($q$，$p$) 模型对应的一个 ARCH($\infty$) 表现形式。

GARCH 模型的用途非常广泛，它常被用于分析金融时间序列。例如，人们可以通过长线投资收益均值的加权平均（常数）、上期的预期方差（GARCH 项）和在以前各期中观测到的关于波动性的信息（ARCH 项）来预测本期的方差。如果资产收益率的变化非常大，那么对下期方差的预期将会增加。而且，GARCH 模型也与在股票收益率等数据中观测到的波动性集群现象一致，即收益率的巨大变化经常伴随着更进一步的巨大变化。

## 13.3.3　GARCH 模型的属性

在前面的讨论中，我们曾经介绍过 ARCH 模型的平稳性。这里我们进一步讨论一般的 GARCH 模型的平稳性。我们知道，讨论 GARCH 模型的平稳性非常重要，因为方差等式是否平稳决定了我们是否可以利用 GARCH 模型进行波动性的预测。

为了讨论 GARCH 模型的平稳性，我们集中分析式（13.21）中的方差等式，即

$$\sigma_t^2=\alpha_0+\sum_{i=1}^{p}\alpha_i u_{t-i}^2+\sum_{j=1}^{q}\beta_j\sigma_{t-j}^2 \tag{13.26}$$

这个模型看起来与我们以前学过的 ARMA 模型非常相似。同时，我们知道 $u_t^2-\sigma_t^2=\varepsilon_t$，将这个关系代入式（13.26），可以得到下面的等式，即

$$u_t^2-\varepsilon_t=\alpha_0+\sum_{i=1}^{p}\alpha_i u_{t-i}^2+\sum_{j=1}^{q}\beta_j(u_{t-j}^2-\varepsilon_{t-j}) \tag{13.27}$$

进一步整理可得

$$u_t^2=\alpha_0+\sum_{i=1}^{m}(\alpha_i+\beta_i)u_{t-i}^2+\varepsilon_t-\sum_{j=1}^{q}\beta_j\varepsilon_{t-j} \tag{13.28}$$

其中，$m=\max(q, p)$，如果 $q>p$，则定义

$$\alpha_{p+1}=\cdots=\alpha_q=0$$

如果 $q<p$，则定义

$$\beta_{q+1}=\cdots=\beta_p=0$$

模型（13.28）的表现形式与 ARMA 模型就非常接近了，其中 $\sum_{i=1}^{m}(\alpha_i+\beta_i)u_{t-i}^2$ 相当于 $u_t^2$ 的 AR 项，而 $\varepsilon_t-\sum_{j=1}^{q}\beta_j\varepsilon_{t-j}$ 相当于 MA 项。所以，如果 $u_t$ 符合 GARCH$(q, p)$，那么 $u_t^2$ 就可以看成是 ARMA$(m, q)$ 过程，其中 $m=\max(q, p)$。

有了上面的知识，就容易分析 GARCH 模型的平稳性了。从 ARMA 模型的平稳性中我们知道，对于式（13.28），如果下列方程

$$1-\sum_{i=1}^{m}(\alpha_i+\beta_i)z^i=0 \tag{13.29}$$

的根都落在单位圆外，就满足平稳性条件，即

$$1-(\alpha_1+\beta_1)z-(\alpha_2+\beta_2)z^2-\cdots-(\alpha_m+\beta_m)z^m=0 \tag{13.30}$$

的根都落在单位圆外，那么 GARCH 模型中的方差等式为平稳过程。

另外，运用 ARMA 模型的基本性质，我们可以根据式（13.28）获得 $u_t^2$ 的无条件均值，即

$$E(u_t^2)=\sigma^2=\frac{\alpha_0}{1-\sum_{i=1}^{m}(\alpha_i+\beta_i)} \tag{13.31}$$

我们知道，与 ARMA 模型类似，GARCH 模型的平稳性条件也要求 $\sum_{i=1}^{m}(\alpha_i+\beta_i)<1$，再结合 $\alpha_0>0$ 以及 $\alpha_i$ 和 $\beta_i$ 为非负的条件，就可以确保 $\sigma^2>0$，这些也就组成了对 GARCH 模型估计过程中必要的约束条件。

### 13.3.4 GARCH 模型的估计与检验

实际上，在表 13－1 中，我们已经接触到 GARCH 模型的估计，不过并没有明确介绍估计 GARCH 模型的具体步骤和相关统计检验。另外，在介绍 ARCH 模型的检验过程中，我们提到过 ARCH LM 检验，并且看到这种检验过程在一些计量软件中可以通过先回归均值等式（原始回归模型），再进行 ARCH LM 检验来实现。

这里，我们介绍的 GARCH 模型的估计过程通过同时设立均值等式和方差等式直接获得估计结果。而 ARCH 模型只不过是 GARCH 模型的一个特殊情况，所以这里介绍的 GARCH 模型估计过程和估计方法等同样适用于 ARCH 模型。

要估计 GARCH 模型，首先要明确组成一个 GARCH 模型的均值等式和方差等式的具体形式。例如，如果我们要对 S&P500 股票价格指数收益率 $R_t$ 进行 AR(1) 回归，并检验回归残差项是否具有 GARCH 效应，那么可以设立下面的 GARCH(1，1) 模型，即

$$\begin{cases} R_t = c + \rho R_{t-1} + u_t, \; u_t \sim N(0, \sigma_t^2) \\ \sigma_t^2 = \alpha_0 + \alpha_1 u_{t-1}^2 + \beta_1 \sigma_{t-1}^2 \end{cases} \tag{13.32}$$

注意，这里我们仍然假设均值等式的扰动项服从正态分布，但同样可以假设其服从其他分布，稍后我们会介绍其他分布的情况。

显然，要估计式（13.32），需要分别设立均值等式 $R_t = c + \rho R_{t-1} + u_t$ 和方差等式 $\sigma_t^2 = \alpha_0 + \alpha_1 u_{t-1}^2 + \beta_1 \sigma_{t-1}^2$。在很多既成的计量软件中，均值等式的设立可以通过书写回归等式的具体形式给出，而方差等式却经常使用选项的形式进行设立。

例如，在 EViews 中，GARCH 模型的估计对话窗口提供了非常方便快捷的模型设立选项，如图 13－6 所示。观察 GARCH 模型的估计对话窗口，从上至下大致有三个重要的

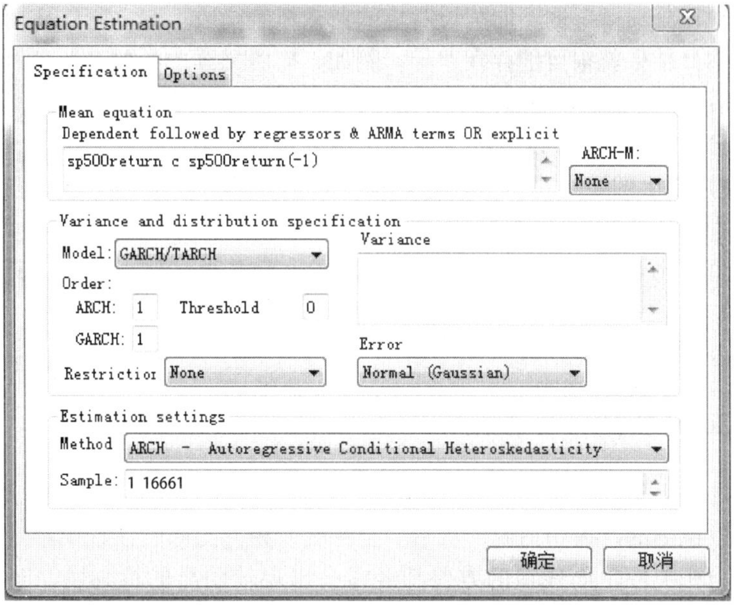


**图 13－6 EViews 中 GARCH 模型的估计对话窗口**

项目需要设立。首先就是“Mean equation”（均值等式的设立），图 13－6 中示范的就是模型（13.32）均值等式的设立情况。注意，在输入均值等式的过程中，没有扰动项出现，因为我们并不知道扰动项的具体观测值，而只能对其分布情况作出假设。关于扰动项分布情况的假设，下面会继续介绍。

然后要设立的就是方差等式。对于这里的例子，我们要估计的是 GARCH(1，1) 模型，所以在图 13－6 的“Variance and distribution specification”（方差与分布设立）栏，只要将 ARCH 项的阶数（order）和 GARCH 项的阶数都设为 1 即可。

最后，在“Variance and distribution specification”栏中，分布设立对应的就是我们对均值等式中的扰动项的条件分布的假设。常见的分布假设有正态分布、$t$ 分布（$t$-distribution）和广义误差分布（generalized error distribution，GED）。对随机扰动项的分布假设不同，GARCH 模型估计过程中使用到的对数似然函数（log-likelihood function）就不同。例如，正态分布、$t$ 分布和广义误差分布对应的 $t$ 时刻的对数似然函数分别为

$$l_t(normal)=-\frac{1}{2}\ln(2\pi)-\frac{1}{2}\ln(\sigma_t^2)-\frac{1}{2}\frac{u_t^2}{\sigma_t^2} \tag{13.33}$$

$$l_t(t)=-\frac{1}{2}\left(\frac{\pi(df-2)\Gamma(df/2)^2}{\Gamma[(df+1)/2]^2}\right)-\frac{1}{2}\ln(\sigma_t^2)-\frac{df+1}{2}\ln\left(1+\frac{u_t^2}{\sigma_t^2(df-2)}\right) \tag{13.34}$$

$$l_t(ged)=-\frac{1}{2}\left(\frac{\Gamma(1/r)^2}{\Gamma(3/r)(r/2)^2}\right)-\frac{1}{2}\ln(\sigma_t^2)-\left(\frac{\Gamma(3/r)u_t^2}{\sigma_t^2\Gamma(1/r)}\right)^{r/2} \tag{13.35}$$

其中，$\pi$ 表示圆周率，ln 表示自然对数，$df$ 表示自由度的个数，$r$ 表示正的分布尾参数(tail parameter)，$\Gamma$ 表示伽马函数，$u_t^2$ 可以利用均值等式表示成解释变量、被解释变量和待估计系数的函数。

由于对扰动项分布情况的不同假设对应的对数似然函数不同，所以使用不同的假设对同一个模型的估计结果就很可能存在差异。例如，拓展阅读中的两个表分别归纳了 $t$ 分布和 GED 假设情况下的 GARCH(1，1) 模型（13.32）的估计结果。读者可以将 $t$ 分布和 GED 假设情况下的相关结果与前面表 13－2（正态分布假设）给出的结果进行对比，观察系数估计值和相应标准差之间的差别。从 S&P500 股票价格指数收益率这个例子来看，我们发现对均值扰动项的分布使用不同的假设，结果之间的差别似乎并不大。这可能是因为此例中的样本较大，而对于样本较小的例子，结果差异会更明显一些。

拓展阅读

估计结果

## 13.3.5 GARCH 模型与波动预测

金融变量的一个重要特点是许多金融时序的收益率无法估测，但收益率的方差却在一定程度上是可以预测的。换句话说，从一个金融变量相关的回归估计中，残差序列本身一般并不表现出自相关性，而残差的方差却经常会出现较明显的持久性，即一定的自相关性。例如，图 13－7 描绘了 S&P500 股票价格指数收益率 AR(1) 模型残差的平方项 $u_t^2$ 的时序图。从图上可以看到，残差的平方项之间存在一定的相关性表象。但是，图示同时说

明，残差的平方项在不同期的变化也相当大。

计量经济学在发展的早期经常使用残差的平方项来直接代表金融时间序列变量收益率的波动性 $\sigma_t^2$。然而，随着理论的发展，这种粗略性的替代逐渐显现出弊端，因为人们逐渐认识到收益率变量的方差不应该表现出图 13－7 描绘的那种过分的跳跃性。

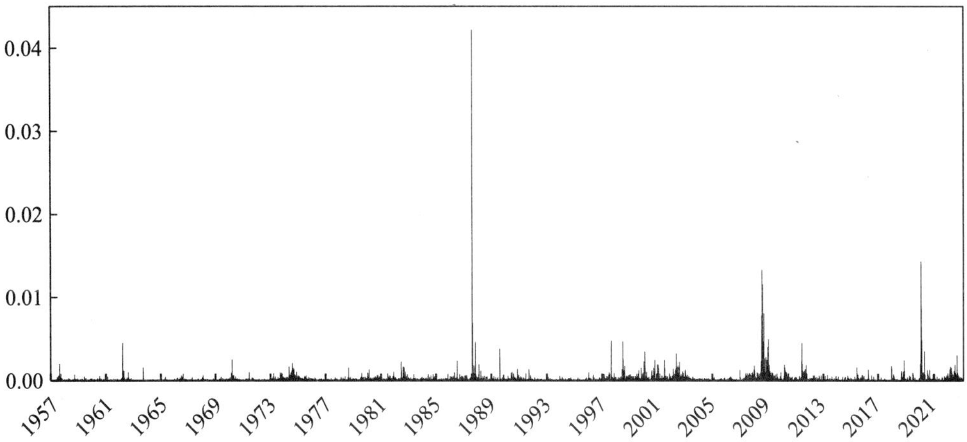


**图 13－7　S&P500 股票价格指数收益率 AR(1) 模型残差的平方项序列**

后来，学界普遍认为，股票收益率的波动性是比图 13－7 描绘的情形更缓慢的一种移动过程，所以序列 $u_t^2$ 并不能精确捕捉到波动性的特点。而 GARCH 模型的出现为我们描述收益率的波动性提供了有效的途径。

我们使用模型（13.19）中的 GARCH(1，1) 例子来说明如何获得波动性的序列 $\sigma_t^2$，即

$$\begin{cases} y_t = 0.000\,5 + 0.074\,5 y_{t-1} + u_t,\ u_t \sim N(0,\ \sigma_t^2) \\ \sigma_t^2 - 0.000\,000\,9 + 0.094 u_{t-1}^2 + 0.900 \sigma_{t-1}^2 \end{cases}$$

利用以上结果，可以获得

$$u_t = y_t - 0.000\,5 - 0.074\,5 y_{t-1} \tag{13.36}$$

从而就可以获得 $u_t^2$。

下面，我们看看如何获得 $\sigma_1^2$，即第一个观测值的条件方差。从式（13.19）中我们知道，$\sigma_t^2 = 0.000\,000\,9 + 0.094 u_{t-1}^2 + 0.900 \sigma_{t-1}^2$，所以要计算 $\sigma_1^2$，需要知道 $u_0^2$ 和 $\sigma_0^2$，但是 $u_0^2$ 和 $\sigma_0^2$ 的观测值并没有给定。这时我们需要假定 $u_0^2$ 和 $\sigma_0^2$ 的值。传统的做法是假设 $u_0 = y_0 = 0$，而设定 $\sigma_0^2$ 等于无条件方差 $\sigma^2$，即

$$\sigma_0^2 = \sigma^2 = \frac{\alpha_0}{1 - \alpha_1 - \beta_1} = \frac{0.000\,000\,9}{1 - 0.094 - 0.900} = 0.000\,15$$

这样，利用 $y_t$ 序列的观测值及以上假设，我们可以通过以下循环过程获得 $\sigma_t^2$ 序列，即

$$\sigma_1^2 = 0.000\,000\,9 + 0.094 \times 0 + 0.900 \times 0.000\,15 = 0.000\,135\,9$$
$$u_1 = y_1 - 0.000\,5 - 0.074\,5 y_0 = 0.003\,6 - 0.000\,5 - 0 = 0.003\,1$$
$$\sigma_2^2 = 0.000\,000\,9 + 0.094 \times 0.003\,1^2 + 0.900 \times 0.000\,135\,9 = 0.000\,124\,1$$

$$u_2 = y_2 - 0.0005 - 0.0745y_1 = 0.0025 - 0.0005 - 0.0745 \times 0.0036 = 0.0017318$$

$$\vdots$$

$$\sigma_t^2 = 0.0000009 + 0.094u_{t-1}^2 + 0.900\sigma_{t-1}^2$$

$$u_t = y_t - 0.0005 - 0.0745y_{t-1}$$

这样获得的 $\sigma_t^2$ 序列被描绘在图 13－8 中。对比图 13－8 与图 13－7，我们可以看到条件波动性序列与收益率 AR(1) 模型给出的残差的平方项序列的表现不同：条件波动性序列呈现出持久性特征，而残差的平方项序列的跳跃式变动过于频繁。从上例的计算过程中我们也看到，条件波动性序列的平滑性特征与 $\beta_1$ 的估计值关系密切，其值越大，条件波动性序列的平滑性越强。

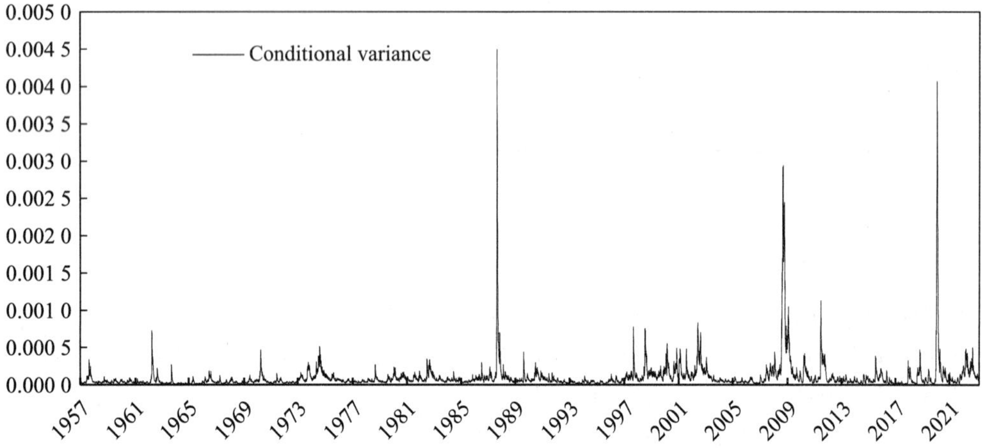


**图 13－8 S&P500 股票价格指数收益率 GARCH（1，1）模型的条件波动性 $\sigma_t^2$ 序列**

为了进一步对比残差序列与条件波动性序列的差别，下面给出了另外两个 GARCH(1，1) 的例子。表 13－3 和表 13－4 给出了下面例题中的估计结果，而图 13－9 对比了残差序列与条件波动性序列的图示情况。

例：对上海证券综合指数收益率与道琼斯工业平均指数收益率的 GARCH（1，1）模型进行回归估计，其中样本区间（调整前）分别为 2000 年 1 月 4 日至 2023 年 6 月 21 日和 1990 年 1 月 2 日至 2023 年 6 月 23 日，扰动项均假设为服从正态分布。

**表 13－3 上海证券综合指数收益率的 GARCH（1，1）估计结果**

Dependent Variable：SHANGHAIRETURN
Method：ML ARCH-Normal distribution (BFGS / Marquardt steps)
Convergence achieved after 28 iterations
Presample variance：backcast (parameter＝0.7)
GARCH＝C(3)＋C(4)*RESID(－1)^2＋C(5)*GARCH(－1)

| Variable | Coefficient | Std. Error | z-Statistic | Prob. |
|---|---|---|---|---|
| C | 0.001 | 0.000 | 3.908 | 0.000 |
| SHANGHAIRETURN(－1) | 0.050 | 0.011 | 4.580 | 0.000 |

续表

| | | | | |
|---|---|---|---|---|
| Variance Equation | | | | |
| C | 0.000 | 0.000 | 20.527 | 0.000 |
| RESID(−1)^2 | 0.092 | 0.002 | 37.026 | 0.000 |
| GARCH(−1) | 0.913 | 0.002 | 495.684 | 0.000 |
| R-squared | 0.001 | Mean dependent var | | 0.001 |
| Adjusted R-squared | 0.001 | S. D. dependent var | | 0.020 |
| S. E. of regression | 0.020 | Akaike info criterion | | −5.542 |
| Sum squared resid | 3.302 | Schwarz criterion | | −5.537 |
| Log likelihood | 21 977.370 | Hannan-Quinn criter. | | −5.540 |
| Durbin-Watson stat | 2.034 | | | |

**表 13-4 道琼斯工业平均指数收益率的 GARCH（1，1）估计结果**

Dependent Variable：DOWJONESRETURN

Method：ML ARCH-Normal distribution (BFGS/Marquardt steps)

Convergence achieved after 23 iterations

Presample variance：backcast (parameter=0.7)

GARCH=C(3)+C(4)*RESID(−1)^2+C(5)*GARCH(−1)

| Variable | Coefficient | Std. Error | z-Statistic | Prob. |
|---|---|---|---|---|
| C | 0.001 | 0.000 | 7.415 | 0.000 |
| DOWJONESRETURN(−1) | −0.016 | 0.012 | −1.322 | 0.186 |
| Variance Equation | | | | |
| C | 0.000 | 0.000 | 12.289 | 0.000 |
| RESID(−1)^2 | 0.106 | 0.005 | 22.835 | 0.000 |
| GARCH(−1) | 0.877 | 0.005 | 164.164 | 0.000 |
| R-squared | 0.002 | Mean dependent var | | 0.000 |
| Adjusted R-squared | 0.001 | S. D. dependent var | | 0.011 |
| S. E. of regression | 0.011 | Akaike info criterion | | −6.592 |
| Sum squared resid | 1.030 | Schwarz criterion | | −6.588 |
| Log likelihood | 27 798.960 | Hannan-Quinn criter. | | −6.591 |
| Durbin-Watson stat | 2.124 | | | |

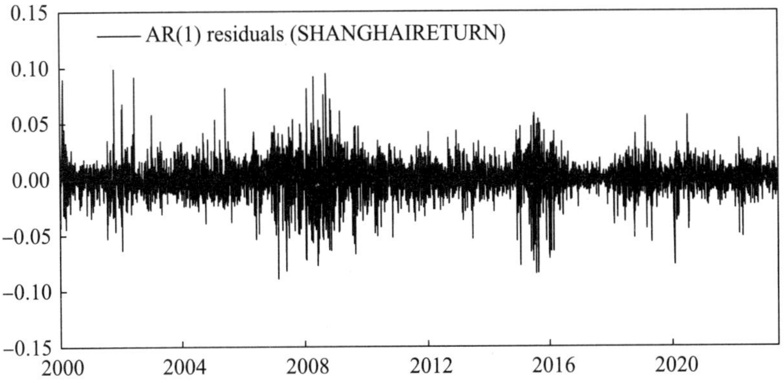


**图 13-9 残差序列与条件波动性序列比较：**
**上海证券综合指数收益率与道琼斯工业平均指数收益率**

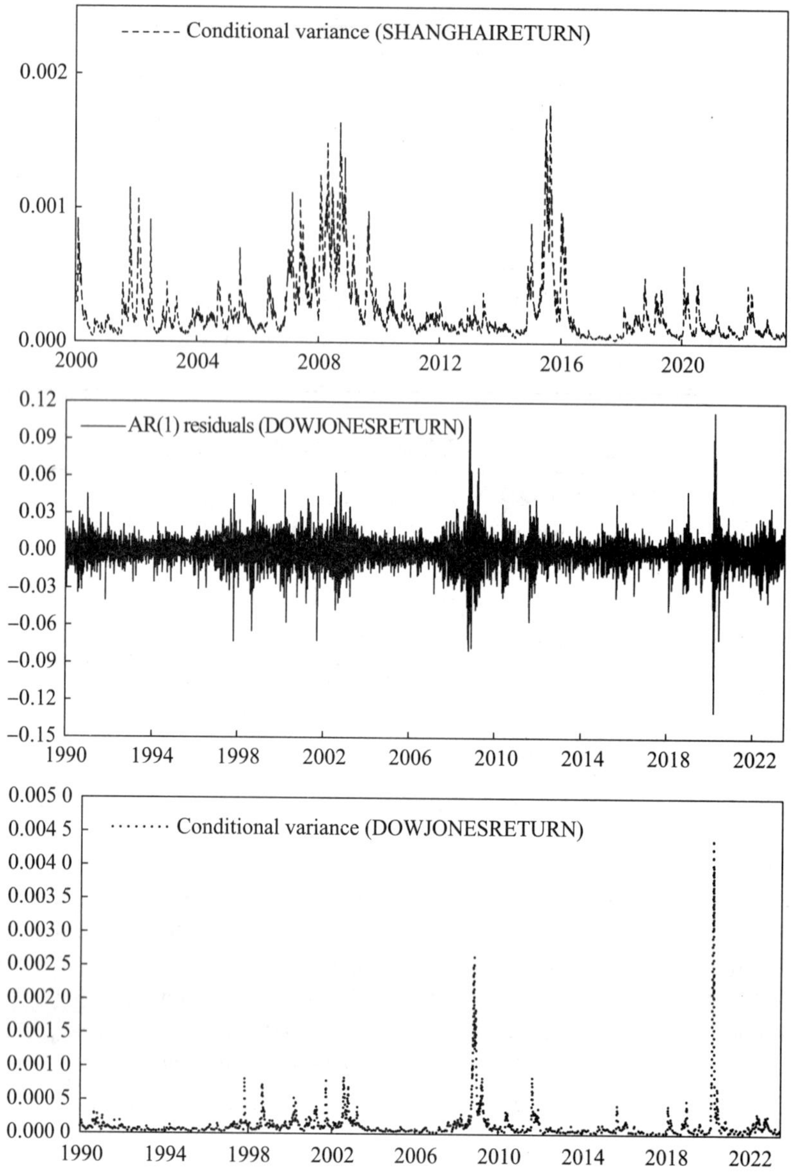


**图 13－9　残差序列与条件波动性序列比较：**
**上海证券综合指数收益率与道琼斯工业平均指数收益率（续）**

另外，上面的过程获得的实际上是样本内的条件波动性序列的估计值或者说样本内预测值。假定通过上述过程获得的样本内最后一个观测值为 $\sigma_T^2$，我们可以通过 GARCH 模型来获得样本外的条件波动性预测。例如，对于向前一期的预测，可以通过下式获得，即

$$\hat{\sigma}_{T+1}^2=E(u_{T+1}^2|I_T)=\alpha_0+\alpha_1 u_T^2+\beta_1\sigma_T^2 \tag{13.37}$$

对于向前多期的动态预测（dynamic forecast），可以通过循环过程实现，即

$$\begin{aligned}\hat{\sigma}_{T+2}^2&=E(u_{T+2}^2|I_T)\\&=\alpha_0+\alpha_1 E(u_{T+1}^2|I_T)+\beta_1\hat{\sigma}_{T+1}^2\end{aligned}$$

$$
\begin{aligned}
&=\alpha_0+\alpha_1\hat{\sigma}_{T+1}^2+\beta_1\hat{\sigma}_{T+1}^2\\
&=\alpha_0+(\alpha_1+\beta_1)\hat{\sigma}_{T+1}^2\\
\hat{\sigma}_{T+3}^2&=E(u_{T+3}^2\mid I_T)\\
&=\alpha_0+\alpha_1E(u_{T+2}^2\mid I_T)+\beta_1\hat{\sigma}_{T+2}^2\\
&=\alpha_0+\alpha_1\hat{\sigma}_{T+2}^2+\beta_1\hat{\sigma}_{T+2}^2\\
&=\alpha_0+(\alpha_1+\beta_1)\hat{\sigma}_{T+2}^2\\
\hat{\sigma}_{T+4}^2&=E(u_{T+4}^2\mid I_T)\\
&=\alpha_0+\alpha_1E(u_{T+3}^2\mid I_T)+\beta_1\hat{\sigma}_{T+3}^2\\
&=\alpha_0+\alpha_1\hat{\sigma}_{T+3}^2+\beta_1\hat{\sigma}_{T+3}^2\\
&=\alpha_0+(\alpha_1+\beta_1)\hat{\sigma}_{T+3}^2\\
&\vdots\\
\hat{\sigma}_{T+j}^2&=E(u_{T+j}^2\mid I_T)\\
&=\alpha_0+\alpha_1E(u_{T+j-1}^2\mid I_T)+\beta_1\hat{\sigma}_{T+j-1}^2\\
&=\alpha_0+(\alpha_1+\beta_1)\hat{\sigma}_{T+j-1}^2
\end{aligned}
\tag{13.38}
$$

从式（13.38）不难看出，随着预测时间的增大，$\hat{\sigma}_{T+j}^2$ 最终要收敛到无条件方差的水平，即

$$j\to\infty,\ \hat{\sigma}_{T+j}^2\to\sigma^2=\frac{\alpha_0}{1-\alpha_1-\beta_1}$$

图 13－10 描绘出了 S&P500 股票价格指数收益率 GARCH(1，1) 模型的条件波动性序列预测，其中样本外预测至 2023 年 5 月 9 日。

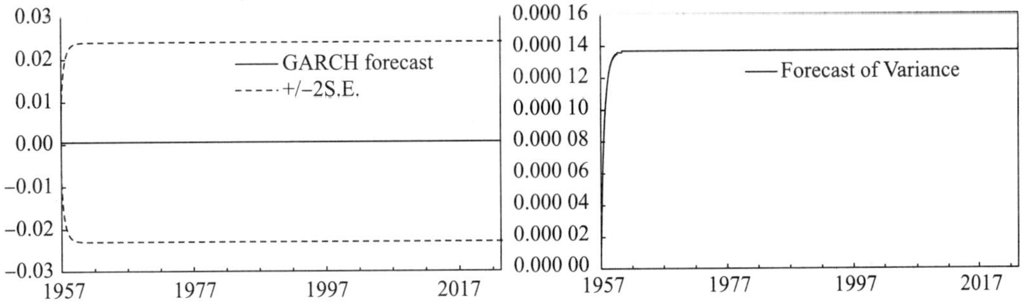


**图 13－10　S&P500 股票价格指数收益率 GARCH(1，1) 模型的条件波动性序列预测**

### 13.3.6　GARCH-in-Mean 模型

在前面介绍的 GARCH 模型中，我们一直假设金融时间序列的条件均值是不变的，例如，从均值等式中可以求出恒定的 $E(y_t)$ 的表达式。而在现实当中，这种恒定均值的假设不一定总成立，特别是在某些情况下，条件均值往往与波动性存在一定的关系。

在很多情况下，一种金融资产的收益率常常与投资风险紧密相关。以上介绍的 GARCH 模型并没有考虑这种因素。因此，1987 年，Engle 等首次提出了 GARCH-in-Mean 模型，将这种因素考虑进 GARCH 模型的均值等式。如果遵循前面对 GARCH 模型

的定义，简单的 GARCH(1，1)-in-Mean 模型可以定义成如下形式，即

$$\begin{cases} y_t = \boldsymbol{x}'_t \phi + \gamma \sigma_t^2 + u_t,\ u_t \sim N(0,\ \sigma_t^2) \\ \sigma_t^2 = \alpha_0 + \alpha_1 u_{t-1}^2 + \beta_1 \sigma_{t-1}^2 \end{cases} \tag{13.39}$$

在模型（13.39）中，均值等式包括了一个经常用于度量风险程度的变量 $\sigma_t^2$。如果 $y_t$ 表示金融资产收益率，那么该项前的系数 $\gamma$ 衡量了收益率与风险之间的关系。如果 $\gamma$ 为正值，那么说明该金融资产的风险越高，收益率越高。相反，负的 $\gamma$ 值暗示资产收益率与风险反向变化。比较而言，前一种情况可能与现实生活更吻合一些。

更一般地，可以把式（13.39）拓展到 GARCH($q$，$p$）的形式，即

$$\begin{cases} y_t = \boldsymbol{x}'_t \phi + \gamma \sigma_t^2 + u_t,\ u_t \sim N(0,\ \sigma_t^2) \\ \sigma_t^2 = \alpha_0 + \sum\limits_{i=1}^{p} \alpha_i u_{t-i}^2 + \sum\limits_{j=1}^{q} \beta_j \sigma_{t-j}^2 \end{cases} \tag{13.40}$$

当然，表示风险的变量不仅仅是方差，常见的还有标准差（方差开平方），或者可以将方差取自然对数等。所以，在 GARCH-in-Mean 模型的设立过程中，均值等式中表示 GARCH 内容的项需要设立清楚。有些计量软件提供了方便的选择项，供实践者选择使用。图 13－11 是 EViews 中设立 GARCH-in-Mean 模型的对话窗口，在“ARCH-M”一栏中便可以选择均值等式中的 GARCH 项的具体形式，其中“None”表示均值等式中没有 GARCH 项，“Std. Dev.”表示均值等式中 GARCH 项以标准差的形式设立，“Variance”表示均值等式中 GARCH 项以方差的形式设立，而“Log(Var）”表示均值等式中 GARCH 项以方差自然对数的形式设立。

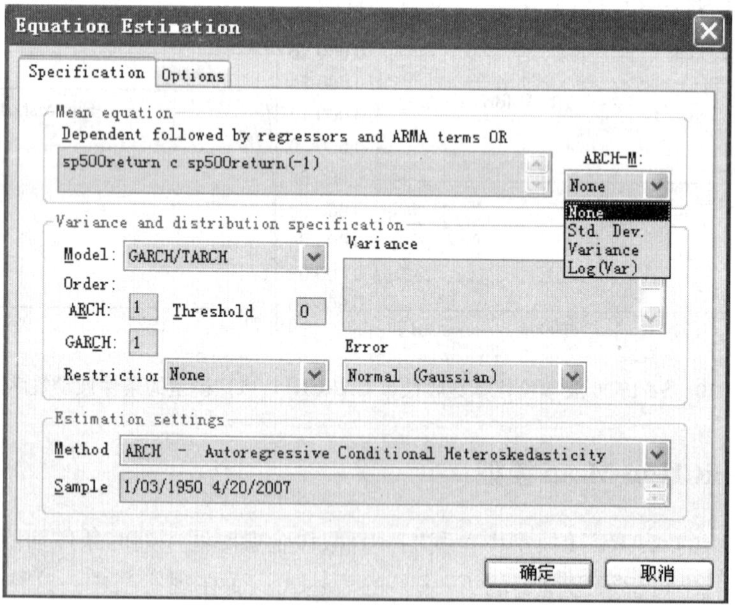


**图 13－11　EViews 中设立 GARCH-in-Mean 模型的对话窗口**

在很多情况下，金融资产收益率与该资产的风险成正相关关系。例如，表13－5 给出了 S&P500 股票价格指数收益率 GARCH(1，1)-in-Mean 模型的估计结果，其中均值等式

为 AR(1) 过程，并且均值等式中的 GARCH 项以标准差（Std. Dev.）的形式设立。从表 13-5 的结果不难看到，均值等式中的 GARCH 项［符号为@SQRT(GARCH)］在 1%的显著性水平下具有统计显著性，这说明 S&P500 股票价格指数收益率与其风险是显著正相关的，收益率越高，风险越大。

对于同样的数据和模型，变换均值等式中 GARCH 项的具体形式，结果的含义与表 13-5 中的基本一致，读者可以比较表 13-6 中报告的以方差的对数形式设立的均值等式中 GARCH 项的结果，可以看到，此时均值等式中的 GARCH 项仍然具有统计显著性，但由于方差取了对数，所以对应的点估计值为 0.000 3，而在表 13-5 中以标准差的形式获得的均值等式中 GARCH 项的点估计值为 0.093。读者在自己进行实证研究的过程中，也要注意区分不同形式下 GARCH-in-Mean 模型估计的点估计值。

**表 13-5 S&P500 股票价格指数收益率 GARCH(1，1)-in-Mean 模型的估计结果（标准差 GARCH）**

Dependent Variable：SP500RETURN
Method：ML ARCH-Normal distribution (BFGS/Marquardt steps)
Included observations：16 661 after adjustments
Convergence achieved after 31 iterations
Presample variance：backcast (parameter=0.7)
GARCH=C(4)+C(5)*RESID(-1)^2+C(6)*GARCH(-1)

| Variable | Coefficient | Std. Error | z-Statistic | Prob. |
|---|---|---|---|---|
| @SQRT(GARCH) | 0.093 | 0.022 | 4.147 | 0.000 |
| C | 0.000 | 0.000 | -0.794 | 0.427 |
| SP500RETURN(-1) | 0.074 | 0.008 | 8.977 | 0.000 |
| Variance Equation | | | | |
| C | 0.000 | 0.000 | 13.973 | 0.000 |
| RESID(-1)^2 | 0.094 | 0.002 | 42.445 | 0.000 |
| GARCH(-1) | 0.899 | 0.003 | 345.373 | 0.000 |
| R-squared | -0.008 | Mean dependent var | | 0.000 |
| Adjusted R-squared | -0.008 | S. D. dependent var | | 0.010 |
| S. E. of regression | 0.010 | Akaike info criterion | | -6.772 |
| Sum squared resid | 1.738 | Schwarz criterion | | -6.769 |
| Log likelihood | 56 417.590 | Hannan-Quinn criter. | | -6.771 |
| Durbin-Watson stat | 2.148 | | | |

**表 13-6 S&P500 股票价格指数收益率 GARCH(1，1)-in-Mean 模型的估计结果（方差的对数 GARCH）**

Dependent Variable：SP500RETURN
Method：ML ARCH-Normal distribution (BFGS/Marquardt steps)
Included observations：16 661 after adjustments
Convergence achieved after 39 iterations
Presample variance：backcast (parameter=0.7)
GARCH=C(4)+C(5)*RESID(-1)^2+C(6)*GARCH(-1)

| Variable | Coefficient | Std. Error | z-Statistic | Prob. |
|---|---|---|---|---|
| LOG(GARCH) | 0.000 | 0.000 | 3.831 | 0.000 |
| C | 0.004 | 0.001 | 4.382 | 0.000 |

续表

| | | | | |
|---|---|---|---|---|
| SP500RETURN(−1) | 0.074 | 0.008 | 9.002 | 0.000 |
| Variance Equation | | | | |
| C | 0.000 | 0.000 | 13.960 | 0.000 |
| RESID(−1)^2 | 0.094 | 0.002 | 42.460 | 0.000 |
| GARCH(−1) | 0.899 | 0.003 | 345.917 | 0.000 |
| R-squared | −0.008 | Mean dependent var | | 0.000 |
| Adjusted R-squared | −0.008 | S. D. dependent var | | 0.010 |
| S. E. of regression | 0.010 | Akaike info criterion | | −6.772 |
| Sum squared resid | 1.736 | Schwarz criterion | | −6.769 |
| Log likelihood | 56 416.260 | Hannan-Quinn criter. | | −6.771 |
| Durbin-Watson stat | 2.152 | | | |

## 13.4 非对称 GARCH 模型：TGARCH 与 EGARCH

### 13.4.1 非对称 GARCH 模型的背景介绍

在前面的介绍中，我们讨论了 GARCH 模型的基本形式以及 GARCH-in-Mean 模型的含义与形式。但是细心的读者可能会注意到，由于 GARCH 模型的方差等式中包含的变量均为平方项的形式，因此很可能忽略了正的冲击与负的冲击 $u_{t-i}$ 对当期条件方差的不同影响。也就是说，在 GARCH 模型

$$\begin{cases} y_t = \boldsymbol{x}'_t\phi + u_t, \quad u_t \sim N(0, \sigma_t^2) \\ \sigma_t^2 = \alpha_0 + \sum_{i=1}^{p}\alpha_i u_{t-i}^2 + \sum_{j=1}^{q}\beta_j\sigma_{t-j}^2 \end{cases}$$

中，由于 $(u_t)^2=(-u_t)^2=u_t^2$，所以，条件方差 $\sigma_t^2$ 无法区分正的和负的冲击可能造成的不同影响。

从前面的学习我们知道，如果 $y_t$ 代表金融资产收益率，那么 $u_t$ 在上面的 GARCH 模型中代表未预期到的收益（unexpected return）。而在金融市场上，金融资产收益率的条件方差对正的和负的未预期到的收益经常表现出不同的反应。例如，负的未预期到的收益常常造成较大的条件方差。这种现象可以称为未知收益对条件方差的非对称影响。

因此，在利用 GARCH 模型分析金融资产收益率的波动性问题时常常需要考虑到这种非对称影响，而非对称 GARCH 模型也就应运而生了。而这种非对称性的反应有时称为杠杆效应（leverage effect）。我们下面分别介绍两种典型的非对称 GARCH 模型，即 TGARCH 和 EGARCH 模型。

### 13.4.2 门限 GARCH 模型（TGARCH）

Glosten 等（1993）较早地提出了 TGARCH 模型的应用。所谓 TGARCH 模型，即门限 GARCH 模型，就是指利用虚拟变量（dummy variable）来设置一个门限（threshold)，用以区分正的和负的冲击对条件波动性的影响。

以 GARCH(1，1) 为例，要建立只有一个门限的 TGARCH 模型，首先，设立一个虚拟变量，满足以下条件，即

$$\begin{cases} I_{t-1}=0,\ u_{t-1}\geqslant 0 \\ I_{t-1}=1,\ u_{t-1}<0 \end{cases} \tag{13.41}$$

然后，设立 GARCH 模型的均值等式与方差等式，即

$$\begin{cases} y_t=\boldsymbol{x}'_t\phi+u_t, \quad u_t\sim N(0,\ \sigma_t^2) \\ \sigma_t^2=\alpha_0+\alpha_1 u_{t-1}^2+\alpha'_1 u_{t-1}^2 I_{t-1}+\beta_1\sigma_{t-1}^2 \end{cases} \tag{13.42}$$

注意，这里的方差等式考虑了不同正负值的冲击项对条件波动性的影响。如果将模型 (13.42) 中的方差等式明确地表示出来，可以写成

$$\begin{cases} \sigma_t^2=\alpha_0+\alpha_1 u_{t-1}^2+\beta_1\sigma_{t-1}^2,\ u_{t-1}\geqslant 0 \\ \sigma_t^2=\alpha_0+(\alpha_1+\alpha'_1)u_{t-1}^2+\beta_1\sigma_{t-1}^2,\ u_{t-1}<0 \end{cases} \tag{13.43}$$

在金融市场中，一种金融资产的收益率的波动性经常会显著地受到负的未预预期到的收益的影响。换言之，当出现没有预料到的损失或者出现利空消息时，收益率时序变量的波动性会明显增大。这与金融市场活动规律以及现实生活经验是基本一致的。

拓展阅读

金融资产收益率的 TGARCH(1，1) 模型估计结果

为了说明 TGARCH 模型的应用，我们使用前面不同的例子中曾经用到过的 S&P500 股票价格指数收益率、上海证券综合指数收益率和道琼斯工业平均指数收益率的日度数据，对各个收益率变量的 AR(1) 模型的残差序列进行 TGARCH(1，1) 模型估计，估计结果可扫码查看。

从估计结果综合来看，三种股票收益率表现出显著的 TGARCH 效应，TGARCH 项 [表中的 RESID(−1)^2 * (RESID(−1)<0) 项] 的点估计值均为正值，并且具有统计显著性。

从 TGARCH 模型的设立来看，如果 $\alpha'_1\neq 0$，那么 TGARCH 模型捕捉了一定的非对称性。当 $\alpha'_1=0$ 时，TGARCH 模型就变回一般的 GARCH 模型。不过，在一般的 GARCH 模型中，只要 $\alpha_1+\beta_1<1$，就可以确保模型系统具有恒定的无条件方差。而对于 TGARCH 模型，不难证明，必须满足下列条件，才能确保模型系统具有恒定的无条件方差，即

$$\alpha_1+\beta_1+0.5\alpha'_1<1$$

虽然以上讨论的内容是基于只有一个门限的 TGARCH(1，1) 模型的，但可以推广到含有多个门限的 TGARCH($q$，$p$) 模型，只要将模型 (13.42) 进行拓展，即

$$\begin{cases} y_t=\boldsymbol{x}'_t\phi+u_t, \quad u_t\sim N(0,\ \sigma_t^2) \\ \sigma_t^2=\alpha_0+\sum_{i=1}^{p}\alpha_i u_{t-i}^2+\sum_{j=1}^{q}\beta_j\sigma_{t-j}^2+\sum_{k=1}^{r}\alpha'_k u_{t-k}^2 I_{t-k} \end{cases} \tag{13.44}$$

其中，$k$ 代表门限个数，并且如果 $u_t<0$，则 $I_t=1$；如果 $u_t\geqslant 0$，则 $I_t=0$。

### 13.4.3 指数 GARCH 模型（EGARCH）

Nelson(1991) 提出了另一种非对称 GARCH 模型，即 EGARCH 模型。EGARCH 模型的全称为“exponential GARCH”，即指数 GARCH 模型，其方差等式分析的不是 $\sigma_t^2$，而是 $\ln(\sigma_t^2)$，并且分别使用均值等式的扰动项和扰动项的绝对值与扰动项的标准差之比来捕捉正负冲击给波动性带来的非对称影响。

简单的 EGARCH(1，1) 模型可以设立如下：

$$\begin{cases} y_t = \boldsymbol{x}_t'\phi + u_t, \quad u_t \sim N(0, \sigma_t^2) \\ \ln(\sigma_t^2) = \alpha_0 + \theta \dfrac{u_{t-1}}{\sigma_{t-1}} + \alpha_1 \dfrac{|u_{t-1}|}{\sigma_{t-1}} + \beta_1 \ln(\sigma_{t-1}^2) \end{cases} \tag{13.45}$$

从 EGARCH 的基本形式可以看出，$\ln(\sigma_t^2)$ 的值可能为正，也可能为负，但是在回复到方差的情况下，即 $\sigma_t^2 = \exp[\ln(\sigma_t^2)]$ 却又能保证方差为正值。这样，在 EGARCH 模型回归中，方差等式的系数就不再像一般的 GARCH 模型那样需要约束才能确保方差 $\sigma_t^2$ 为正值。

另外，EGARCH 模型的方差等式中包含 $\beta_1 \ln(\sigma_{t-1}^2)$ 项，当 $\beta_1$ 为正数时，就可以捕捉实证分析中经常观察到的波动性的持久性现象（集群现象）。而用来刻画非对称影响的因素是 $\theta \dfrac{u_{t-1}}{\sigma_{t-1}}$ 和 $\alpha_1 \dfrac{|u_{t-1}|}{\sigma_{t-1}}$。不难看出，这两项实际上是一种标准化了的随机扰动项，如果假设 $u_t \sim N(0, \sigma_t^2)$，那么 $\dfrac{u_{t-1}}{\sigma_{t-1}} \sim N(0, 1)$，即标准正态分布。

从式（13.45）可以看到，EGARCH 模型中的非对称性表现为

$$\begin{cases} \ln(\sigma_t^2) = \alpha_0 + (\alpha_1 + \theta) \dfrac{|u_{t-1}|}{\sigma_{t-1}} + \beta_1 \ln(\sigma_{t-1}^2), u_{t-1} > 0 \\ \ln(\sigma_t^2) = \alpha_0 + (\alpha_1 - \theta) \dfrac{|u_{t-1}|}{\sigma_{t-1}} + \beta_1 \ln(\sigma_{t-1}^2), u_{t-1} < 0 \end{cases} \tag{13.46}$$

显然，$\theta \dfrac{u_{t-1}}{\sigma_{t-1}}$ 项决定了条件方差（自然对数）是否具有非对称反应。如果 $\theta=0$，条件方差反应就是对称性的。以股票收益率为例，如果条件方差反应是对称性的，那么说明股票收益率的波动性不会随着利空、利好消息而出现不同的反应。反之，如果出现负面消息，即 $u_{t-1}<0$（注意 $\dfrac{u_{t-1}}{\sigma_{t-1}}$ 的正负号完全由 $u_{t-1}$ 的正负号决定，因为标准差一定为正），我们一般期望看到收益率的波动性增大。此时应该体现为

$$\theta \frac{u_{t-1}}{\sigma_{t-1}} > 0, \ u_{t-1} < 0 \tag{13.47}$$

当然，如果出现正面消息，即 $u_{t-1}>0$，我们期望看到收益率的波动性减小。此时应该体现为

$$\theta \frac{u_{t-1}}{\sigma_{t-1}} < 0, \ u_{t-1} > 0 \tag{13.48}$$

所以，如果要检验 EGARCH 模型中的非对称性是否存在，就要进行下列假设检验：

$$\begin{aligned} &H_0: \theta=0 \\ &H_A: \theta<0 \end{aligned} \tag{13.49}$$

同样，EGARCH(1，1) 模型可以拓展到更一般的 EGARCH($q$，$p$) 模型，即

$$\begin{cases} y_t = \boldsymbol{x}'_t\phi + u_t, \quad u_t \sim N(0, \sigma_t^2) \\ \ln(\sigma_t^2) = \alpha_0 + \sum_{k=1}^{r}\theta_k \dfrac{u_{t-k}}{\sigma_{t-k}} + \sum_{i=1}^{p}\alpha_i \dfrac{|u_{t-i}|}{\sigma_{t-i}} + \sum_{j=1}^{q}\beta_j \ln(\sigma_{t-j}^2) \end{cases} \tag{13.50}$$

下面，我们利用 S&P500 股票价格指数收益率数据进行 EGARCH(1，1) 模型的估计和检验，结果归纳在表 13－7 中。从估计结果来看，$\theta=0$ 的假设可以被拒绝，说明非对称性在此例中存在。

**表 13－7　S&P500 股票价格指数收益率的 EGARCH(1，1) 模型估计结果**

Dependent Variable: SP500RETURN
Method: ML ARCH-Normal distribution (BFGS/Marquardt steps)
Included observations: 16 661 after adjustments
Convergence achieved after 42 iterations
Presample variance: backcast (parameter=0.7)
LOG(GARCH)=C(3)+C(4)*ABS(RESID(−1)/@SQRT(GARCH(−1)))
+C(5)*RESID(−1)/@SQRT(GARCH(−1))+C(6)*LOG(GARCH(−1))

| Variable | Coefficient | Std. Error | z-Statistic | Prob. |
|---|---|---|---|---|
| C | 0.000 | 0.000 | 4.438 | 0.000 |
| SP500RETURN(−1) | 0.079 | 0.008 | 10.113 | 0.000 |
| Variance Equation | | | | |
| C(3) | −0.284 | 0.010 | −27.299 | 0.000 |
| C(4) | 0.151 | 0.004 | 34.901 | 0.000 |
| C(5) | −0.098 | 0.003 | −35.323 | 0.000 |
| C(6) | 0.982 | 0.001 | 1 083.279 | 0.000 |

| | | | |
|---|---|---|---|
| R-squared | −0.007 | Mean dependent var | 0.000 |
| Adjusted R-squared | −0.007 | S. D. dependent var | 0.010 |
| S. E. of regression | 0.010 | Akaike info criterion | −6.799 |
| Sum squared resid | 1.736 | Schwarz criterion | −6.796 |
| Log likelihood | 56 647.310 | Hannan-Quinn criter. | −6.798 |
| Durbin-Watson stat | 2.165 | | |

当然，这里例子中的检验是在设立了非对称性模型之后再进行检验，Engle 和 Ng (1993) 提出了更一般的 GARCH 模型设立检验（specification test），可以用来检验是否需要在一般的 GARCH 模型中加入非对称性因素。这种检验的基本思想如下：首先设立一般的 GARCH 模型，不包含任何非对称性因素，并获得残差序列 $u_t$ 和标准差序列 $\sigma_t$；然后定义 $\tilde{\omega}_t=u_t/\sigma_t$；进而进行以下回归：

$$\tilde{\omega}_t^2 = \zeta_0 + \zeta_1 m_t + e_t \tag{13.51}$$

其中，$m_t$ 表示信息集，包含可能与 $\bar{\omega}_t^2$ 相关的变量。如果要检验条件方差是否具有非对称反应，可以使用类似于式（13.41）的条件来定义 $m_t=I_t$。原假设是要检验 $m_t$ 对 $\bar{\omega}_t^2$ 没有任何解释力，即

$$\begin{array}{l}H_0: \zeta_1=0\\H_A: \zeta_1\neq 0\end{array} \tag{13.52}$$

所以，如果原假设成立，那么不存在波动性的非对称反应，从而应该使用一般的 GARCH 模型分析金融时序的波动性问题；反之，则可以选择合适的非对称 GARCH 模型来分析问题。

一般情况下，经常采用似然比（LR）检验来对式（13.52）进行检验，似然比统计量的定义为

$$\begin{cases}LR=TR^2\\LR\sim\chi^2(r)\end{cases} \tag{13.53}$$

其中，$T$ 为样本大小，$R^2$ 为辅助回归方程（13.51）回归后的拟合优度，$r$ 为服从卡方分布的统计量的自由度，等于信息集 $m_t$ 中变量的个数。当然，如果读者对 GARCH 模型的设立检验感兴趣，可以参阅 Engle 和 Ng(1993）的文献，获得更为详尽的内容。

## 13.5 其他 GARCH 模型

GARCH 模型在金融领域有着重要的应用，随着近年来金融市场的不断发展、金融工具的不断创新，GARCH 模型得到不断的发展，各种形式的 GARCH 模型不断出现。这里我们并不想穷尽所有的 GARCH 模型，主要介绍另外三种比较常用的 GARCH 模型，它们分别是 PGARCH 模型、CGARCH 模型和 QGARCH 模型。我们希望通过这几种不同拓展形式的 GARCH 模型，对有志于进一步深入研究 GARCH 模型的读者有一定启发。

### 13.5.1 PGARCH 模型

PGARCH 模型的出现要归功于 Taylor(1986)，Schwert(1989）以及 Ding、Granger 和 Engle(1993）的研究。这也是一种非对称 GARCH 模型，因此，PGARCH 模型在一些研究中还被称为非对称 PGARCH 模型，即 APGARCH(asymmetric PGARCH）模型。

PGARCH(1，1）模型的基本形式可以写成

$$\begin{cases}y_t=\boldsymbol{x}_t'\phi+u_t,\ u_t\sim N(0,\ \sigma_t^2)\\\sigma_t^h=\alpha_0+\alpha_1(|u_{t-1}|-\gamma_1 u_{t-1})^h+\beta_1\sigma_{t-1}^h\end{cases} \tag{13.54}$$

其中，$h$ 表示幂的值，非对称性由系数 $\gamma_1$ 捕捉，如果 $\gamma_1=0$，则模型中不存在非对称性因素。

更一般的含有多个门限的 PGARCH($q$，$p$）模型可以写成

$$\begin{cases} y_t = \boldsymbol{x}'_t \phi + u_t, \ u_t \sim N(0, \sigma_t^2) \\ \sigma_t^h = \alpha_0 + \sum_{i=1}^{p} \alpha_i (|u_{t-i}| - \gamma_i u_{t-i})^h + \sum_{j=1}^{q} \beta_j \sigma_{t-j}^h \end{cases} \tag{13.55}$$

其中，当 $i=1, 2, \cdots, r$ 时，$|\gamma_i| \leqslant 1$；在其他情况下 $\gamma_i = 0$，并且要求门限的个数不能超过 $p$，即 $r \leqslant p$。

为演示 PGARCH 模型的应用，表 13－8 给出了 S&P500 股票价格指数收益率的 PGARCH(1，1) 模型的估计结果。从表中的计量结果来看，在 S&P500 股票价格指数收益率的 PGARCH 模型中，非对称性是存在的。

**表 13－8　S&P500 股票价格指数收益率的 PGARCH(1，1) 模型估计结果**

Dependent Variable：SP500RETURN
Method：ML ARCH-Normal distribution (BFGS/Marquardt steps)
Included observations：16 661 after adjustments
Convergence achieved after 64 iterations
Presample variance：backcast (parameter＝0.7)
@SQRT(GARCH)^C(7)＝C(3)＋C(4)*(ABS(RESID(－1))－C(5)*RESID(－1))^C(7)
　＋C(6)*@SQRT(GARCH(－1))^C(7)

| Variable | Coefficient | Std. Error | z-Statistic | Prob. |
|---|---|---|---|---|
| C | 0.000 | 0.000 | 4.454 | 0.000 |
| SP500RETURN(－1) | 0.079 | 0.008 | 10.042 | 0.000 |
| | | Variance Equation | | |
| C(3) | 0.000 | 0.000 | 4.286 | 0.000 |
| C(4) | 0.081 | 0.003 | 27.385 | 0.000 |
| C(5) | 0.618 | 0.030 | 20.407 | 0.000 |
| C(6) | 0.918 | 0.002 | 384.432 | 0.000 |
| C(7) | 1.219 | 0.046 | 26.784 | 0.000 |

| | | | |
|---|---|---|---|
| R-squared | －0.007 | Mean dependent var | 0.000 |
| Adjusted R-squared | －0.007 | S. D. dependent var | 0.010 |
| S. E. of regression | 0.010 | Akaike info criterion | －6.800 |
| Sum squared resid | 1.736 | Schwarz criterion | －6.796 |
| Log likelihood | 56 650.770 | Hannan-Quinn criter. | －6.798 |
| Durbin-Watson stat | 2.165 | | |

## 13.5.2　CGARCH 模型

CGARCH 模型是成分 GARCH 模型（component GARCH）的简称，是由 Ding 和 Granger(1996) 以及 Engle 和 Lee(1999) 等人提出的一种 GARCH 模型。Engle、Sokalska 和 Chanda(2005) 将 CGARCH 的基本模型拓展到了向量形式的高频数据分析模型。我们这里集中介绍 CGARCH 模型的基本形式。

实际上，CGARCH 模型与一般的 GARCH 模型的主要区别在于对波动性的长期均值是否变化的假设不同。在一般的 GARCH 模型中，我们假设条件方差的均值是恒定不变的，即 $E(u_t^2) = E(\sigma_t^2) = \bar{Q}$，也就是均值回复的水平。而 CGARCH 模型不同，它假定条件方差的均值是随时间不断变化的。

所以，CGARCH 模型包含了三个回归等式。CGARCH（1，1）模型的基本形式可以写成

$$\begin{cases} y_t = x_t'\phi + u_t,\ u_t \sim N(0,\ \sigma_t^2) \\ Q_t = \bar{Q} + \rho(Q_{t-1} - \bar{Q}) + \phi(u_{t-1}^2 - Q\sigma_{t-1}^2) \\ \sigma_t^2 = Q_t + \alpha_1(u_{t-1}^2 - Q_{t-1}) + \beta_1(\sigma_{t-1}^2 - Q_{t-1}) \end{cases} \tag{13.56}$$

其中，$\bar{Q}$ 表示方差的期望所收敛到的均值水平，$Q_t$ 表示随时间变化的长期波动性水平（即条件方差的期望）。当然，也可以将模型（13.56）中的第 2 个等式代入第 3 个等式，从而获得我们熟悉的由均值等式与方差等式两个等式组成的系统。不过，在一些计量软件中，CGARCH 的估计结果以三个等式的形式分别报告，所以，这里介绍的 CGARCH 模型仍然按照三个等式的形式进行组织。

在 Ding 和 Granger(1996)，Engle 和 Lee(1999) 以及 Engle、Sokalska 和 Chanda(2005) 等的研究中，CGARCH 模型还可以加入非对称性影响，感兴趣的读者可以参阅相关文献。我们这里以最常见的 CGARCH 模型为例，利用 S&P500 股票价格指数收益率进行 CGARCH(1，1) 的回归估计，结果报告在表 13－9 中。读者可以对比这里 CGARCH 模型的估计结果与一般 GARCH 模型的估计结果，思考一下不同模型估计结果的含义的差别。

**表 13－9　S&P500 股票价格指数收益率的 CGARCH(1，1) 模型估计结果**

Dependent Variable：SP500RETURN
Method：ML ARCH-Normal distribution (BFGS/Marquardt steps)
Included observations：16 661 after adjustments
Convergence achieved after 65 iterations
Presample variance：backcast (parameter＝0.7)
Q＝C(3)＋C(4)*(Q(－1)－C(3))＋C(5)*(RESID(－1)^2－GARCH(－1))
GARCH＝Q＋C(6)*(RESID(－1)^2－Q(－1))＋C(7)*(GARCH(－1)－Q(－1))

| Variable | Coefficient | Std. Error | z-Statistic | Prob. |
|---|---|---|---|---|
| C | 0.001 | 0.000 | 9.394 | 0.000 |
| SP500RETURN(－1) | 0.077 | 0.008 | 9.113 | 0.000 |
| Variance Equation | | | | |
| C(3) | 0.000 | 0.000 | 5.016 | 0.000 |
| C(4) | 0.998 | 0.000 | 2 463.732 | 0.000 |
| C(5) | 0.026 | 0.003 | 9.463 | 0.000 |
| C(6) | 0.079 | 0.004 | 21.170 | 0.000 |
| C(7) | 0.886 | 0.006 | 146.372 | 0.000 |

| | | | |
|---|---|---|---|
| R-squared | －0.007 | Mean dependent var | 0.000 |
| Adjusted R-squared | －0.007 | S. D. dependent var | 0.010 |
| S. E. of regression | 0.010 | Akaike info criterion | －6.776 |
| Sum squared resid | 1.736 | Schwarz criterion | －6.773 |
| Log likelihood | 56 453.010 | Hannan-Quinn criter. | －6.775 |
| Durbin-Watson stat | 2.160 | | |

### 13.5.3　QGARCH 模型

QGARCH 模型是二次型 GARCH 模型（quadratic GARCH）的简称，是由 Engel(1990)、Campbell 和 Hentschel(1992) 以及 Sentana(1991，1995) 的研究不断发展和完善的，在 Wong 和 So(2007) 以及其他一些实证研究中得到应用。

实际上，QGARCH(1，1) 模型非常简单，其基本形式定义为

$$\begin{cases} y_t = \boldsymbol{x}'_t \phi + u_t, \quad u_t \sim N(0, \sigma_t^2) \\ \sigma_t^2 = \alpha_0 + \alpha_1 u_{t-1}^2 + \beta_1 \sigma_{t-1}^2 + \phi u_{t-1} \end{cases} \tag{13.57}$$

其中，方差等式中的 $\phi u_{t-1}$ 项用来捕捉非对称性。Sentana(1995) 的研究已经证明，QGARCH 模型与一般的 GARCH 模型非常相似，都具有恒定的无条件均值和方差。关于 QGARCH 模型的其他内容，读者可以参阅 Sentana(1995) 的原始文献，这里不是我们介绍的重点。

至此，本章比较全面地介绍了 ARCH 模型、GARCH 模型的各种形式，以及各种模型的相关属性和估计方法等内容。正如我们反复强调的，对 GARCH 模型的拓展研究现在仍然是一个非常活跃的领域。有志于在这一研究领域有所创新的读者可以参阅书中提到的文献，以及这些文献中提到的其他相关文献。另外，Bollerslev、Engle 和 Nelson(1994)，Engle(1994)，Bera 和 Higgins(1995)，Diebold 和 López(1995)，Engle(2001)，McAleer 和 Oxley(2003)，Andersen 等 (2003) 以及 Audrino 和 Trojani(2007) 的研究也是非常值得参考的。

## 练习 13

1. 考虑下面的 GARCH(1，1) 模型

$$\begin{cases} y_t = \boldsymbol{x}'_t \phi + u_t, \quad u_t \sim N(0, \sigma_t^2) \\ \sigma_t^2 = c + \alpha u_{t-1}^2 + \beta \sigma_{t-1}^2 \end{cases}$$

请证明该模型可以写成 ARCH(∞) 的形式。

2. 利用上海证券综合指数的日度数据估计以下模型：

(a)GARCH(1，1)-in-Mean；

(b)EGARCH；

(c)TGARCH(2，1)；

(d)PGARCH(1，1)；

(e)CGARCH(1，1)；

(f)QGARCH(1，1)。

3. 综合比较上题中用到的几种理论模型的相同点与差异点，并将其归纳成一张表格的形式。

第 14 章

# 非线性时间序列模型

**本章导读**

非线性时间序列模型在金融计量研究领域得到了广泛的重视。近年来，随着金融时间序列理论的不断发展，非线性模型的理论与应用也同样呈现出一派欣欣向荣、波澜壮阔的发展景象。虽然非线性时间序列模型的形式很多，但比较常用的是马尔可夫区制转移模型和门限模型。实际上，我们在第 13 章学习的非对称 GARCH 模型都可以划为非线性时间序列模型。由于 GARCH 模型在金融时序分析中的重要地位和金融计量学的历史发展等原因，我们已经将 GARCH 模型的各种形式，包括非线性 GARCH 模型，单独成章安排在第 13 章讲解。而本章则集中介绍马尔可夫区制转移模型和门限模型的相关内容。

## 14.1 非线性时间序列模型背景介绍

金融时间序列变量，特别是高频金融时间序列变量，经常表现出与较低频率的时间序列变量明显不同的特征，我们在第 13 章已经进行过介绍。对高频金融数据进行建模，往往与一般的时间序列分析方法存在差别，特别是当考虑到金融资产收益率问题时，我们经常需要使用非线性模型来分析问题。

这是因为，随着时间的推移，宏观政策的调整和经济结构的可能变化会导致计量模型内的系数发生变化。换言之，不同时期或者区制（regime）对应的模型系数可能会发生改变。而捕捉这种系数变化的重要模型之一就是带有状态变量的区制转移模型。在这样的一些模型当中，模型中的系数可以随状态的改变而变化，状态或者区制的变化由状态变量决定。在计量经济学发展的历史长河中，区制转移模型的思想在 20 世纪 50 年代就开始有所体现了，例如 Quandt（1958）以及 Goldfeld 和 Quandt（1973）的早期研究。而 Hamilton（1989）的文献又被公认为是区制转移模型特别是马尔可夫区制转移模型的具有分水岭意义的研究。之后，Robertson 等（1977），Lam（1990），Schwert（1996），Garcia 和 Perron（1999），Raymond 和 Rich（1997），Nelson 等（2000），以及 Kim 等（2003）等的研究又进一步推动了非线性时序模型中的区制转移模型在实际中的应用。

时至今日，马尔可夫区制转移模型等非线性时间序列模型在金融计量领域有着重要应用。关于使用非线性时间序列模型分析高频金融数据的问题，Franses 和 van Dijk（2000）

有专门的阐述。而非线性模型的一个重要表象就是可能出现“状态”（state）的转变。这种状态的转变，有时候也被称为“区制”的转变，可以用来捕捉金融时间序列模型中可能存在的结构性变化。最常见的区制转移模型当属马尔可夫区制转移（Markov regime switching，MRS）模型。MRS 模型一般用来捕捉多个结构转变的情况，其使用的基本理论之一是概率论中的贝叶斯法则（Bayesian rule）。当然，有时候结构转变可能只出现一次，在这种情况下，经常使用平滑转移自回归（smooth transition autoregressive，STAR）模型来分析问题。我们下面分别针对 MRS 模型和 STAR 模型等进行介绍。

## 14.2　马尔可夫区制转移模型

### 14.2.1　背景介绍

近年来，非线性模型的发展使得其在经济和金融时间序列分析领域得到了越来越广泛的应用，特别是区制转移模型，在经济、金融领域得到了越来越多的重视。例如，马尔可夫区制转移（MRS）模型可以用来分析宏观经济周期。所谓经济周期，就是指宏观经济中经济繁荣和衰退不断交替出现的周期性变化。

Hamilton（1989）应该算得上是 MRS 模型的开创性文献，而且利用 Hamilton 的马尔可夫区制转移模型获得的经济周期与美国国家经济研究局（National Bureau of Economic Research，NBER）给出的经济周期基本上是吻合的。图 14－1 描述了 NBER 公布的美国经济周期情况。

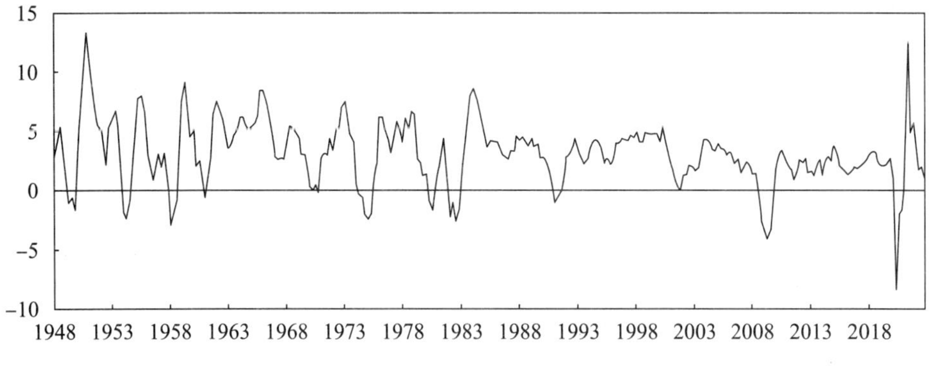


**图 14－1　美国经济增长周期图示（更新至 2022 年）**

基于 Hamilton 的这项重要贡献，马尔可夫区制转移模型在学界也经常被称为 Hamilton 模型。正如前面的介绍，在 MRS 模型中，区制有时候也称为“状态”。比较简单的一种情况是存在两种状态的情形，分别以 $s_t=0$ 和 $s_t=1$ 来表示两种不同的状态。例如，在经济周期分析中，可以设 $s_t=0$ 对应经济衰退状态，而设 $s_t=1$ 对应经济扩张状态。

### 14.2.2　马尔可夫区制转移概率问题

MRS 模型所表示的内容是不同时期的不同状态。例如，以两个状态或者说区制为例，我们需要弄清楚在不同时间，如 $t-1$ 时刻和 $t$ 时刻，不同区制对应的概率函数。为方便讨论，我们以研究对象是相邻两期之间区制转移的一阶 MRS 模型为例，说明转移概率的相关知识。

在只涉及两个状态的 MRS 模型中，转移概率的定义可以写成如下形式，即

$$\begin{cases}\Pr(s_t=1\mid s_{t-1}=1)=p\\ \Pr(s_t=0\mid s_{t-1}=1)=1-p\\ \Pr(s_t=0\mid s_{t-1}=0)=q\\ \Pr(s_t=1\mid s_{t-1}=0)=1-q\end{cases} \tag{14.1}$$

其中，Pr(　) 表示概率（probability）。根据这个定义，我们知道，如果处在状态 1 下（$s_{t-1}=1$），那么下一期仍然停留在这个状态下的概率是 $p$；而如果处在状态 0 下（$s_{t-1}=0$），那么下一期仍然停留在这个状态下的概率是 $q$。根据这个逻辑，就不难理解式（14.1）中的另外两个等式。

为表达方便，有时候也可以把式（14.1）中描述的几种情况下的概率用矩阵表示，即

$$\boldsymbol{P}=\begin{pmatrix} p & 1-q\\ 1-p & q\end{pmatrix} \tag{14.2}$$

这里，由不同状态下对应的概率所组成的矩阵 $\boldsymbol{P}$，称为转移矩阵，因为它描述了不同区制间的转移情况。

当然，式（14.1）也可以写成等同的另外一种形式，即

$$\begin{aligned}&\Pr(s_t=1\mid s_{t-1}=1)=p_{11}\\ &\Pr(s_t=2\mid s_{t-1}=1)=p_{21}\\ &\Pr(s_t=2\mid s_{t-1}=2)=p_{22}\\ &\Pr(s_t=1\mid s_{t-1}=2)=p_{12}\end{aligned} \tag{14.3}$$

实际上，式（14.3）的这种表达形式给出了状态变量 $s_t$ 与所谓的马尔可夫链（Markov chain）的联系，而马尔可夫链的定义可以写成

$$\Pr(s_t=j\mid s_{t-1}=i)=p_{ji} \tag{14.4}$$

从上面的介绍不难看出，一阶 MRS 模型在 $t$ 时刻的状态 $s_t$ 只与 $t-1$ 时刻的状态 $s_{t-1}$ 有关。当然，如果我们研究高阶 MRS 模型，那么 $s_t$ 与 $t-i$ 期（$i>1$）的状态就都有关系。我们之所以介绍一阶 MRS 模型对应的转移概率和转移矩阵的概念，是因为在实际应用中一阶 MRS 模型在金融领域使用得更广泛。

### 14.2.3 马尔可夫区制转移模型介绍

在学习马尔可夫区制转移模型的过程中经常从简单的 AR 模型开始，所以我们先介绍区制转移 AR（regime switching AR）模型，并且仍然以一阶 MRS 模型为主。所谓区制转移 AR 模型，就是指利用 MRS 模型的思想来分析存在结构变化的自回归模型。例如，在 AR 模型的学习中，我们曾经介绍过，一个平稳的 AR(1) 模型

$$y_t=c+\alpha y_{t-1}+\varepsilon_t \tag{14.5}$$

可以写成去除均值的形式，即

$$y_t-\mu=\alpha(y_{t-1}-\mu)+\varepsilon_t \tag{14.6}$$

其中，$E(y_t)=\mu$ 表示序列的均值。这是在平稳AR模型中均值 $E(y_t)=\mu$ 恒定不变的情况下得到的结论。但是，如果存在区制转移，例如 $y_t$ 的均值随区制不同而不同，即

$$E(y_t)=\mu_{st} \tag{14.7}$$

那么，AR模型（14.6）就变成

$$y_t-\mu_{st}=\alpha(y_{t-1}-\mu_{st})+\varepsilon_t \tag{14.8}$$

除了均值随区制不同而发生变化外，还有一种可能的情况就是AR模型（14.5）中的截距项因区制的不同而不同，即

$$y_t=c_{st}+\alpha y_{t-1}+\varepsilon_t \tag{14.9}$$

另外，区制转移AR模型还可以表现为AR模型中所有系数以及扰动项的方差均因区制的不同而不同。此时，我们可以将这种区制转移AR模型写成

$$\begin{cases}y_t=c_0+\phi_0 y_t+\varepsilon_{t0},\ \varepsilon_{t0}\sim\text{i. i. d.}(0,\sigma_0^2),\ s_t=0\\ y_t=c_1+\phi_1 y_t+\varepsilon_{t1},\ \varepsilon_{t1}\sim\text{i. i. d.}(0,\sigma_1^2),\ s_t=1\end{cases} \tag{14.10}$$

当然，区制转移AR模型只是马尔可夫区制转移模型的一种特殊形式。在更一般的情况下，区制转移模型可以写成如下形式

$$\begin{cases}Y_t=\boldsymbol{X}_t'\beta_0+\varepsilon_{t0},\ \varepsilon_{t0}\sim\text{i. i. d.}(0,\sigma_0^2),\ s_t=0\\ Y_t=\boldsymbol{X}_t'\beta_1+\varepsilon_{t1},\ \varepsilon_{t1}\sim\text{i. i. d.}(0,\sigma_1^2),\ s_t=1\end{cases} \tag{14.11}$$

其中，$Y_t$，$\boldsymbol{X}_t'$和$\beta_i$（$i=0$，1）分别表示因变量、自变量矩阵以及系数。

## 14.2.4　状态变量的属性

MRS模型中区制（状态）的久期、区制的期望、区制的预测是状态变量属性中最重要的几个方面，我们下面分别进行介绍。

**1. 区制的久期**

区制的久期（duration）就是指在某个区制或者状态下持续的时间长度。利用区制的久期可以衡量模型在不同状态下持续的时间。例如，从式（14.1）可以看出，对于 $s_t=1$，概率 $p$ 的值越高，从当前的状态“1”转换到状态“0”的可能性越小。

举例来说，如果变量 $y_t$ 表示经济增长率变量，并假设 $s_t=0$ 表示经济衰退状态，而 $s_{t+1}=1$ 对应经济扩张状态，那么，当 $y_t$ 从 $s_t=0$ 转移到 $s_{t+1}=1$ 的状态时，就代表着经济从 $t$ 期的衰退状态转变到了 $t+1$ 期的扩张状态。在进入下一个衰退状态之前，扩张状态持续的时间就是 $s_{t+1}=1$ 对应的久期。

在这个例子中，$t+1$ 期标志着扩张状态的开始，假定这样的状态持续到 $t+i$ 期为止，则

$$s_{t+1}=s_{t+2}=\cdots=s_{t+i}=1,\ s_{t+i+1}=0$$

所以，区制“1”久期的期望可以写成

$$\begin{aligned} E(duration_1) &= \sum_{i=1}^{\infty} i \times \Pr(s_{t+1}=1, \cdots, s_{t+i}=1, s_{t+i+1}=0) \\ &= 1\times(1-p)+2\times p(1-p)+3\times p^2(1-p)+\cdots \\ &= (1-p)(1+2p+3p^2+\cdots) \\ &= (1-p)(1+p+p^2+\cdots+p+p^2+\cdots+p^2+\cdots) \\ &= (1-p)\left(\frac{1}{1-p}+\frac{p}{1-p}+\frac{p^2}{1-p}+\cdots\right) \\ &= 1+p+p^2+\cdots \\ &= \frac{1}{1-p} \end{aligned} \tag{14.12}$$

同理，如果假设 $s_{t+1}=s_{t+2}=\cdots=s_{t+j}=0$，$s_{t+j+1}=1$，就可以求出区制“0”久期的期望，即

$$\begin{aligned} E(duration_0) &= \sum_{j=1}^{\infty} j \times \Pr(s_{t+1}=0, \cdots, s_{t+j}=0, s_{t+j+1}=1) \\ &= 1\times(1-q)+2\times q(1-q)+3\times q^2(1-q)+\cdots \\ &= \frac{1}{1-q} \end{aligned} \tag{14.13}$$

这样，如果我们知道转移矩阵（14.2）中对角线上任何一个元素，即可求得经济衰退状态或者经济扩张状态的久期的期望。例如，当 $p=0.95$，并且分析的是季度数据时，则经济扩张状态久期的期望为 $1/(1-0.95)=20$ 个季度。也就是说，当区制转移概率 $p=0.95$ 时，经济扩张状态有望持续 5 年。另外，如果我们知道了转移概率 $q$，则可以求得经济衰退状态的久期。例如，$q=0.75$，则经济衰退状态久期的期望为 $1/(1-0.75)=4$ 个季度。这样，由连续的一个扩张状态和衰退状态就组成了一个总共为 6 年的经济周期。

**2. 区制的期望**

关于区制或者说状态变量的期望，实际上分为条件期望和无条件期望。我们先来讨论简单的条件期望，然后在介绍区制的向量表示形式之后再介绍无条件期望。

我们知道，在两个区制的情况下，区制的取值只有 0 和 1，所以在给定一个区制的条件下，就可以确定另一个区制对应的期望值。例如，如果 $s_{t-1}=1$，那么从式（14.1）可知，$s_t=1$ 与 $s_t=0$ 的概率分别是 $p$ 和 $1-p$。

这样，状态 $s_t$ 的条件期望可以写成

$$\begin{aligned} E(s_t \mid s_{t-1}=1) &= \sum_{s_t=0}^{1} s_t \times \Pr(s_t \mid s_{t-1}=1) \\ &= 0\times(1-p)+1\times p \\ &= p \\ &= \Pr(s_t=1 \mid s_{t-1}=1) \end{aligned} \tag{14.14}$$

当然，如果 $s_{t-1}=0$，那么 $s_t=1$ 与 $s_t=0$ 的概率分别是 $1-q$ 和 $q$，从而

$$
\begin{aligned}
E(s_t \mid s_{t-1}=0) &= \sum_{s_t=0}^{1} s_t \times \Pr(s_t \mid s_{t-1}=0) \\
&= 0 \times q + 1 \times (1-q) \\
&= 1-q \\
&= \Pr(s_t=1 \mid s_{t-1}=0)
\end{aligned} \tag{14.15}
$$

我们上面的介绍都是基于一维的情况，有时候可以利用以向量表示的区制形式，特别是向量自回归（VAR）形式来表示 MRS 模型的区制矩阵。例如，定义如下矩阵

$$
\boldsymbol{S}_t = \begin{pmatrix} s_t \\ 1-s_t \end{pmatrix} \tag{14.16}
$$

进而，

如果 $s_t=1$，则 $\boldsymbol{S}_t=\begin{pmatrix}1\\0\end{pmatrix}$

如果 $s_t=0$，则 $\boldsymbol{S}_t=\begin{pmatrix}0\\1\end{pmatrix}$

有了这些内容的铺垫，再结合转移概率矩阵（14.2），可以获得下列关系，即当 $s_{t-1}=1$ 时，则有

$$
E(\boldsymbol{S}_t \mid \boldsymbol{S}_{t-1}) = \begin{pmatrix} p & 1-q \\ 1-p & q \end{pmatrix} \begin{pmatrix}1\\0\end{pmatrix} = \begin{pmatrix} p \\ 1-p \end{pmatrix} \tag{14.17}
$$

同时，利用式（14.16）可知

$$
\boldsymbol{S}_{t-1} = \begin{pmatrix} s_{t-1} \\ 1-s_{t-1} \end{pmatrix} \tag{14.18}
$$

再结合式（14.14）和式（14.15）的知识，可以得到下面的关系

$$
E(\boldsymbol{S}_t \mid \boldsymbol{S}_{t-1}) = \boldsymbol{P}\boldsymbol{S}_{t-1} \tag{14.19}
$$

因为式（14.19）是期望的形式，所以可以定义一个随机扰动项 $\boldsymbol{V}_t$，使得 $\boldsymbol{V}_t$ 满足

$$
\boldsymbol{V}_t = \boldsymbol{S}_t - E(\boldsymbol{S}_t \mid \boldsymbol{S}_{t-1}) \tag{14.20}
$$

这样，可以把式（14.19）重新写成 VAR(1) 模型的形式，即

$$
\boldsymbol{S}_t = \boldsymbol{P}\boldsymbol{S}_{t-1} + \boldsymbol{V}_t \tag{14.21}
$$

当 $s_{t-1}=1$ 时，$\boldsymbol{S}_{t-1}=\begin{pmatrix}1\\0\end{pmatrix}$。此时，可以把式（14.21）写成

$$
\begin{pmatrix} s_{1t} \\ s_{2t} \end{pmatrix} = \begin{pmatrix} p & 1-q \\ 1-p & q \end{pmatrix} \begin{pmatrix}1\\0\end{pmatrix} + \begin{pmatrix} v_{1t} \\ v_{2t} \end{pmatrix} \tag{14.22}
$$

另外，从式（14.20）可以知道

$$
E(\boldsymbol{V}_t \mid \boldsymbol{S}_{t-1}) = E\{[\boldsymbol{S}_t - E(\boldsymbol{S}_t \mid \boldsymbol{S}_{t-1})] \mid \boldsymbol{S}_{t-1}\}
$$

$$
\begin{aligned}
&= E(\boldsymbol{S}_t \mid \boldsymbol{S}_{t-1}) - E[E(\boldsymbol{S}_t \mid \boldsymbol{S}_{t-1})] \\
&= E(\boldsymbol{S}_t \mid \boldsymbol{S}_{t-1}) - E(\boldsymbol{S}_t \mid \boldsymbol{S}_{t-1}) \\
&= \boldsymbol{0}
\end{aligned}
\tag{14.23}
$$

在一阶 MRS 模型中，我们还可以得到比式（14.23）更一般的结论，即

$$E(\boldsymbol{V}_t \mid \boldsymbol{S}_{t-i}) = \boldsymbol{0},\ i>0 \tag{14.24}$$

对于式（14.22），当 $s_t=1$ 时，有

$$\begin{cases} v_{1t} = 1-p \\ v_{2t} = -(1-p) \end{cases} \tag{14.25}$$

而当 $s_t=0$ 时，有

$$\begin{cases} v_{1t} = -p \\ v_{2t} = p \end{cases} \tag{14.26}$$

所以，在任何情况下，$v_{1t}=-v_{2t}$ 这个关系总成立。

上面的内容是关于区制的条件期望，而有时候也会用到无条件期望。无条件期望 $E(s_t)$ 对应的是其中一个状态的期数占总状态期数的比例。我们知道，对于只有两个状态的 MRS 模型来说，在每一个时刻只有一个状态，也只有一个扰动项。从式（14.16）和式（14.21）我们得到

$$\begin{pmatrix} s_t \\ 1-s_t \end{pmatrix} = \begin{pmatrix} p & 1-q \\ 1-p & q \end{pmatrix} \begin{pmatrix} s_{t-1} \\ 1-s_{t-1} \end{pmatrix} + \begin{pmatrix} v_{1t} \\ v_{2t} \end{pmatrix} \tag{14.27}$$

这个 VAR 模型系统对应的两个子等式给出的是

$$s_t = (1-q) + (p+q-1)s_{t-1} + v_t \tag{14.28}$$

不难证明，因为概率 $p$ 和 $q$ 都介于 0 与 1 之间，所以

$$-1 \leqslant p+q-1 \leqslant 1 \tag{14.29}$$

对于式（14.29），不等式两端的情形（$-1$ 和 1）分别对应的是两个特殊情况。当 $p+q-1=-1$ 时，对应的是 $p$ 和 $q$ 都为 0 的情况。在这种情况下，每个时刻都发生区制转移。而当 $p+q-1=1$ 时，对应的是 $p$ 和 $q$ 都为 1 的情况。此时不再发生区制转移。

除了这两种极端情况之外，式（14.28）是平稳序列。利用 AR 模型的性质，我们可以获得状态 $s_t=1$ 的无条件期望，即

$$E(s_t) = \frac{1-q}{1-(p+q-1)} \tag{14.30}$$

举例来说，当 $p=0.95$，$q=0.75$ 时，$E(s_t)=5/6$。也就是说，经济扩张状态的期数占了总状态期数的 80%左右。

**3. 区制的预测**

对区制或者状态的预测，需要利用到 VAR(1) 模型（14.21）。假定到样本断点 $T$ 期，$s_T$ 已知。要预测未来 $h$ 期之后的状态。可以利用式（14.21）以及第 10 章介绍的 VAR 模

型的属性，得到下列等式

$$\boldsymbol{S}_{T+h}=\boldsymbol{P}^h\boldsymbol{S}_T+\boldsymbol{V}_{T+h}+\boldsymbol{P}\boldsymbol{V}_{T+h-1}+\cdots+\boldsymbol{P}^{h-1}\boldsymbol{V}_{T+1} \tag{14.31}$$

因为由式（14.24）可知 $E(\boldsymbol{V}_t \mid \boldsymbol{S}_{t-i})=\mathbf{0}$（$i>0$），所以

$$E(\boldsymbol{S}_{T+h}|\boldsymbol{S}_T)=\boldsymbol{P}^h\boldsymbol{S}_T \tag{14.32}$$

例如，对未来 2 期的预测就是

$$E(\boldsymbol{S}_{T+2}|\boldsymbol{S}_T)=\boldsymbol{P}^2\boldsymbol{S}_T=\begin{pmatrix}p^2+(1-p)(1-q) & p(1-q)+q(1-q)\\(1-p)p+q(1-p) & (1-q)(1-p)+q^2\end{pmatrix}\begin{pmatrix}s_{1t}\\s_{2t}\end{pmatrix}$$

从前面的内容我们已经知道，矩阵 $\boldsymbol{P}^h$ 的第一列考虑的是状态“1”，而第二列对应的是状态“0”。所以，如果假设现在处在状态 1，那么未来 2 期转移概率可以分别计算为

$$\Pr(s_{T+2}=1|s_T=1)=p^2+(1-p)(1-q)$$

和

$$\Pr(s_{T+2}=0|s_T=1)=(1-p)p+q(1-p)$$

### 14.2.5　区制的推断问题

我们知道，在实际中，我们并不清楚到底处于哪一个区制。我们能够观测到的是序列 $y_t$，而 $y_t$ 的性质又依赖于区制。例如，对于经济周期问题，我们经常会考虑当前是处在经济衰退状态还是经济扩张状态，对于金融市场而言，对应的可能就是熊市与牛市的不同状态。例如，2007 年上半年中国股票市场迅猛发展，大家一致认为股市在这段时间是处于牛市的。

那么在实践当中，我们经常需要利用能够观测到的序列来推断真正的区制处于什么情况。而这样的推断过程经常是以概率形式出现的。我们下面要介绍的内容实际上用到了统计学中的贝叶斯定理，即

$$\Pr(A|B)=\frac{\Pr(A\cap B)}{\Pr(B)}=\frac{\Pr(B|A)\Pr(A)}{\Pr(B)} \tag{14.33}$$

其中，$\cap$表示交集。

假设 $I_T$ 代表到样本端点时刻 $T$ 时的所有信息集，例如，可以是序列 $y_t=\{y_1, y_2, \cdots, y_T\}$。假定要推断出 $\Pr(s_T=1 \mid I_T)$，例如我们希望利用手中已有的样本序列，判断出当前的股市是牛市还是熊市，或者更难判断的经济衰退状态与经济扩张状态。假定有两个状态或者说区制，关系为 $\Pr(s_T=0 \mid I_T)=1-\Pr(s_T=1 \mid I_T)$。

为了简化分析，假定序列 $y_t$ 的初始值 $y_0$ 已知，并且在 $t$ 时刻，区制为 $s_0=1$。这样，在 0 时刻的信息集为 $I_0$，从而有

$$\Pr(s_1=1|s_0)=p$$
$$\Pr(s_1=0|s_0)=1-p$$

这样，利用贝叶斯定理的公式（14.33），我们可以得到下面的关系式，即

$$\Pr(s_1=1|I_1)=\frac{f(y_1|s_1=1, I_0)\times\Pr(s_1=1|I_0)}{f(y_1|I_0)}$$
$$=\frac{f_1(y_1)\times\Pr(s_1=1|s_0)}{f(y_1|I_0)} \tag{14.34}$$

其中，$f_1(y_1)=f(y_1|s_1=1, I_0)$表示在状态 $s_1=1$ 下 $y_1$ 的概率密度函数。$\Pr(s_1=1|I_0)=\Pr(s_1=1|s_0)$是因为 $s_t$ 只与 $s_{t-1}$有关。由于 $s_1$ 只能取 0 或者 1，所以 $f(y_1|I_0)$可以通过分别与这两个可能取值对应的两个联合概率密度函数的和来取得，即

$$f(y_1 \mid I_0)=\sum_{s_1=0}^{1} f(y_1, s_1 \mid I_0)$$
$$=\sum_{s_1=0}^{1} f(y_1 \mid s_1, I_0)\times\Pr(s_1 \mid s_0)$$
$$=p\times f_1(y_1)+(1-p)\times f_0(y_1) \tag{14.35}$$

当我们考虑更一般的情况时，则可以把式（14.34）拓展为

$$\Pr(s_t=1|I_t)=\frac{f_t(y_t)\times\Pr(s_t=1|I_{t-1})}{f(y_t|I_{t-1})} \tag{14.36}$$

其中，

$$\Pr(s_1=1 \mid I_{t-1})=\sum_{s_{t-1}=0}^{1}\Pr(s_t=1, s_{t-1} \mid I_{t-1})$$
$$=\sum_{s_{t-1}=0}^{1}\Pr(s_{t-1} \mid I_{t-1})\times\Pr(s_t=1 \mid s_{t-1}) \tag{14.37}$$

$$f(y_t \mid I_{t-1})=\sum_{s_t=0}^{1} f(y_t, s_t \mid I_{t-1})$$
$$=\sum_{s_t=0}^{1} f_{s_t}(y_t)\times\Pr(s_t \mid I_{t-1})$$
$$=\sum_{s_t=0}^{1} f_{s_t}(y_t)\sum_{s_{t-1}=0}^{1}\Pr(s_{t-1} \mid I_{t-1})\times\Pr(s_t \mid s_{t-1}) \tag{14.38}$$

我们可以通过式（14.36）到式（14.38）来获得 $t=1, 2, \cdots, T$ 的概率 $\Pr(s_t=j|I_t)$，$j=0, 1$。这种概率一般被称为区制的滤波概率。而与滤波概率相对的另一个相关的概率是平滑概率，定义为 $\Pr(s_t=j|I_T)$，$j=0, 1, T>t$。在 MRS 模型的应用中，平滑概率有着极为重要的作用。

### 14.2.6 马尔可夫区制转移模型的估计与假设检验

由于 MRS 模型的估计含有不能观测到的状态变量，所以涉及非线性估计问题。为介绍 MRS 模型的估计，我们以两个区制的 MRS 过程式（14.11）为例，说明计量估计的过程以及如何进行假设检验。对于模型（14.11），即

$$\begin{cases} Y_t=\boldsymbol{X}_t'\beta_0+\varepsilon_{t0}, \ \varepsilon_{t0}\sim \text{i. i. d.}(0, \sigma_0^2), \ s_t=0 \\ Y_t=\boldsymbol{X}_t'\beta_1+\varepsilon_{t1}, \ \varepsilon_{t1}\sim \text{i. i. d.}(0, \sigma_1^2), \ s_t=1 \end{cases}$$

我们已经介绍过，状态 $s_t$ 由马尔可夫链式（14.4）决定，即

$$\Pr(s_t=j\mid s_{t-1}=i)=p_{ji}$$

基于以上模型，我们下面介绍如何估计 MRS 模型。假定我们考虑的序列为 $y_t$，样本大小为 $T$，其条件密度函数（conditional density function）是 $f(y_t\mid Y_{t-1};\boldsymbol{\theta})$，其中 $Y_{t-1}=\{y_{t-1}, y_{t-2}, \cdots\}$，$\boldsymbol{\theta}$ 表示待估计的系数矩阵。注意，为书写方便，在下面的介绍过程中，条件密度函数中的 $\boldsymbol{\theta}$ 将省略。

在简单的两个状态的 MRS 模型中，假定区制转移发生在 $T_1$，对于前 $T_1$ 个观测值，对应的密度函数为 $f(y_t\mid s_t=1, Y_{t-1})$；对于剩下的 $T-T_1$ 个观测值，对应的密度函数为 $f(y_t\mid s_t=0, Y_{t-1})$。这样，与 MRS 模型对应的似然函数就是：

$$\prod_{t=0}^{T1} f(y_t\mid s_t=1, Y_{t-1})\prod_{t=T1+1}^{T} f(y_t\mid s_t=0, Y_{t-1}) \tag{14.39}$$

其中 $\prod$ 表示连乘符号。

以模型（14.11）为例，如果假设扰动项服从正态分布，那么两个区制对应的密度函数可以写成

$$f(y_t\mid s_t=i, Y_{t-1})=\frac{1}{\sqrt{2\pi\sigma_i^2}}\exp\left[-\frac{(\varepsilon_{ti})^2}{2\sigma_i^2}\right] \tag{14.40}$$

在前面我们已经提到过，状态变量实际上是一个随机变量，其分布情况是观测不到的。所以式（14.39）中的似然函数不能使用 $f(y_t\mid s_t, Y_{t-1})$，我们需要将这个密度函数中的未知状态变量消掉，而使用 $f(y_t\mid Y_{t-1})$。现在，利用我们介绍过的平滑概率和条件密度函数，可以获得

$$f(y_t\mid Y_{t-1})=\sum_{s_t=0}^{1} f(y_t\mid s_t, Y_{t-1})\Pr(s_t\mid Y_{t-1}) \tag{14.41}$$

这样，通过加总所有可能的状态变量值，就获得了 $f(y_t\mid Y_{t-1})$。我们可以获得条件似然函数，即

$$\prod_{t=1}^{T} f(y_t\mid Y_{t-1})=\prod_{t=1}^{T}\sum_{s_t=0}^{1} f(y_t\mid s_t, Y_{t-1})\Pr(s_t\mid Y_{t-1}) \tag{14.42}$$

我们假定条件概率 $\Pr(s_t\mid Y_{t-1})$ 为固定值，这样也就是把它也看作一个系数。如果仍然假设扰动项服从正态分布，则似然函数可以写成

$$L=\prod_{t=1}^{T}\sum_{s_t=0}^{1}\frac{1}{\sqrt{2\pi\cdot\sigma_{s_t}^2}}\cdot\exp\left(-\frac{\varepsilon_t^2}{2\sigma_{s_t}^2}\right)\Pr(s_t\mid Y_{t-1})$$

下面我们举例说明。假设我们研究的序列 $y_t$ 可以使用一个 AR($p$) 模型来刻画其动态过程，并且该 AR 模型为一个马尔可夫过程，AR 模型的系数、均值和方差都出现区制转移，即

$$y_t=\mu_{s_t}+\sum_{i=1}^{p}\phi_{i,s_t}y_{t-i}+u_t,\ u_t\sim \text{i. i. d.}\ N(0, \sigma_{s_t}^2)$$

密度函数就可以写成

$$f(y_t|s_t, Y_{t-1})=\frac{1}{\sqrt{2\pi\sigma_{s_t}^2}}\exp\left(-\frac{u_t^2}{2\sigma_{s_t}^2}\right)=f(y_t|s_t, y_{t-1}, \cdots, y_{t-p})$$

从而可以进一步获得模型（14.42）对应的条件似然函数。

在获得了似然函数之后，对于一个 MRS 模型，其估计方法可以使用准极大似然估计（quasi-maximum likelihood estimation，QMLE）。当然，在估计过程中，除了模型中的系数之外，平滑概率也是一个需要估计的变量。在 QMLE 过程中，一般要涉及非线性优化的循环算法，并且在循环算法一开始还需要设立最初的“猜测值”来分配序列 $y_t$，使 $t=1, 2, \cdots, T$ 个观测值分别属于状态 $s_t=1$ 和 $s_t=0$，然后利用循环机制获得 QMLE 结果。

如果 QMLE 失败，那么很可能是因为初始赋值不当，造成多个局部最优点，使得循环过程无法判断总体最优点。如果发生这种情况，那么可以重新尝试不同的初始赋值，再进行估计，直到获得满意的结果为止。

实际上，对于 MRS 模型的非线性估计，如 QMLE，经常使用的是统计学中的一种“最大期望”（expectation-maximization，EM）算法。EM 算法一般用于含有不可观测变量（如状态变量）的概率模型中的似然估计。

不难看出，非线性估计过程，尤其是 MRS 模型的非线性估计过程，要比 OLS 估计复杂和困难得多。一般来说，这样的模型的估计需要在 GAUSS 等具有比较灵活的编程能力的金融计量编程工具中实现。

在模型的系数估计出来之后，一般情况下我们可以利用传统的假设检验方法，检验模型中各个系数的显著性。

## 14.3 门限模型

在马尔可夫区制转移模型中，区制根据状态的不同而变化，区制的转移根据转移概率矩阵的形式来刻画。门限模型的核心不涉及概率转移矩阵，而是根据设定的门限来分析模型在不同区制的变化。在门限模型中，区制的变化可以体现为模型在两个不同状态下的变化，也可以是平滑性的变化。在门限模型中，一般以自回归模型为研究对象，所以前者对应的是门限自回归（TAR）模型，而后者对应的是平滑转移自回归（STAR）模型。我们下面分别介绍这两类模型。

### 14.3.1 基本的门限模型

我们知道，对于一个 AR(1) 模型，如果其均值在某个时刻发生变化，这种情况就是门限模型的一种。如图 14-2 所示，对于一个样本为 $T$ 的 $y_t$ 序列，在 $d$ 时刻之前均值为 $\mu_0$，而在 $d$ 时刻之后其均值跳跃到 $\mu_1$。这样我们可以把 AR(1) 模型写成

$$y_t-\mu_{s_t}=\phi_1(y_{t-1}-\mu_{s_t})+\varepsilon_t, \ s_t=0, 1 \qquad (14.43)$$

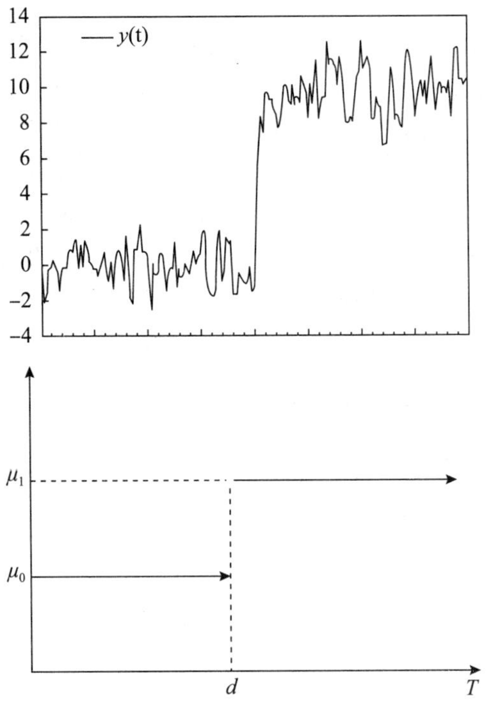


**图 14-2 均值发生区制转移的 $y_t$ 序列与其均值变化图示**

更一般地，TAR 模型可以写成如下形式，即

$$y_t = c_{s_t} + \phi_{s_t,1} y_{t-1} + \cdots + \phi_{s_t,p} y_{t-p} + \varepsilon_t, \quad s_t = 0, 1 \tag{14.44}$$

其中，$E(\varepsilon_t^2) = \sigma^2$。

TAR 模型与 MRS 模型的设立不同，TAR 模型不涉及转移概率矩阵，而是利用一个门限值（如 $\delta$）来区分不同的状态。例如，假设存在一个分割点 $d$，在 $T-d$ 之前和之后发生区制转移，那么

$$\begin{cases} s_t = 0, & y_{T-d} \leqslant \delta \\ s_t = 1, & y_{T-d} > \delta \end{cases} \tag{14.45}$$

现在，如果要估计模型（14.43），我们需要确定门限值 $\delta$ 和分割点 $d$ 是否已知。如果这两个变量均为给定的，那么可以利用 OLS 法分别对不同区制内的模型进行回归估计。在估计之后还可以利用传统的假设检验来检验区制是否确实发生转移。例如，可以使用 $F$ 检验，即

$$F = \frac{\dfrac{SSR_R - SSR_U}{r}}{\dfrac{SSR_U}{T-k}}$$

其中，$SSR_R$ 和 $SSR_U$ 分别表示有约束和无约束条件下对应的残差平方和（sum of squared residuals），$r$ 表示约束条件的个数（如发生区制转移的系数的个数），$k$ 表示包括常数项

在内的自变量的个数。

注意，当 $d$ 和 $\delta$ 都未知或者其中有一个未知时，由于干扰参数（nuisance parameter）问题，待检验统计量不再服从 $F$ 分布，从而 $F$ 检验不再适用。例如，如果 $d$ 已知，而 $\delta$ 未知，可以利用搜索方法。如果这两个变量都未知，仍然可以利用搜索方法获得，此时门限模型的估计和检验可以使用 Andrews（1993）以及 Andrews 和 Ploberger（1994）的 Sup Wald 或者 Sup $F$ 检验进行。关于干扰参数问题和未知断点检验方法，张成思和刘志刚（2007），Zhang（2007），Zhang 和 Clovis（2009），以及 Zhang、Osborn 和 Kim（2008）应用和拓展了这样的 TAR 模型。对 TAR 模型的详细内容感兴趣的读者可以参阅相关文献，这里不再赘述。

### 14.3.2 平滑转移自回归模型（STAR）

STAR 模型是 TAR 模型的一种拓展。在 TAR 模型中，系数的变化被假定是突然性的，而在 STAR 模型中，区制转移的过程是缓慢、平滑的。STAR 模型的基本形式可以写成

$$y_t=\delta_0+\phi_{01}y_{t-1}+\cdots+\phi_{0p}y_{t-p}+F(y_{t-d})(\delta_2+\phi_{21}y_{t-1}+\cdots+\phi_{2p}y_{t-p})+\varepsilon_t \tag{14.46}$$

其中，$F(y_{t-d})$ 表示 $y_{t-d}$ 的一个连续函数，满足条件 $0\leqslant F(y_{t-d})\leqslant 1$。因为 $F(y_{t-d})$ 为连续函数，所以区制之间的转移是平滑的。式（14.46）被称为 STAR 模型，也就是平滑转移自回归模型。在一般情况下，随机扰动项 $\varepsilon_t$ 被假设为白噪声过程。

从式（14.46）可以获得下面两种情况，即

$$\begin{cases} y_t=\delta_0+\phi_{01}y_{t-1}+\cdots+\phi_{0p}y_{t-p}+\varepsilon_t, & F(y_{t-d})=0 \\ y_t=(\delta_0+\delta_2)+(\phi_{01}+\phi_{21})y_{t-1}+\cdots+(\phi_{0p}+\phi_{2p})y_{t-p}+\varepsilon_t, & F(y_{t-d})=1 \end{cases}$$

或者写成

$$\begin{aligned} y_t&=[1-F(y_{t-d})](\delta_0+\phi_{01}y_{t-1}+\cdots+\phi_{0p}y_{t-p}) \\ &\quad+F(y_{t-d})(\delta_1+\phi_{11}y_{t-1}+\cdots+\phi_{1p}y_{t-p})+\varepsilon_t \end{aligned} \tag{14.47}$$

从理论上说，连续函数 $F(y_{t-d})$ 可以是任何形式，但是经常使用的有两种：一种是逻辑（logistic）函数，另一种是指数（exponential）函数。

logistic 函数的形式为

$$F(y_{t-d})=\frac{1}{1+\exp[-\gamma(y_{t-d}-\delta)]},\quad \gamma>0 \tag{14.48}$$

使用 logistic 函数的 STAR 模型称为 logistic STAR 模型，简写为 LSTAR 模型。

exponential 函数的形式为

$$F(y_{t-d})=1-\exp[-\gamma(y_{t-d}-\delta)^2],\quad \gamma>0 \tag{14.49}$$

使用 exponential 函数的 STAR 模型称为 ESTAR 模型。在 LSTAR 模型和 ESTAR 模型中，$\delta$ 表示了区制转移函数的定位参数（location parameter），而 $\gamma$ 决定了转移函数的斜率。

为了向读者提供 logistic 函数和 exponential 函数的印象，图 14－3 分别绘制了不同参数情况下的 logistic 函数和 exponential 函数（$\delta$ 均设为 0）。

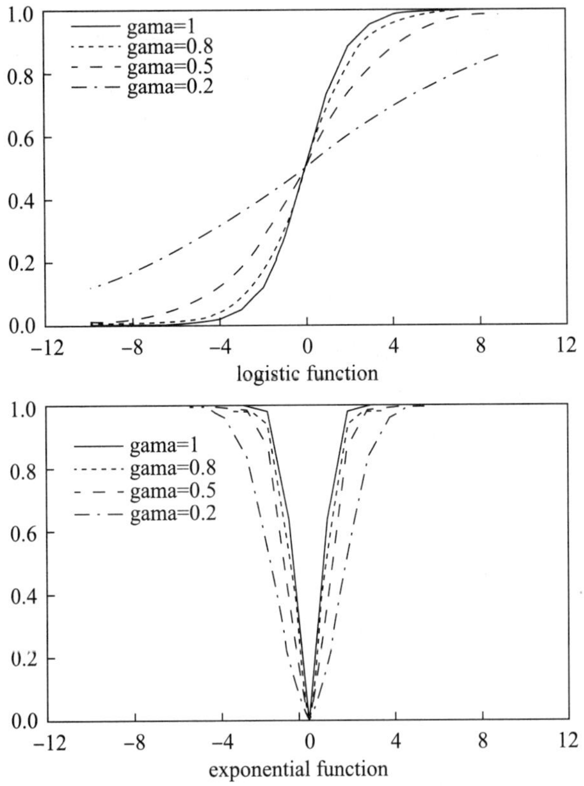


**图 14－3　logistic 函数与 exponential 函数**

由于篇幅原因，关于 STAR 模型的回归估计以及统计推断等问题，在此不做详细介绍，Franses 和 van Dijk（2000）提供了非常详尽的阐释，读者可参阅相关文献。

## 14.4　应　　用

近年来，非线性时间序列模型得到日益广泛的应用。受篇幅所限，我们这里以马尔可夫区制转移模型为基础对现实问题进行分析。这里的应用实例以 Zhang 等（2011）所研究的中国股市波动性特征的区制转移分析为基础进行介绍。

在实际分析过程中，我们以本书 GARCH 模型内容为基础，在 20 世纪 90 年代中后期一系列重要的相关研究成果的基础上进行计量建模分析，主要参考了 Hamilton（1994）和 Gray（1996）的研究成果。Hamilton 和 Susmel（1994）将区制转移因素作为内生变量引入时间序列模型。在这一思想的基础上，Gray（1996）将无法观测的区制路径引入 GARCH 的结构方程，利用上一时期方差的条件期望来估计本期方差，即马尔可夫区制转移 GARCH（MRS-GARCH）模型。在对我国股市波动性特征进行建模的过程中，我们认识到，如果样本区间内存在结构性突变，那么使用传统的广义自回归条件异方差

（GARCH）模型将会导致波动性统计量被高估或低估。

因此，这里的分析基于中国股票市场的实际波动特征对 MRS-GARCH 模型进行了两方面的改进：第一，我们考虑到国际资本跨境流动的现实情况，在均值等式中引入 S&P500 股票价格指数，用来反映国际股票市场的收益率与波动情况；第二，由于股票价格指数收益率表现出宽尾特性，因此我们在波动性区制中设定股票价格指数收益率服从 $t$ 分布，而不使用 Gray（1996）提出的正态分布来捕捉股票价格指数收益率的边际分布特征。

## 14.4.1 模型设立

在模型的具体设立中，我们把所考察的时域划分成两个不同区制。在每个区制中，股票价格指数收益率都服从 $t$ 分布，但在不同区制中允许自由度、期望以及方差不同。我们用 $S_t$ 来标识每个时点收益率所处的区制，即状态随机变量。$S_t$ 标识了两种不同的波动性特征。当 $S_t=1$ 时，表明数据生成过程处于高波动性区制；而当 $S_t=2$ 时，表明数据生成过程处于低波动性区制。下面令

$$r_t\,|\,\zeta_{t-1}\sim\begin{cases}t_{\mu_{1t},\sigma_{1t},df_1}\\ t_{\mu_{2t},\sigma_{2t},df_2}\end{cases}\tag{14.50}$$

表示 $r_t$ 是以 $pt_{it}$ 的概率服从期望为 $\mu_{it}$、方差为 $\sigma_{it}^2$、自由度为 $df_i$ 的 $t$ 分布（$i=1$，2）。其中，$\zeta_{t-1}$ 表示在 $t-1$ 时刻的信息集，并且 $pt_{it}=\Pr\{S_t=i\mid\zeta_{t-1}\}$ 表示在时刻 $t$ 状态 $S$ 处于区制 $i$ 的后验概率。

在 GARCH 模型设定中，中国股票价格指数收益率以一阶自回归模型为基础，同时考虑独立于中国股票市场的国际股票市场指数收益率 $r_{t-1}^{sp}$，即

$$r_{it}=a_{0i}+a_{1i}r_{t-1}+a_{2i}r_{t-1}^{sp}+\varepsilon_t,\ \varepsilon_t\,|\,\zeta_{t-1}\sim \text{i.i.d.}\,t_{\mu_{it},\sigma_{it},df_i},\ i=1,2\tag{14.51}$$

两边同时取条件期望，可以得到均值等式：

$$\mu_{it}=a_{0i}+a_{1i}r_{t-1}+a_{2i}r_{t-1}^{sp},\ i=1,2\tag{14.52}$$

从方程（14.52）可以看出，在引入不同区制之后，均值等式并没有发生实质性的变化，但当我们把不同的区制引入方差等式时，复杂程度有所增加。从随机过程的角度看，各个时期的方差会出现“路径依赖”的问题。也就是说，由于 GARCH 模型中方差等式本身的自回归的设定，当我们引入不同的区制后，各期的条件方差就会在很大程度上依赖于之前的状态指示信息集 $\{S_{t-1},S_{t-2},\cdots,S_0\}$。

为了解决这一问题，我们首先设立 GARCH(1，1) 的方差模型，即

$$\sigma_{it}^2=b_{0i}+b_{1i}\varepsilon_{t-1}^2+b_{2i}\sigma_{t-1}^2\tag{14.53}$$

根据马尔可夫过程的标准过程，可以求出时刻 $t$ 的条件方差，即

$$\begin{aligned}\sigma_t^2&=E\{[r_t-E(r_t)]^2\,|\,\zeta_{t-1}\}\\&=E(r_t^2\,|\,\zeta_{t-1})-[E(r_t\,|\,\zeta_{t-1})]^2\\&=pt_{1t}(\mu_{1t}^2+\sigma_{1t}^2)+(1-pt_{1t})(\mu_{2t}^2+\sigma_{2t}^2)-[pt_{1t}\mu_{1t}+(1-pt_{1t})\mu_{2t}]^2\end{aligned}\tag{14.54}$$

$\sigma_t^2$ 的值可以看作两个不同区制的条件方差的一个加权叠加的效果，反过来我们可以利用它的值去估计每个区制的方差等式中下一时点的条件方差 $\sigma_{i,t+1}^2(i=1,\ 2)$。同时，可以推导出 $\varepsilon_{t-1}$ 的表达式：

$$\begin{aligned}\varepsilon_{t-1}&=r_{t-1}-E(r_{t-1}|\zeta_{t-2})\\&=r_{t-1}-[pt_{1,\,t-1}\mu_{1,\,t-1}+(1-pt_{1,\,t-1})\mu_{2,\,t-1}]\end{aligned}\tag{14.55}$$

下面考虑状态转移变量 $S_t$ 的转移概率。根据马尔可夫过程，一步转移概率可以表示为：

$$\begin{aligned}&\Pr\{S_t=1|S_{t-1}=1\}=\pi_1\\&\Pr\{S_t=0|S_{t-1}=1\}=1-\pi_1\\&\Pr\{S_t=0|S_{t-1}=0\}=\pi_2\\&\Pr\{S_t=1|S_{t-1}=0\}=1-\pi_2\end{aligned}\tag{14.56}$$

其中，$\pi_1$，$\pi_2\in[0,\ 1]$。在此基础上，我们得到 MRS-GARCH（1，1）的极大似然函数 $\Lambda$：

$$\Lambda=\sum_{t=1}^{T}\ln\{pt_{1t}f_{1t}(r_t;\ \mu_{1t},\ \sigma_{1t},\ df_1)+(1-pt_{1t})f_{1t}(r_t;\ \mu_{2t},\ \sigma_{2t},\ df_2)\}\tag{14.57}$$

其中，$f_{it}$ 是均值为 $\mu_{it}$、方差为 $\sigma_{it}^2$、自由度为 $df_i$ 的 $t$ 分布的密度函数。待模型估计出来之后，可以估计出在时刻 $t$ 处于不同区制的概率 $pt_{1t}$ 和 $pt_{2t}$，进而估计出这个时期波动性的变化情况，即

$$pt_{it}=\pi_1\frac{f_{1,\,t-1}pt_{i,\,t-1}}{f_{1,\,t-1}pt_{i,\,t-1}+f_{2,\,t-1}(1-pt_{i,\,t-1})}+(1-\pi_2)\frac{f_{2,\,t-1}(1-pt_{i,\,t-1})}{f_{1,\,t-1}pt_{i,\,t-1}+f_{2,\,t-1}(1-pt_{i,\,t-1})}\tag{14.58}$$

## 14.4.2　数据

为了刻画股票市场的总体价格水平，我们采用市场上具有代表性的股票价格指数数据。其中，中国股票市场采用上证综指作为代表，国际股票市场采用 S&P500 股票价格指数作为代表。数据样本为 2016 年 1 月 4 日至 2023 年 6 月 21 日对应指数的每日收盘价。图 14－4 刻画了所选的两个市场指数及各自对应的日收益率走势。

## 14.4.3　估计结果

根据前面设定的方程，我们对上证综指和 S&P500 股票价格指数从 2016 年 1 月 4 日至 2023 年 6 月 21 日的数据进行了极大似然估计，结果报告在表 14－1 中。我们使用一般的 GARCH(1，1) 模型对上证指数收益率的数据进行了估计，以此作为评价我们的 MRS-GARCH 模型优劣的基准。通过两个模型的极大似然函数对数值的比较不难看出，MRS-GARCH 模型更好地捕捉了数据中条件异方差的特点，这也验证了我们关于市场波动性存在结构性突变的假设。

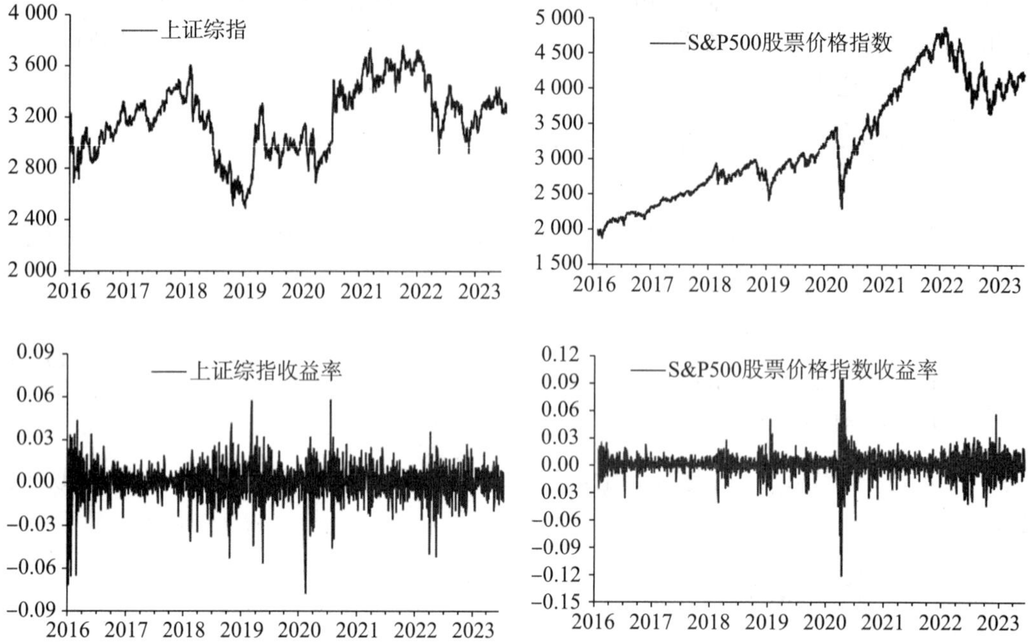


**图 14-4 股票价格指数及收益率时序图（2016 年 1 月 4 日至 2023 年 6 月 21 日）**

资料来源：Datastream.

从 MRS-GARCH 模型的估计结果看，均值等式和方差等式中的部分参数估计值在1%的显著性水平下具有统计显著性。两个区制中均值等式的自回归系数 $a_{11}$ 都为负，这似乎与已有研究相悖。例如，非同步交易理论、变动预期理论以及交易成本理论都显示股票收益率的一阶自回归系数应该是正的。但需要说明的是，以上理论都不同程度地对市场的有效性有着较强的假设。这种假设与中国市场的现实情况可能并不相符。结合实际来看，负的自回归系数可能与中国股票市场常见的过度投机行为有关。特别是机构投资者对股票价格有较强的操纵性，这导致了投机行为在市场上屡见不鲜。投机行为加剧了股票价格的异常波动，从而导致了这种反向的一阶自相关现象。

**表 14-1 模型估计结果**

| | | 估计值 | 标准差 | $p$ 值 |
|---|---|---|---|---|
| GARCH(1，1) 模型 | $a_0$ | 0.008 3 | 0.020 6 | 0.687 5 |
| | $a_1$ | −0.010 2 | 0.023 7 | 0.667 6 |
| | $a_2$ | 0.179 3*** | 0.018 6 | 0.000 0 |
| | $b_0$ | 0.019 3*** | 0.003 7 | 0.000 0 |
| | $b_1$ | 0.087 8*** | 0.005 8 | 0.000 0 |
| | $b_2$ | 0.897 3*** | 0.006 6 | 0.000 0 |
| | 对数似然值 | −2 520.217 0 | | |
| MRS-GARCH 模型<br>区制 1（高波动性） | $a_{01}$ | 0.010 8 | 0.027 1 | 0.619 6 |
| | $a_{11}$ | −0.003 1 | 0.028 7 | 0.912 9 |
| | $a_{21}$ | 0.181 5*** | 0.020 7 | 0.000 0 |
| | $b_{01}$ | 0.059 9*** | 0.012 3 | 0.000 0 |

续表

| | | 估计值 | 标准差 | $p$ 值 |
|---|---|---|---|---|
| | $b_{11}$ | 0.117 8*** | 0.009 9 | 0.000 0 |
| | $b_{21}$ | 0.839 8*** | 0.015 3 | 0.000 0 |
| | 对数似然值 | −1 935.277 0 | | |
| 区制 2（低波动性） | $a_{01}$ | 0.010 2 | 0.030 3 | 0.735 3 |
| | $a_{11}$ | −0.048 3 | 0.045 7 | 0.290 5 |
| | $a_{21}$ | 0.207 8*** | 0.057 2 | 0.000 3 |
| | $b_{01}$ | 0.010 2 | 0.030 3 | 0.735 3 |
| | $b_{11}$ | −0.048 3 | 0.045 7 | 0.290 5 |
| | $b_{21}$ | 0.207 8*** | 0.057 2 | 0.000 3 |
| | 对数似然值 | −541.652 7 | | |
| 转移概率 | | | | |
| $\pi_1$ | | 0.986 5 | | |
| $\pi_2$ | | 0.420 3 | | |
| 区制 1 的期望久期 | | 74.30 天 | | |
| 区制 2 的期望久期 | | 1.72 天 | | |

说明：***、**和*分别表示在显著性水平 1%、5%和 10%下显著。

对于我们所研究的问题，高波动性和低波动性区制的期望久期分别是 74 天和 2 天。也就是说，按照一年 250 个交易日计算，高波动性区制的波动特征可以持续 3 个月以上，在瞬息万变的股票市场上，这无疑是相当高的持久性。

## 练习 14

1. 说明马尔可夫区制转移模型为什么可以用来分析经济周期。
2. 一般的门限自回归模型与平滑转移自回归模型有什么区别？
3. 在张成思和刘志刚（2007）中，门限 AR 模型是如何进行回归估计和假设检验的？
4. 利用计量软件，画出 logistic 函数和 exponential 函数的图示。

第 15 章

# 资产定价模型的设立与估计

**本章导读**

本章将按照理论发展的脉络系统介绍经典资产定价模型，在回顾理论模型的同时详细介绍运用该模型进行实证检验的方法，其中将重点介绍资本资产定价模型（capital asset pricing model，CAPM）实证检验的经典方法——布莱克-詹森-斯科尔斯（Black-Jenson-Scholes，BJS）检验和法玛-麦克白（Fama-MacBeth，FM）检验。同时，参照所介绍的经典实证方法，本章以上海证券交易所 A 股数据为样本，检验了 CAPM 模型在中国市场的适用性，展示了检验方法在 VBA 和 EViews 中的实现步骤，并对检验结果进行了深入分析。

本章首先给出了传统资本资产定价模型和套利定价理论的基本假定和结论，然后在此基础上详细介绍了布莱克-詹森-斯科尔斯检验和法玛-麦克白检验两种方法。基于中国市场的数据，分别运用布莱克-詹森-斯科尔斯检验和法玛-麦克白检验对 CAPM 进行实证检验。结果表明 CAPM 并不能解释上海证券交易所 A 股收益率的变化，出现这些结果的可能原因是 CAPM 本身存在缺陷。CAPM 有很严格的假定和应用条件限制［如不存在交易成本、投资者有一致预期且都会理性地比较资产的期望（预期）收益和方差来作出投资决策等］，这与实际情况有较大差异。CAPM 没有得到实际数据支持的情况不仅发生在中国，实际上，自 20 世纪 80 年代以来，CAPM 就被发现不能够解释美国市场上的股票收益率变化，后续的相继研究发现，CAPM 同样不能够解释其他发达国家或发展中国家的股票收益率变化。

## 15.1　CAPM 理论回顾

经济学理论的发展总是遵循循序渐进的规律，资产定价模型亦是如此。均值-方差模型是现代资产定价理论的起点，夏普（Sharpe）在此基础上引入市场组合获得经典的风险定价模型 CAPM，此后，研究者不断放松其过于苛刻的假设条件，获得 ICAPM、CCAPM，以及卖空限制、借贷限制下的 CAPM 等修正模型。CAPM 的核心思想即资产价格取决于其获得的风险价格补偿，本节试图以风险溢价为线索，系统回顾 CAPM 的发展过程。

### 15.1.1　CAPM 的理论基础

20 世纪 50 年代，马科维茨（Markowitz）提出了资产组合理论。该理论以收益率的期望均值和方差来描述资产的收益和风险，认为投资者在作出资产选择决策时会在资产的收益和风险之间加以权衡：在同等风险情况下会选择有最高预期收益的资产，在同等预期收益下会选择有最低风险的资产。在此基础上，Markowitz 利用严格的数学工具获得了投资者对于资产组合的最优选择集，称其为“有效前沿”。

Markowitz 的理论改变了此前金融学理论仅仅使用描述性语言进行研究的局面，但是，在该理论的实际应用中，需要计算资产两两之间的协方差，计算量随着资产数目的增加呈几何级数增长，这无疑限制了该理论的实际应用。1964 年，Sharpe 将市场组合引入均值-方差模型，极大地简化了计算。同期林特纳（Lintner）和莫辛（Mossin）也独立研究得到了相似的结果，获得了市场上任意资产组合的收益与某个共同的因素之间的线性关系。这就是著名的资本资产定价模型。该模型对市场作出了苛刻的假设：

（1）资产可以无限分割。

（2）不存在交易成本和个人所得税。

（3）可以无限卖空。

（4）存在一种无风险收益率，投资者在此收益率水平下可以无限制地贷出和借入任意数量的资金。

（5）投资者是价格接受者，这意味着市场是完全竞争的。

（6）投资者通过比较资产的预期收益率和方差来作出投资决定，即他们都遵循 Markowitz 的资产组合理论来行事，在相同预期收益率下会选择方差最小的资产。

（7）投资者在相同的投资期限内作出决策，而且市场信息是免费且立即可以获得的。

（8）投资者对市场中的经济变量有相同的预期，所以他们对任意资产的预期收益率、方差和资产之间的协方差等都有一致的看法。

CAPM 假设的核心是认为市场满足完全、无摩擦和信息完全对称的条件，市场中的投资者为具有 Markowitz 理论中所描述的特征的理性经济人。

### 15.1.2　证券市场线

从上文的假设出发，在一般均衡框架下获得的证券市场线（security market line, SML）是 CAPM 理论的核心结论。该曲线的图示的横轴为 $\beta$ 系数，其公式如下：

$$\beta_i=\frac{\operatorname{cov}(r_i, r_m)}{\sigma_m^2} \tag{15.1}$$

其中，$r_i$、$r_m$ 分别是某资产 $i$ 和市场组合的预期收益率。用 $r_f$ 表示无风险收益率。式（15.1）说明，在市场均衡状态下，任意资产的预期收益率都是由无风险收益率与合理的系统风险溢价共同构成的。这里无风险收益率代表了投资者放弃当前消费而获得的必要补偿，风险溢价代表投资者承担系统风险而应该获得的补偿。风险溢价 $\beta_i[E(r_m)-r_f]$ 取决于 $\beta_i$ 和 $E(r_m)-r_f$ 两部分。其中，$E(r_m)-r_f$ 是市场组合的风险溢价，$\beta_i$ 为资产 $i$ 的风险补偿系数，代表了资产 $i$ 对于市场组合的风险贡献度。考虑到对于任意资产而言，

$E(r_m)-r_f$ 和 $r_f$ 都是相同的，所以决定资产 $i$ 预期收益率的只有 $\beta_i$ 系数，所以在 $\beta$ 系数-预期收益率坐标系中，证券市场线如图 15－1 所示。

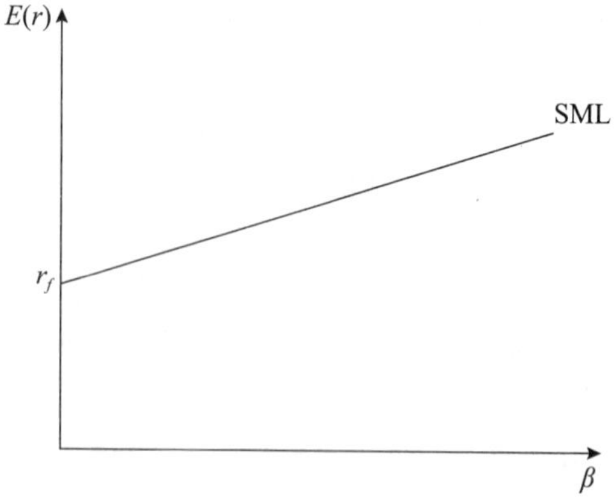


**图 15－1　证券市场线**

如图 15－1 所示，证券市场线描述了预期收益率与系统风险系数 $\beta$ 之间的线性关系，其中纵截距为无风险收益率 $r_f$，说明放弃当期消费的机会成本为无风险收益；证券市场线的斜率为正，说明投资者因为承担更多的系统风险而获得更大的平均收益。CAPM 与均值-方差模型的重要区别在于将风险区分为系统风险和非系统风险，并且证明了非系统风险的可分散性，进而说明资产收益率取决于系统风险。

由于 CAPM 关于完全市场的假设过于苛刻，所以此后的研究不断放宽其假设条件以求更贴近市场实际，在同一框架内获得一系列 CAPM 修正模型。其中，布伦南（Brennan）引入税收因素后，研究发现这并没有改变 CAPM 的基本结构。布莱克（Black）证明，在不存在无风险资产的前提下，CAPM 仍然成立，但是需要用零 $\beta$ 组合的预期收益率代替无风险收益率。迈耶斯（Mayers）的研究表明，即使存在不可交易的资产，CAPM 的基本形式也不会有根本性的改变。

## 15.2　CAPM 实证检验方法

CAPM 之所以被称为资产定价模型发展过程中的一个里程碑，是因为它既是一个完整的理论模型，也是一个可以用于检验的实证模型。研究者在不断修正模型的同时，也尝试利用不同的方法与数据检验其对实际数据的拟合效果。经济学的理论是否有效取决于它能否根据现在的信息正确地预测经济行为，而不取决于它的假设是否严格合乎现实。所以，经济学家对 CAPM 的检验也并不是从检验它的假设是否合乎实际入手，而是关注于检验 CAPM 所揭示的预期收益率与风险的线性关系是否成立。

类似于理论模型的修正和发展过程，CAPM 检验的相关研究也存在逐步演进的过程。经典的实证研究是 Black、Jenson 和 Scholes 所做的时间序列回归检验以及 Fama 和 MacBeth 所做的横截面回归检验。Black 等以在纽约证券交易所（NYSE）交易的所有股票为研究对象估计出的证券市场线几乎不存在非线性，斜率显著为正，强有力地支持了 CAPM

的结论。Fama 和 MacBeth 研究了相同的数据，与 Black 等人研究的不同之处在于，他们试图根据前期估计的 $\beta$ 系数来预测组合的未来收益率，最后得到的结论也支持 CAPM。这里我们首先介绍 CAPM 的实证形式，然后详细说明这两个经典检验方法的实施过程。

### 15.2.1　CAPM 的实证形式

对于某种资产 $i$，式（15.1）可以写为

$$E(r_i)-r_f=\beta_i[E(r_m)-r_f] \tag{15.2}$$

引入实际数值代替式（15.2）中的期望值并增加误差项 $\varepsilon_i$ 有

$$r_i-r_f=\beta_i(r_m-r_f)+\varepsilon_i \tag{15.3}$$

为了检验传统形式的可靠性，在式（15.3）中再加入一个截距项 $\alpha_i$，从而得到

$$r_i-r_f=\alpha_i+\beta_i(r_m-r_f)+\varepsilon_i \tag{15.4}$$

如果 CAPM 成立，则 $\alpha_i$ 应为零且 $\beta_i$ 显著不为零，所以实证检验的关键是 $\alpha_i$ 和 $\beta_i$ 的显著性检验。

### 15.2.2　布莱克-詹森-斯科尔斯检验

这个方法是 Black 等在 1972 年对 CAPM 进行实证检验所采用的方法。它以式（15.4）CAPM 的检验形式为基础，具体步骤如下。

**1. 时间序列检验**

在检验中，为了获得更有效的检验结果，需要按照一定的标准对多种资产进行分组，形成资产组合后再分析。虽然资产的 $\beta$ 值的大小是一个很好的选择标准，但如果用相同的数据同时进行分组和回归分析，就会在回归估计中造成所谓的测量误差（measurement error）问题，所以采用在回归分析时间区间之前的数据来估计出 $\beta$ 值作为分组的依据。

下面选用 1926—1965 年在纽约证券交易所（NYSE）交易的所有股票的月度数据进行检验，市场收益率定义为所有股票收益率的算术平均值。

第一步，使用 1926—1930 年五年的数据估计每只股票的 $\beta$ 值，然后所有股票按 $\beta$ 值的大小分组，$\beta$ 值最高的 10%的股票归为第 1 组，依此类推，共构成 10 个组合。

第二步，计算出 1931 年这 10 个组合的平均月度收益率。

第三步，保持数据窗口长度，推后一年，对 1927—1931 年五年的数据进行相同的处理，得到 10 个组合，并计算出 1932 年这 10 个组合的平均月度收益率。

重复前三步，直至得到 1965 年 10 个组合的平均月度收益率为止。由于实际市场上的股票数量总在不断变化，每次分组得到的 10 个组合的组成并不完全相同。

第四步，利用 1931—1965 年 35 年的组合平均月度收益率数据计算各组合的 $\beta$ 系数。估计单只股票的 $\beta$ 系数的回归方程如下：

$$r_{it}-r_{ft}=\alpha_i+\beta_i(r_{mt}-r_{ft})+\varepsilon_{it} \tag{15.5}$$

其中，$r_{it}$ 是第 $i$ 只股票在 $t$ 时刻的收益率，$r_{mt}$、$r_{ft}$ 分别是 $t$ 时刻的市场收益率和无风险利率，$\alpha_i$、$\beta_i$ 为待估计系数，$\varepsilon_{it}$ 是残差项。

估计股票组合的 $\beta$ 系数用到以下回归方程：

$$r_{pt}-r_{ft}=\alpha_p+\beta_p(r_{mt}-r_{ft})+\varepsilon_{pt} \tag{15.6}$$

其中，$r_{pt}$是各股票组合在 $t$ 时刻的收益率，$\alpha_p$、$\beta_p$ 为待估计系数，$\varepsilon_{pt}$是残差项。这里主要需要检验 $\alpha_p$ 的显著性。

最后得到的结果是 10 个组合中仅有 3 组 $\alpha$ 值的 $t$ 统计量的绝对值超过 1.85，其他都比较小，从而不能拒绝 $\alpha$ 为零的原假设。

**2. 横截面检验**

利用在时间序列分析中得到的数据，计算出每个组合在 1931—1965 年的平均月度收益率 $r_p$，然后和组合的 $\beta$ 系数进行以下横截面回归，检验收益率与风险的关系：

$$r_p-r_f=\gamma_0+\gamma_1\beta_p+\varepsilon_p,\ p=1,\ 2,\ \cdots,\ 10 \tag{15.7}$$

其中，$r_f$ 为 1931—1965 年的月度平均无风险收益率，$\gamma_0$、$\gamma_1$ 为待估计系数，$\beta_p$ 是组合的 $\beta$ 系数，$\varepsilon_p$ 为残差项。根据 CAPM，这里 $\gamma_0$ 应该为零且 $\gamma_1$ 等于市场组合的月度平均超额收益。Black 等回归得到的是一条斜率明显为正的直线，回归的拟合效果也比较好，但 $\gamma_0$、$\gamma_1$ 系数的 $t$ 值比较高，都与理论值不符。

### 15.2.3 法玛-麦克白检验

Fama 和 MacBeth 同样研究了证券市场线的性质，也采用了分组研究的方法，与 Black 等不同的是，他们对 1935 年 1 月—1968 年 6 月每个月的数据都进行了横截面回归分析。

Fama 和 MacBeth 同样使用纽约证券交易所所有普通股的月度收益率数据，时间区间是 1926—1968 年。他们首先用 1926—1929 年的数据估计所有单只股票的 $\beta$ 系数，并根据 $\beta$ 系数的大小把所有股票分为 20 个组合，每个组合中所有股票的投资比例相同。然后他们用 1930—1934 年各组合的个股的月度收益率直接对市场组合月度收益率进行回归来分别估计个股的 $\beta$ 系数，所用的回归方程如下：

$$r_{it}=\alpha_i+\beta_i r_{mt}+\varepsilon_{it} \tag{15.8}$$

再将回归得到的个股 $\beta$ 系数估计值、$\beta$ 系数的平方和残差的标准差进行简单平均，得到各组合的 $\beta$ 系数$\hat{\beta}_p$、$\beta$ 系数平方 $\hat{\beta}_p^2$ 和残差标准差 $\hat{S}_{\varepsilon p}$。对于 1935—1937 年，每年重新计算个股的 $\beta$ 值，计算区间分别是 1930—1935 年、1930—1936 年、1930—1937 年，同时更新组合的 $\hat{\beta}_p$、$\hat{\beta}_p^2$ 和 $\hat{S}_{\varepsilon p}$。再对 1935—1938 年每个月的数据进行如下横截面回归：

$$r_{pt}=\gamma_{0t}+\gamma_{1t}\hat{\beta}_{p,t-1}+\gamma_{2t}\hat{\beta}_{p,t-1}^2+\gamma_{3t}\hat{S}_{\varepsilon p,t-1}+\varepsilon_{pt} \tag{15.9}$$

其中，$\hat{\beta}_{p,t-1}$、$\hat{\beta}_{p,t-1}^2$分别是前一年的时间序列分析中所得到的个股 $\beta$ 系数的估计值的平均值和 $\beta$ 系数平方的平均值，从 $\gamma_{2t}$ 的取值可以判断市场组合的收益率对 $\beta$ 系数是不是线性的。$\hat{S}_{\varepsilon p,t-1}$则是在估计个股 $\beta$ 系数过程中得到的残差标准差的平均值，代表股票组合 $p$ 的非 $\beta$ 系数风险，即 $\beta$ 系数不能衡量的其他一切风险，如果 $\beta$ 系数已经代表了股票组合所面临的全部风险，那么 $\gamma_{3t}$ 的均值应为零。

接着把组合确定区间向后推，用 1927—1933 年的数据估计个股的 $\beta$ 系数，再用

1934—1938年数据估计组合的$\beta$系数并按年更新，然后用1939—1942年的月度数据作横截面检验。相同的过程一共进行了9次，保证所有检验区间的连续性，最后得到1935年1月至1968年6月的横截面回归估计值，然后求出相应的系数$\gamma_{0t}$、$\gamma_{1t}$、$\gamma_{2t}$和$\gamma_{3t}$的平均值，看它们是否显著地异于零。

根据CAPM，上述横截面回归的各系数应满足以下假设：

（1）Sharpe-Lintner（S-L）假说，即$\gamma_{0t}$的均值等于无风险收益率；

（2）承受风险应有相应的回报，即$\gamma_{1t}$的均值应显著大于零；

（3）证券市场线的线性性质，即$\gamma_{2t}$的均值应不显著异于零；

（4）非$\beta$系数风险不存在系统性影响，即残差标准差不影响股票的预期收益率，故$\gamma_{3t}$的均值应不显著异于零。

实证的结果高度支持CAPM的理论形式，在市场组合是有效的这一前提下，平均来说，风险会带来正的回报，收益率和$\beta$系数之间几乎没有非线性，而且残差标准差不会系统性地影响预期收益率，但S-L假说的检验结果是矛盾的，总体上它并不为数据所支持。

这里法玛-麦克白检验与布莱克-詹森-斯科尔斯检验的一个重要区别在于在横截面检验中，后者回归所用的$\beta$系数和股票收益率来自同一期数据，而前者回归所用的$\beta$系数来自前一期数据。

## 15.3　多因素资产定价模型

CAPM在一般均衡框架内严格推导了收益率与系统风险溢价之间的线性关系。尽管早期的实证检验结果支持了CAPM的结论，但是罗尔（Roll）在20世纪70年代对CAPM的检验提出了著名的“Roll批评”。他认为，按照CAPM理论，市场组合应该包括所有资产，如房地产、债券和人力资本等，而不仅限于股票。由于非证券资产量化有难度，这使得CAPM检验几乎无法准确进行：如果实际证据不支持CAPM，那么有可能是有效组合的选择不够准确，也有可能是CAPM本身就不成立。

在Roll质疑CAPM检验的同时，斯蒂芬·罗斯（Stephen Ross）提出了套利定价理论（arbitrage pricing theory，APT）。该理论认为资产的收益受到多种因素的影响，而不只是CAPM所认为的单因素，所以又称为多因素资产定价模型。与市场均衡分析方法不同，Ross采用的是无套利定价（或称为相对定价）法，不涉及市场组合，所需的假设也更少。

### 15.3.1　因素模型

因素模型认为证券的收益率受某些共同因素的影响，各种证券正是因为受到相同因素的影响而彼此相关。如单因素资产定价模型认为证券的收益率仅受一种因素的影响，任意证券$i$在$t$时刻的收益率均可表示为：

$$r_{it}=a_i+b_iF_t+\varepsilon_{it} \tag{15.10}$$

其中，$r_{it}$是证券$i$在$t$时刻的收益率，$F_t$是影响所有证券收益率的一个共同因素，$b_i$是证

券 $i$ 对该因素的敏感度，$a_i$ 是影响因素为零时的证券收益率，$\varepsilon_{it}$ 为残差值，均值为零，方差仅与 $i$ 有关。

同样地，当有 $k$ 种因素影响证券收益率时，$k$ 因素模型应表示如下：

$$r_{it}=a_i+b_{i1}F_{1t}+b_{i2}F_{2t}+\cdots+b_{ik}F_{kt}+\varepsilon_{it} \tag{15.11}$$

### 15.3.2 套利组合

根据套利定价理论，投资者会充分利用任何一个不带来额外风险而能增加收益率的机会，这是通过构造套利组合实现的，一个套利组合需要满足以下三个条件。

（1）套利组合的构造不需要额外的资金投入。假定投资者在证券 $i$ 上的投资变动额为 $x_i$，这个条件可表示为所有 $n$ 种资产的变动额应满足以下等式：

$$x_1+x_2+\cdots+x_n=0 \tag{15.12}$$

（2）套利组合对任何因素的敏感度为零。这意味着套利组合没有因素风险，因为套利组合对某一因素的敏感度是套利组合中所有证券对这一因素敏感度的加权平均，所以这个条件可以表示为：

$$x_1b_{1j}+x_2b_{2j}+\cdots+x_nb_{nj}=0,\ j=1,\ 2,\ \cdots,\ k \tag{15.13}$$

严格来说，即使在套利组合不存在因素风险的情况下，仍可能存在非因素风险，但是，在套利组合中的证券数量足够多的情况下非因素风险足够小，基本可以忽略不计。

（3）套利组合的预期收益率大于零。

$$x_1E(r_1)+x_2E(r_2)+\cdots+x_nE(r_n)>0 \tag{15.14}$$

### 15.3.3 套利定价理论

和 CAPM 相比，APT 的优势在于其假设比较宽松，而且不需要像 CAPM 那样依赖市场组合。APT 的成立应包括以下假设条件：投资者有相同的预期；投资者规避风险并追求效用最大化；完全市场。它没有 CAPM 成立所需要的无税收和无风险利率借贷等假设。

APT 还认为证券的收益率受 $k$ 个共同因素的影响，这可以用上文提到的 $k$ 因素模型来表示。于是，在不存在套利组合的前提下，可以证明证券的预期收益率应满足以下条件：

$$E(r_i)=\lambda_0+\lambda_1b_{i1}+\lambda_2b_{i2}+\cdots+\lambda_kb_{ik} \tag{15.15}$$

这就是 APT 的资产定价公式，$\lambda_k$ 表示为使投资者承受一单位的 $k$ 因素风险而必须给予投资者的补偿。

当某证券对所有因素都不敏感时有 $b_{i1}=b_{i2}=\cdots=b_{ik}=0$，则该证券为无风险资产，所以 $\lambda_0=r_f$。当某收益率为 $\delta_1$ 的证券仅对其中某种因素有单位敏感度而对其他因素的敏感度为零时可得到系数 $\lambda_1$ 的值，如当 $b_{i1}=1$，$b_{i2}=b_{i3}=\cdots=b_{ik}=0$ 时可得到 $\lambda_1=\delta_1-r_f$。同样可得到 $\lambda_2$，$\lambda_3$，$\cdots$，$\lambda_k$，所以 APT 的表达式可改写为：

$$E(r_i)=r_f+b_{i1}(\delta_1-r_f)+b_{i2}(\delta_2-r_f)+\cdots+b_{ik}(\delta_k-r_f) \tag{15.16}$$

因此，某种证券的预期收益率等于无风险收益率加上证券受各种风险因素影响而应得到的补偿。

### 15.3.4　APT 和 CAPM

比较而言，APT 和 CAPM 都建立在完全市场假设基础上，但二者又存在本质的区别。从理论基础来看，APT 在无套利理论框架内利用更宽松的假设得到资产定价模型。从结论的形式来看，APT 是多因素资产定价模型而 CAPM 是单因素资产定价模型，APT 似乎可以被认为是 CAPM 的一种推广。当然，在特定条件下，CAPM 是 APT 的一种特例。在一般情况下，因为 APT 考虑了更多的影响因素，能对某些 CAPM 不能解释的现象作出解释，并且不需考虑市场组合，便于检验，所以其结论更具普遍性。但是 APT 的模型构造也存在重要的缺陷：首先，APT 始终未能说明究竟是哪些因素影响了资产的收益率；其次，相对于 CAPM 而言，APT 较少的假设中也有一些难以进行科学的实证检验。为解决第一个问题，在实证研究中，学者们一般通过运用经济学直觉和实证分析相结合的方式来寻找那些对资产收益率有显著影响的因素，其中最有影响力的当属 Fama 和 French（1993）建立的三因素模型。它利用市场风险溢价、规模和账面市值比因素来解释股票收益率的变化，得到了很有说服力的结果。

## 15.4　CAPM 应用

本节将利用布莱克-詹森-斯科尔斯（BJS）检验和法玛-麦克白（FM）检验，使用 EViews 实证检验 CAPM 在中国股票市场中的表现。

### 15.4.1　准备数据

为保证收益率数据的完整和准确，本案例以 1998 年已经上市的上海证券交易所 A 股的数据为初始样本，依次去除 1999—2003 年间发生特别处理（ST）、暂停上市和退市三种特殊情况的股票，最终得到 343 只股票的数据。数据、数据来源和数据描述见表 15-1。

**表 15-1　数据、数据来源和数据描述**

| 数据 | 数据来源 | 数据描述 |
| --- | --- | --- |
| 个股月收益率（$R_i$） | CSMAR 数据库 | 考虑现金红利再投资的月收益率 |
| 市场月收益率（$R_m$） | CSMAR 数据库 | 上证综指月收益率 |
| 无风险收益率（$R_f$） | Wind 数据库 | 3 个月定期存款的年利率折算的月利率 |

说明：为便于计算 $\beta$ 系数，即使收益率数据缺失，也需在 Excel 中将股票代码和月份数据补齐，缺失的收益率设为空值。

将 3 个月定期存款的年利率折算成月利率的计算公式如下，在 Excel 中用 POWER 函数可以实现这一计算。

$$R_f=(1+R)^{\frac{1}{12}}-1 \tag{15.17}$$

其中，$R_f$ 是无风险收益率，$R$ 是 3 个月定期存款的年利率。

### 15.4.2 布莱克-詹森-斯科尔斯检验

第 1 步，计算单只股票的 $\beta$ 系数并分组。

首先以 1999—2003 年 60 个月的数据计算单只股票的 $\beta$ 系数，步骤如下：

（1）在 Excel 中筛选出 1999—2003 年的个股月收益率数据。

（2）计算 $R_i-R_f$ 和 $R_m-R_f$。由于股票数量较多，计算股票超额收益率需要通过 VBA 编程循环调用实现，具体程序如下：

```
Public Sub new99to03Exre()
'求股票超额收益率的程序
Dim i As Integer
Dim j As Integer
'定义变量
For j=0 To 342
  For i=0 To 59
    If Cells(2 + i + 60 * j, 7).Value="" Then
      Cells(2 + i + 60 * j, 16).Value=""
'把月收益率不存在的股票的超额收益率定为空值
    Else
      Cells(2 + i +60 * j, 16)=Cells(2 + i + 60 * j, 6)-Cells(2 + i, 11)
'个股月收益率减去无风险收益率
    End If
    Next i
  Next j
End Sub
```

（3）按以下方程进行时间序列回归，计算个股的 $\beta$ 系数。

$$R_{it}-R_{ft}=\alpha_i+\beta_i(R_{mt}-R_{ft})+\varepsilon_{it} \tag{15.18}$$

以上计算也需要在 Excel 中通过循环调用 SLOPE 函数实现，程序如下：

```
Public Sub new99to03Reg()
'斜率回归求贝塔系数程序
Dim j As Integer
For j = 0 To 342
    Cells(2 + 60 * j, 18) = Application.Slope(Range(Cells(2 + 60 * j, 16),
Cells(61 + 60 * j, 16)), Range(Cells(2, 17), Cells(61, 17)))
```

```
'调用 SLOPE 函数求斜率
Next j
End Sub
```

（4）按以下步骤进行分组。

（a）将计算出的343只股票的$\beta$系数按升序排列，平均分为10个组合并赋予相应的组号1～10。

（b）筛选出这些股票2004年的月收益率，与（a）中的数据放在同一张表中，可使用INDEX函数和MATCH函数将两份数据对应起来，并标记出月收益率数据中所有股票代码的组号。

（c）按主要关键字“月份”、次要关键字“组合号码”升序排列。

（d）以“组合号码”为分类字段进行分类汇总求平均值，求得各组合2004年每个月的平均收益率。

（e）在2000—2004年、2001—2005年、2002—2006年、2003—2007年、2004—2008年五个区间上重复以上过程，最后得到这10个组合2004—2009年72个月的月平均收益率。表15－2总结了计算单只股票$\beta$系数的时间区间及其对应的计算组合收益率的时间区间。

**表15－2　时间区间**

| 计算单只股票$\beta$系数的时间区间 | 计算组合收益率的时间区间 |
|---|---|
| 1999—2003年 | 2004年 |
| 2000—2004年 | 2005年 |
| 2001—2005年 | 2006年 |
| 2002—2006年 | 2007年 |
| 2003—2007年 | 2008年 |
| 2004—2008年 | 2009年 |

第2步，计算股票组合的$\beta$系数。

（1）在EViews中新建一个时间跨度为2004年1月至2009年12月的时间序列工作文件，命名为“bjs test”。

（2）将2004—2009年的无风险收益率和市场月收益率通过复制导入EViews，依次命名为“riskfree”“market”。

（3）将第1步计算得到的10个组合的月平均收益率$R_{pt}$通过命令导入EViews，依次命名为“no1”，…，“no10”。在导入分组的收益率数据时，可以先把各组的数据依次排成10列，然后调用以下命令输入EViews：

```
'读取数据
read(t=xls, s=sheet1, I1) 平均收益率汇总.xls no1 no2 no3 no4 no5 no6 no7 no8
no9 no10'
```

（4）计算市场超额收益率。

```
series exremar=market-riskfree
```

（5）计算组合超额收益率。为了简便起见，可以在 EViews 中编程循环计算。先通过命令“program bjs”建立一个程序文件，然后在打开的程序窗口输入以下程序并单击“Run \ OK”运行：

```
'生成超额收益率序列
for ! k=1 to 10
series exre{! k}=no{! k}-riskfree
  next
```

（6）按以下方程进行时间序列回归，计算出这 10 个组合在 2004—2009 年间的 $\beta$ 系数。

$$R_{pt}-R_{ft}=\alpha_p+\beta_p(R_{mt}-R_{ft})+\varepsilon_{pt} \tag{15.19}$$

这 10 个时间序列回归通过循环回归实现，在程序窗口运行以下程序：

```
'最小二乘回归
for ! k=1 to 10
equation eq{! k}.ls exre{! k} c exremar
  next
```

注意，这里每句命令一定要分行，否则无法正常运行。

回归结果（见表 15-3）显示：各组合回归得到的 $\beta$ 系数在 1%的显著性水平下显著；截距项基本不显著（只有第 3 组和第 6 组在 10%的显著性水平下显著）。回归的拟合系数均高于 0.6，说明模型的拟合效果较好。

**表 15-3　回归结果（1）**

| 分组 | $\hat{\beta}_p$ | $t(\hat{\beta}_p)$ | $\hat{\alpha}_p\times100$ | $t(\hat{\alpha}_p)$ | 调整 $R^2$ |
|---|---|---|---|---|---|
| 第 1 组 | 0.873 | 10.543*** | 0.961 | 1.151 | 0.608 |
| 第 2 组 | 0.953 | 10.837*** | 1.457 | 1.643 | 0.621 |
| 第 3 组 | 0.920 | 10.516*** | 1.679 | 1.902* | 0.607 |
| 第 4 组 | 1.023 | 11.396*** | 1.241 | 1.370 | 0.645 |
| 第 5 组 | 1.004 | 11.249*** | 1.220 | 1.356 | 0.639 |
| 第 6 组 | 1.042 | 11.295*** | 1.555 | 1.670* | 0.641 |
| 第 7 组 | 1.026 | 10.951*** | 1.115 | 1.179 | 0.626 |
| 第 8 组 | 1.055 | 11.332*** | 1.161 | 1.237 | 0.642 |
| 第 9 组 | 1.079 | 12.347*** | 1.116 | 1.265 | 0.681 |
| 第 10 组 | 1.059 | 12.437*** | 1.177 | 1.370 | 0.684 |

说明：***、*分别表示在 1%和 10%的显著性水平下显著。

第 3 步，横截面回归。

（1）在 EViews 中新建一个横截面回归的工作文件，在命令窗口中用“series”命令建立横截面序列。

（2）计算这 10 个组合在 2004—2009 年间的月平均收益率 $R_p$，并和各组合 $\beta$ 系数 $\beta_p$ 一起输入 EViews，分别命名为“return”“beta”。

（3）按以下方程进行横截面回归，估计参数 $\gamma_0$ 和 $\gamma_1$：

$$R_p=\gamma_0+\gamma_1\beta_p+\varepsilon_p \tag{15.20}$$

根据 CAPM 理论，这里的 $\gamma_0$ 应该为无风险收益率，$\gamma_1$ 应该为正数且等于市场组合的月平均超额收益率。回归结果见表 15－4。

**表 15－4 回归结果（2）**

| 变量 | 系数 | 标准误差 | $t$ 统计量 | $P$ 值 | 理论值 |
|---|---|---|---|---|---|
| $r_0$ | 0.019 | 0.012 | 1.622 | 0.144 | 0.002 |
| $\beta_p$ | 0.010 | 0.012 | 0.832 | 0.430 | 0.014 |
| $R^2$ | 0.080 | | 调整 $R^2$ | −0.036 | |

可以看出：

（1）$\gamma_0>0$，即无风险收益率大于零。这和早期的一些检验结果不同。从绝对数值来看，$\gamma_0$ 大于 2004—2009 年的月平均无风险收益率 0.002，与理论值有出入。

（2）$\gamma_1>0$，图形拟合结果是一条向右上方倾斜的直线（见图 15－2），表明组合收益率与 $\beta$ 系数正相关，高风险对应高回报，这和 CAPM 的结论一致。

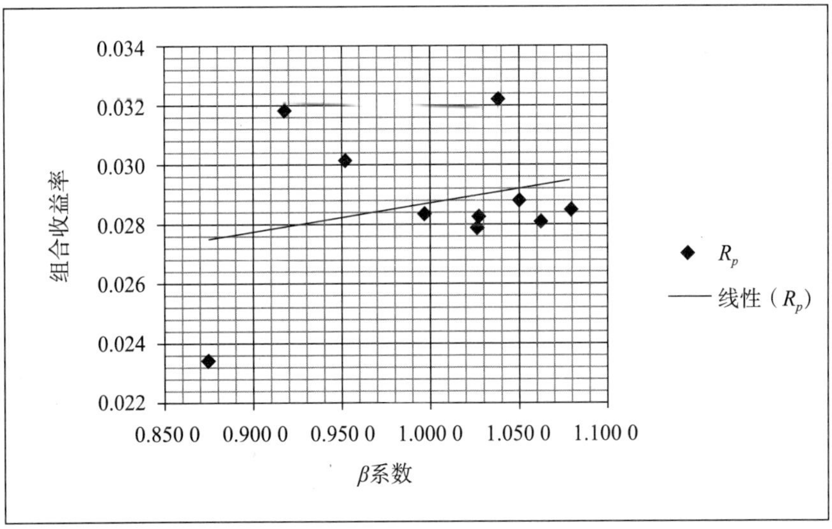


**图 15－2 10 个股票组合拟合出的证券市场线**

（3）虽然两个系数都是正数，但都不显著，而且回归的拟合系数很低（不到 0.1），调整拟合系数甚至为负值。这说明仅凭 $\beta$ 系数不能充分解释股票收益率的变化，可能存在其他明显影响股票收益率的因素。以上结果可能表明 CAPM 在上海证券交易所 A 股市场上并不适用。

### 15.4.3 法玛-麦克白检验

与布莱克-詹森-斯科尔斯检验不同，法玛-麦克白检验的股票组合在较长的时间区间内是不变的。为保证这一点，首先要在 1998 年已经上市的股票中去掉 1999—2009 年出现过 ST 等特殊情况的股票，这样筛选出 273 只股票。从上一个检验中筛选出这 273 只股票的月收益率数据，按以下步骤进行检验。

第 1 步，个股 $\beta$ 系数的计算与分组。

（1）估计所有个股的 $\beta$ 系数。用 1999—2002 年的月度数据进行估计。但这里所采用的估计模型与布莱克-詹森-斯科尔斯检验不同。后者是用股票超额收益率对市场超额收益率进行回归，而这里是直接用个股月收益率对市场月收益率进行回归，即所谓“市场模型”：

$$R_{it}=\alpha_i+\beta_i R_{mt}+\varepsilon_{it} \tag{15.21}$$

其中，$R_{it}$是股票 $i$ 在 $t$ 时刻的月收益率，$R_{mt}$是 $t$ 时刻的市场月收益率，$\alpha_i$、$\beta_i$ 为待估系数，$\varepsilon_{it}$是残差项。

（2）分组。在 Excel 中循环调用 SLOPE 函数估计出个股 $\beta$ 系数，根据 $\beta$ 系数的值按从小到大的顺序把所有股票平均分为 20 个组合，并依次赋予相应的分组号码 1～20。

（3）用市场模型以 2003—2007 年的月度数据为基础，估计各组合中单只股票的 $\beta$ 系数，并用 POWER 函数求 $\beta$ 系数的平方。

（4）对用 STEYX 函数得到的回归标准误差进行调整，得到个股回归的残差标准差。

（5）计算各组合的 $\beta$ 系数 $\hat{\beta}_p$、组合的 $\beta$ 系数平方 $\hat{\beta}_p^2$、组合的残差标准差 $\hat{S}_{\varepsilon p}$。先按照“分组号码”进行排序，然后以“分组号码”为分类字段进行分类汇总得到平均值。结果见表 15-5。

**表 15-5　2003—2007 年组合 $\beta$ 估计结果**

| 组合 | $\hat{\beta}_p$ | $\hat{\beta}_p^2$ | $\hat{S}_{\varepsilon p}$ |
|---|---|---|---|
| 组合 1 | 0.891 | 0.872 | 0.116 |
| 组合 2 | 0.923 | 0.895 | 0.108 |
| 组合 3 | 1.063 | 1.229 | 0.121 |
| 组合 4 | 0.948 | 0.947 | 0.130 |
| 组合 5 | 0.973 | 0.976 | 0.119 |
| 组合 6 | 0.999 | 1.090 | 0.126 |
| 组合 7 | 1.074 | 1.288 | 0.124 |
| 组合 8 | 1.013 | 1.103 | 0.108 |
| 组合 9 | 1.070 | 1.182 | 0.136 |
| 组合 10 | 1.009 | 1.052 | 0.121 |
| 组合 11 | 1.043 | 1.133 | 0.110 |
| 组合 12 | 1.004 | 1.054 | 0.124 |
| 组合 13 | 1.085 | 1.288 | 0.122 |
| 组合 14 | 0.946 | 0.975 | 0.125 |
| 组合 15 | 0.936 | 0.920 | 0.128 |

续表

| 组合 | $\hat{\beta}_p$ | $\hat{\beta}_p^2$ | $\hat{S}_{\varepsilon p}$ |
|---|---|---|---|
| 组合 16 | 0.859 | 0.823 | 0.134 |
| 组合 17 | 0.971 | 1.016 | 0.126 |
| 组合 18 | 0.950 | 0.933 | 0.132 |
| 组合 19 | 0.994 | 1.013 | 0.119 |
| 组合 20 | 0.937 | 0.915 | 0.121 |

(6) 把以上数据区间延长一年，即用 2003—2008 年 6 年的月度数据估计各组合的 $\hat{\beta}_p$、$\hat{\beta}_p^2$ 和 $\hat{S}_{\varepsilon p}$，结果见表 15-6。

**表 15-6　2003—2008 年组合 β 估计结果**

| 组合 | $\hat{\beta}_p$ | $\hat{\beta}_p^2$ | $\hat{S}_{\varepsilon p}$ |
|---|---|---|---|
| 组合 1 | 0.956 | 0.952 | 0.114 |
| 组合 2 | 0.947 | 0.932 | 0.113 |
| 组合 3 | 1.079 | 1.213 | 0.122 |
| 组合 4 | 0.966 | 0.985 | 0.137 |
| 组合 5 | 0.979 | 0.978 | 0.120 |
| 组合 6 | 1.004 | 1.053 | 0.129 |
| 组合 7 | 1.082 | 1.245 | 0.128 |
| 组合 8 | 1.009 | 1.081 | 0.112 |
| 组合 9 | 1.069 | 1.173 | 0.133 |
| 组合 10 | 1.048 | 1.123 | 0.124 |
| 组合 11 | 1.048 | 1.127 | 0.112 |
| 组合 12 | 1.037 | 1.108 | 0.124 |
| 组合 13 | 1.097 | 1.289 | 0.122 |
| 组合 14 | 1.022 | 1.084 | 0.127 |
| 组合 15 | 0.949 | 0.931 | 0.129 |
| 组合 16 | 0.941 | 0.928 | 0.134 |
| 组合 17 | 0.990 | 1.024 | 0.125 |
| 组合 18 | 1.000 | 1.041 | 0.136 |
| 组合 19 | 1.022 | 1.063 | 0.118 |
| 组合 20 | 0.992 | 1.007 | 0.122 |

第 2 步，横截面回归。

(1) 新建一个 EViews 工作文件，将上面得到的有关 $\beta$ 系数的三个指标和组合收益率数据通过“read”命令从 Excel 导入 EViews。

(2) 按以下方程进行横截面回归，得到 2008—2009 年两年的横截面回归估计值。回归具体操作与前一个检验类似，即通过在程序窗口编程循环调用得到横截面回归结果。注意，这里共进行 24 次横截面回归（2008—2009 年），前 12 次回归和后 12 次回归的解释变量不同。

$$R_{pt}=\gamma_{0t}+\gamma_{1t}\hat{\beta}_{p,t-1}+\gamma_{2t}\hat{\beta}^2_{p,t-1}+\gamma_{3t}\hat{S}_{\varepsilon p,t-1}+\varepsilon_{pt} \tag{15.22}$$

（3）将 24 个月的横截面回归结果输入 Excel，运用统计函数 AVERAGE 和 STDEV 分别求得各估计量的平均值和标准差。参考法玛和麦克白原文的做法，我们选用 $t$ 统计量检验系数是否为零，计算公式如下：

$$t(\bar{\gamma}_j)=\frac{\bar{\gamma}_j}{s(\bar{\gamma}_j)/\sqrt{n}}$$

其中，$\bar{\gamma}_j$ 是回归方程中各系数 $\gamma_{jt}$ 的估计值的平均值，$s(\bar{\gamma}_j)$ 为估计值的标准差，$n$ 是回归区间的月份总数，在这里是 24。第 1 步和第 2 步涉及的时间区间及其对应关系见表 15－7。

**表 15－7　法玛-麦克白检验区间**

| 区间名称 | 时间区域 |
| --- | --- |
| 计算所有个股 $\beta$ 并进行分组 | 1999—2002 年 |
| 计算组合 $\hat{\beta}_p$、$\hat{\beta}^2_p$ 和 $\hat{S}_{\varepsilon p}$ | 2003—2007 年<br>2003—2008 年 |
| 横截面回归 | 2008—2009 年 |

如果 CAPM 成立，则上述横截面回归的系数值应满足以下四点：

（1）Sharpe-Lintner（S-L）假说，即 $\gamma_{0t}$ 的均值等于无风险收益率；

（2）承受风险应有相应的回报，即 $\gamma_{1t}$ 的均值应显著大于零；

（3）证券市场线的线性特征，即 $\gamma_{2t}$ 的均值应不显著异于零；

（4）非 $\beta$ 系数风险不存在系统性影响，即残差标准差不影响股票的预期收益率，故 $\gamma_{3t}$ 的均值应不显著异于零。

根据这些假设分析表 15－8 的回归结果，可得出以下几点结论：

（1）$\gamma_0>0$，即无风险收益率为正，但 $\gamma_0$ 理论上应等于这一时期（2008—2009 年）的平均无风险收益率 0.002，而且这里 $t$ 统计量过小，不能拒绝其为零的原假设，所以与 CAPM 理论相悖。

（2）$\gamma_1<0$，显示股票收益率与股票的系统风险负相关，这与 CAPM 的基本结论相反。

（3）$\gamma_2$ 高度不显著，不能拒绝其为零的原假设，说明股票收益率与 $\beta$ 系数为线性关系。

（4）$\gamma_3$ 也高度不显著，不能拒绝其为零的原假设，只是初步表明非系统风险对股票横截面收益率的变化的解释力不够。

综上所述，法玛-麦克白检验的实证结果没有支持 CAPM，系统风险和非系统风险都不足以解释这一时期上海证券交易所 A 股市场上股票横截面收益率的变化。这一结果与靳云汇和刘霖（2001）的研究结论相同。

**表 15-8　横截面回归结果**

| 系数 | $\overline{\hat{\gamma}}_j$ | $s(\hat{\gamma}_j)$ | $t(\overline{\hat{\gamma}}_j)$ | 10%的显著性水平 | 5%的显著性水平 |
|---|---|---|---|---|---|
| $\gamma_0$ | 0.013 | 0.477 | 0.128 | 1.714 | 2.069 |
| $\gamma_1$ | −0.066 | 0.805 | −0.403 | 1.714 | 2.069 |
| $\gamma_2$ | 0.040 | 0.364 | 0.542 | 1.714 | 2.069 |
| $\gamma_3$ | 0.179 | 1.069 | 0.819 | 1.714 | 2.069 |

说明：临界值是 $t$ 分布下自由度为 23 时相应显著性水平下的双尾临界值。

## 练习 15

1. 运用 Black 等在 1972 年的方法检验 CAPM 模型，数据采用 1960—2024 年间在纽约证券交易所交易的所有股票的月度数据，市场收益率定义为所有股票收益率的算术平均值。

2. 运用法玛-麦克白检验对习题 1 中的数据进行 CAPM 检验，并比较两题中的结果有何异同。

第 16 章
# 状态空间模型

**本章导读**

本章对状态空间模型的规范和估计方法进行了简要介绍。状态空间模型是描述动态系统行为的数学框架，它在各个领域（包括金融计量学、工程学、自然科学等）都有广泛的应用。其本质在于将系统的演化和行为抽象为状态和状态之间的转移，以及状态与观测之间的联系。状态空间模型的基本思想是通过状态转移方程来模拟系统的内部演化，然后通过观测方程将内部状态与外部观测联系起来。这使得状态空间模型可以用来预测未来状态和观测，以及在一些情况下进行状态估计。在金融领域，状态空间模型可以用于分析金融时间序列数据、预测市场趋势、制定风险管理策略等。

状态空间模型在金融计量学中有广泛应用。在金融领域，状态可以表示与市场价格、利率、风险等有关的变量。通过状态转移方程，我们可以模拟市场的内部演化和变化趋势。观测可以是市场价格、交易量等；通过观测方程，我们可以将这些观测与内部状态联系起来，从而更好地理解市场行为。状态空间模型还能够用于预测金融市场的未来走势，分析市场波动性，并帮助制定风险管理策略。通过将金融系统抽象为状态空间模型，我们可以揭示市场的内在规律和变化趋势，为决策提供有力支持。

## 16.1　基础模型介绍

状态空间模型主要包括以下要素：

(1) 状态 (state)：系统的状态是描述系统特征的变量或向量，可以用来表示系统在某个时刻的内部情况。状态可以是一个或多个维度的，具体取决于系统的复杂性和特点。在金融领域，状态可以是与市场价格、利率、风险等相关的变量。

(2) 状态转移 (state transition)：状态空间模型假设系统的状态在不同时间点之间发生转移。这些转移由状态（转移）方程描述，它们表达了系统状态如何从一个时间步转移到下一个时间步。状态转移方程通常以矩阵和向量的形式表示。

(3) 观测 (observation)：系统的观测是我们可以测量到的外部信息或变量。它们可以与系统的状态有关，但不一定完全相同。在金融领域，观测可以是市场价格、交易量等。

(4) 观测方程（observation equation）：观测方程描述了系统的状态与我们实际可以观测到的变量之间的关系。它将系统的状态映射到观测空间，可能会包含噪声，因为实际观测通常受到不确定性的影响。

归纳起来，状态空间模型一般包含两组方程：一组是状态方程，用来刻画一个潜伏的转换过程；另一组是观测方程，用来刻画每个阶段潜伏转换过程如何测度。状态空间模型可以有很多种不同类型，相应的模型设定各有不同。为了简单起见，我们先介绍简单的线性状态空间模型，其模型形式可以写成如下形式

$$\boldsymbol{y}_t=\boldsymbol{c}_t+\boldsymbol{Z}_t\boldsymbol{\alpha}_t+\boldsymbol{\varepsilon}_t \tag{16.1}$$

$$\boldsymbol{\alpha}_{t+1}=\boldsymbol{d}_t+\boldsymbol{T}_t\boldsymbol{\alpha}_t+\boldsymbol{\upsilon}_{t+1} \tag{16.2}$$

其中，$\boldsymbol{y}_t$ 代表 $t$ 时刻的 $n\times1$ 维可观测向量；$\boldsymbol{\alpha}_t$ 是 $t$ 时刻的 $m\times1$ 维状态向量（不可观测）。$\boldsymbol{c}_t$、$\boldsymbol{d}_t$、$\boldsymbol{Z}_t$ 和 $\boldsymbol{T}_t$ 是状态空间模型中描述状态过程的系数矩阵；$\boldsymbol{\varepsilon}_t$ 和 $\boldsymbol{\upsilon}_t$ 是均值为零、服从高斯（正态）分布的扰动向量。

需要注意的是，这里假定状态向量随着时间的推移以一阶向量自回归的方式移动。第一组方程称为信号方程或观测方程，第二组方程称为状态方程。

假设扰动向量 $\boldsymbol{\varepsilon}_t$ 和 $\boldsymbol{\upsilon}_t$ 都序列独立，并且服从以下分布

$$\boldsymbol{\varepsilon}_t\sim N(0,\ \boldsymbol{H}_t)$$

$$\boldsymbol{\upsilon}_t\sim N(0,\ \boldsymbol{Q}_t)$$

则二者的方差-协方差矩阵可以写成

$$\boldsymbol{\Omega}_t=\mathrm{var}\begin{bmatrix}\boldsymbol{\varepsilon}_t\\ \boldsymbol{\upsilon}_t\end{bmatrix}=\begin{bmatrix}\boldsymbol{H}_t & \boldsymbol{G}_t\\ \boldsymbol{G}_t' & \boldsymbol{Q}_t\end{bmatrix} \tag{16.3}$$

其中，$\boldsymbol{G}_t$ 为 $n\times m$ 维协方差矩阵。需要注意的是，在给定 $t$ 时期指定的误差扰动项时，状态方程表示其所对应的 $t+1$ 时期的状态。根据 Koopman、Doornik 和 Shephard（1999）的做法，这种特定的时间设定惯例对于解释观测方程和状态方程间的误差扰动相关性 $\boldsymbol{G}_t$ 具有重要的意义。为了对式（16.1）至式（16.3）中给出的模型规范进行一般化处理，在后续的分析中假设系统矩阵和向量 $\boldsymbol{B}_t\equiv\{\boldsymbol{c}_t,\ \boldsymbol{d}_t,\ \boldsymbol{Z}_t,\ \boldsymbol{T}_t,\ \boldsymbol{H}_t,\ \boldsymbol{Q}_t,\ \boldsymbol{G}_t\}$ 的变化取决于可观测的解释变量 $\boldsymbol{y}_t$ 和不可观测的参数。

## 16.2　状态空间模型举例

本书中介绍过的很多模型其实都可以表达成状态空间模型的形式。本小节展示几个常用模型的状态空间形式。

**1. AR(2) 模型**

对于一个 AR(2) 模型，即

$$y_t=\beta_0+\beta_1y_{t-1}+\beta_2y_{t-2}+u_t,\ u_t\sim\text{i. i. d.}\ N(0,\ \sigma^2)$$

我们可以将其写成如下状态空间模型

$$\text{观测方程：} y_t = c + \boldsymbol{Z}\boldsymbol{\alpha}_t + \varepsilon_t \tag{16.4}$$

$$\text{状态方程：} \boldsymbol{\alpha}_{t+1} = \boldsymbol{d} + \boldsymbol{T}\boldsymbol{\alpha}_t + \boldsymbol{v}_{t+1} \tag{16.5}$$

其中，状态向量 $\boldsymbol{\alpha}_t = \begin{bmatrix} \alpha_{0,t} \\ \alpha_{0,t-1} \end{bmatrix}$，系数 $c = \dfrac{\beta_0}{1-\beta_1-\beta_2}$，$\boldsymbol{Z} = [1 \quad 0]$，$\boldsymbol{d} = \begin{bmatrix} 0 \\ 0 \end{bmatrix}$，$\boldsymbol{T} = \begin{bmatrix} \beta_1 & \beta_2 \\ 1 & 0 \end{bmatrix}$，残差项 $\varepsilon_t = 0$，$\boldsymbol{v}_{t+1} = \begin{bmatrix} u_{t+1} \\ 0 \end{bmatrix}$。

**2. 时变系数（time-varying parameter，TVP）模型**

我们以 AR(2) 模型为例，考虑其系数随着时间发生变化，则有

$$y_t = \beta_{1t} y_{t-1} + \beta_{2t} y_{t-2} + u_t, \quad u_t \sim \text{i. i. d. } N(0, \sigma^2)$$
$$\beta_{1t} = \beta_{1,t-1} + \eta_{1t}, \quad \eta_{1t} \sim \text{i. i. d. } N(0, \sigma_1^2)$$
$$\beta_{2t} = \beta_{2,t-1} + \eta_{2t}, \quad \eta_{2t} \sim \text{i. i. d. } N(0, \sigma_2^2)$$

其中，自回归项前的系数分别服从一个随机游走过程。我们将上述 TVP-AR 模型写成如下状态空间模型

$$\text{观测方程：} y_t = c + \boldsymbol{Z}\boldsymbol{\alpha}_t + \varepsilon_t$$
$$\text{状态方程：} \boldsymbol{\alpha}_{t+1} = \boldsymbol{d} + \boldsymbol{T}\boldsymbol{\alpha}_t + \boldsymbol{v}_{t+1}$$

其中，状态向量 $\boldsymbol{\alpha}_t = \begin{bmatrix} \beta_{1t} \\ \beta_{2t} \end{bmatrix}$，系数 $c = 0$，$\boldsymbol{Z} = [y_{t-1} \quad y_{t-2}]$，$\boldsymbol{d} = \begin{bmatrix} 0 \\ 0 \end{bmatrix}$，$\boldsymbol{T} = \begin{bmatrix} 1 & 0 \\ 0 & 1 \end{bmatrix}$，残差项 $\varepsilon_t = u_t$，$\boldsymbol{v}_{t+1} = \begin{bmatrix} \eta_{1,t+1} \\ \eta_{2,t+1} \end{bmatrix}$。

**3. 动态因子模型（dynamic factor model）**

假如我们有两个平稳的序列，$y_{1t}$ 和 $y_{2t}$，它们的动态过程都受到同一个公共因子 $f_t$ 的影响：

$$y_{1t} = \lambda_1 f_t + w_{1t} \tag{16.6}$$

$$y_{2t} = \lambda_2 f_t + w_{2t} \tag{16.7}$$

其中 $\lambda_1$ 和 $\lambda_2$ 是对应的因子载荷（factor loading），描述了公共因子是如何影响可观测序列的。$w_{1t}$ 和 $w_{2t}$ 是个体差异因子（idiosyncratic factor）。我们假设这三个因子分别遵循一个 AR 过程

$$f_t = \phi f_{t-1} + \eta_t, \quad \eta_t \sim \text{i. i. d. } N(0, 1)$$
$$w_{1t} = \beta_1 w_{1,t-1} + u_{1t}, \quad u_{1t} \sim \text{i. i. d. } N(0, \sigma_1^2)$$
$$w_{2t} = \beta_2 w_{2,t-1} + u_{2t}, \quad u_{2t} \sim \text{i. i. d. } N(0, \sigma_2^2)$$

上述动态因子模型仍然可以写成如下状态空间模型

$$\text{观测方程：} \boldsymbol{y}_t = \boldsymbol{c} + \boldsymbol{Z}\boldsymbol{\alpha}_t + \boldsymbol{\varepsilon}_t$$
$$\text{状态方程：} \boldsymbol{\alpha}_{t+1} = \boldsymbol{d} + \boldsymbol{T}\boldsymbol{\alpha}_t + \boldsymbol{v}_{t+1}$$

其中，状态向量 $\boldsymbol{\alpha}_t=\begin{bmatrix} f_t \\ w_{1t} \\ w_{2t} \end{bmatrix}$，可观测的变量 $\boldsymbol{y}_t=\begin{bmatrix} y_{1t} \\ y_{2t} \end{bmatrix}$，系数矩阵 $\boldsymbol{c}=\begin{bmatrix} 0 \\ 0 \end{bmatrix}$，$\boldsymbol{Z}=\begin{bmatrix} \lambda_1 & 1 & 0 \\ \lambda_2 & 0 & 1 \end{bmatrix}$，$\boldsymbol{d}=\begin{bmatrix} 0 \\ 0 \\ 0 \end{bmatrix}$，$\boldsymbol{T}=\begin{bmatrix} \phi & 0 & 0 \\ 0 & \beta_1 & 0 \\ 0 & 0 & \beta_2 \end{bmatrix}$，残差项 $\boldsymbol{\varepsilon}_t=\begin{bmatrix} 0 \\ 0 \end{bmatrix}$，$\boldsymbol{v}_{t+1}=\begin{bmatrix} \eta_{t+1} \\ u_{1,t+1} \\ u_{2,t+1} \end{bmatrix}$。

## 16.3　状态空间模型的估计方法

状态空间模型的估计方法是指利用观测数据来估计模型中的参数和隐藏状态，从而更好地理解和预测系统的行为。这些方法在金融计量学、工程学、自然科学等领域都有广泛的应用。状态空间模型估计方法并不局限于某一种，可以使用极大似然估计、卡尔曼滤波法、粒子滤波、期望最大化算法、贝叶斯方法等。

极大似然估计是一种常用的计量估计方法，旨在寻找模型参数使得给定观测数据的似然函数最大化。通过优化算法，可以找到使模型产生观测数据概率最大的参数值，从而估计状态空间模型的参数。

卡尔曼滤波法是一种递归的估计方法，用于估计线性动态系统中的状态。它通过递归地更新状态估计值，同时考虑观测数据和系统模型，实现对状态的估计。

粒子滤波是一种基于蒙特卡洛方法的非线性状态估计方法，适用于非线性和非高斯的状态空间模型。它通过一系列粒子来近似状态分布，并在每个时间步根据观测数据进行更新，以获得状态的估计。

期望最大化算法是一种迭代优化方法，用于估计包含隐含变量的概率模型参数。在状态空间模型中，这种算法可以用于同时估计模型参数和隐藏状态，通过迭代优化来逐步提高似然函数。

贝叶斯方法通过联合考虑先验信息和观测数据来估计状态空间模型的参数和状态。贝叶斯方法可以使用马尔可夫链蒙特卡洛（MCMC）等技术，生成参数和状态的后验分布，从中提取估计结果。

总之，状态空间模型的估计方法涵盖了多种计量估计技术，旨在根据观测数据来推断模型参数和隐藏状态，这些计量方法在经典的计量经济学教材中有所介绍。对适当的估计方法的选择取决于模型的特性、数据的性质以及计算资源的可用性。这些方法的应用可以帮助我们更好地理解系统行为、作出预测和制定决策。

限于篇幅，本章不对所有估计方法进行阐释，只以卡尔曼滤波法为例来介绍如何估计状态空间模型中的不可观测的状态变量。在假设模型的系数已知的情况下，该方法可以估计出状态量的最小均方误差估计。卡尔曼滤波法是基于给定的信息的一种递归计算方法，主要由预测与更新两步组成：

（1）预测。在时间点 $t$，我们首先根据已知的一直到 $t-1$ 的信息集 $I_{t-1}$ 来预测 $\boldsymbol{y}_t$。为此我们需要使用状态方程来计算 $\boldsymbol{\alpha}_t$ 的条件期望，即 $\boldsymbol{\alpha}_{t|t-1}\equiv E(\boldsymbol{\alpha}_t|I_{t-1})$。

$$\boldsymbol{\alpha}_{t|t-1}=\boldsymbol{d}_t+\boldsymbol{T}_t\boldsymbol{\alpha}_{t-1|t-1}$$
$$\boldsymbol{P}_{t|t-1}=\boldsymbol{T}_t\boldsymbol{P}_{t-1|t-1}\boldsymbol{T}_t'+\boldsymbol{Q}_t$$
$$\boldsymbol{\eta}_{t|t-1}=\boldsymbol{y}_t-\boldsymbol{y}_{t|t-1}=\boldsymbol{y}_t-\boldsymbol{c}_t-\boldsymbol{Z}_t\boldsymbol{\alpha}_{t|t-1}$$
$$\boldsymbol{f}_{t|t-1}=\boldsymbol{Z}_t\boldsymbol{P}_{t|t-1}\boldsymbol{Z}_t'+\boldsymbol{H}_t$$

其中，$\boldsymbol{P}_{t|t-1}\equiv E[(\boldsymbol{\alpha}_t-\boldsymbol{\alpha}_{t|t-1})(\boldsymbol{\alpha}_t-\boldsymbol{\alpha}_{t|t-1})']$为给定信息集 $I_{t-1}$时，$\boldsymbol{\alpha}_t$ 的条件方差-协方差矩阵。$\boldsymbol{P}_{t|t}\equiv E[(\boldsymbol{\alpha}_t-\boldsymbol{\alpha}_{t|t})(\boldsymbol{\alpha}_t-\boldsymbol{\alpha}_{t|t})']$为给定信息集 $I_t$ 时，$\boldsymbol{\alpha}_t$ 的条件方差-协方差矩阵。$\boldsymbol{y}_{t|t-1}$为给定信息集 $I_{t-1}$ 时的 $\boldsymbol{y}_t$ 的预测，$\boldsymbol{\eta}_{t|t-1}$ 为对应的预测误差，$\boldsymbol{f}_{t|t-1}\equiv E(\boldsymbol{\eta}_{t|t-1}^2)$ 为预测误差的条件方差。

（2）更新。在上面预测的过程中，预测误差 $\boldsymbol{\eta}_{t|t-1}$包含了关于 $\boldsymbol{\alpha}_t$ 的新信息，因此我们可以根据此在 $\boldsymbol{\alpha}_{t|t-1}$的基础之上更新对于 $\boldsymbol{\alpha}_t$ 的估计，即

$$\boldsymbol{\alpha}_{t|t}=\boldsymbol{\alpha}_{t|t-1}+\boldsymbol{K}_t\boldsymbol{\eta}_{t|t-1}$$
$$\boldsymbol{P}_{t|t}=\boldsymbol{P}_{t|t-1}-\boldsymbol{K}_t\boldsymbol{Z}_t\boldsymbol{P}_{t|t-1}$$

其中，$\boldsymbol{K}_t\equiv\boldsymbol{P}_{t|t-1}\boldsymbol{Z}_t'\boldsymbol{f}_{t|t-1}^{-1}$是卡尔曼增益（Kalman gain），其决定了新信息在更新过程中的权重大小。$\boldsymbol{K}_t$ 的表达式说明有关 $\boldsymbol{\alpha}_{t|t-1}$的不确定性越大，新信息在更新的过程中就越重要。

在给定初始值 $\boldsymbol{\alpha}_{0|0}$和 $\boldsymbol{P}_{0|0}$后，我们就可以对于 $t=1$，2，…，$T$ 循环使用上面的 6 个公式来得到 $\boldsymbol{\alpha}_t$ 基于信息集 $I_t$ 的最小方差估计量。此外，我们还可以通过平滑来得到一个基于全部信息（$I_T$）的更精确的 $\boldsymbol{\alpha}_t$ 的估计量（$\boldsymbol{\alpha}_{t|T}$），即

$$\boldsymbol{\alpha}_{t|T}=\boldsymbol{\alpha}_{t|t}+\boldsymbol{P}_{t|t}\boldsymbol{T}_t'\boldsymbol{P}_{t+1|t}^{-1}(\boldsymbol{\alpha}_{t+1|T}-\boldsymbol{T}_t\boldsymbol{\alpha}_{t|t}-\boldsymbol{d}_t)$$
$$\boldsymbol{P}_{t|T}=\boldsymbol{P}_{t|t}+\boldsymbol{P}_{t|t}\boldsymbol{T}_t'\boldsymbol{P}_{t+1|t}^{-1}(\boldsymbol{P}_{t+1|T}-\boldsymbol{P}_{t+1|t})\boldsymbol{P}_{t+1|t}^{-1}\boldsymbol{T}_t\boldsymbol{P}_{t|t}'$$

这里我们采用从后向前循环的方式来得到平滑估计量，即 $t=T-1$，$T-2$，…，1。平滑估计量（$\boldsymbol{\alpha}_{t|T}$）比基本滤波得到的估计量（$\boldsymbol{\alpha}_{t|t}$）更加精确，因为其用了全部已知的信息集，而基本滤波只用了到 $t$ 时期的信息集（$I_t$）。

## 练习 16

1. 将以下模型改写成状态空间模型：

$$y_t=y_{1t}+y_{2t}$$
$$y_{1t}=\delta+y_{1,i-1}+e_{1t}$$
$$y_{2t}=\phi_1 y_{2,t-1}+\phi_2 y_{2,t-2}+e_{2t},\ e_{it}\sim \text{i.i.d.}\,N(0,\sigma_i^2),\ i=1,2$$

2. 将以下模型改写成状态空间模型：

$$y_{1t}=\gamma_1 c_t+z_{1t}$$
$$y_{2t}=\gamma_2 c_t+z_{2t}$$
$$c_t=\phi_1 c_{t-1}+v_t,\ v_t\sim \text{i.i.d.}\,N(0,1)$$
$$z_{it}=\alpha_i z_{i,t-1}+e_{it},\ e_{it}\sim \text{i.i.d.}\,N(0,\sigma_i^2),\ i=1,2$$

附　录

# 矩阵代数与经典线性回归模型

**导读**

矩阵代数与经典线性回归模型是金融计量学的基础。本附录介绍矩阵代数和经典线性回归的相关内容。当然，矩阵代数的内容涵盖面相对较广，我们不可能在附录中囊括所有内容。这里介绍的主要是与计量经济学相关的矩阵代数知识。同时，附录既介绍了如何运用矩阵方法推导和理解 OLS 回归的系数估计和系数方差估计的表达式，又说明了使用非矩阵的一般方法推导出的结果与使用矩阵推导出的结果完全一致。附录安排在最后，既不影响本书的结构，又方便读者随时查阅或者复习矩阵和线性回归的相关知识。

## A.1　矩阵代数

### A.1.1　矩阵的基本定义

在许多计量分析中要用到矩阵的概念。简单地说，矩阵就是指由 $m$ 行与 $n$ 列实数组成的矩形数组。由 $m$ 行与 $n$ 列组成的矩阵称为 $m\times n$ 维矩阵。例如，一个 $3\times2$ 维矩阵如下

$$\boldsymbol{A}_{3\times2}=\begin{pmatrix}1 & 2\\3 & 4\\5 & 6\end{pmatrix}$$

更一般地，一个 $m\times n$ 维矩阵可以写成如下形式，即

$$\boldsymbol{A}_{m\times n}=\begin{pmatrix}a_{11} & a_{12} & \cdots & a_{1n}\\a_{21} & a_{22} & \cdots & a_{2n}\\\vdots & \vdots & & \vdots\\a_{m1} & a_{m2} & \cdots & a_{mn}\end{pmatrix}\tag{A.1}$$

其中，$a_{11}$，$a_{12}$，…，$a_{mn}$ 都称为矩阵 $\boldsymbol{A}$ 的元素。所以，位于第 $i$ 行第 $j$ 列的元素就是 $a_{ij}$，也可以写成 $A_{ij}$。当矩阵 $\boldsymbol{A}$ 的所有元素都为 0 时，它称为零矩阵。当矩阵的行数等于矩阵的列数时，我们称这样的矩阵为方阵。

矩阵经常与线性方程组联系在一起。另外，矩阵的一个重要概念就是矩阵的秩。所谓矩阵的秩，就是指在矩阵中线性无关的行或者线性无关的列的数量。例如，如果一个4×5维矩阵中只有一个线性无关的行或者列，那么这个矩阵的秩就是1。当矩阵的秩与其维度相等时，我们称这样的矩阵为满秩矩阵。当非零的矩阵的秩小于矩阵的维度时，我们称之为奇异矩阵。

### A.1.2　一些特殊矩阵及其性质

在金融计量学中经常用到一些特殊的矩阵，例如零矩阵、单位矩阵、对称矩阵、三角矩阵、对角短阵、等幂矩阵等。我们下面分别进行介绍。

**1. 零矩阵**

如果矩阵 $\boldsymbol{A}$ 的所有元素均为 0，则矩阵 $\boldsymbol{A}$ 称为零矩阵或 0 矩阵。例如，

$$\boldsymbol{A}=\begin{pmatrix}0 & 0\\ 0 & 0\end{pmatrix}$$

是一个 2×2 维零矩阵。

**2. 单位矩阵**

所谓单位矩阵，就是指一个矩阵的主对角线上的所有元素都为 1，而非主对角线上的元素都为 0。例如，

$$\boldsymbol{I}=\begin{pmatrix}1 & 0\\ 0 & 1\end{pmatrix}$$

是一个 2×2 维单位矩阵。

不难看出，单位矩阵具有特殊的性质。例如，任何一个矩阵乘以与其维度相同的单位矩阵，得到的仍然是这个矩阵本身，如

$$\boldsymbol{B}\times\boldsymbol{I}=\begin{pmatrix}1 & 2\\ 3 & 4\end{pmatrix}\begin{pmatrix}1 & 0\\ 0 & 1\end{pmatrix}=\begin{pmatrix}1 & 2\\ 3 & 4\end{pmatrix}=\boldsymbol{B}$$

并且，单位矩阵的逆阵和转置都等于原单位矩阵，即

$$\boldsymbol{I}^{-1}=\boldsymbol{I}'=\boldsymbol{I}$$

**3. 对称矩阵**

如果一个矩阵的转置仍然是其本身，那么这个矩阵称为对称矩阵，即如果 $\boldsymbol{A}'=\boldsymbol{A}$，那么 $\boldsymbol{A}$ 称为对称矩阵（symmetric matrix）。很明显，单位矩阵就是一个典型的对称矩阵的例子。下面给出另外一个对称矩阵的例子，即

$$\boldsymbol{A}=\begin{bmatrix}1 & 2 & 4\\ 2 & 2 & 6\\ 4 & 6 & 3\end{bmatrix}$$

**4. 三角矩阵**

如果一个矩阵的主对角线以下的所有元素均为 0，则该矩阵称为上三角矩阵；反之，

如果一个矩阵的主对角线以上的所有元素均为 0，则该矩阵称为下三角矩阵。

举例来说，下面的矩阵 $\boldsymbol{A}$ 为下三角矩阵，而 $\boldsymbol{B}$ 为上三角矩阵：

$$\boldsymbol{A}=\begin{pmatrix}1 & 0 & 0\\2 & 2 & 0\\1 & 7 & 3\end{pmatrix},\boldsymbol{B}=\begin{pmatrix}1 & 1 & 4\\0 & 2 & 6\\0 & 0 & 3\end{pmatrix}$$

5. **对角矩阵**

如果一个矩阵除主对角线元素之外，所有元素均为 0，则称为对角矩阵。如

$$\boldsymbol{A}=\begin{pmatrix}1 & 0 & 0\\0 & 2 & 0\\0 & 0 & 3\end{pmatrix}$$

6. **等幂矩阵**

如果一个矩阵 $\boldsymbol{A}$ 满足

$$\boldsymbol{AA}=\boldsymbol{A}$$

则称矩阵 $\boldsymbol{A}$ 为等幂矩阵。一个单位矩阵就是一个等幂矩阵，因为

$$\begin{pmatrix}1 & 0\\0 & 1\end{pmatrix}\times\begin{pmatrix}1 & 0\\0 & 1\end{pmatrix}=\begin{pmatrix}1 & 0\\0 & 1\end{pmatrix}$$

### A.1.3　矩阵的基本运算法则

矩阵的基本运算法则包括矩阵的加、减、乘、除。注意，这几种基本运算都有一个共同的前提，就是参与运算的矩阵彼此之间具有运算一致性，也就是说，它们的维度必须能够允许这些矩阵之间进行运算。例如，矩阵的加、减就要求参与运算的矩阵都具有相同的维度。而对于参与乘和除运算的矩阵，相邻矩阵必须满足前一个矩阵的列数等于后一个矩阵的行数。我们下面分别进行介绍。

1. **矩阵相加**

如果矩阵 $\boldsymbol{A}$ 和 $\boldsymbol{B}$ 都是相同维度的矩阵，例如

$$\boldsymbol{A}_{2\times2}=\begin{pmatrix}1 & 2\\3 & 4\end{pmatrix},\boldsymbol{B}_{2\times2}=\begin{pmatrix}5 & 6\\7 & 8\end{pmatrix}\tag{A.2}$$

则有

$$\boldsymbol{A}+\boldsymbol{B}=\begin{pmatrix}1 & 2\\3 & 4\end{pmatrix}+\begin{pmatrix}5 & 6\\7 & 8\end{pmatrix}=\begin{pmatrix}1+5 & 2+6\\3+7 & 4+8\end{pmatrix}=\begin{pmatrix}6 & 8\\10 & 12\end{pmatrix}\tag{A.3}$$

所以，两个矩阵相加就是把对应位置的元素相加即可。

2. **矩阵相减**

因为矩阵的减法不过就是加法的反向运算，所以运算规则与加法相似，只是原来的对应元素相加变成相减。以上面的例子来说，

$$\boldsymbol{A}-\boldsymbol{B}=\begin{pmatrix}1 & 2\\3 & 4\end{pmatrix}-\begin{pmatrix}5 & 6\\7 & 8\end{pmatrix}=\begin{pmatrix}1-5 & 2-6\\3-7 & 4-8\end{pmatrix}=\begin{pmatrix}-4 & -4\\-4 & -4\end{pmatrix} \tag{A.4}$$

### 3. 矩阵相乘

以两个矩阵相乘的情况为例，这两个矩阵必须满足前一个矩阵的列数等于后一个矩阵的行数，才能够进行乘法运算，即 $m\times n$ 维矩阵 $\boldsymbol{A}$ 必须与 $n\times p$ 维矩阵 $\boldsymbol{B}$ 才能相乘。两个矩阵相乘的基本运算规则是：前一个矩阵的第 1 行乘以后一个矩阵的第 1 列作为结果矩阵的第 1 行的第 1 个元素；前一个矩阵的第 1 行乘以后一个矩阵的第 2 列作为结果矩阵的第 1 行的第 2 个元素；依此类推，得到结果矩阵的第 1 行的所有元素。同理可以获得结果矩阵的其他行的元素。

例如

$$\boldsymbol{A}_{3\times 2}=\begin{bmatrix}a_{11} & a_{12}\\a_{21} & a_{22}\\a_{31} & a_{32}\end{bmatrix},\ \boldsymbol{B}_{2\times 4}=\begin{bmatrix}b_{11} & b_{12} & b_{13} & b_{14}\\b_{21} & b_{22} & b_{23} & b_{24}\end{bmatrix} \tag{A.5}$$

则有

$$\begin{aligned}\boldsymbol{A}\times\boldsymbol{B}&=\begin{bmatrix}a_{11} & a_{12}\\a_{21} & a_{22}\\a_{31} & a_{32}\end{bmatrix}\begin{bmatrix}b_{11} & b_{12} & b_{13} & b_{14}\\b_{21} & b_{22} & b_{23} & b_{24}\end{bmatrix}\\&=\begin{bmatrix}a_{11}b_{11}+a_{12}b_{21} & a_{11}b_{12}+a_{12}b_{22} & a_{11}b_{13}+a_{12}b_{23} & a_{11}b_{14}+a_{12}b_{24}\\a_{21}b_{11}+a_{22}b_{21} & a_{21}b_{12}+a_{22}b_{22} & a_{21}b_{13}+a_{22}b_{23} & a_{21}b_{14}+a_{22}b_{24}\\a_{31}b_{11}+a_{32}b_{21} & a_{31}b_{12}+a_{32}b_{22} & a_{31}b_{13}+a_{32}b_{23} & a_{31}b_{14}+a_{32}b_{24}\end{bmatrix}\end{aligned} \tag{A.6}$$

注意，一个实数乘以一个矩阵等于将原始矩阵的所有元素都乘以这个实数。例如

$$5\times\boldsymbol{A}=5\times\begin{bmatrix}a_{11} & a_{12}\\a_{21} & a_{22}\\a_{31} & a_{32}\end{bmatrix}=\begin{bmatrix}5a_{11} & 5a_{12}\\5a_{21} & 5a_{22}\\5a_{31} & 5a_{32}\end{bmatrix}$$

利用这个运算法则，不难看出，式（A.4）还可以写成

$$\boldsymbol{A}-\boldsymbol{B}=\begin{pmatrix}-4 & -4\\-4 & -4\end{pmatrix}=-4\begin{pmatrix}1 & 1\\1 & 1\end{pmatrix}$$

矩阵的克罗内克乘积是一个在金融计量学中经常会用到的运算。假定我们有 $m\times n$ 维矩阵 $\boldsymbol{A}$ 和 $p\times q$ 维矩阵 $\boldsymbol{B}$，则 $\boldsymbol{A}$ 与 $\boldsymbol{B}$ 的克罗内克乘积定义为下列的 $mp\times nq$ 维矩阵，即

$$\boldsymbol{A}\otimes\boldsymbol{B}=\begin{bmatrix}a_{11}\boldsymbol{B} & a_{12}\boldsymbol{B} & \cdots & a_{1n}\boldsymbol{B}\\a_{21}\boldsymbol{B} & a_{22}\boldsymbol{B} & \cdots & a_{2n}\boldsymbol{B}\\\vdots & \vdots & & \vdots\\a_{m1}\boldsymbol{B} & a_{m2}\boldsymbol{B} & \cdots & a_{mn}\boldsymbol{B}\end{bmatrix}$$

其中，$a_{ij}$ 表示矩阵 $\boldsymbol{A}$ 中第 $i$ 行第 $j$ 列元素。

4. 矩阵相除

两个矩阵相除，实际上就是前一个矩阵乘以后一个矩阵的逆阵。要讨论矩阵相除的情况，需要先讨论矩阵的逆阵。在下面介绍矩阵的逆阵之后我们再来讨论矩阵的除法运算。

### A. 1. 4 矩阵的转置与逆阵

1. 矩阵的转置

矩阵的转置（transpose）就是指将原始矩阵的行转换成列获得的矩阵。矩阵 $\boldsymbol{A}$ 的转置一般可以表示成$\boldsymbol{A}^{\mathrm{T}}$ 或者 $\boldsymbol{A}'$。例如，

$$\boldsymbol{A}=\begin{pmatrix} a_{11} & a_{12} \\ a_{21} & a_{22} \\ a_{31} & a_{32} \end{pmatrix}$$

则

$$\boldsymbol{A}'=\begin{pmatrix} a_{11} & a_{21} & a_{31} \\ a_{12} & a_{22} & a_{32} \end{pmatrix}$$

不难看到，一个 $m\times n$ 维矩阵的转置矩阵变为$n\times m$ 维矩阵。

另外，对于矩阵 $\boldsymbol{A}$ 和$\boldsymbol{B}$，有下列转置矩阵运算规律，即

$$(\boldsymbol{AB})'=\boldsymbol{B}'\boldsymbol{A}'$$

2. 矩阵的逆阵

矩阵 $\boldsymbol{A}$ 的逆阵，记作 $\boldsymbol{A}^{-1}$，定义为

$$\boldsymbol{A}\boldsymbol{A}^{-1}=\boldsymbol{A}^{-1}\boldsymbol{A}=\boldsymbol{I} \tag{A.7}$$

其中，$\boldsymbol{I}$ 表示单位矩阵，即对角线元素都为单位 1，而其他元素均为 0。例如，一个 $3\times 3$ 维单位矩阵写成

$$\boldsymbol{I}=\begin{pmatrix} 1 & 0 & 0 \\ 0 & 1 & 0 \\ 0 & 0 & 1 \end{pmatrix}$$

并不是所有矩阵都可逆，只有当矩阵为非奇异（满秩）的方阵时，才存在逆阵。

对于一个矩阵（方阵）的逆阵的运算，当矩阵的维度大于 2 时，过程比较复杂（但并不难理解），读者可以参阅相关的线性代数或者高等代数教材。而对于 $2\times 2$ 维矩阵，其逆阵的求解相对比较直观。例如，对于下面的矩阵

$$\boldsymbol{A}=\begin{pmatrix} a_{11} & a_{12} \\ a_{21} & a_{22} \end{pmatrix} \tag{A.8}$$

其逆阵是

$$A^{-1}=\frac{1}{a_{11}a_{22}-a_{12}a_{21}}\begin{pmatrix} a_{22} & -a_{12} \\ -a_{21} & a_{11} \end{pmatrix} \tag{A.9}$$

当然，在实际运算过程中，使用手动的方法计算一个方阵的逆阵的情况并不多见，现代计量软件和大部分数学计算工具一般都可以很方便地计算出一个方阵的逆阵。例如，给定

$$\boldsymbol{A}=\begin{pmatrix} 1 & 2 & 3 \\ 4 & 5 & 2 \\ 7 & 8 & 9 \end{pmatrix}$$

通过计算工具求得的逆阵为

$$\boldsymbol{A}^{-1}=\begin{pmatrix} -1.208 & -0.250 & 0.458 \\ 0.917 & 0.500 & -0.417 \\ 0.125 & -0.250 & 0.125 \end{pmatrix}$$

另外，如果矩阵 $\boldsymbol{A}$ 和 $\boldsymbol{B}$ 均有逆阵，那么

$$\begin{cases} (\boldsymbol{AB})^{-1}=\boldsymbol{B}^{-1}\boldsymbol{A}^{-1} \\ (\boldsymbol{A}')^{-1}=(\boldsymbol{A}^{-1})' \\ [(\boldsymbol{AB})']^{-1}=(\boldsymbol{B}'\boldsymbol{A}')^{-1}=(\boldsymbol{A}')^{-1}(\boldsymbol{B}')^{-1} \end{cases}$$

综合以上介绍，可以将矩阵运算法则和部分性质归纳整理一下，见表 A-1。

**表 A-1　矩阵运算法则及部分性质**

| |
|---|
| $\boldsymbol{A}+(\boldsymbol{B}+\boldsymbol{C})=(\boldsymbol{A}+\boldsymbol{B})+\boldsymbol{C}$ |
| $\boldsymbol{A}+\boldsymbol{B}=\boldsymbol{B}+\boldsymbol{A}$ |
| $\boldsymbol{A}+\boldsymbol{0}=\boldsymbol{0}+\boldsymbol{A}=\boldsymbol{A}$ |
| $\boldsymbol{A}+(-\boldsymbol{A})=\boldsymbol{0}=(-\boldsymbol{A})+\boldsymbol{A}$ |
| $c(\boldsymbol{A}+\boldsymbol{B})=c\boldsymbol{A}+c\boldsymbol{B}$ |
| $(c+d)\boldsymbol{A}=c\boldsymbol{A}+d\boldsymbol{A}$ |
| $\boldsymbol{A}=\boldsymbol{A}$ |
| $\boldsymbol{0}\boldsymbol{A}=\boldsymbol{0}$ |
| $\boldsymbol{A}(\boldsymbol{BC})=(\boldsymbol{AB})\boldsymbol{C}$ |
| $\boldsymbol{AI}=\boldsymbol{IA}=\boldsymbol{A}$ |
| $\boldsymbol{A}(\boldsymbol{B}+\boldsymbol{C})=\boldsymbol{AB}+\boldsymbol{AC}$ |
| $(\boldsymbol{A}+\boldsymbol{B})\boldsymbol{C}=\boldsymbol{AC}+\boldsymbol{BC}$ |
| $\boldsymbol{0A}=\boldsymbol{A0}=\boldsymbol{0}$ |
| $(\boldsymbol{A}+\boldsymbol{B})'=\boldsymbol{A}'+\boldsymbol{B}'$ |
| $(c\boldsymbol{A})'=c\boldsymbol{A}'$ |
| $(\boldsymbol{AB})'=\boldsymbol{B}'\boldsymbol{A}'$ |
| $(\boldsymbol{AB})^{-1}=\boldsymbol{B}^{-1}\boldsymbol{A}^{-1}$ |
| $(\boldsymbol{A}')^{-1}=(\boldsymbol{A}^{-1})'$ |
| $[(\boldsymbol{AB})']^{-1}=(\boldsymbol{B}'\boldsymbol{A}')^{-1}=(\boldsymbol{A}')^{-1}(\boldsymbol{B}')^{-1}$ |

### A.1.5　矩阵的特征根与特征向量

矩阵的特征根和特征向量（eigenvector）的应用非常广泛。特征向量和特征根的基本定义如下。

设 $\boldsymbol{A}$ 是一个 $n\times n$ 维方阵，假定存在一个 $n\times 1$ 维非零向量 $\boldsymbol{C}$（即向量 $\boldsymbol{C}$ 内的所有元素不能都为 0）和实数 $\lambda$，使得下列关系成立，即

$$\boldsymbol{AC}=\lambda\boldsymbol{C} \tag{A.10}$$

那么 $\boldsymbol{C}$ 称为矩阵 $\boldsymbol{A}$ 的特征向量，$\lambda$ 称为矩阵 $\boldsymbol{A}$ 的特征根。

上式或者写成

$$(\boldsymbol{A}-\lambda\boldsymbol{I})\boldsymbol{C}=\boldsymbol{0} \tag{A.11}$$

其中，$\boldsymbol{I}$ 表示 $n\times n$ 维单位矩阵。

因为 $\boldsymbol{C}$ 为非零向量，所以，矩阵（$\boldsymbol{A}-\lambda\boldsymbol{I}$）应该为奇异矩阵，即该矩阵的行列式应该为 0，即

$$|\boldsymbol{A}-\lambda\boldsymbol{I}|=0 \tag{A.12}$$

举例来说，给定矩阵

$$\boldsymbol{A}=\begin{bmatrix}2 & 4\\ 5 & 1\end{bmatrix}$$

$$|\boldsymbol{A}-\lambda\boldsymbol{I}|-\left|\begin{bmatrix}2 & 4\\ 5 & 1\end{bmatrix}-\lambda\begin{bmatrix}1 & 0\\ 0 & 1\end{bmatrix}\right|=0$$

即

$$\left|\begin{bmatrix}2-\lambda & 4\\ 5 & 1-\lambda\end{bmatrix}\right|=(2-\lambda)(1-\lambda)-20$$
$$=\lambda^2-3\lambda-18=0$$

$$\Rightarrow\begin{cases}\lambda_1=6\\ \lambda_2=-3\end{cases}$$

另外，还有一个与矩阵的特征根相关的重要概念，就是矩阵的迹（trace）。一个矩阵主对角线上元素的代数和，称为矩阵的迹。关于矩阵的迹，有一个和矩阵的特征根相联系的性质，就是一个矩阵的迹等于该矩阵的特征根的算术和。例如，上例中矩阵 $\boldsymbol{A}$ 的主对角线元素和为 $2+1=3$，而特征根的和为 $6-3=3$，印证了这个性质。

根据一个矩阵的特征根，可以判断矩阵是否为正定矩阵（positive definite matrix）。所谓正定矩阵，就是指对于所有非零向量 $\boldsymbol{X}$，如果对称矩阵 $\boldsymbol{A}$ 满足 $\boldsymbol{X}'\boldsymbol{AX}$ 都为正数，则矩阵 $\boldsymbol{A}$ 称为正定矩阵。而判断正定矩阵的方法之一就是，如果一个对称矩阵的所有特征根都是正数，则该矩阵为正定矩阵。而与正定矩阵相对的是负定矩阵。如果一个对称矩阵的所有特征根均为负数，则称该矩阵为负定矩阵（negative definite matrix）。

### A.1.6 矩阵求导

矩阵求导在计量经济学中的应用相当广泛。这里介绍的矩阵求导方法是A.3节中介绍的普通最小二乘估计的基础。为了说明矩阵求导过程，我们考虑下面的例子。例如，假设 $\boldsymbol{X}$ 是一个 $n\times1$维矩阵，即一个列向量，

$$\boldsymbol{X}=\begin{pmatrix}x_1\\x_2\\\vdots\\x_n\end{pmatrix}$$

$\boldsymbol{C}$ 也是一个 $n\times1$ 维矩阵，

$$\boldsymbol{C}=\begin{pmatrix}c_1\\c_2\\\vdots\\c_n\end{pmatrix}$$

定义一个函数 $f=\boldsymbol{C}'\boldsymbol{X}$，则

$$f=\boldsymbol{C}'\boldsymbol{X}=(c_1\quad c_2\quad\cdots\quad c_n)\begin{pmatrix}x_1\\x_2\\\vdots\\x_n\end{pmatrix}=\sum_{i=1}^{n}c_ix_i \tag{A.13}$$

显然 $f=\boldsymbol{C}'\boldsymbol{X}$ 就是一个数。

现在，如果将 $f$ 对 $\boldsymbol{X}$ 中的每一个元素进行求导，则得

$$\frac{\partial f}{\partial\boldsymbol{X}}=\frac{\partial\boldsymbol{C}'\boldsymbol{X}}{\partial\boldsymbol{X}}=\boldsymbol{C} \tag{A.14}$$

由此，我们可以得到下面的矩阵求导公式，即

$$\frac{\partial\boldsymbol{AX}}{\partial\boldsymbol{X}}=\boldsymbol{A}' \tag{A.15}$$

另外，

$$\frac{\partial\boldsymbol{X}'\boldsymbol{AX}}{\partial\boldsymbol{X}}=(\boldsymbol{A}+\boldsymbol{A}')\boldsymbol{X} \tag{A.16}$$

根据对称矩阵的定义，如果 $\boldsymbol{A}$ 是一个对称矩阵，则式（A.16）可以写成

$$\frac{\partial\boldsymbol{X}'\boldsymbol{AX}}{\partial\boldsymbol{X}}=(\boldsymbol{A}+\boldsymbol{A}')\boldsymbol{X}=2\boldsymbol{AX} \tag{A.17}$$

以上关于矩阵求导的公式对于推导和理解普通最小二乘估计的原理非常重要，希望读者能够理解并记住这些求导法则。

# A.2 经典线性回归模型的基本假设

我们以矩阵的形式书写经典线性回归模型。例如，如果因变量是 $\boldsymbol{y}$，自变量为 $\boldsymbol{X}$，$\boldsymbol{X}$ 可以包含 1 个或者多个组成部分，那么一般的线性回归模型可以写成

$$\boldsymbol{y}=\boldsymbol{X\beta}+\boldsymbol{u} \tag{A.18}$$

其中，$\boldsymbol{u}$ 表示服从一定分布形式的随机扰动项。举例来说，如果一个回归模型中有两个解释变量 $x_{1t}$，$x_{2t}$ 以及一个常数项，则

$$\boldsymbol{y}=\begin{pmatrix} y_1 \\ y_2 \\ \vdots \\ y_t \end{pmatrix}，\boldsymbol{X}=\begin{pmatrix} 1 & x_{11} & x_{21} \\ 1 & x_{12} & x_{22} \\ \vdots & \vdots & \vdots \\ 1 & x_{1t} & x_{2t} \end{pmatrix}，\boldsymbol{\beta}=\begin{pmatrix} \beta_0 \\ \beta_1 \\ \beta_2 \end{pmatrix}，\boldsymbol{u}=\begin{pmatrix} u_1 \\ u_2 \\ \vdots \\ u_t \end{pmatrix}$$

对应这个例子，也可以把式（A.18）写成

$$y_t=\beta_0+\beta_1 x_{1t}+\beta_2 x_{2t}+u_t \tag{A.19}$$

如果回归方程（A.18）满足表 A-2 中的假设，则称为经典线性回归模型（classical linear regression model，CLRM）。

**表 A-2 CLRM 假设**

| |
|---|
| A1. 模型在系数表现形式上是线性的，$y_t=\beta_0+\beta_1 x_{1t}+\beta_2 x_{2t}+\cdots+\beta_k x_{kt}+u_t$ 或者写成 $\boldsymbol{y}=\boldsymbol{X\beta}+\boldsymbol{u}$。 |
| A2. $\boldsymbol{X}$ 为确定的并且 $\boldsymbol{X}$ 的各个元素间没有完全共线性。 |
| A3. 扰动项条件均值为 0，$E(u_t \mid x)=0$。 |
| A4. 同方差性，即 $\mathrm{var}(u_t \mid x)=\sigma^2$。 |
| A5. 无序列相关性，$\mathrm{cov}(u_s, u_t)=0\ (s\neq t)$。 |
| A6. 扰动项服从正态分布，$u\sim N(0, \sigma^2)$。 |

注意，假设 A1～A5 组成高斯-马尔可夫假设，保证了下面要介绍的普通最小二乘法（OLS）是最优线性无偏估计（BLUE），这就是著名的高斯-马尔可夫定理（Gauss-Markov theorem）。

假设 A1～A6 组成 CLRM 假设，保证了对系数 $\beta$ 的统计推断在任何样本下都可以基于 $t$ 检验和 $F$ 检验。

# A.3 普通最小二乘估计

## A.3.1 原理与计算

普通最小二乘估计的原理是通过使扰动项的平方（乘方）最小来估计模型中的系数。

如果高斯-马尔可夫定理的假设都成立，或者 CLRM 的全部假设都成立，那么对于回归模型 $\boldsymbol{y}=\boldsymbol{X\beta}+\boldsymbol{u}$，通过

$$\min \boldsymbol{u}'\boldsymbol{u}=(u_1 \quad \cdots \quad u_T)\begin{pmatrix} u_1 \\ \vdots \\ u_T \end{pmatrix}=\sum_{i=1}^{T} u_i^2 \tag{A.20}$$

就可以估计出模型内的系数和系数的标准差等。我们知道，

$$\hat{\boldsymbol{u}}=\boldsymbol{y}-\boldsymbol{X}\hat{\boldsymbol{\beta}}$$

所以，根据 A.1 节介绍的矩阵运算法则，可以得到

$$\hat{\boldsymbol{u}}'\hat{\boldsymbol{u}}=(\boldsymbol{y}-\boldsymbol{X}\hat{\boldsymbol{\beta}})'(\boldsymbol{y}-\boldsymbol{X}\hat{\boldsymbol{\beta}})=\boldsymbol{y}'\boldsymbol{y}-\boldsymbol{y}'\boldsymbol{X}\hat{\boldsymbol{\beta}}-\hat{\boldsymbol{\beta}}'\boldsymbol{X}'\boldsymbol{y}+\hat{\boldsymbol{\beta}}'\boldsymbol{X}'\boldsymbol{X}\hat{\boldsymbol{\beta}} \tag{A.21}$$

现在，要完成式（A.20）中的最小化问题，实际上就是通过下面的求导过程获得 $\boldsymbol{\beta}$ 值，即

$$\begin{aligned}\frac{\partial \hat{\boldsymbol{u}}'\hat{\boldsymbol{u}}}{\partial \hat{\boldsymbol{\beta}}}&=\frac{\partial(\boldsymbol{y}'\boldsymbol{y}-\boldsymbol{y}'\boldsymbol{X}\hat{\boldsymbol{\beta}}-\hat{\boldsymbol{\beta}}'\boldsymbol{X}'\boldsymbol{y}+\hat{\boldsymbol{\beta}}'\boldsymbol{X}'\boldsymbol{X}\hat{\boldsymbol{\beta}})}{\partial \hat{\boldsymbol{\beta}}}\\&=\frac{\partial \boldsymbol{y}'\boldsymbol{y}}{\partial \hat{\boldsymbol{\beta}}}-\frac{\partial \boldsymbol{y}'\boldsymbol{X}\hat{\boldsymbol{\beta}}}{\partial \hat{\boldsymbol{\beta}}}-\frac{\partial \hat{\boldsymbol{\beta}}'\boldsymbol{X}'\boldsymbol{y}}{\partial \hat{\boldsymbol{\beta}}}+\frac{\partial \hat{\boldsymbol{\beta}}'\boldsymbol{X}'\boldsymbol{X}\hat{\boldsymbol{\beta}}}{\partial \hat{\boldsymbol{\beta}}}\\&=0-\boldsymbol{X}'\boldsymbol{y}-\boldsymbol{X}'\boldsymbol{y}+2\boldsymbol{X}'\boldsymbol{X}\hat{\boldsymbol{\beta}}\\&=-2\boldsymbol{X}'\boldsymbol{y}+2\boldsymbol{X}'\boldsymbol{X}\hat{\boldsymbol{\beta}}\\&=0\end{aligned} \tag{A.22}$$

即

$$\boldsymbol{X}'\boldsymbol{X}\hat{\boldsymbol{\beta}}=\boldsymbol{X}'\boldsymbol{y}$$

所以，从式（A.22）求得

$$\hat{\boldsymbol{\beta}}=(\boldsymbol{X}'\boldsymbol{X})^{-1}\boldsymbol{X}'\boldsymbol{y} \tag{A.23}$$

注意，以上使用的是矩阵形式的 OLS 推导过程，过程中可能存在的难点是关于矩阵的求导规则，尤其是式（A.22）中第 2 个等号右侧的后面三项的求导过程。但只要依据式（A.14）至式（A.16）中介绍的矩阵求导法则，就不难获得这里给出的结果。

假定 $\boldsymbol{X}$ 包含 $k$ 个变量（包括常数项），那么式（A.22）的求导过程实际上给出的是 $k$ 个等式（从 $\boldsymbol{X}'\boldsymbol{y}$ 的维度可以判断），而由一阶求导条件给出的这 $k$ 个等式就是计量经济学中常说的 OLS 估计的一阶条件（first order conditions）。

下面，利用式（A.23），我们来推导 OLS 系数估计矩阵，即

$$\begin{aligned}\mathrm{var}(\hat{\boldsymbol{\beta}})&=\mathrm{var}[(\boldsymbol{X}'\boldsymbol{X})^{-1}\boldsymbol{X}'\boldsymbol{y}]\\&=\mathrm{var}[(\boldsymbol{X}'\boldsymbol{X})^{-1}\boldsymbol{X}'(\boldsymbol{X\beta}+\boldsymbol{u})]\\&=\mathrm{var}[(\boldsymbol{X}'\boldsymbol{X})^{-1}\boldsymbol{X}'\boldsymbol{u}]\\&=E[(\boldsymbol{X}'\boldsymbol{X})^{-1}\boldsymbol{X}'\boldsymbol{u}][(\boldsymbol{X}'\boldsymbol{X})^{-1}\boldsymbol{X}'\boldsymbol{u}]'\\&=E[(\boldsymbol{X}'\boldsymbol{X})^{-1}\boldsymbol{X}'\boldsymbol{u}\boldsymbol{u}'\boldsymbol{X}(\boldsymbol{X}'\boldsymbol{X})^{-1}]\end{aligned}$$

$$=(\boldsymbol{X}'\boldsymbol{X})^{-1}\boldsymbol{X}'\boldsymbol{X}(\boldsymbol{X}'\boldsymbol{X})^{-1}E(\boldsymbol{uu}')$$
$$=(\boldsymbol{X}'\boldsymbol{X})^{-1}\sigma^2 \tag{A.24}$$

当然，如果读者不熟悉矩阵求导，可以不使用式（A.22），利用一般的求导法则也可以获得一个线性回归模型的系数估计和系数估计的方差。

我们先考虑一个简单的一元线性回归模型，即

$$y_t=\beta_0+\beta_1 x_{1t}+u_t \tag{A.25}$$

并且假定这个模型满足 CLRM 的所有假设，则

$$u_t=y_t-\beta_0-\beta_1 x_{1t} \tag{A.26}$$

所以，

$$\sum_{t=1}^{T}\hat{u}_t^2=\sum_{t=1}^{T}(y_t-\hat{\beta}_0-\hat{\beta}_1 x_{1t})^2 \tag{A.27}$$

我们知道，OLS 就是要获得最小化的残差平方和，即式（A.27）要尽量小。要获得最小的残差平方和，实际上就需要将式（A.27）分别针对待估计的系数 $\hat{\beta}_0$ 和 $\hat{\beta}_1$ 求一阶导数，即

$$\frac{\partial\sum_{t=1}^{T}\hat{u}_t^2}{\partial\hat{\beta}_0}=\frac{\partial\sum_{t=1}^{T}(y_t-\hat{\beta}_0-\hat{\beta}_1 x_{1t})^2}{\partial\hat{\beta}_0}=0 \tag{A.28}$$

$$\frac{\partial\sum_{t=1}^{T}\hat{u}_t^2}{\partial\hat{\beta}_1}=\frac{\partial\sum_{t=1}^{T}(y_t-\hat{\beta}_0-\hat{\beta}_1 x_{1t})^2}{\partial\hat{\beta}_1}=0 \tag{A.29}$$

由式（A.28）和式（A.29）可以获得以一般形式表达的 OLS 估计的一阶条件，即

$$\begin{cases}\sum_{t=1}^{T}(y_t-\hat{\beta}_0-\hat{\beta}_1 x_{1t})=0\\ \sum_{t=1}^{T}x_{1t}(y_t-\hat{\beta}_0-\hat{\beta}_1 x_{1t})=0\end{cases} \tag{A.30}$$

以上两个式子就是 OLS 估计的一阶条件。由一阶条件，并且注意到

$$\sum_{t=1}^{T}y_t=T\bar{y}\ (\bar{y}\text{表示 }y_t\text{ 的均值})$$
$$\sum_{t=1}^{T}\hat{\beta}_0=T\hat{\beta}_0$$
$$\sum_{t=1}^{T}x_{1t}=T\bar{x}_1(\bar{x}_1\text{ 表示 }x_{1t}\text{ 的均值})$$

就可以获得 OLS 的系数估计

$$\hat{\beta}_0=\bar{y}-\hat{\beta}_1\bar{x}_1 \tag{A.31}$$

$$\hat{\beta}_1=\frac{\sum_{t=1}^{T}(x_{1t}-\overline{x}_1)(y_t-\overline{y})}{\sum_{t=1}^{T}(x_{1t}-\overline{x}_1)^2} \tag{A. 32}$$

式（A. 32）还可以进一步写成

$$\hat{\beta}_1=\frac{\sum_{t=1}^{T}(x_{1t}-\overline{x}_1)(y_t-\overline{y})}{\sum_{t=1}^{T}(x_{1t}-\overline{x}_1)^2}=\frac{\sum_{t=1}^{T}x_{1t}y_t-T\,\overline{x}_1\,\overline{y}}{\sum_{t=1}^{T}(x_{1t}-\overline{x}_1)^2} \tag{A. 33}$$

读者还可以尝试，利用矩阵求导给出的 $\hat{\boldsymbol{\beta}}=(\boldsymbol{X}'\boldsymbol{X})^{-1}\boldsymbol{X}'\boldsymbol{y}$ 的结果，将其展开，证明 $\hat{\boldsymbol{\beta}}=(\boldsymbol{X}'\boldsymbol{X})^{-1}\boldsymbol{X}'\boldsymbol{y}$ 与式（A. 31）及式（A. 32）的结果完全一致。下面我们简单地示范：

$$\boldsymbol{X}'\boldsymbol{X}=\begin{pmatrix}1 & 1 & \cdots & 1\\ x_{11} & x_{12} & \cdots & x_{1T}\end{pmatrix}\begin{pmatrix}1 & x_{11}\\ 1 & x_{12}\\ \vdots & \vdots\\ 1 & x_{1T}\end{pmatrix}=\begin{pmatrix}T & \sum_{t=1}^{T}x_{1t}\\ \sum_{t=1}^{T}x_{1t} & \sum_{t=1}^{T}x_{1t}^2\end{pmatrix} \tag{A. 34}$$

进而可以得到 $\boldsymbol{X}'\boldsymbol{X}$ 的行列式，为获得 $(\boldsymbol{X}'\boldsymbol{X})^{-1}$ 做好准备，即

$$|\boldsymbol{X}'\boldsymbol{X}|=D=T\sum_{t=1}^{T}x_{1t}^2-\left(\sum_{t=1}^{T}x_{1t}\right)^2 \tag{A. 35}$$

所以，

$$(\boldsymbol{X}'\boldsymbol{X})^{-1}=\frac{1}{D}\begin{pmatrix}\sum_{t=1}^{T}x_{1t}^2 & -\sum_{t=1}^{T}x_{1t}\\ -\sum_{t=1}^{T}x_{1t} & T\end{pmatrix}=\begin{pmatrix}\sum_{t=1}^{T}x_{1t}^2/D & -\sum_{t=1}^{T}x_{1t}/D\\ -\sum_{t=1}^{T}x_{1t}/D & T/D\end{pmatrix} \tag{A. 36}$$

同时，

$$\boldsymbol{X}'\boldsymbol{y}=\begin{pmatrix}1 & 1 & \cdots & 1\\ x_{11} & x_{12} & \cdots & x_{1T}\end{pmatrix}\begin{pmatrix}y_1\\ y_2\\ \vdots\\ y_T\end{pmatrix}=\begin{pmatrix}\sum_{t=1}^{T}y_t\\ \sum_{t=1}^{T}x_{1t}y_t\end{pmatrix} \tag{A. 37}$$

所以，

$$(\boldsymbol{X}'\boldsymbol{X})^{-1}\boldsymbol{X}'\boldsymbol{y}=\begin{pmatrix}\sum_{t=1}^{T}x_{1t}^2/D & -\sum_{t=1}^{T}x_{1t}/D\\ -\sum_{t=1}^{T}x_{1t}/D & T/D\end{pmatrix}\begin{pmatrix}\sum_{t=1}^{T}y_t\\ \sum_{t=1}^{T}x_{1t}y_t\end{pmatrix}$$

$$
=\begin{pmatrix}\dfrac{\sum_{t=1}^{T}x_{1t}^{2}\sum_{t=1}^{T}y_{t}-\sum_{t=1}^{T}x_{1t}\sum_{t=1}^{T}x_{1t}y_{t}}{D}\\ \dfrac{-\sum_{t=1}^{T}x_{1t}\sum_{t=1}^{T}y_{t}+T\sum_{t=1}^{T}x_{1t}y_{t}}{D}\end{pmatrix}
=\begin{pmatrix}\hat{\beta}_{0}\\ \hat{\beta}_{1}\end{pmatrix} \tag{A.38}
$$

从而可知，

$$
\begin{aligned}
\hat{\beta}_{1}&=\frac{-\sum_{t=1}^{T}x_{1t}\sum_{t=1}^{T}y_{t}+T\sum_{t=1}^{T}x_{1t}y_{t}}{D}\\
&=\frac{-\sum_{t=1}^{T}x_{1t}\sum_{t=1}^{T}y_{t}+T\sum_{t=1}^{T}x_{1t}y_{t}}{T\sum_{t=1}^{T}x_{1t}^{2}-\left(\sum_{t=1}^{T}x_{1t}\right)^{2}}\\
&=\frac{\left(-\sum_{t=1}^{T}x_{1t}\sum_{t=1}^{T}y_{t}+T\sum_{t=1}^{T}x_{1t}y_{t}\right)\Big/T^{2}}{\left[T\sum_{t=1}^{T}x_{1t}^{2}-\left(\sum_{t=1}^{T}x_{1t}\right)^{2}\right]\Big/T^{2}}\\
&=\frac{\frac{1}{T}\sum_{t=1}^{T}x_{1t}y_{t}-\frac{1}{T}\sum_{t=1}^{T}x_{1t}\left(\frac{1}{T}\sum_{t=1}^{T}y_{t}\right)}{\frac{1}{T}\sum_{t=1}^{T}x_{1t}^{2}-\left(\frac{1}{T}\sum_{t=1}^{T}x_{1t}\right)^{2}}\\
&=\frac{\sum_{t=1}^{T}x_{1t}y_{t}-T\,\overline{x}_{1}\,\overline{y}}{\sum_{t=1}^{T}(x_{1t}-\overline{x}_{1})^{2}}
\end{aligned} \tag{A.39}
$$

注意，式（A. 39）应用了

$$
\begin{aligned}
\frac{1}{T}\sum_{t=1}^{T}x_{1t}^{2}-\left(\frac{1}{T}\sum_{t=1}^{T}x_{1t}\right)^{2}&=\frac{1}{T}\sum_{t=1}^{T}x_{1t}^{2}-\overline{x}_{1}^{\,2}\\
&=\frac{1}{T}\sum_{t=1}^{T}(x_{1t}-\overline{x}_{1})^{2}
\end{aligned} \tag{A.40}
$$

的关系。

对比式（A. 39）与式（A. 33）可以看到，通过非矩阵方法求得的 OLS 系数估计与由矩阵方法给出的结果确实是完全一致的。虽然以上过程是以一元回归等式示范的，但可以很直观地拓展到多元的形式，建议读者尝试推导。

当然，读者还可以尝试推导出系数估计的方差表达式。不过，如果不使用矩阵表达，推导的过程相对比较复杂，并且需要借助更多的统计量（如下面介绍的 $R^2$），建议读者熟悉并掌握矩阵运算的方法，从而简化证明过程。

### A.3.2 拟合优度

在线性回归模型中，有一个非常重要的统计量，那就是模型的拟合优度 $R^2$。要介绍拟合优度的概念，首先需要定义下面三个统计量，即

$$TSS=\sum_{t=1}^{T}(y_t-\overline{y})^2=(\boldsymbol{y}-\overline{\boldsymbol{y}})'(\boldsymbol{y}-\overline{\boldsymbol{y}}) \tag{A.41}$$

$$ESS=\sum_{t=1}^{T}(\hat{y}_t-\overline{y})^2=(\hat{\boldsymbol{y}}-\overline{\boldsymbol{y}})'(\hat{\boldsymbol{y}}-\overline{\boldsymbol{y}}) \tag{A.42}$$

$$RSS=\sum_{t=1}^{T}(y_t-\hat{y}_t)^2=\sum_{t=1}^{T}\hat{u}_t^2=\hat{\boldsymbol{u}}'\hat{\boldsymbol{u}} \tag{A.43}$$

其中，$TSS$ 表示总离差平方和（total sum of squares），$ESS$ 表示由回归直线解释了的回归平方和（explained sum of squares），而 $RSS$ 表示残差平方和（residual sum of squares）。由于 $TSS$ 可以分解成 $ESS$ 和 $RSS$ 两部分，所以，$ESS$ 越高，则线性模型拟合得越好。①

为了衡量线性模型的拟合程度，就定义了拟合优度 $R^2$，即

$$R^2=\frac{ESS}{TSS}=1-\frac{\hat{\boldsymbol{u}}'\hat{\boldsymbol{u}}}{(\boldsymbol{y}-\overline{\boldsymbol{y}})'(\boldsymbol{y}-\overline{\boldsymbol{y}})} \tag{A.44}$$

虽然 $R^2$ 应用广泛，但是还有一个更为可取的衡量线性模型拟合优度的统计量，即 $\overline{R}^2$，其定义为

$$\begin{aligned}\overline{R}^2&=\frac{\mathrm{var}(\hat{\boldsymbol{y}})}{\mathrm{var}(\boldsymbol{y})}=\frac{\mathrm{var}(\boldsymbol{y})-\mathrm{var}(\hat{\boldsymbol{u}})}{\mathrm{var}(\boldsymbol{y})}\\&=1-\frac{\hat{\boldsymbol{u}}'\hat{\boldsymbol{u}}/(T-k)}{(\boldsymbol{y}-\overline{\boldsymbol{y}})'(\boldsymbol{y}-\overline{\boldsymbol{y}})/(T-1)}\\&=1-\frac{T-1}{T-k}(1-R^2)\end{aligned} \tag{A.45}$$

### A.3.3 经典线性回归模型中的假设检验

当获得线性回归模型的 OLS 系数估计和对应的系数估计的方差之后，假设检验等统计推断问题就相对简单了。如果假设条件 A1～A6 都满足，则获得的检验统计量服从 $t$ 分布或者 $F$ 分布。如果 A6（扰动项服从正态分布假设）不满足，那么只要样本相对较大，我们就可以获得服从渐近 $t$ 分布或者渐近 $F$ 分布的检验统计量。我们下面的讨论假设 CLRM 的所有假设A1～A6都满足。

例如，对于回归等式

---

① $TSS$、$ESS$ 和 $RSS$ 也可分别用 $SST$、$SSE$、$SSR$ 表示。

$$y_t = b_0 + b_1 x_{1t} + b_2 x_{2t} + b_3 x_{3t} + u_t \tag{A.46}$$

如果要检验单个系数的显著性，如

$$\begin{aligned} &H_0: b_0 = 0 \\ &H_A: b_0 \neq 0 \end{aligned} \tag{A.47}$$

其中，$H_0$ 和 $H_A$ 分别表示原假设（null hypothesis）和备择假设（alternative hypothesis），那么可以应用 $t$ 检验统计量，即

$$t = \frac{\hat{\beta}_i}{se(\hat{\beta}_i)} \sim t_{T-k} \tag{A.48}$$

$se(\hat{\beta}_i)$ 表示 $\hat{\beta}_i$ 的标准差估计。

当然，如果要检验的是单个系数等于某个值，如

$$\begin{aligned} &H_0: b_0 = 1 \\ &H_A: b_0 \neq 1 \end{aligned}$$

$t$ 检验就变成

$$t = \frac{\hat{\beta}_i - 1}{se(\hat{\beta}_i)} \sim t_{T-k} \tag{A.49}$$

实际上，以上讨论的是所谓的双侧检验。运用 $t$ 检验，还可以进行单侧检验，如

$$\begin{aligned} &H_0: b_0 = 0 \\ &H_A: b_0 < 0 \end{aligned} \tag{A.50}$$

我们在 ADF 检验的章节中使用的就是这种单侧检验。单侧 $t$ 检验和双侧 $t$ 检验的临界值是不同的。

更多时候，我们需要检验几个系数同时满足一定的假设条件。例如，对于回归等式（A.46），可以检验

$$\begin{aligned} &H_0: b_1 = b_2 = b_3 = 0 \\ &H_A: \text{至少有一个等号不成立} \end{aligned} \tag{A.51}$$

此时，使用的检验为 $F$ 检验。$F$ 检验统计量为

$$F = \frac{(RSS_R - RSS_U)/r}{RSS_U/(T-k)} \sim F_{r,T-k} \tag{A.52}$$

其中，$RSS_R$ 和 $RSS_U$ 分别表示有约束条件（$b_1 = b_2 = b_3 = 0$）下的 OLS 残差平方和与无约束条件下的残差平方和；$r$ 表示约束条件的个数，这里 $r=3$；$k$ 表示无约束条件下的回归等式中包括常数项在内的解释变量的个数，这里 $k=4$；$F_{r,T-k}$ 表示自由度为（$r$，$T-k$）的 $F$ 分布。注意，$F$ 分布有两个自由度，分别对应的是式（A.52）中的 $r$ 和 $T-k$。

关于统计分布，不同的统计分布对应不同的概率密度函数，我们在图 A－1 中描绘出了常见的正态分布和卡方分布的概率密度函数图，供读者参考。

至此，我们基本上介绍了经典线性回归模型的主要知识，读者在学习过程中可以参考

这里介绍的内容，复习经典线性回归模型的核心内容，为学习金融计量学打好基础。

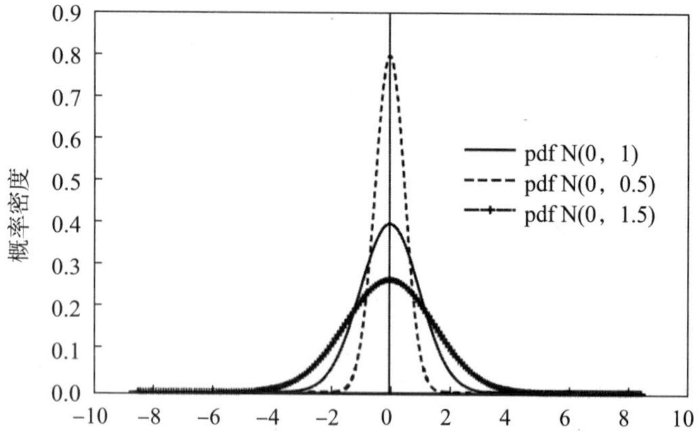


正态分布概率密度函数（pdf）（均值，方差）

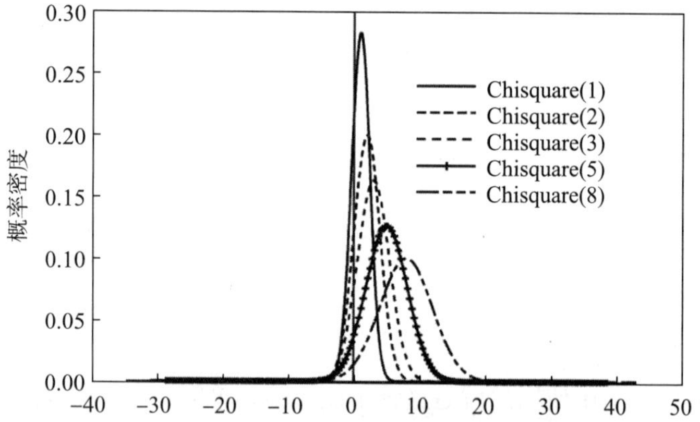


卡方分布概率密度函数（pdf），括号内为自由度

**图 A－1　正态分布和卡方分布的概率密度函数图**

## 练习 A1

1. 陈述 CLRM 的假设条件；简述高斯-马尔可夫定理的内容。
2. 给定下列回归等式满足 CLRM 假设：

$$y_t = b_0 + b_1 x_{1t} + b_2 x_{2t} + u_t$$

(a) 请分别利用矩阵方法和一般方法推导出系数估计值的表达式；

(b) 求出 $\mathrm{var}(\boldsymbol{\beta})$，其中 $\boldsymbol{\beta} = \begin{pmatrix} b_0 \\ b_1 \\ b_2 \end{pmatrix}$。

3. 对于问题 2 中的回归等式，说明：

(a) 如何检验

$H_0: b_0=0$

$H_A: b_0<0$

(b) 如何检验

$H_0: b_0=b_1=b_2$

$H_A$: 至少有一个等号不成立

4. 对于问题 2 中的回归等式，如何求得拟合优度 $R^2$ 和 $\bar{R}^2$?
5. 如果问题 2 中的回归等式变为

$$y_t=b_1x_{1t}+b_2x_{2t}+u_t$$

(a) 拟合优度的计算公式如何变化?

(b) 试说明在这种情况下（没有常数项），$R^2$ 可能的取值范围。

# 参考文献


陈雨露，汪昌云. 金融学文献通论·微观金融卷. 北京：中国人民大学出版社，2006.

黄达. 与货币银行学结缘六十年. 北京：中国金融出版社，2010.

靳云汇，刘霖. 中国股票市场 CAPM 的实证研究. 金融研究，2001 (7)：106－115.

刘金全，金春雨，郑挺国. 我国通货膨胀率动态波动路径的结构性转变特征与统计检验. 中国管理科学，2006 (1)：1－7.

刘金全，谢卫东. 中国经济增长与通货膨胀的动态相关性. 世界经济，2003 (6)：48－57.

张成思，刘志刚. 中国通货膨胀率持久性变化研究及政策含义分析. 数量经济技术经济研究，2007 (3)：3－12.

张成思. 短期通胀率动态机制理论述评. 管理世界，2007 (5)：133－145.

张成思. 货币金融学. 北京：高等教育出版社，2024.

张成思. 通货膨胀动态路径的结构性转变及其启示. 金融研究，2008 (3)：1－12.

张成思. 现代金融学：货币银行、金融市场与金融定价. 2 版. 北京：中国金融出版社，2022.

张成思. 现代金融学的历史演进逻辑. 北京：中国人民大学出版社，2023.

Andrews, D. W. K. (1993), "Tests for Parameter Instability and Structural Change with Unknown Change Point," *Econometrica* 61 (4), pp. 821－856.

Baxter, M., R. King (1999), "Measuring Business Cycles: Approximate Band-Pass Filters for Economic Time Series," *The Review of Economics and Statistics* 81 (4), pp. 575－593.

Bollerslev, T. (1986), "Generalized Autoregressive Conditional Heteroskedasticity," *Journal of Econometrics* 31 (3), pp. 307－327.

Choi, I. (2001), "Unit Root Tests for Panel Data," *Journal of International Money and Finance* 20 (2), pp. 249－272.

Christiano, L., T. Fitzgerald (2003), "The Band Pass Filter," *International Economic Review* 44 (2), pp. 435－465.

Fama, E. F., J. D. MacBeth (1973), "Risk, Return, and Equilibrium: Empirical Test," *Journal of Political Economy* 81 (3), pp. 607－636.

Fuhrer, J., G. Moore (1995), "Inflation Persistence," *The Quarterly Journal of Economics* 110 (1), pp. 127－159.

Godfrey, L. G. (1978), "Testing Against General Autoregressive and Moving Average Error Models When the Regressors Include Lagged Dependent Variables," *Econo-*

*metrica* 46 (6), pp. 1293 - 1301.

Gray, S. F. (1996), "Modeling the Conditional Distribution of Interest Rates as a Regime-Switching Process," *Journal of Financial Economics* 42 (1), pp. 27 - 62.

Sims, C. (1980), "Macroeconomics and Reality," *Econometrica* 48 (1), pp. 1 - 48.

Stock, J. (1987), "Asymptotic Properties of Least Squares Estimators of Cointegrating Vectors," *Econometrica* 55 (5), pp. 1035 - 1056.

Zhang, C. (2007), "Low Inflation, Pass-through, and a Discrete Inflation-targeting Framework for Monetary Policy in China," *China & World Economy* 15 (2), pp. 59 - 73.

Zhang, C., J. Clovis (2009), "Modeling US Inflation Dynamics: Persistence and Monetary Policy Regimes," *Empirical Economics* 36 (2), pp. 455 - 477.

更多参考文献

# 教学支持说明

**1. 教辅资源获取方式**

为秉承中国人民大学出版社对教材类产品一贯的教学支持，我们将向采纳本书作为教材的教师免费提供丰富的教辅资源。您可直接到中国人民大学出版社官网的教师服务中心注册下载——http://www.crup.com.cn/Teacher。

如遇到注册、搜索等技术问题，可咨询网页右下角在线 QQ 客服，周一到周五工作时间有专人负责处理。

注册成为我社教师会员后，您可长期根据您所属的课程类别申请纸质样书、电子样书和教辅资源，自行完成免费下载。您也可登录我社官网的“教师服务中心”，我们经常举办赠送纸质样书、赠送电子样书、线上直播、资源下载、全国各专业培训及会议信息共享等网上教材进校园活动，期待您的积极参与!

**2. 高校教师可加入下述学科教师 QQ 交流群，获取更多教学服务**

经济类教师交流群：809471792

财政金融教师交流群：766895628

国际贸易教师交流群：162921240

税收教师交流群：119667851

**3. 购书联系方式**

网上书店咨询电话：010－82501766

邮购咨询电话：010－62515351

团购咨询电话：010－62513136

**中国人民大学出版社经济分社**

地址：北京市海淀区中关村大街甲 59 号文化大厦 1506 室　100872

电话：010－62513572　010－62515803

传真：010－62514775

E-mail：jjfs@crup.com.cn